Heimliche Liebe

Wie Geliebte ihre heimliche Affäre verstehen und überleben

Janett Menzel

13359 Berlin
Independently published.

ISBN-13: 9781548785406

WIDMUNG

Dieses Buch ist all jenen gewidmet, die unbewusst oder bewusst „die Andere“ oder „der Andere“ wurden – und leiden, hoffen und warten. Möge dir dieses Buch helfen, wieder zu dir zu finden. Möge es dir die Kraft geben, dich zu erheben oder durchzuhalten. Möge es dir die Gewissheit schenken, dass es eine Lösung geben wird oder dir zeigen, dass du diese Lösung bist.

Ein Buch im Rahmen von
www.ich-habe-auch-angst.de

Nach Jahren leidenschaftlicher und aufklärender Artikel zum Thema „Heimliche Geliebte" hat sie ein Buch dazu geschrieben: Janett Menzel fasst darin ihre eigenen Erfahrungen und die Erlebnisse ihrer LeserInnen zusammen - als Coach im Bereich Liebe & Partnerschaft, als eine der großen Bloggerinnen zum Thema Affären & Bindungsangst, als Schreibtherapeutin und Fachjournalistin. Sie sprach mit unzähligen Frauen, die ein Schattendasein als heimliche Geliebte führ(t)en und mit Männern, denen es genauso erging und bis heute ergeht. Dieses Buch ist beiden Geschlechtern gewidmet. Aus Einheitsgründen werden Männer und Frauen unter dem Begriff „Geliebte" (der/die) zusammengefasst.

Alle Geschichten und Beispiele Betroffener wurden aus Schutz anonymisiert und streckenweise verschleiert. Etwaige Ähnlichkeiten zu Ihnen und/oder Ihnen bekannten Menschen sind rein zufällig.

Janett Menzel lebt und arbeitet als freie Autorin und Fachjournalistin in Berlin. 2015 startete sie das Projekt www.ich-habe-auch-angst.de.

Ebenfalls von ihr erschienen:

Über die Kunst, allein zu sein: Wie man Einsamkeit und Angst vor dem Alleinsein überwindet und sich nebenbei neu lieben lernt (2017)

Du liebst mich, oder doch nicht? Wie Frauen mit beziehungsängstlichen Partner wirklich umgehen sollten (2017)

INHALTSVERZEICHNIS

VORWORT

„Bewältige eine Schwierigkeit und du hältst einhundert andere von dir fern.“

Konfuzius

Einige meinen, heimliche Affären seien eine schnell zu erklärende Sache und vor allem keine Träne wert. Sie seien doch nur Spielerei oder „nicht erwachsen“, geschähen nur Menschen, die von Liebe nichts verstehen oder sich Beziehungen nicht zutrauen. Aus ihnen könne nichts werden, sagen Außenstehende. Sie sollen sich nicht so haben und einfach loslassen. Die heimliche Affäre sei ja ohnehin noch keine richtige Beziehung gewesen. Sie würden sich ja nur keine feste Beziehung zutrauen. Sie hätten keinen Respekt vor der Institution Ehe oder Partnerschaften an sich. Entweder sie seien beziehungsunfähig oder naiv und realitätsfern.

Die Liste der Anschuldigungen und Vorwürfe ist endlos. Geliebte werden von den offiziellen Partnerinnen und Partnern daher gern als Ehebrecher, Familienzerstörer, Diebe und Verräter beschimpft. Sie sind *grundsätzlich* schuld, gewissenlos und egoistisch, obwohl der betrügerische Partner die Waffe in der Hand hält. Ein Fakt, der gern vergessen wird. Aber heimliche Affären sind weitaus komplexer. Die Menschen, die in eine Schattenliebe hineingezogen werden, sagen nicht umsonst, sie fühle sich wie ein schwarzes Loch an, aus dem man keinen leichten Ausweg wisse. Sie müssen sich mit Einsamkeit, Angst, Traurigkeit, Hilflosigkeit, Passivität, unerwiderten Gefühlen, Misstrauen und einer Menge Lügen auseinandersetzen.

Die Frage nach der Chance einer heimlichen Affäre zeigt ein weiteres, erschreckendes Bild: Mindestens eine Person, meist die Geliebten, wird zum Schluss am Boden zerstört sein, laut Studien durchschnittlich nach etwa vier Jahren.[i] Was bleibt, sind gekränkte Gefühle, zweifelhaftes Vertrauen in Sachen Liebe, Schuldzuweisungen, Liebeskummer, anhaltende Hoffnungslosigkeit und tiefe Minderwertigkeitsgefühle. Aber Geliebte hätten ja von vornherein gewusst, worauf sie sich einließen. Sie hätten es besser wissen müssen. Sie wollten es ja nicht anders und haben ihr Schicksal selbst besiegelt, sagen Außenstehende. Heimliche Geliebte verteidigen sich häufig und zu Recht damit, sie seien nur ganz normale Menschen. Sie hätten sich *unabsichtlich* in diesen einen Mann oder diese eine Frau verliebt.

Wie wir im Verlauf dieses Buches sehen werden, gibt es Gründe dafür – welche, die helfen, ein Verständnis für sich aufzubringen und daran zu wachsen, statt zu stigmatisieren. Denn hinter einer heimlichen

Affäre stehen viele unerfüllte Bedürfnisse und unbewusste Illusionen aus vergangenen Zeiten, verloren gegangene Lebensträume und Ziele.

Vor allem aber beinhaltet jede heimliche Affäre einen großen Segen – trotz der schmerzvollen Lektion. Sie ist damit eine Chance, über sich hinauszuwachsen und die Lernerfahrungen aus der Affäre für sich und seine Zukunft zu nutzen. Dafür müssen wir in das Thema, seine Muster und seiner ganz eigenen Dynamik eintauchen.

Die Umfrage

Ich startete Ende 2015 eine Umfrage auf meiner Website www.ich-habe-auch-angst.de, die sich an heimliche Geliebte richtete. Ich wollte erfahren, welche Themen sie am meisten bewegen. Danach eröffnete ich Gesprächsrunden mit einzelnen Betroffenen und mein E-Mailpostfach für ihre Geschichten und Leidenswege, aber auch glücklichen Ausgänge.

In der Umfrage hatte ich die nachfolgenden Fragen gestellt, die mit einer Mehrfachauswahl sowie einer „Sonstiges"-Option beantwortet werden konnten.

Was bewegt dich am meisten:

- Ich frage mich, was ich tun kann, damit meine Affäre seine/n Partner/in verlässt.
- Ich frage mich, wie ich meine Affäre am besten vergesse/aus dem Kopf bekomme.
- Ich frage mich, was ich gegen die Eifersucht auf die eigentliche Partnerschaft meiner Affäre tun kann.
- Meine Affäre hält mich hin. Ich frage mich, wie ich meine Angst und Unsicherheit in den Griff bekommen kann.
- Ich frage mich, ob er/sie mich wirklich liebt oder ob ich nur „Ausgleich" bzw. „Sex" bin.
- Ich frage mich, ob die Gründe meiner Affäre, wieso er/sie bei der eigentlichen Partnerschaft bleibt, wahr sind.
- Ich frage mich, wie ich mit meiner Wut oder Traurigkeit umgehen soll.
- Ich frage mich, was es bedeutet, dass ausgerechnet *ich* in eine heimliche Affäre geraten bin.
- Ich frage mich, ob ich meine/n Partner/in für meine Affäre verlassen soll.
- Ich frage mich, wie ich meine Affäre sicherer verheimlichen kann.
- Sonstiges

Die häufigste Frage, die sich heimliche Geliebte stellten, war mit 51,9 Prozent, wie sie ihre Affäre vergessen können. Die nächsten vier hielten sich mit jeweils 44,4 Prozent die Waage: Man wurde hingehalten und hatte Mühe, mit seiner Angst zurechtzukommen, gefolgt von der quälenden Frage, ob man nur Sex sei, aber keine Liebe mit Zukunft. Ebenfalls gleich auf war die Frage, wie man mit seiner Traurigkeit und Wut über die Umstände umgehen sollte. Bei der letzten Antwort, die mit 44,4 Prozent angeklickt wurde, *Wieso bin ausgerechnet ich in eine Affäre geraten? Was sagt das über mich?*, hatte ich im Vorfeld angenommen, dass diese am häufigsten ausgewählt werden würde. Dass es nicht so war, überraschte mich.

37 Prozent fragten sich, wie sie mit ihrer Eifersucht auf den eigentlichen Partner umgehen könnten. 33,3 Prozent wiederum zweifelten an den Erklärungen des Affärenpartners und fragten sich, ob sie wahr und damit glaubwürdig seien. Nur 22,2 Prozent wälzten sich mit der Frage, wie sie ihre Affäre am besten dazu bekämen, ihre offizielle Partnerschaft zu beenden, um mit ihnen zusammen zu sein. Auch ein überraschendes Ergebnis. Ich hatte vermutet, dass mehr oder minder *alle Geliebten* ihre Affärenpartner auch für eine Beziehung gewinnen wollten. 14,8 Prozent fragten sich hingegen selbst, ob sie ihre Beziehung für ihre Affäre verlassen sollten.

Dieselbe Prozentzahl wählte „Sonstiges“ als Antwort aus, wobei die Eingaben diese waren: Man fragte sich unter anderem, wann jemand wohl mehr wollen würde, als nur eine Affäre. Außerdem kämpften einige mit Moral und Gewissensbissen. Nur wenige hatten den Willen, die Affäre zu beenden, wussten aber nicht, wie. Weitere Personen fragten sich, warum Menschen „so etwas tun“. 7,4 Prozent hatten Probleme, ihre Affäre sicher zu verheimlichen.

Aufgrund dieser Antworten, der Umfrage folgenden Gespräche und E-Mails verfasste ich dieses Buch. Auch meine eigenen Erfahrungen als heimliche Geliebte, einstige Fremdgängerin und Betrogene nährten dieses Buch und seine Themen. Bei mir begann es mit einem harmlosen Seitensprung, der sich zu einer heimlichen Affäre entwickelte und in einer Dreiecksbeziehung endete, in der ich der verheimlichte Teil war – der Grund, wieso ich ihn nach jahrelangem Warten verließ. Ich hatte meine offizielle Beziehung (für mich, uns und ihn) beendet, doch er war zu diesem Schritt nicht bereit.

Anfangs dachte ich noch, dass alles gut würde. Ich glaubte, dass er sich für mich entscheiden würde. Heute bereue ich, mich jemals darauf eingelassen zu haben. Bewusste und heimliche Affären sind wie russisches Roulette, ein verletzendes Spiel aus Macht und Ohnmacht, in dem keiner nachhaltig gewinnen kann. Was in den Jahren geschah, zerrüttete mich emotional und hinterließ so tiefe Wunden, dass ich es kaum in Worten ausdrücken kann. Eine Geliebte zu sein, ohne es zu wissen, und gleichzeitig die Betrogene zu sein, lehrte mich: Heimliche Affären, andauernde Seitensprünge und ungewollte

Dreiecksbeziehungen haben für alle Seiten erhebliche emotionale Konsequenzen. Für persönliche Werte wie Selbstbewusstsein, Selbstachtung und Vertrauen, Bedürfnisse wie Freiheit von Angst und ehrliche Momente der Liebe und: für die Zukunft des eigenen Liebeslebens.

Ich habe mich häufig gefragt, was in einem Menschen vor sich geht, wenn er mit voller Absicht seinen Partner oder seine Partnerin *über lange Zeit* betrügt. Ich kannte die Antwort auf meine einmalige Untreue. Aber mir fehlten die der anderen Fremdgänger, die es sich seit langer Zeit in Affären und Seitensprüngen bequem gemacht hatten. Ich meine keine „Unfälle", sprich einen einmaligen Seitensprung. Affären sind sehr lange Verhältnisse, die zwangsläufig zu einer heimlichen Liebesbeziehung werden. Sie werden gezielt aufrechterhalten, um nicht nur mit einem Menschen zusammen zu sein, sondern mit mehreren, während die Fremdgänger alle Qualitäten genießen können. „Was für ein Mensch tut so etwas?" hörte ich auch meine GesprächspartnerInnen immer wieder entsetzt fragen. *Fehlen diesen Menschen Skrupel? Ist es ihnen vollkommen egal, was die Menschen, die sie gerade verletzen, fühlen? Und falls diese Menschen in ihren Beziehungen leiden, warum bleiben sie dann in der Beziehung, statt sich zu trennen, so wie ich es tat? Fürchten sie sich insgeheim vor Verlust, Schuld, Alleinsein und Einsamkeit? Oder können sie sich „nur" nicht entscheiden?*

Ein Mann sagte mir einst, dass er jederzeit fremdgehen würde, wenn sich ihm die Gelegenheit dazu böte, weil „es sein Leben sei". Er konnte zwar nachvollziehen, dass es für die Männer und Frauen, mit denen er fremdging, eine weniger schöne Erfahrung war, aber das hielt ihn von nichts ab. Meine heutige Erfahrung zeigt, dass Menschen, die über eine lange Zeit heimlich fremdgehen, beschreibbare Herausforderungen erleben, wenn es darum geht, authentisch und ehrlich gegenüber sich selbst zu sein. Diese Barrieren übertragen sich auch auf ihre Beziehungen. Es fällt ihnen schwer, ihre Bedürfnisse gegenüber ihrem Partner auszudrücken und zu ihnen zu stehen, dazu, wer sie sind und was sie sich wünschen. Stattdessen beschuldigen sie ihren Partner (wenigstens heimlich) dafür, dass er ihre Ansprüche nicht erfüllen kann/will. Oder sie glauben das Recht zu haben, alles was sie in ihrer Beziehung nicht bekommen, von anderen einfordern zu dürfen, andere leiden zu lassen, weil sie ja immerhin auch leiden.

Natürlich gibt es Fremdgänger mit romantischen und ehrlichen Absichten, bei denen ein Seitensprung nicht „einfach so geschah". Es gibt Menschen, die Untreue ehrlich behandeln, eine Affäre oder Beziehung beenden, sich reflektieren, (sich und anderen) reinen Wein einschenken und zu ihren Handlungen stehen. Sie wissen, dass sie ihr Leben am besten steuern, indem sie klare Entscheidungen treffen – für sich und alle Beteiligten.

Solltest du erfahren haben, dass du „nur" eine heimliche Affäre bist, oder aber, dass der Mensch, in den du dich verliebt hast, eine feste Beziehung mit jemand anderen hat, bist auch du gezwungen, eine Entscheidung zu treffen. Bei dieser ist es absolut unerheblich, beinahe belanglos, was der Mensch, in den du dich verliebt hast, dich glauben lassen will. Diese Sicht auf die Dinge schürt (d)ein Opferbewusstsein und lässt deine Selbstwirksamkeit in den Keller sinken. Das trifft ebenso auf die betrogenen Partner zu: Auch sie müssen sich entscheiden.

Dabei könnte man meinen, und so wird es oft gefordert, dass sich der Fremdgänger entscheiden müsse, nicht etwa die anderen Beteiligten. Doch Menschen, die neben ihrer offiziellen Beziehung noch eine heimliche Beziehung/ Affäre haben, wollen selten Ehrlichkeit – und deshalb auch keine ehrlichen Entscheidungen für oder gegen jemanden.

Doch eine heimliche Affäre ist bereits eine Form der Entscheidung. Fremdgänger fürchten Trennung. Sie wollen überwiegend eine zweite Option in ihrem Leben, die es ihnen ermöglicht, all das, was ihnen ihre offizielle Partnerschaft nicht gibt, woanders zu bekommen. Wie wir sehen werden, ist es für einige eine heimliche Wunderwaffe gegen das vermeintlich lieblose Leben. Für andere stellen Affären eine Rettung dar, die ihnen erlaubt, sich weniger wie ein Opfer der Umstände (ihres Lebens) zu fühlen. Für wiederum andere ist es eine Erlösung. Hinzukommt die gefürchtetste Variante: Affären als Spaß auf Kosten anderer. Das einzige, was heimliche Geliebte unter Kontrolle haben, ist, ob sie an diesem Spiel teilnehmen oder nicht.

Da nur die wenigsten Fremdgänger vollkommen gewissenlos sind, bringen die Konsequenzen etwas Gleichgewicht ins Spiel. Sie verlieren entweder ihre Partner und ggf. Familie oder aber ihre Geliebten, die nicht selten zu ihren heimlichen Verbündeten im Kampf des (Liebes)Lebens wurden. Die Form der Abhängigkeit ist in meinen Augen höher, als die, die sich bei den Geliebten von ihren Affärenpartnern verzeichnen ließ. Viele Affärenpartner sind aufgrund ihrer Abhängigkeit manipulative Charaktere. Sie glauben, sie könnten durch passive Aggression Kontrolle und Macht bewirken und so ihre Fehler entschuldigen. Was sie aber in ihren PartnerInnen, Kindern und den Geliebten anrichten, scheint zu schwer zu wiegen, um es an sich heranzulassen. Meine Affäre beispielsweise (und die Erzählungen meiner GesprächspartnerInnen zeigten ähnliche Ergebnisse) tat alles, was möglich war, um unschuldig und fehlerfrei zu wirken. Er hielt Abstand, wenn die Situation wieder einmal enthüllt werden konnte. Er spielte den harmlosen, vernünftigen, erwachsenen, sanftmütigen und ehrlichen Partner. Er war das Opfer. In seinen Augen machte er alles richtig. Er stellte alles so hin, als sei es die Schuld seiner Freundin und/oder meine. Es folgten Jahre voller Lügen und Augenwischerei, die ich am liebsten vergessen hätte – bis ich beschloss, ein Buch darüber zu schreiben.

Nach meiner heimlichen Beziehung fragte ich mich:

- *Was war (mit) mir geschehen?*
- *Was war (mit) ihm geschehen?*
- *Was war (mit) ihr geschehen?*

Ich stellte sie mir, weil ich durch diese Affäre so heftig mit der Nase in den Mist gedrückt geworden war, dass ich nach verständlichen, friedvollen und akzeptierenden Antworten suchte. Ich wusste, dass ich diese nie finden würde, wenn ich bei dem Klassiker aller Erklärungen bliebe: „Er ist ein Arschloch! Ich bin völlig unschuldig." Also begab ich mich auf die Suche. Ich fragte mich vor allem: Was bringt einen Menschen, einen Mann, eine Frau, dazu, vorsätzlich verletzend zu sein? Wieso war ich in meinen Zwanzigern fremdgegangen? Wieso haben Menschen jahrelange Affären? Wieso nutzen einige Affären und Seitensprünge als heimliche Strafe und Waffe gegen den Partner? Wieso sprechen Partner nicht miteinander, gehen keine Kompromisse ein oder flüchten, so wie ich, als Ausweg in Affären, aus Angst sich zu trennen, aus Angst vor Beziehungen oder aus Angst, der Wahrheit ins Gesicht zu blicken? Wieso bleiben Menschen in destruktiven Beziehungen, die sie für eine lange Zeit prägen werden?

Ich begann mit soziologischen Betrachtungen der FRAU, des MANNES, der Verwandlung innerhalb der letzten Jahre, machte weiter bei den Wunden der Kindheit und endete bei Verhaltensmustern: stiller Ärger, Verachtung, passive Aggression, emotionale Verletzungen und Nichtverfügbarkeit, Abhängigkeit und Co-Abhängigkeit, aktive und passive Bindungsangst, abhängige Beziehungen usw. Ich ließ mich zur Therapeutin ausbilden, las Hunderte Bücher und Erfahrungsberichte und sprach mit anderen Betroffenen (Betrogene, Betrügende). Ich entwickelte Typen. Ich konsumierte alles, was ich als nützlich empfand. Bis ich es eines Tages verstand. Daraus entwickelte ich, um mich selbst zu heilen und auch anderen eine Erklärung geben zu können, dieses Buch. Möge es dir helfen und dich dir näherbringen.

Janett Menzel

BEZIEHUNGEN: MYTHEN, VORURTEILE, SCHWÄCHEN UND IRRGLAUBEN

„Das Leben ist bezaubernd.
Man muss es nur durch die richtige Brille sehen.“

Alexandre Dumas

Eine liebevolle, funktionierende Partnerschaft ist die Nummer eins auf der To-do-Liste eines jeden Menschen. Doch bringt eine solche Beziehung nicht nur rosarote Gefühle mit sich, was wir häufig erst bemerken, wenn die Verliebtheitsgefühle abebben. Eine Partnerschaft bedeutet ab da mindestens stete Verantwortung für sich selbst und den Partner zu übernehmen, Pflichten des Lebens zu erfüllen, gesund und gewaltfrei miteinander zu kommunizieren, auf den anderen Rücksicht zu nehmen und in guten und schlechten Zeiten zusammenzuhalten. Das Schlechte sind beispielsweise Krankheiten, schwierige existenzielle Umstände sowie Seitensprünge und Affären – besonders jene, die es lieber nicht gegeben hätte.

Es geschieht nicht selten, dass einer der Partner den anderen beschuldigt, nicht genug zu lieben. Dem Partner wird die Verantwortung für die eigenen negativen Gefühle zugeschoben. Dabei müsste man selbst der erste Mensch sein, der für sein Seelenwohl und Lebensglück sorgt – und zwar ohne den Partner absichtlich zu verletzen oder bewusst einen weiteren Menschen mit in die eigene emotionale Lage zu ziehen. Eine Beziehung kann nur dann zukunftsfähig sein, wenn wir uns selbst genauso lieben, wie den anderen, und den anderen genauso wie uns selbst.

Unglücklicherweise gehen viele Menschen davon aus, ein Partner sei dazu da, sie selbst glücklich, zufrieden und erfüllt zu machen. Sie werden immer wieder mit ein- und demselben Problem konfrontiert: Ab einem bestimmten Punkt wird man sich in der Beziehung nicht ausreichend geliebt, verstanden, willkommen und geborgen fühlen. Entweder man geht dann fremd, beginnt eine Affäre, duldet oder trennt sich oder findet einen Weg, an sich und seinen Reaktionen zu arbeiten. Auch das Gegenteil, dass man sich zu sehr um sich selbst dreht, während man den Partner als Bestandteil seines Lebens völlig außer Acht lässt, ist heute einer der häufigsten Gründe, wieso Beziehungen zerbrechen und Ehen geschieden werden.

Paarforscher haben es sich in den letzten Jahren zur Aufgabe gemacht, herauszufinden, was eine zukunftsfähige Beziehung fördert – und was nicht. Nun finden erstmals Längsschnittstudien statt, die das Phänomen Liebe und Beziehung auf geheime Formeln untersuchen, die jeder anwenden kann. Dasselbe ließe sich auch für Affären durchführen. Nur sind Affären zwar gang und gäbe in unserer Gesellschaft, aber noch immer problembehaftet, werden belächelt und verschwiegen. Wie Geheimbunde haben auch sie eine idealistische Veränderung als Ziel; Menschen opfern sich für sie und geben sich und ihr Leben vollständig für das Erreichen dieses (Beziehungs)Ziels hin und auf.

Jeder meint zu wissen und die Beweise zu haben, dass Affären keine Zukunftschancen hätten. Sie haben keinerlei Hoffnung, dass aus einer Affäre eine gesunde Partnerschaft entstehen könnte. Und tatsächlich hören wir nur sehr selten von gegenteiligen Geschichten, in denen der Mann seine Ehefrau und Kinder verließ, um zu seiner Geliebten zu ziehen. Frauen trennen sich hingegen sehr viel häufiger, wenn auch nicht immer. Selbst wenn wir von glücklich getrennten, ehemaligen Affären und heutigen Beziehungen hören, sympathisieren wir automatisch mit dem verlassenen Partner, der zerstörten Familie und den Scherben, für die jemand die Verantwortung zu tragen hat. Dass dieser Jemand nicht der oder die Dritte im Bunde ist, sondern die Gefahr vom Fremdgänger ausging und auch vom offiziellen Partner anteilig bewirkt wurde, scheint eine zu unbequeme Wahrheit zu sein. Und leider, für heimliche Geliebte, trennen sich nicht alle Ehen und Partnerschaften, in denen jemand fremdgegangen ist.

Zum Erstaunen vieler Menschen sage ich immer wieder, dass Affären nicht nur Nachteile, sondern auch Vorteile haben. Sie gehen leider im Schmerz, Hoffen und Warten der Geliebten vielfach unter. Sie begünstigen, dass mindestens ein Teil leiden wird – und das scheint vermehrt der oder die Geliebte zu sein. Nur die Geliebten, die mit geradem Rücken dazu stehen, dass sie keine Beziehung möchten, stimmen mir oft nickend zu. Sie wissen, dass ihnen eine Affäre viel Negatives einer Beziehung erspart. Sie wissen, dass einige Affären länger halten, als Beziehungen und Ehen. Sie sind sich der untrüglichen Wahrheit bewusst, dass Affären mehr als nur einmal eine Ehe oder Partnerschaft vor dem Zerbrechen gerettet haben. Sie haben die Entscheidung gewählt, lieber die oder der Geliebte im großen Spiel des Lebens zu sein, als der betrogene, verlassene oder sich trennende Partner. Doch die meisten mussten einen langen und schmerzhaften Prozess durchlaufen, um diese Vorteile einer Affäre für sich und ihr Leben nutzbar und genießbar zu machen.

Aber auch sie waren einst die, die litten und warteten. Auch sie waren zu oft bereit, alles zu tun, um den begehrten Menschen für sich zu gewinnen. Wen man nicht oder nur schwer haben kann, der hat psychologisch gesehen einen höheren Wert, als leicht zugängliche PartnerInnen. Je mehr man kämpfen muss, umso wertvoller und vielsagender ist der Gewinn. Denn in unserer Gesellschaft folgen wir dem Prinzip des Erfolgs durch Leistung: besonders beim Thema Liebe. Die meisten Bemühungen nehmen wir nur noch auf uns, weil wir uns dadurch ein ersehntes Ergebnis als Belohnung erhoffen. Dieses

Ergebnis ist der ultimative Beweis dafür, dass wir es verdient haben: und zwar nur wir. Exklusive Anerkennung unserer Leistungen und Erfolge rechnet die Gesellschaft hoch an, wohingegen Misserfolge aufgrund mangelnder Leistung mit Abwertung und Ausschluss geahndet werden. Schaffen es Geliebte nicht, ihre heimliche Affäre dazu zu bewegen, den offiziellen Partner für sie zu verlassen, haben sie versagt. Die psychischen Konsequenzen, denen sie ausgesetzt sind, sollten als Last bereits ausreichen. Leider erfährt man von Freunden und Bekannten nur wenig Rückhalt, wenn es dazu kommt: *Aber das war doch klar! Jetzt sei nicht traurig. Das hättest du doch vorher wissen müssen!* Zwar zeigen viele Statistiken, dass nur die wenigsten Personen ihre offizielle Beziehung für die Affäre beenden. Doch müssen diese Zahlen in meinen Augen grundsätzlich differenziert betrachtet werden: Die Umfragen drehten sich um Beziehungen mit Untreue und versuchten, die Fremdgänger und ihre Motive zu analysieren. Sie konzentrierten sich aber nicht auf Affären, Geliebte und ihre Chancen. Also nein: Man hätte es nicht früher wissen können (außer, der Affärenpartner wies ausdrücklich und mehrfach darauf hin).

Wer eine Affäre hat, geht unweigerlich das Risiko ein, zu scheitern, so wie jeder andere Mensch, der sich von Affären fernhält, aber dafür eine Beziehung sucht oder führt. Auch in Beziehungen trägt man dieses Risiko. Leider sagen da die wenigsten, dass das Scheitern ja im Vorfeld abzusehen war und man nicht so traurig sein solle. Denn Beziehungen sind in den Köpfen gesellschaftskonformer Menschen „Arbeit“, während Affären nur Spaß, Illusion, Luft und Liebe seien und so gar keine Bemühungen erfordern würden.

Eben aufgrund dieser trügerischen Interpretationen, Bewertungen und Stigmata haben es Geliebte heimlicher Affären nicht leicht. Sie müssen entweder lernen, nur das Gute in der Affäre zu sehen, aus der vielleicht oder vielleicht auch nicht eine Beziehung entstehen wird (während sie keinerlei Erwartungen hegen dürfen). Oder sie erkennen für sich, dass eine Affäre – heimlich oder nicht – eine unpassende Beziehungsform für sie ist. Fernbeziehungen, polyamoröse und offene Beziehungen, Freundschaften mit Sex, eheähnliche Partnerschaften sowie Ehen sind weitere gängige Beziehungsmodelle.

An dieser Stelle haken Geliebte meist aus einem sich schützen wollenden, falschen Schuldbewusstsein ein: „Ich wollte nie eine Affäre, ich wollte immer eine Beziehung. Aber ich habe mich in eine Person verliebt, die gebunden ist. *Jetzt kann ich nichts mehr tun, weil meine Gefühle stärker sind als mein Verstand.*“ Die Gefühlsintensität, tiefe Verbundenheit, Sehnsucht und Liebe mögen zweifelsohne stimmen. Ich war selbst eine jahrelange, heimliche Geliebte und fand mich auch nach meiner ersten Affäre überraschenderweise wiederholt bei vergebenen Männern wieder, ohne es vorher zu wissen. Und bei allen hatte ich diese Gefühle und Ängste. Doch eben aufgrund meiner eigenen Erfahrung weiß ich, was die obigen Sätze tatsächlich bedeuten: „Meine Affäre hat mich in der Hand. Jetzt muss ich warten und hoffen, dass sich der geliebte Mensch für mich entscheidet. Nur er bestimmt darüber, ob meine Zukunft glücklich oder unglücklich, mit Liebe erfüllt oder lieblos sein wird. Diesem Menschen gehört mein Herz. *Dieser Mensch entscheidet, ob ich lache oder weine.*“

Genau das stimmt eben nicht. Deshalb stehen heimliche Geliebte vor einer weiteren Herausforderung: Um eine Beziehung zu haben bzw. zu „bekommen“, und um damit vermeintlich ein Teil des offiziellen Wertesystems der Gesellschaft zu sein, müssen sie sich oft gegen Liebe und für eine Partnerschaft entscheiden. Doch eine Partnerschaft zu haben, bedeutet nicht zwangsläufig, dass sie auch von beiden Partnern erfüllt und liebevoll erlebt wird. Wir alle kennen solche Beziehungen, in denen mindestens ein Partner nur noch *anwesend* ist, während der andere sich einbringt, um die Beziehung aufrechtzuerhalten. Es sind Partnerschaften, in denen beide nur noch nebeneinander her leben, um nicht allein zu sein. Sie scheuen es, mit der Partnersuche von vorn beginnen zu müssen – und eventuell mehrfach zu scheitern, bis sie einen Menschen gefunden haben, der zu ihnen passt und zu dem sie passen.

Die zwei Typen heimlicher Geliebter

Beim Thema Beziehung oder Liebe spalten sich deshalb nicht nur bei den Affärenpartnern/Fremdgängern, sondern auch bei den heimlichen Geliebten die Lager: Ich stellte fest, dass die Angst, die Liebe würde in einer Beziehung absterben und eine neue, eigene Form annehmen, groß war. Sie empfanden die neue Form der Liebe, die auf Vertrautheit, Zusammenhalt, emotionale Sicherheit, charakterliche Gleichheit, gegenseitige, geteilte Verantwortung und geteilte Pflichten (z. B. für die Familie) sowie geregelte Tagesabläufe fußte – weg von Mann und Frau und hin zu Mensch und Mensch – weniger erfüllend. Bei dieser Form der Liebe erhielten sie zu wenig wertschätzende Anerkennung, Zuwendung und Sicherheit. Sie stellten ihre Wertschätzung infrage und gaben ihrer Interpretation individuelle Gründe. Es gab nichts mehr zu gewinnen; es galt nur noch zu funktionieren: in den schlechten Zeiten erhalten zu bleiben und das selbstverständlich, beizeiten leer, allein, einsam oder zutiefst gelangweilt, überfordert oder anderweitig unbefriedigend. Sie erlebten diese Liebe als eine, in der sie nicht mehr mit dem Herzen gebraucht und gewollt waren und sich daher weniger geliebt fühlten. Was sie in Wahrheit suchten und deshalb sehr viel attraktiver erschien, war die ewige, leichte, nichts fordernde, sonnige und rosarote Liebe, die wir alle als Verliebtheit kennen. Und von der Affären leben.

Kaum jemand verzichtet freiwillig auf Liebe. Aus diesem Grund suchten viele nach einer Möglichkeit, die ihnen das Gefühl der ewig leichten Liebe garantiert. Weil diese Liebe ihnen immer gibt, wonach sie sich sehnen, hielten sie sie so lange wie möglich fest. Eine Affäre ermöglicht diese Liebe. Somit entschieden sich viele heimliche Geliebte, die bewusst nur eine Affäre wollten, zwar für Liebe, aber gegen eine Beziehung. Statt einer Lebensgemeinschaft, wählten sie eine Liebesgemeinschaft.[ii] Dass das nicht schmerzfrei geschah, ist hoffentlich selbstverständlich. Sie mussten sich in ihrer heimlichen Affäre neu erkennen, selbst wahrhaftiger kennenlernen und beschlossen daraufhin eine Kehrtwende in ihrem bisherigen Liebesleben.

Das zweite Lager brauchte beides, um Sinn und emotionale Sicherheit zu verspüren. Sie suchten Liebe, Gemeinschaft und Geborgenheit – exklusiv und beständig. Der Gedanke, entweder nur Liebe oder nur eine Beziehung ohne Liebe zu haben, war genauso angstbesetzt, wie der Gedanke, den Affärenpartner teilen zu müssen. Es raubte ihnen ein Stück Selbstbestimmung ihrer Zukunft, ihn in seiner Entscheidung nicht beeinflussen zu können. So blieben ihre Träume unerfüllt, während ihre Sehnsucht nach Geborgenheit zu Groll wurde.

Aus der anfänglichen Liebe, die auch Hoffnung für die Verwirklichung ihrer Pläne innehatte, wurde von Tag zu Tag psychisches Leid, körperlicher Schmerz – bei manchen bis hin zu Hass. Davor machten sich Frust, Angst, Depressionen, Aggressionen und Manipulationen breit. Sie sollten die unerwiderten Gefühle, unter denen sie litten, abwehren und das vermeintlich unweigerliche Ende hinauszögern. Viele von ihnen bemühten sich bis ans Ende ihrer Kräfte, um in der heimlichen Affäre bleiben zu können. Sie glaubten bis zum Schluss, auch wenn sie innerlich bereits wussten, welches Ende nahen würde. Ab einem individuellen Zeitpunkt bemerkten sie, dass sie nicht weiter stehenbleiben konnten. Es wurde unmöglich, die heimliche Affäre weiterzuführen, wenn sie nirgends hinführen würde, wo sie sich selbst in ihrer Zukunft sahen: in einer verlässlichen und festen, liebevollen Beziehung, die sowohl emotionale, als auch existenzielle Sicherheiten garantierte, gepaart mit Treue und Exklusivität. Die aufgezwungene Stagnation, weil die Affärenpartner ihren eigentlichen Partner nicht verlassen wollten, brachte vielen von ihnen seelische Ungleichgewichte, die nicht selten tiefe Wunden verursachten. Sie konnten die Liebesgefühle und Vorteile einer Affäre nicht länger schätzen; die Nachteile überwogen und erdrückten die positiven Gefühle.

Die Werte und Bedürfnisse des Affärenpartners stimmten mit ihren eigenen nicht mehr überein, als ihnen klar wurde, dass sie auf ihre Zukunftspläne verzichten müssten. Sie empfanden es als Scheitern und Selbstverlust. Um ihrem Leben den nötigen Respekt zu zollen und sich verwirklichen zu können, beendeten sie ihre heimliche Affäre.

Es gab – wie überall im Leben – auch Mischformen im Erleben der heimlichen Affäre. So hatten viele zuerst den Schmerz und die Hoffnungslosigkeit ertragen, bevor sie sich dazu entschieden, ihre Ansichten zu Liebe und Beziehung grundlegend zu ändern.

Der letzten Gruppe heimlicher Geliebter wurde die Entscheidung über die eigene Entwicklung abgenommen: Ihre Affärenpartner trennten sich von ihnen, noch bevor sie die Möglichkeit hatten, selbst aktiv zu werden.

STATIONEN EINER AFFÄRE

„Erst wenn man stolpert, achtet man auf den Weg.“

Sprichwort

Es knisterte wie loderndes Feuer, das Herz klopfte wild, die Hände waren feucht vor Aufregung und die Stimme zitterte. Man konnte kaum das nächste Treffen abwarten, lag abends mit nur Sehnsucht im Kopf im Bett, dachte sich zum anderen hin und stellte sich die vielen Berührungen vor, die innigen Küsse, die Geborgenheit, die Intimität, den Klang der Stimme, die tiefe Zufriedenheit. So schilderte mir Janine den Anfang ihrer Affäre mit Christian. „Wie Magie.“

Sie lernten sich im Job kennen: Janine half als Studentin aus und Christian hatte eine hohe Position inne, verhielt sich aber wie ein Kollege. Trotz des massiven Altersunterschiedes von 17 Jahren wirkten sie wie Magneten aufeinander. Es begann mit verstohlenen Blicken, kleinen Gefälligkeiten und viel Liebenswürdigkeit. Berufliche Treffen wurden in die Länge gezogen, Telefonate unter einem Vorwand geführt, nur um miteinander sprechen zu können. Im Gegensatz zu allen anderen Kollegen durfte Janine bis spät in den Abend anrufen, falls sie eine Frage hatte. Sie stand jeden Morgen eine Stunde früher auf, um sich extra schön anzuziehen und zurechtzumachen – für ihn. Sie wusste, dass er seit mehr als zehn Jahren verheiratet war und mit seiner Ehefrau zwei gemeinsame Kinder hatte. Eine Kollegin hatte ihr davon erzählt. Von ihr erfuhr sie auch, dass Christian für kurze Liebschaften am Arbeitsplatz bekannt war. Janines Vorgängerin war aus diesem Grund aus der Firma ausgeschieden. Denn: Christians Kinder waren zwölf und neun Jahre alt – zu jung, um keine Wunden durch eine Scheidung davonzutragen. Das war der (angebliche) Grund, der die Affäre scheitern ließ.

Doch bei Janine und Christian schien alles anders. Die Anziehung und Sehnsucht waren stärker als alles, was sie je zuvor gefühlt hatte. Aller Warnungen zum Trotz suchte sie weiter Christians Nähe und verbrachte mehr Zeit auf Arbeit, als nötig. Christian wiederum bevorzugte Janine vor allen anderen und ermöglichte ihr einige Vorzüge, die er anderen verwehrte.

An einem Abend im Spätherbst saßen beide als Letzte im Büro und besprachen ein Projekt. Es dauerte nicht lang, bis er ihr nach einem langen, intensiven Blick offenbarte, dass er sie mochte, aber verheiratet und Vater zweier Kinder war. Wie sie mir später erzählte, entschied in diesem Augenblick allein ihre Intuition über das, was dann geschah. „Ich hatte einfach ein gutes Gefühl bei ihm!“, begründete sie. Er lehnte sich in seinem Schreibtischstuhl zurück und forderte Janine auf, zu ihm zu kommen. Mit rasendem Herzen stand sie von ihrem Stuhl auf und ging zu ihm. Er nahm sie in die Arme, streichelte über ihr Haar und schaute ihr tief in die Augen, bevor er sie küsste. Noch am selben Abend schliefen sie miteinander.

Nach diesem Abend lebten beide wie auf Wolke Sieben. Jedes Treffen erschien intensiver, romantischer, schicksalsträchtiger, erfüllender und liebevoller, als das zuvor. Sie trafen sich so oft sie konnten, schickten heimliche Nachrichten, warteten innerlich sekündlich auf ein Zeichen des anderen. Christian stahl sich von Zuhause weg, wann immer er konnte. Er arrangierte angebliche berufliche Treffen, nur um Janine sehen zu können. Sie verbrachten jede freie Minute miteinander, „als wären es unsere letzten". Seine Ehe war nach eigenen Aussagen tot – langweilig und nur noch funktionell. Bislang hätte er keine Frau getroffen, für die er seine Frau und Kinder verlassen wollte. Sie war eine gute Mutter, als Partner hätten sie sich aber nichts mehr zu sagen. Doch er liebte seine Kinder und wollte sie nicht verletzen. Er ließ Janine glauben, dass sie die Richtige ist. Sie wiederum ließ ihm Zeit und wollte ihn aus Angst vor Konflikten nicht drängen. Sie hielt es für einen Segen, einen Mann gefunden zu haben, den sie liebte, während sie die Freiheit eines Singles genoss. Die ersten Abende, Nächte und Wochenenden ohne Christian waren zwar eine Herausforderung gewesen, aber sie war zu verliebt, um der Realität ins Auge zu blicken. Stattdessen freute sie sich jeden Sonntagabend darauf, ihn schon am nächsten Morgen wiederzusehen. Anfangs.

Immer öfter schlichen sich unmerklich böse Fantasien darüber ein, ob Christians Geschichte über seine tote Ehe stimmte. „Ich stellte mir vor, wie er seine Ehefrau beim Abendessen an der Hand berühren würde, wie er gemeinsam am Samstagvormittag mit ihr Einkaufen fuhr, wie er seine Kinder ins Bett brachte, um sich danach ins Ehebett schlafen zu legen." Würde er seiner Frau einen Gute-Nacht-Kuss geben? Würde er mit ihr schlafen, wenn sie es wollte? Würde er sich gefallen lassen, von ihr umarmt und geküsst zu werden? Sie konnte die bohrenden Fragen mehr oder minder gut verdrängen. Bis Weihnachten vor der Tür stand. Der Gedanke daran, das Fest der Liebe ohne Christian verbringen zu müssen, wurde für Janine unerträglich. Ihr war zwar bewusst, dass auch er sich vor seiner Ehefrau und seinen Kindern verstellen musste. Doch wie tot könnte eine Ehe sein, ohne dass der andere Partner eine heimliche Affäre bemerken würde? Oder wusste seine Ehefrau von Christians Liebschaften? All diese Fragen schossen Janine Tag für Tag durch den Kopf.

Ihr Weihnachtsfest verbrachte sie gespielt fröhlich, hinter vielen Sorgen und Tränen darüber, dass Christian bei einer anderen Frau war und nicht bei ihr. Janine fühlte sich zutiefst einsam. Die Kehrseite einer jeden heimlichen Affäre hatte sie eingeholt: Urlaube, Feiertage und Geburtstage, die man getrennt voneinander verbringt; Wochenenden, an denen man sich, wenn überhaupt, nur auf ein oder zwei Stunden treffen kann. Beieinander übernachten? Ausgeschlossen.

Gemeinsame, entspannte Wochenendtrips? Nur mit vielen Lügen. Fotos auf Facebook? Nein. Die Eltern, Freunde und Kinder kennenlernen? Nein. Wenn es nicht sofort ausschließlich um Sex geht, so läuft es im Weiteren darauf hinaus.

Janines und Christians Treffen waren mehr und mehr solche Sextreffen geworden. Hin und wieder gab es einige Worte, wie es gerade so im Leben lief, was alles schlecht war, wie sehr man sich vermisst hatte, eine E-Mail oder SMS danach, wie schön es wieder war. Im Büro wurde ihr Umgang normaler und weniger herzlich, der Kontakt immer seltener. Ihre Affäre begann, alltäglicher zu werden.

Janine beschloss, mit Christian über ihre Ängste zu sprechen. Beide hatten einvernehmlich nach nur wenigen Wochen die Abmachung getroffen, dass sie sich nach Arbeitsschluss nicht mehr telefonisch bei ihm melden sollte. Seiner Frau würde schnell auffallen, dass sie mehr, als nur Kollegen, waren. E-Mailkontakt war erlaubt. Wann er seine E-Mails abrief und ihr antwortete, entschied er je nach Situation zu Hause. Einige Geliebte berichteten, dass die Betrügenden von einer heimlichen E-Mailadresse schrieben. Es gibt Männer und Frauen, die sich wegen ihrer Affäre Zweithandys mit separaten Telefonnummern besorgen und es gut versteckt im Auto oder im Büro liegen haben. Das erfuhr Janine, als sie nach Gleichgesinnten suchte.

Doch Christian versicherte ihr, dass sie sich keine Gedanken machen bräuchte. Seine Ehefrau und er würden schon seit Jahren nicht mehr miteinander schlafen. Unter Freunden und Bekannten würden sie nur das glückliche Ehepaar spielen, die heile Familie. Doch im Hintergrund hätte sie der Alltag eingeholt und alle Gefühle, die sie einst füreinander hatten, wären verschwunden. Aber Janines Ängste wurden nicht weniger. Immer öfter sprach sie Christian auf die Zukunft an. Immer mehr drängten sich ihre eigenen Bedürfnisse in den Vordergrund: Sie wünschte sich eine eigene Familie, gemeinsame Jahresurlaube und schöne Stunden zu Feiertagen und Geburtstagen. Sie wollte an seinem Leben teilhaben und vor allem wollte sie, dass er sie teilhaben ließ. Als Janine nicht von allein mit ihren Forderungen aufhörte, beteuerte Christian, dass er seine Ehefrau verlassen würde. Aber er bräuchte etwas Zeit. Sie müsse ihm bis dahin nur vertrauen. Er könne ausschließlich an Janine denken und an die gemeinsamen Stunden, den tollen Sex, die vielen intimen Gespräche, ihren Geruch, ihre Haut. Niemand würde ihn so verstehen, wie sie. Bei ihr könne er sich ganz fallen lassen und sich fühlen. Seine Ehefrau aber? Zu viel Alltag, zu wenig Feuer, keine Zukunft. Zu vieles sei schon kaputt. Da ließe sich nichts mehr retten. Doch Christian beharrte darauf, dass es nicht der richtige Zeitpunkt wäre, sich scheiden zu lassen. Er würde stattdessen versuchen, einen Weg zu finden, Janine mehr an seinem Leben teilhaben zu lassen. Und den fand er: als Kindermädchen und Nachhilfelehrerin für seine Kinder. Janine machte fortan früher im Büro Schluss und ging danach zu Christian nach Hause, holte die

Kinder vom Gitarrenunterricht oder Sport ab, betreute sie bei ihren Hausaufgaben und unterhielt sich mit seiner Ehefrau. Zu ihrem Erstaunen war sie eine sehr nette, erfolgreiche Frau. Janine fand sie herzlich und hingebungsvoll. Wenn sie über Christian sprach, schien es Janine, als würde sie ihn lieben und nichts vermuten.

Janines neue Rolle in Christians Familie festigte sich so sehr, dass sie an Geburtstagen und sogar an Feiertagen bei gemeinsamen Familienausflügen dabei sein durfte. Doch mitansehen zu müssen, dass sie nur die heimliche Geliebte war, die ihre Liebe vor Christians Familie nicht zeigen durfte, lastete schwer auf ihr. Christian tat vor seiner Familie so, als wäre nichts zwischen Janine und ihm. Jede gemeinsame Minute barg eine Verletzung. Janines Freunde schüttelten schon seit geraumer Zeit nur den Kopf und rieten ihr, sich zu trennen. Doch Janine konnte nicht loslassen. Sie wollte die Hoffnung, eines Tages Christian ganz für sich allein zu haben, nicht aufgeben. All die Jahre, die sie in ihre Beziehung investiert hatte, wären umsonst. Die Angst, nach der Trennung von Christian ohne Job und allein zurückzubleiben, lähmte sie.

Eines Abends dachte sie darüber nach, Christians Ehefrau ihre heimliche Affäre zu gestehen. Sie wusste, welche Auswirkungen das haben würde. Doch die Hoffnung auf ihren Sieg wog schwerer. Als Christian von ihren Plänen erfuhr, rastete er aus und trennte sich augenblicklich von ihr. Bitterböse Drohungen und überaus verletzende Worte folgten per E-Mail. Seine eigene Angst, aufzufliegen und seine Familie zu verlieren, war plötzlich größer, als die Gefühle, die er für Janine hatte. Im Büro behandelte er sie fortan wie Luft und ließ sie absichtlich Überstunden schieben, sodass sie mit seinen Kindern kaum mehr Zeit verbringen konnte. Kurze Zeit später sagte er ihr, dass er sie für seine Kinder nicht mehr bräuchte.

Janines Rachefantasien wurden stärker. Sie überlegte sich Schritt für Schritt, wie sie seiner Ehefrau von seinem zweiten Gesicht erzählen konnte. Sie wollte ihren Schmerz teilen. „Wenn er nicht mir gehören konnte, dann sollte er niemandem gehören", dachte sie. Sie verfiel sogar dem Gedanken, dass seine Ehefrau so einen Mann nicht verdient hätte. So konnte Janine vor sich rechtfertigen, dass ihre Ehrlichkeit und Verletzung eventuell eine Ehe und Familie zerstören würde.

Doch dieser Schritt war nicht nötig. Christians Ehefrau wurde eines Tages wegen seiner anhaltenden schlechten Laune und vielen versteckten SMS, Anrufen und E-Mails misstrauisch. Drei SMS und einige E-Mails genügten, um die Wahrheit herauszufinden.

Andere Partner schnüffeln in der Jackentasche oder der Kreditkartenabrechnung, rufen bei dem Handyprovider ihres Partners an und lassen sich Einzelverbindungsübersichten schicken, schreiben sich alle Telefonnummern aus der Anrufliste des Handys ab, während ihr Partner duscht oder wenn er eingeschlafen ist. Wiederum andere folgen ihren Partnern, setzen Detektive ein oder rufen die Affäre an.

Sie sprechen mit den Geliebten, lassen sich reinen Wein einschenken oder legen sie lahm, tun alles, um sie aus dem Weg zu räumen.

Menschen können sehr kreativ sein, wenn es um Wettbewerb, Rache und Vermeidung eines Verlustes geht. Ich habe die verrücktesten Geschichten der verrücktesten Unternehmungen betrogener Partner gehört, die ihren betrügerischen Männern und Frauen auf die Spur gekommen sind oder es wollten. Es ging um Stolz, Platzen von Illusionen, Zerstörung des Status quo, missbrauchtem Vertrauen, Beziehungswerte und Beziehungsideale, Minderwertigkeitsgefühle, Ohnmacht und Hilflosigkeit. Es ging um drohende Zusammenbrüche finanzieller und existentieller Nährböden, um Zerstörung der Familie, um Selbstwirksamkeit und … um Wut, Verletzung und Kränkung des Selbstwertes. Um die heimliche Affäre zu finden, sie zu identifizieren, zu wissen, wer die Person ist und wie sie aussieht, Rechtfertigungen einzuholen und Aggressionen freizulassen, unternehmen einige Partner viel.

Einige Geliebte, die den Wunsch hegen, mit ihrer Affäre eine gemeinsame Zukunft aufzubauen, verlieren sich in dem Gedanken, dass es unweigerlich zu einer Trennung vom offiziellen Partner käme, wenn dieser es herausfände. Doch das entspricht nur in den seltensten Fällen der Realität. Viele betrogene Partner bleiben: einige aus rein vernünftigen Gründen, wie dem Erhalt der Familie, andere aus Angst.

Christians Ehefrau trennte sich nicht. Sie ließ Janine über Christian wissen, dass sie sich von nun an von ihrer Familie und ihrem Mann fernhalten soll. Täte sie das nicht, würde sie Anzeige erstatten. Janine war am Boden zerstört. All ihre Hoffnungen platzten wie eine Seifenblase. Sie kündigte ihren Job und zog nach wenigen Monaten aus der erinnerungslastigen Stadt fort. Bis heute bereut sie, „so naiv und blind" gewesen zu sein. Eine heimliche Affäre hatte sie seitdem nie wieder. Die Ausrede „Er liebt seine Frau nicht mehr. Es ist schon lange aus. Er bleibt nur noch wegen der Kinder … ja klar", kann sie heute nur noch belächeln. Ich fragte sie, ob sie glaube, dass er seine Frau verlassen hätte, wenn sie weiterhin still und abwartend geblieben wäre. Sie wusste es nicht, aber war sich sicher, dass sie selbst keine Minute länger durchgehalten hätte. „Irgendwann ist die Grenze einfach erreicht."

„Glaubst du, er hat das mit all seinen Liebschaften so gemacht?"

„Ich bezweifle, dass er die anderen so nah an sein richtiges Leben ließ, allein schon wegen seiner Kinder. Aber beim Rest bin ich mir sicher, dass es nur Ausreden waren, um mich nicht zu verlieren."

WIESO MÄNNER UND FRAUEN FREMDGEHEN

„Die Geschichte kennt mehr Vorbilder von treuen Hunden dann von treuen Menschen."

Alexander Pope

Dieses Kapitel gibt unliebsame und verletzende Wahrheiten preis. Geliebte wollen gern glauben, dass ihre Affäre auf großer und intensiver, verheißungsvoller Liebe fußt. Sie wehren sich bei dem Gedanken, dass es hauptsächlich erotische Attraktion und erotische Kompatibilität sein könnte, die sie zusammenbringen und -halten. Sie verabscheuen jeden Impuls, der echte Liebe und Sinnhaftigkeit anzweifelt. Doch es ist schwer, in die Köpfe der Menschen hineinzuschauen, und noch schwerer, ihnen ihre tiefen Gefühle zu glauben, wenn sie nicht für eine offizielle Beziehung ausreichen.

Die Detektei A Plus listet auf ihrer Website[iii] 55 Gründe, weshalb Frauen und Männer fremdgehen. Ihrer Erfahrung nach gibt es nicht nur die eine rosarote Ursache, dass man sich in jemand anderen verliebt. Vielmehr erscheinen Legitimationen aller Art, ob allgemeinhin vernünftig oder individuell zweifelhaft, Menschen dazu zu „verleiten", untreu zu werden. Unter ihnen finden sich auch solche, die auf Gedankenlosigkeit und Egozentrik schließen lassen.

Einige Menschen gaben an, sie wären so umschwärmt worden, dass sie nicht anders konnten, und schlussendlich nachgaben. Andere wiederum wären überrumpelt worden und hätten dem Reiz des Verbotenen und der Aufmerksamkeit nicht widerstehen können. Wiederum andere begründeten ihre Untreue mit ihrem großen Sexualtrieb; ihre Hormone wären schuld gewesen; sie konnten sie nicht kontrollieren. Auch der Gedanke, eine ewig dauernde Beziehung führe dazu, dass man etwas im Leben verpasse, wurde als Grund genannt. Die altbekannte Aussage, man hätte einfach nur zu tief ins Glas geschaut, ist ebenso dabei. Auch allein nur die Option zur Untreue gehabt zu haben, schien einigen genauso auszureichen, wie der Wunsch und Drang nach Abwechslung, einem guten Selbstwertgefühl und dem schmeichelnden Selbstbewusstsein. Untreue schien all das zu fördern.

Besonders interessant sind die Begründungen, die eine Unzufriedenheit, Überdruss und Angst in Bezug auf die Partnerschaft zeigen: Krisen, stete Streitigkeiten, Unsicherheit gegenüber den Liebesgefühlen für den Partner, sexuelle Unzufriedenheit, Lust auf einen neuen Partner und neue Techniken, Unlust des Partners, verschiedene Auffassungen bezüglich Monogamie und Treue, Einsamkeit, Frust über das langweilige Beziehungsleben, mangelnde

Aufmerksamkeit, erhoffte Zuwendung des Partners nach der Untreue, um nicht mehr selbstverständlich zu sein, Rache wegen der Untreue des Partners, und: Man brauchte einen Grund, um seine Beziehung zu beenden.

Doch auch eher ambivalente Aussagen wie „Mein Partner ist nicht mehr attraktiv für mich", „Ich wollte Spaß", „Ich wollte einfach meinen Marktwert testen", ein erreichtes Ziel zelebrieren, mich mit Sex bei jemandem bedanken, auf der Karriereleiter aufsteigen, reich und berühmt werden, wurden als Begründung für Untreue erfasst. Weniger selten gehörte Ursachen, wie „Mein Partner ist beruflich viel unterwegs." sowie der Klassiker, „Es ist einfach passiert." runden die Liste der Argumentationen ab.

Lieben Fremdgänger ihre Partner nicht (mehr)?

Das jedenfalls wäre eine logische Schlussfolgerung. Eine 2008 durchgeführte Studie des Focus lieferte die Antwort – und erstaunliche Ergebnisse. Der Psychologe Ragnar Beer hatte im Rahmen des Projekts „Theratalk", durchgeführt an der Göttinger Georg-August-Universität, 2600 heterosexuelle Personen für die Seitensprung-Studie interviewt. Sie konzentrierte sich dabei nicht auf ein Geschlecht, sondern umfasste Frauen und Männer. Mehr als 80 Prozent gaben zu, dass sie fremdgegangen waren, obwohl sie ihren Partner liebten. Sie sagten ebenfalls, dass ihnen Treue gegenüber ihrem Partner durchaus wichtig wäre und sie sich diese Treue auch von ihrem Partner wünschten. Beer fand jedoch heraus, dass vier von fünf Fremdgängern in ihrer Beziehung sexuell nicht zufrieden waren. Das gaben 85 Prozent aller Frauen und 79 Prozent der Männer an.

Die Studie enthüllte außerdem, dass nur eine sehr geringe Prozentzahl, nämlich 12 Prozent der Frauen und 15 Prozent der Männer, offen waren für einen One-Night-Stand. Die verbleibenden Prozente bevorzugten eine Affäre, wobei diese bei 60 Prozent mindestens einen Monat andauerte. Die Hälfte der Affärenliebhaber gestand eine Affäre, die mindestens ein halbes Jahr währte.

Interessanterweise sind nach dieser Studie die meisten Fremdgänger nicht zum ersten Mal untreu gewesen. Für lediglich 49 Prozent der Männer und 55 Prozent der Frauen geschah es zum ersten Mal in der aktuellen Partnerschaft. Für 17 Prozent der Männer war es das zweite Mal; 22 Prozent waren bereits mehrfach untreu gewesen. 15 Prozent der Frauen ging es genauso, während es für 20 Prozent der Frauen die zweite Untreue war und für 10 Prozent sogar die dritte.[iv]

Bei den angegebenen Gründen der Detektei A Plus scheint es eher um den *Menschen,* statt um die rationalen Umstände innerhalb der Partnerschaft und die Schwierigkeiten, damit umzugehen, zu handeln. Die Ursachen winken bereits mit einem Mangel oder aber sprechen davon, dass Mangel befürchtet wird, aber Fülle erwünscht ist. Interessant finde ich vor allem, dass sich die Menschen scheinbar in einer Rolle verloren haben, die sie durch das Fremdgehen wieder korrigieren wollen. Als hätten sie den Kontakt zu sich und ihren Wünschen verloren, gehen sie absichtlich einen Schritt, der den Partner oder die Partnerin verletzen wird, dafür aber *für sie selbst* vermeintlich richtig sei.

Man liest die Lust auf Veränderung, sich körperlich (neu und wieder) erfahren zu wollen, Angst vor dem Alleinsein, der Wunsch nach dem Begehrtwerden in Form von Anerkennung als *Mensch mit Bedürfnissen.* Aber auch sich selbst wieder als Frau und als Mann zu erleben, mit Bedürfnissen, die gesehen und erfüllt, statt eingeklagt zu werden, sticht hervor. Der starke Drang nach Selbsterfahrung im Sinne von Grenzerfahrungen oder Selbstverwirklichung ist offensichtlich, als Form der verbotenen Frucht und Belohnung – gleichwohl als Instrument für die eigene Kontrolle über sein Leben. Haben untreue Menschen ihr Gefühl für sich verloren? Schwingt da eine leise, aber dennoch hörbare, Beschuldigung des Partners an dem eigenen Leid und der Farblosigkeit des Lebens mit?

Die Psychodramatherapeutin und Autorin Maja Storch begründet solche „Ausbrüche“ und plötzliche Härte, Einforderung der Bedürfnisse und ihrer Befriedigung mit dem menschlichen Schatten. Das Wort Schatten stammt von C. G. Jung, Sigmund Freuds Schüler, zudem Vater der Analytischen Psychologie, der ebenso die Tiefenpsychologie weiterentwickelte. Unter dem Schatten verstehen wir heute das Unbewusste, Verdrängte und Verbotene, das, was in uns allen schlummert – und irgendwann seinen Weg nach oben sucht. Das Unbewusste ist eine Macht, die als gefährlich empfunden wird, weswegen bestimmte Eigenschaften im Unbewussten auch in den Schatten verbannt werden können. Doch es gibt einen teuflischen Teil in uns, der den Ausbruch plant. So stecke – metaphorisch gesprochen – in jedem Feuerwehrmann ein Brandstifter. „Im Schatten … finden sich diejenigen Persönlichkeitsanteile, die im Laufe des Heranwachsens verdrängt oder abgespaltet wurden, weil sie in dem Umfeld, in dem der betreffende Mensch aufwuchs, nicht erwünscht waren. Ein Mensch, der dazu erzogen wurde, immer fleißig und pflichtbewusst seine Arbeit zu erfüllen, hat im Schatten einen pflichtvergessenen Faulenzer.“[v]

Wie wir sehen, hat das Schattenthema gar nichts mit Geschlecht zu tun. Männer und Frauen verdrängen einige ihrer negativen bzw. ungern gesehenen Seiten. Das alte Klischee, dass die Frauen wegen des männlichen Sextriebs die betrogenen und leidenden Wesen seien, ist ohnehin lang überholt. Denn auch Frauen gehen fremd. Lässt der Schatten die vorhandene Liebe zum Partner und zur Familie schwinden? Oder stellt sich plötzlich das Thema Selbstliebe von allein ein, weshalb es zu diesen „Ausbrüchen" kommen musste? Weshalb bleiben Menschen in unzufriedenen Beziehungen, statt sich zu trennen? Weshalb schweigt man, statt zu sprechen und zu handeln?

Tatsächlich zeigte eine Studie von Elitepartner 2011[vi], dass 11 Prozent aller männlicher Fremdgänger der Überzeugung sind, ein Seitensprung würde einer eingeschlafenen Partnerschaft wieder den nötigen Schwung geben. Lediglich 5 Prozent bereuten ihre Untreue. Hingegen würden zehn Prozent wieder fremdgehen, wenn sie die Möglichkeit dazu hätten.

Die Prozentzahlen der Frauen zeigten ähnliche Ergebnisse: 21 Prozent würden untreu werden, wenn sich eine Gelegenheit böte. Satte 75 Prozent hatten bereits mit dem Gedanken, untreu zu werden, geliebäugelt. Dieser Studie zufolge flogen im Übrigen 60 Prozent aller Affären auf.

Verletzen die meisten Menschen lieber heimlich, als offen über ihre Wunden zu sprechen und ihnen die Bedeutung zu geben, die sie haben? Laut Beers Studie gestanden 30 Prozent der betrügenden Männer und 24 Prozent der betrügenden Frauen ihrem Partner ihre Untreue.

Ich meine in etlichen Gesprächen rund um das Thema heimliche Affären ein leises „Ich bin mir selbst fremd geworden und habe mich selbst betrogen" gehört zu haben. Damit wäre die Untreue ein Ausdruck der verletzenden Untreue sich selbst gegenüber. Für viele ist es beängstigend, die wahren Gefühle und Bedürfnisse auszusprechen, besonders die, die mit möglichen Konflikten besetzt sind. Sie verbergen ihr wahres Gesicht lieber vor ihren Partnern und zeigen es stattdessen heimlichen Geliebten. Doch wozu?

Beziehungsidentität und das wahre Gesicht

„Wer sich selbst treu ist, braucht keinen Seitensprung", meint Dr. Wolfgang Krüger. In seinen Augen müsse man beziehungsfähig, teamfähig und konfliktfähig sein, während man immer wieder Nähe zum Partner herstellen müsse, um wirklich treu bleiben zu können. Zu viele aber hätten Angst vor Nähe, wenn die Beziehung fest geworden sei oder würden unter einem nicht stabilen Selbstwertgefühl leiden. Das würde Untreue fördern. Treue aber „sei im Kern die Treue zu sich selbst, d.h. [sic] die Beharrlichkeit, die Ausdauer, mit der wir die eigenen Lebensziele realisieren.“[vii]

Denn auch das Ablegen der Partnerschafts-Rolle – das, was man in der Beziehung mimt oder zu sein hat, um Harmonie aufrechtzuerhalten – findet sich als Ursache für Affären, weshalb man im Außen nach einer Lösung sucht. Einer meiner Gesprächspartner gab an, er hätte benutzt werden wollen, weil er in der offiziellen Beziehung der Starke zu sein hatte: eine Rolle, der er so entkommen wollte.

Anscheinend verlieren viele ihre Eigenwirksamkeit und Handlungskompetenz aus den Augen, wenn es um ihre Gefühle geht. Stattdessen schreien die Ursachen für Untreue förmlich danach, dass man dem Partner die Schuld, Verantwortung und Pflicht gibt, die man sich selbst gegenüber trägt. Storch meint, ein Rollenspielender „lebt im ständigen Bemühen, sich dem … gesetzten Rahmen anzupassen. [Er] muss in der Rolle zwar vieles erdulden, aber …[sein] Gewinn ist die Reinheit und die Unschuld. Die Schuld für alles, was schief läuft, haben dann immer die anderen.“[viii]

Ich erinnere mich an einen anderen Mann, der ebenfalls fremdging. Als ich ihn fragte, wieso er seine Partnerin nicht einfach verließe, wenn er sich so unwohl mit ihr fühlen würde, meinte er: „Ich will einfach nicht schuld sein!“. Als sei Untreue die neue Strategie gegen partnerschaftliche und interpersonelle Konflikte, Ängste und Trennungen.

Verletzen wollen

Viele meiner Gespräche zeigten, dass eine gewisse Gruppe der Affärenpartner mit ihrer Affäre nur eines wollten: sich an ihrem eigentlichen Partner rächen. Diese Rache entstand meist aus einer tiefen Verletzung, die entweder daher rührte, dass der Partner selbst fremdgegangen war. Oder man war von seinem Partner verletzt worden, indem man zum Beispiel ignoriert, ausgeschlossen oder hintergangen wurde. Die vermisste Liebe suchte man woanders, um sich selbst und dem Partner seinen Wert zu beweisen.

In beiden Fällen waren die heimlichen Geliebten bedauerlicherweise nur ein Ersatz für etwas, das in der Beziehung fehlte oder als Versicherung für den eigenen Wert genutzt wurde. In keinem dieser Fälle aber waren die Geliebten wertvoll genug, um nicht ausgenutzt zu werden oder nicht für die eigenen Zwecke herzuhalten. Die Affärenpartner wollten, meist ohne, dass ihre eigentlichen Partner etwas davon erfuhren, eine eigene Verletzung wiedergutmachen: vor sich selbst. Sie brauchten die Gewissheit und die Sicherheit, dass sie in der Lage waren, ihre Partner genauso zu verletzen, wie sie selbst von ihnen verletzt wurden oder worden waren.

Dafür brauchten sie heimliche Geliebte, die sich als Spiegel und Spielfeld hergaben. Doch während die Geliebten glaubten, dass ihnen nichts Schlechtes widerfuhr, geschah das genaue Gegenteil. Ohne, dass sie etwas davon bemerkten, wurden sie Teil eines Spiels. Für viele der heimlichen Geliebten bedeutete es eine unendliche Kraft, sich von der Affäre zu lösen. Überhaupt an den Punkt zu gelangen, an dem man mit Distanz und Klarheit der niederträchtigen Wahrheit ins Auge sehen konnte, um dann eine Entscheidung für sich zu treffen, dauerte für viele sehr lang. Denn der Gedanke, dass es einen Menschen im eigenen Leben gibt, der aus purer Kränkung und Selbstgefälligkeit heraus einen dritten, unbeteiligten Menschen verletzen würden, geschieht nicht ohne Leid. Vielen überkam das Gefühl von Ekel und tiefer Trauer, als sie erfuhren, in was sie hineingeraten waren.

Affäre oder Trennung?

Sind also heimliche Geliebte die Lösung für alle Beziehungsprobleme? Weshalb fällt es Menschen schwer, sich zu trennen, aber leicht, fremdzugehen? Auch hier geben verschiedene Studien und ihre Ergebnisse wertvolle Einsichten.

Eine Elitepartner Studie zeigt, dass sich nur neun Prozent trennten, nachdem sie fremdgegangen waren.[ix] Frauen seien dabei im Allgemeinen trennungsaffiner, als Männer, wie die 2008 gestartete Pairfam Längsschnittstudie bereits klären konnte.[x] Sie verlassen eher aus romantischen Gründen ihre Partnerschaft für ihre Affäre und verlieben sich nicht allzu selten. Statt in einer unzufriedenen und konfliktreichen Partnerschaft zu bleiben, tendieren sie eher zu einem Neubeginn.

Im Gegensatz zu Männern: Diese seien abhängiger von Beziehungen, weil sie weniger sozialen Rückhalt hätten, als Frauen. Rund zwei Drittel hätten keine enge Vertrauensperson. Frauen hingegen wären Trost und Unterstützung durch die Familie und Freunde nach dem Beziehungsaus sicher.[xi]

Der häufigste Trennungsgrund beider Geschlechter ist, laut einer ElitePartner Studie mit über 10.000 Befragten aus dem Jahr 2011[xii], mehrfache Untreue. 72 Prozent bestätigten das. 71 Prozent hielten Trennung für die richtige Entscheidung, wenn ihr Partner lügen oder etwas verheimlichen würde. Hingegen stimmten 51 Prozent für eine Trennung, wenn die Beziehung gefühlstot und langweilig werden würde.

Ähnliche Ergebnisse zeigte auch eine der ersten Pairfam Befragungswellen 2012: Demnach fanden Frauen und Männer, dass eine Partnerschaft ihre Angst vor Langeweile über 50 Prozent verringern würde.[xiii]

Sich scheiden zu lassen oder „nur" seine Beziehung zu beenden, hat ebenfalls einen unterschiedlich gewichteten Einfluss: Menschen trennen sich deutlich weniger, wenn sie verheiratet sind. Nur vier von zehn Ehen werden geschieden. Aus dem Ja-Wort ein Nein zu machen und den Bund des Lebens zu beenden, fällt den Menschen offensichtlich schwerer, als ein eheringloses Verhältnis zu lösen. Letztere würden im Schnitt nur noch zwei Jahre halten. Bei beiden Beziehungsformen spielen auch gemeinsame Kinder und materielle Werte, wie gemeinsame Vermögenswerte, Wohneigentum und sonstige Anschaffungen eine erhebliche Rolle.[xiv]

Diese Trennungshindernisse werden bei Vergebenen verstärkt, wenn sie sich in Wahrheit gar nicht trennen wollen. Wer daran glaubt, alles miteinander durchstehen zu können und vor allem zusammenbleiben will, der bleibt es meist auch. Selbst wenn eine Affäre Bestandteil dessen ist. Der Affärenpartner muss also die felsenfeste Absicht haben, sich zu trennen, weil er nicht länger glaubt, dass ein Zusammenbleiben Glück bringen wird. Wer aber das Zusammenbleiben eben wegen einer heimlichen Affäre (oder mehreren im Laufe der Partnerschaft) ermöglicht, der sattelt erst recht nicht zum/zur Geliebten um.

Es ist wichtig, zu wissen, weshalb der vergebene Affärenpartner die Affäre überhaupt begann. Daraus lässt sich schließen, wie bereitwillig oder nicht dieser seine offizielle Partnerschaft verlassen würde. Denn wie wissenschaftliche Erkenntnisse zeigen, fällt erloschene Liebe nur selten ins Gewicht. Im Gegenteil: Freundschaftliche Gefühle, die zwei Partner füreinander hegen, schweißen stärker zusammen, als ihre vorherige romantische Liebe.[xv] Das bestätigt einmal mehr, dass Sex tatsächlich nur individuell überbewertet wird. In einer ElitePartner Studie zeigte sich, dass nur 50,2 Prozent ein regelmäßiges Sexleben als Grund für eine Beziehung sahen. Die gemeinsame Freizeit zu gestalten (62,8 Prozent), Rückhalt bei Lebensherausforderungen zu haben (55 Prozent), sich regelmäßig austauschen zu können (54,9 Prozent) und weniger allein sein zu müssen (52 Prozent), waren wichtiger. Selbst das Bedürfnis nach dem Verliebtheitsgefühl rangierte recht tief mit 38,6 Prozent.[xvi] Doch bei einem Punkt sind sich alle sicher: Kinder können bei so manchem Paar zur Trennung führen.[xvii]

Woran liegt es nun, dass Affären nur selten zu Partnerschaften werden? Glaubt man einzelnen Psychologen, so spielt die Frage der Lebensgemeinschaft eine erhebliche Rolle, während die Frage nach der Liebe nur eine Nebensächlichkeit darstellt. Zweifelnde Affärenpartner scheinen danach zu bewerten, wie die Gemeinsamkeiten und folglich die Qualität ihres Lebens aussähe. Das heißt: Nachdem die romantischen Verliebtheitsgefühle sich langsam gelegt haben, verschwinden alle Attraktionen, die zum Beispiel auf gegenteilige Charaktereigenschaften oder Andersartigkeit im Vergleich zum Ehemann oder zur Ehefrau fußten. Hat sich diese erste Anziehungskraft, der atemberaubende Sex, die intimen Gespräche, die Geborgenheit, das Neue – vermischt mit dem Abenteuer und Flair des Verbotenen – gelegt, stellt man sich die wichtigen Fragen: Passt die Person zu mir? Könnte ich sie mir in Schlabberhose und Latschen vorstellen und fände ich sie dennoch großartig? Will ich ihr etwas kochen oder ihre Autobatterie wechseln? Möchte ich mit ihr einen Urlaub verbringen? Will ich mit ihr und Freunden beim Grillen zusammensitzen? Möchte ich in Krankheit für sie sorgen oder für mich sorgen lassen, wenn ich krank bin? Möchte ich mit ihr Eigentum erwirtschaften und ein gemeinsames Konto pflegen? Will ich in ein Haus mit ihr ziehen? Will ich sie jeden Morgen und Abend in meinem Bett an meiner Seite sehen?

Von einer heimlichen Affäre zu einer echten Beziehung zu gelangen, im Kopf sowie im Herzen, kann für viele schwierig sein. Nicht nur, weil das alte Leben „weg" fällt und verabschiedet werden muss. Auch der Aufbau eines neuen Lebens an der Seite eines anderen Menschen, ist für viele kein leichter Schritt, sondern mit Herausforderungen gespickt. Allein die emotionalen Widrigkeiten wie Vertrauen, Reue, Gelassenheit beim Aufbau der Beziehung (über)fordern nicht wenige. Der Gedanke an eine Beziehung, die „ja funktioniert", in der man sich auf einander eingestellt hat, mit allen guten und weniger guten Qualitäten angenommen wird und annimmt, beruhigt. Die gewohnte emotionale Sicherheit in einer funktionalen Partnerschaft freiwillig aufzugeben und eventuell mit dem Neubeginn zu scheitern, erschreckt und verunsichert. Es braucht Mut und Selbstvertrauen, vor allem Entschlossenheit und Selbstsicherheit, sich aus einer jahrelangen Beziehung zu lösen. Geliebte glauben (leider) sehr oft, dass das doch allzu leicht gehen müsste, vergessen aber genauso häufig die Konsequenzen für ihre geliebte Person – und die, die es wiederum für die neue Beziehung mit sich bringen würden. Das würden auch Geliebte „zu spüren bekommen". Und nur selten stellten sie sich die obigen Fragen, wie ich in meinen Gesprächen bemerkte.

Es ist verständlich, dass der Schmerz über die Getrenntheit für den Großteil der Geliebten schier überwältigend ist. Wenn Feiertage, Wochenenden und Geburtstage anstehen, wenn Urlaube getrennt voneinander verbracht werden (müssen), die Eifersucht, wenn die geliebte Person ihre Zeit nicht mit einem, sondern mit ihrem Partner verbringt, die leeren Stunden am Abend oder wenn man jemanden bräuchte, der für einen da ist, weil man Unterstützung bedarf oder nur, um etwas zu teilen: *Der Schmerz soll weg und das so schnell wie möglich.* Der Affärenpartner soll endlich „einfach" die Beziehung zum offiziellen Partner beenden und dann wird alles gut (für Geliebte). Nur dann wäre der Schmerz beendet und man könnte wieder Glückseligkeit und emotionale Sicherheit verspüren. Nur wenn man diese Person ganz für sich allein hätte, würde man sich verbunden und gewollt fühlen. Nur dann gäbe es eine glänzende Zukunft, gefüllt mit Liebe, Geborgenheit, Sicherheit und Sorgenfreiheit, die für den Moment gänzlich abhängt vom Affärenpartner. Nur dann verschwänden die Angst und die Isolation. Alle Befürchtungen würden sich in hoffnungsvolle und tragende, Halt gebende Momente verwandeln.

Ich meine das im Übrigen keineswegs sarkastisch. Ich weiß aus eigener Erfahrung, wie sehr man sich in diesen „wenn...dann"-Gedankengängen verlieren kann, weil man dort die erfüllte Hoffnung zu finden glaubt und die Abwesenheit von Schmerz. Hoffnung ist ein wichtiger Träger zur Stabilisierung und Ausgleich der verwundeten Psyche. Ich glaube sogar, dass die beschriebene Hoffnung berechtigt ist. Leider muss sie auch vom Affärenpartner geteilt werden. Ist dem nicht so, bleibt sie ein Luftschloss, gespickt mit viel Leid und Kränkungen.

Dieser Schmerz giert nach Sinnhaftigkeit. Schmerz und Sinn sind zwei eng miteinander verbundene Komponenten einer heimlichen Affäre. Auf der einen Seite kann Schmerz sinnvoll sein, um a) auf seine Wunden aufmerksam zu werden, sie kennenzulernen, anzusehen, zu verstehen und schlussendlich heilen zu lassen (indem *man selbst* sie heilt und heilen lässt). Oder der Sinn im Schmerz besteht darin, dass er b) einen anderen Schmerz, der (in der Vergangenheit) als größer und überwältigender empfunden wurde, (in der Gegenwart) abzuwehren. Ein solcher Schmerz kann zum Beispiel eine sehr leidvolle, emotional und körperlich missbräuchliche oder einseitige Partnerschaft gewesen sein, ein Betrug oder eine Trennung, ein Selbstverlust, der mit dieser Verbindung in enger Beziehung stand, ein Kampf, der immer neu gefochten werden musste, den man aber verlor. Man opferte sich für jemanden auf und bekam nur wenig zurück. Oder man opferte nichts und interpretierte das als „Fehler", der nun wiedergutgemacht werden soll, um feststeckende Schuldgefühle zu mindern. Man wurde früher betrogen oder hintergangen, verlassen oder nicht ausgewählt und sucht nun bei einem anderen Menschen nach Genugtuung und Gerechtigkeit. Es gibt verschiedene Szenarien, die dazu führen können, dass wir die alten Gefühle unter den neuen nicht erkennen (müssen). Die eben genannten sollen nur Beispiele sein.

Gleich, ob (a) oder (b) zutrifft: Oft handelt es sich bei der seelischen Verletzung um die „Sich-nicht-geliebt-Fühlen"-Wunde. Diese, so stellte ich in all meinen Gesprächen und vor allem auch bei mir fest, ist so prägnant, dass einmal zugefügt und nicht verarbeitet, sie nachhaltig alle zukünftigen Partnerschaften und Verbindungen belasten, ersticken und überschatten kann. Bei dieser Wunde finden wir immer dieselbe, gewaltige Empfindung: Wir sind nicht gewillt, zu lieben, ohne die Garantie zu haben, ebenfalls im selben Maße zurückgeliebt zu werden. Ein schieres Geben, ohne die Möglichkeit, selbst adäquat zu empfangen, ist unmöglich. Manche reagieren mit Trotz, einer inneren Abwehr; andere wiederum geben erst recht, in der Hoffnung, dass noch mehr emotionale Leistung irgendwann den erhofften Preis brächte. Diese Wunde ist vor allem abwesend, wenn wir Partner haben könnten, die wir *haben können bzw. haben dürfen.* Die Verletzung stammt also aus einer Zeit, in der wir die Liebe einer Person suchten, die sie uns nicht oder nur in geringen Dosen gab. Nach dieser Person suchten wir damals mit demselben Schmerz, den wir heute in der heimlichen Affäre fühlen. Oder aber wir haben diese Person (und den Verlust, die Trennung, das Leben mit/ohne sie) überwunden, aber nicht die Gefühle und das Leid, das wir uns selbst zufügten. Wir haben weder demjenigen noch uns vergeben oder verstanden. Wir suchen in dem Fall noch immer nach Erklärungen und haben die stille Hoffnung, dass es nur an diesem Menschen lag, aber andere es wiedergutmachen würden. Diesem Szenario stimmen sehr viele Geliebte schweigend zu. Allen geht es um Schmerzfreiheit.

Weil ich diesen Schmerz kenne und für die Ursache des „Beziehung-Wollens“ halte, lade ich dich ein, ihn dir genauer anzusehen. Die folgende Übung soll Bereiche deines emotionalen Erlebens der Affäre auf der einen Seite und der Erfahrung deines Lebens mit dieser Affäre auf der anderen Seite voneinander trennen. Ob man nun eine Affäre aufrechterhält oder nicht, so wie mit Beziehungen auch: Das Leben ist da und es will gelebt werden. Doch wenn ein Schmerz es überschattet, fühlen wir uns gelähmt und vergessen leicht, welchen Schleier wir uns selbst aufgesetzt haben. Diesen Schleier gilt es nun zu lüften, um zu erkennen, wozu wir ihn haben und ggf. behalten wollen.

Die folgende Übung kann schmerzhafte Erkenntnisse hervorbringen, aber sie sind von enormer Bedeutung für dich und dein Verständnis von der Welt, von Menschen, Männern, Frauen, Beziehungen und Liebe. Sie wird dir aufzeigen, dass es erhebliche Unterschiede gibt zwischen dem, was tatsächlich in deinem Leben vorhanden ist und dem, was du glaubst, was nicht vorhanden ist. Sie wird dir bewusstmachen, dass neben dem schwarzen Schleier aus Leid und Getrenntheit eine andere Welt liegt, in der du nicht wagst, zu leben. Gleich, ob du dich entschlossen hast, weiterhin auf deine geliebte Person zu warten oder aber mit dem Gedanken spielst, die Affäre zu beenden: In der Übung geht es um dich.

Übung: Neben dem Schmerz

Wann fühlst du Schmerz wegen deiner Affäre? Du kannst die Übung machen, wenn er da ist oder du erinnerst dich an eine Situation, in der er präsent war. Wenn du den Schmerz herangeholt hast, bewerte ihn auf einer Skala von 1 bis 5: 1 steht für gar keinen Schmerz, 2 für etwas, 3 für merklichen, aber kontrollierbaren Schmerz, 4 für erheblichen, immer schwerer zu kontrollierbaren, 5 für intensiven und lähmenden Schmerz.

Situation	**1**	**2**	**3**	**4**	**5**
...morgens, wenn du in den Tag startest	X	X O			
...zwischendrin		O	X		
...nach Feierabend			X O		
...abends			X	O	
...an Wochenenden und Feiertagen			X	O	
...an besonderen Tagen, z. B. Geburtstage, Weihnachten, Silvester			X	O	
...in eigenen Urlauben		X O			
...wenn er/sie im Urlaub ist				X O	
...wenn er/sie sich später als erwartet meldet				X O	
...wenn er/sie sich gar nicht meldet				X	O
...wenn er/sie absagt				X	O
...wenn er/sie sich meldet, aber du aus Wut eigentlich nicht reagieren oder gar absagen wollen würdest		X	O		
...wenn du erfährst, dass er/sie nur wenige Minuten/Stunden Zeit hat			X O		
...wenn du erfährst, dass er/sie länger Zeit hat	X O				
...wenn er/sie nach nur kurzer Zeit wieder geht		X	O		
...wenn er/sie nach längerer Zeit wieder geht		O	X		
...wenn er/sie dich offensichtlich belügt			X		O
...wenn er/sie sich nicht entscheiden will		O	X		
...wenn er/sie dich außen vor lässt			X O		
...wenn er/sie dir die Wahrheit sagt			X O		

Die meisten Geliebten füllten diese Übung so aus:

Situation	**1**	**2**	**3**	**4**	**5**
...morgens, wenn du in den Tag startest	■	■			
...zwischendrin	■	■			
...nach Feierabend				■	■
...abends			■	■	■
...an Wochenenden und Feiertagen			■	■	■
...an besonderen Tagen, z. B. Geburtstage, Weihnachten, Silvester				■	■
...in eigenen Urlauben			■	■	■
...wenn er/sie im Urlaub ist				■	■
...wenn er/sie sich später als erwartet meldet				■	■
...wenn er/sie sich gar nicht meldet					■
...wenn er/sie absagt					■
...wenn er/sie sich meldet, aber du aus Wut eigentlich nicht reagieren oder absagen wollen würdest				■	■
...wenn du erfährst, dass er/sie nur wenige Minuten/Stunden Zeit hat				■	■
...wenn du erfährst, dass er/sie länger Zeit hat	■	■			
...wenn er/sie nach nur kurzer Zeit wieder geht				■	■
...wenn er/sie nach längerer Zeit wieder geht	■	■			
...wenn er/sie dich offensichtlich belügt					■
...wenn er/sie sich nicht entscheiden will				■	■
...wenn er/sie dich außen vor lässt					■
...wenn er/sie dir die Wahrheit sagt	■				

Selbstverständlich empfindet jeder seine heimliche Affäre anders. Doch es ist aufschlussreich, dass ein sehr hoher Anteil der Geliebten in Zeiten des Alleinseins bzw. in Gedanken daran, zum Feierabend, an Wochenenden oder Feiertagen allein zu sein, den Schmerz am stärksten empfanden. Wenn sie etwas „zu tun" hatten, was sie ablenkte, fühlten sie hingegen den Schmerz nur wenig, zum Beispiel Arbeiten unter der Woche oder eigene Urlaube. Zwar gab es Bereiche des Lebens, welche sie gern mit der Person teilen würden, aber eigene Aktivitäten lenkten die Aufmerksamkeit auf sie selbst, weg von Mangel und Leere.

Ebenfalls extrem war der Schmerz, wenn sich die Geliebten vernachlässigt, ausgeschlossen und übergangen, ignoriert und ungewollt fühlten. Ein Hinweis auf die eben erwähnte Wunde.

Ein zudem auffälliger Anteil der Geliebten empfand keinen bzw. nur einen geringen, aber kontrollierbaren Schmerz in diesen Situationen. Sie hatten allerdings keine Erwartungen an die Affäre und führten ihr Leben auch sonst selbstbestimmt. Sie nahmen sozusagen, was sie bekamen, ohne zu interpretieren oder an Konsequenzen für sich zu denken. Sie füllten stattdessen die freie Zeit mit Freunden, Familie, Arbeit, Sport oder sonstigen Aktivitäten. Ob das nur als Ablenkung vom Schmerz diente (und funktionierte) oder aber ihrer tiefen Überzeugung folgte, stellte ich nicht fest.

Zurück zu dir: Fasse nun zusammen, welche Erkenntnisse du für dich aus der Betrachtung deines Schmerzes ziehen konntest, nachdem du einige Qualitäten des Schmerzes identifizierst hast.

Beschreibe den Schmerz, den du fühlst, mit eigenen Worten:

In welchen Situationen und Momenten überrennt dich der Schmerz am ehesten und in welchen ist er am stärksten?

Wie reagierst du in diesen Situationen (z. B. mit Kompensationen wie Zigaretten, Alkohol, soziale Medien, Sport, Tränen, lange Gespräche mit Freunden usw.)?

Was macht es dir unmöglich, diesen Schmerz zu bannen?

Wie würde dein Leben ohne diesen Schmerz aussehen?

Hättest du dann noch deine Affäre?

Würdest du noch immer – auch ohne den Schmerz – eine Beziehung mit der Person wollen?

Was ist deine größte Angst in Bezug zu deiner Affäre?

Vor der Affäre: Welches Ereignis/welche Situation erinnert dich an diesen Schmerz am meisten?

Welche Person bzw. Personen waren damals beteiligt?

Wie stehst du heute zu diesen Personen? Hast du ihnen verziehen? Schauspielerst du noch eine Rolle? Verstellst du dich zu ihren Gunsten bzw. um Konflikte zu vermeiden?

Was wirfst du der Person/den Personen aus tiefstem Herzen vor?

Welches gegenteilige, schöne Gefühl hättest du dir von der/den Person/en eigentlich erhofft und gewünscht?

Noch weniger als diesen Schmerz wollen Geliebte das, worauf sie sich einlassen (wollen), wahrnehmen. Denn das, was man bei und mit dem

Menschen zu lösen erhofft, ist in den seltensten Fällen gebannt, nachdem aus der heimlichen Affäre eine offizielle Beziehung wurde. Bei einer Flucht in eine neue Partnerschaft oder ins Ausland oder in eine andere Stadt, nehmen wir unsere Barrieren und seelischen Konfrontationen immer mit. Die treffen unweigerlich in der neuen Umgebung auf eben neue, andersartige Herausforderungen, die uns aber meist stark an das Vergangene erinnern. Und wieder sehen wir uns konfrontiert mit Schmerz oder dieser Herausforderung, die unser Herz und Hirn versuchen zu meistern. So kommt man Schicht für Schicht zwar näher an sich heran. Aber solange der eigentliche Kern, die übersehene, blutende Wunde, der latente Konflikt, ungelöst bleibt, übertünchen wir nur, was wir überwinden müssen. Und können. Hier, an dieser Stelle, werden wir dann frustriert, aggressiv, traurig, ängstlich und angewidert, wenn die Außenwelt uns erneut spiegelt, was wir im Inneren mit uns herumtragen. Deshalb ist es unerlässlich, dass wir uns mit uns selbst auseinandersetzen, bevor wir den Blick auf den Affärenpartner richten (und was er uns bedeutet und an Leid zufügt). Wir müssen uns selbst die bedeutenden Fragen stellen, die wir von unserem Affärenpartner beantwortet haben wollen. Wir müssen uns unserem Selbst – leider meist erlernte Unfähigkeiten – stellen, es erkennen, ansehen, ergründen, bearbeiten und auf diese Weise heilen. Dann kann es gelingen, dass wir befreit und unabhängig, selbstbestimmt und mit klarem Blick in unsere Zukunft gehen: mit oder ohne Affäre.

Die meisten bleiben leider mittendrin stecken. Sie zweifeln nicht nur an sich und ihrem Wert. Sie geben auch die gesamte Verantwortung und, falls diese nicht getragen werden möchte, Schuld entweder dem Affärenpartner oder aber dessen offiziellem Partner. Sie fragen sich: Wieso trennt er/sie sich nicht? Was hat der/die andere, was ich nicht habe? Oder auch: Wann trennt sich endlich der offizielle Partner? Was muss geschehen, damit es leichter wird?

Der bzw. die andere ist in vielerlei Fällen verhasst und mit Eifersucht, Neid und Verachtung besetzt. Es sind nicht nur die negativen Gefühle, die man dem offiziellen Partnern gegenüber hegt. Auch die, die vom Affärenpartner herüberschwappen, richten wir gegen die Person. „Meine Frau hat keine Lust mehr auf mich!“ wird so schnell zu einem wutentbrannten und verletzten „Die liebt ihn doch eh nicht mehr!“ Dabei kennen wir die Person sehr wahrscheinlich nicht (genug), wissen nicht um die Wahrheit, nicht um ihre Gesundheit, Aufgaben, Überlastungen, Ängste, Hormone, eigene Zufriedenheit in der Beziehung mit dem begehrten Menschen, der für uns das Non-Plus-Ultra darstellt.

Wie er/sie den offiziellen Partner behandelt, wie die Person selbst kämpft, was ihr von unserem Affärenpartner geschenkt oder verweigert wird: Nichts davon zählt, denn wir glauben irrtümlicherweise lieber der Version der Realität, die uns keinen

Schaden zufügt – die Version, die wir serviert bekommen. Wäre es anders, sagen wir einmal, es wäre alles zufriedenstellend in der offiziellen Beziehung – würden wir zutiefst verletzt reagieren, uns ausgenutzt fühlen und hintergangen. Geliebte gehen anfänglich „lieber" zum eigenen Schutz, bzw. je nach Persönlichkeit, überwiegend in eine ähnliche Schutzposition für den Affärenpartner. Wir möchten für diesen Menschen da sein und ihn mehr lieben, als der offizielle Partner es vermeintlich tut. Doch würde der geliebte, aber leidende Mensch versuchen, seine Beziehung proaktiv zu retten, wären heimliche Affären meistens überflüssig. Dass die Person bereits mit der Affäre an seiner Beziehung arbeitet, wenn auch auf zweifelhafte und heimlich verletzende Art, steht fest. Auf einem anderen Blatt steht, ob sich aus der Affäre auch zukunftsträchtige Liebe entwickeln wird.

Die erwähnte schutz- und rettungswürdige Position des Affärenpartners entstammt dem Eltern-Ich, wie die Transaktionsanalyse einen unserer drei Persönlichkeitsanteile unseres Ichs nennt: Wir treten als liebevoller Vater oder fürsorgliche Mutter ein und wollen das hilfsbedürftige Kind vor einer Gefahr retten, die ihm seine Bedürfnisse verweigert und emotionalen Schaden zufügt. Wir glauben, wir wären besser für ihn oder sie. Wir würden ihn/sie nie so behandeln, langweilen, sich ungeliebt fühlen lassen, ausschließen, ausnutzen und so weiter. Das ideale Eltern-Ich spricht aus uns.

In der vom amerikanischen Psychiater Eric Berne entwickelten psychologischen Theorie wird die menschliche Persönlichkeit in Ebenen untergliedert, die das sogenannte Ich-Zustands-Modell erschaffen: das Eltern-Ich, das Kindheits-Ich und das Erwachsenen-Ich. Diese drei bilden die Grundlage für alle Handlungen und Nicht-Handlungen, Gefühle und Denkweisen. Die Transaktionsanalyse geht vor allem davon aus, dass jeder Mensch in der Lage ist, zwischen diesen drei Zuständen bewusst zu wechseln. Wenn wir in einem hilflosen Zustand des Kindes sind, uns machtlos und wehrlos fühlen, traurig und wütend sind, ist das innere Kind aktiviert. Wenn wir uns kümmern, nähren, zuhören, beruhigen oder fordern, streng und reaktiv sind, ist sehr wahrscheinlich das Eltern-Ich aktiv. Wenn uns in einer dunklen Stunde bewusst wird, was wir jemandem für eine Macht über unser Glück und Leben geben oder dass wir etwas Besseres verdient haben, dann ist das Erwachsenen-Ich aktiv. Dieses ist auch dann präsent, wenn wir nach Strategien suchen, wie wir zum Beispiel die Zeit bis zur Trennung der Affäre von ihrem offiziellen Partner überleben. Es ist ebenfalls dominant, wenn wir uns realistisch in die Zukunft an die Seite der Affäre, als offizieller Partner, denken und uns dem Alltag, den Herausforderungen und dem Abklingen der ersten romantischen Verliebtheitsgefühle widmen. So fasst die Transaktionsanalyse die folgenden Fähigkeiten zusammen, die ein jeder Mensch besitzt:

- Erstens haben wir alle die Fähigkeit, Probleme zu lösen, weil wir alle des Denkens mächtig sind.
- Zweitens sind alle Menschen gleich wertvoll und vollkommen, so, wie sie sind.
- Drittens kann jeder jederzeit die volle Verantwortung für sein eigenes Leben und den „Zustand“ übernehmen. Wie wir es gestalten, obliegt dem Einzelnen. Er ist fähig, seine Gedanken, Gefühle und Handlungen in allen Lebensbereichen zu realisieren und zu steuern. Damit haben alle Menschen die Fähigkeit, ihr Leben aktiv so zu gestalten, dass sie sich wohlfühlen und zufrieden sind.

Doch bevor wir annehmen, dass der Affärenpartner ein unlösbares Problem hat, erwarten wir, dass er sich eigenständig und erwachsen verhält und eine Entscheidung trifft. Diese Schlussfolgerung entstammt erneut dem Erwachsenen-Ich. Vollkommen legitim meinen wir, dass sich derjenige „nicht wie ein Kind“, nicht abhängig, nicht ängstlich oder gefügig verhalten, sondern mit Selbstachtung und Reflexion eine Entscheidung für sein Leben treffen soll.

Dass die Entscheidung für eine bessere Zukunft mit uns und gegen seine offizielle Beziehung ausfallen soll, entspringt wiederum unserem Kindheits-Ich, weshalb viele Wunden der Geliebten auch irgendwo in ihrer Kindheit und Jugend zu finden sind. Das kann von elterlichen Prägungen herrühren oder aber von der ersten Liebe oder Beziehung.

Ein gutes Beispiel dafür ist die Geschichte von Martin und Nicole. In seiner Kindheit wuchs er ohne seine Mutter auf, die bereits früh für einen anderen Mann die Ehe und ihren Sohn verlassen hatte. Zu dem Zeitpunkt war Martin fünf Jahre alt. Er blieb bei seinem Vater, dem das alleinige Sorgerecht zugesprochen wurde. Auch wenn sich Vater und Sohn sehr gut verstanden und sein Vater nach einem Jahr eine neue Partnerin fand, die sich wie eine Mutter um Martin kümmerte, blieb eine Wunde zurück. Als er in der Schule Nicole kennenlernte, brach sie zum ersten Mal wieder auf. Er war über beide Ohren verliebt; sie sagte, sie wäre es auch. Doch schon nach kurzer Zeit trennte sie sich von ihm und war bereits am nächsten Tag mit einem anderen Jungen aus der Klasse zusammen. Er konnte es nicht ertragen, sie bei demjenigen zu sehen und entwickelte eine derart große Wut auf den anderen Jungen, dass er oft Schlägereien und Diskussionen anzettelte. Nicole zog er nicht in die Verantwortung, auch wenn er verletzt und sauer auf sie war. Er war in sie verliebt und jede zugesprochene Schuld – so fürchtete Martin – würde sie nur noch weiter von ihm forttreiben. Nach der Schule trennten sich ihre Wege.

Martin heiratete während des Studiums und bekam mit seiner Frau einen Sohn. Doch in den ersten Jahren der Kindererziehung kam es immer wieder zu plötzlichen Auseinandersetzungen, die sich nicht auflösen ließen. Seine Frau traf sich regelmäßig mit einem Mann, der im Vaterschaftsurlaub war. Sie hatten zwar keine Affäre. Aber Martin fühlte sich von seiner Frau verlassen, selbst wenn sie sich um seinen Sohn kümmerte. Auch der immer spärlicher werdende intime Kontakt bekräftigte ihn in seinem Glauben, sie würde ihn nicht mehr lieben und mit dem Bekannten eine Beziehung wollen. Er beschuldigte sie, ihn zu hintergehen und eigentlich verlassen zu wollen. In einem Streit verbot er ihr jeglichen Kontakt mit dem Bekannten.

Martin rastete regelmäßig aus, wie er selbst sagte. Zwar entschuldigte er sich im Nachhinein dafür. Aber das Verhältnis verschlechterte sich weiter. Als seine Frau die Auseinandersetzungen und Beschuldigungen nicht mehr ertragen konnte und die Scheidung wollte, machten sich seine aufgetürmte Wut und Verletzung noch breiter. Er zertrümmerte einige Sachen im Haushalt und entlud so seine Wut. Aufgrund seiner Aggressionen bekam seine Frau das alleinige Sorgerecht für ihren Sohn und er sah ihn nur noch sehr selten.

Zwei Jahre später traf Martin auf einem Klassentreffen Nicole wieder. Sie verstanden sich genauso gut, wie früher. Auch ihre Anziehungskraft war dieselbe. Nicole befand sich gerade selbst in Scheidung und schien diese gut wegstecken zu können. Sie trafen sich in regelmäßigen Abständen, mal in Köln, ihrem Wohnort, mal in Düsseldorf, wo Martin lebte. Er verstand sich gut mit ihrer Tochter und auch partnerschaftlich schienen sie gut zusammenzupassen. Martin und Nicole waren einige Monate glücklich und zogen schließlich zusammen. Kurz nachdem sie offiziell geschieden worden war, veränderte sich Nicole merklich. Sie zog sich immer mehr zurück, ließ ihre Tochter oft bis in die Abendstunden mit Martin allein, während sie mit Freundinnen und Kollegen aus war. Anfangs dachte er, sie würde nur ihre neue Freiheit genießen. Er machte sich keine Sorgen darüber; immerhin kannte er ihre Gefühle aus eigener Erfahrung.

Eines Tages fand er eine eindeutige SMS auf ihrem Handy: Nicole eine Affäre mit einem Kollegen angefangen. Sie hatte zwar nicht vor, sich von Martin zu trennen, aber der erneute Gedanke an einen Verlust wegen eines anderen Mannes, ließ Martin wieder aus der Haut fahren. Brüllend forderte er sie in Gegenwart ihrer Tochter auf, die Affäre zu beenden. Als er wegen seiner Wut handgreiflich wurde, rief die Tochter die Polizei. Auch wenn er Nicole nicht verletzte hatte, stand für sie fest, dass die Beziehung beendet war. Er zog am nächsten Tag zu einem Freund.

Im Nachgang wurde Martin bewusst, dass die unausgesprochenen Gefühle und verborgene Wut aus ein- und derselben Wunde stammten. Die ursprüngliche Verletzung, dass seine Mutter ihn wegen eines anderen Mannes verlassen hatte, hatte in ihm den Glauben gesät, er sei nicht liebenswert und nicht gut genug. Den Verlust seiner Mutter, und die daraus resultierende Angst, er könnte sich wiederholen, spürte er erneut bei Nicole in der Schule, bei seiner Ehefrau, seinem Sohn und dann zum zweiten Mal bei Nicole. Er suchte sich Frauen, bei denen er diesen alten Schmerz erneut fühlen konnte, um die Verletzung ein für alle Male zu verarbeiten. Martin ging in Therapie und widmete sich dieser prägenden Erfahrung. Heute weiß er, dass seine Wut niemals etwas mit „dem anderen“ zu tun hatte, sondern mit ihm selbst.

Wann ist Reden Silber und Schweigen Gold?

Geliebte warten lange darauf, dass sich ihre Affäre vom eigentlichen Partner trennt. Geschieht dies nicht, so hoffen sie wenigstens, dass sich der offizielle Partner trennt. Entsprechend oft geschieht es, dass Geliebte mit dem Gedanken spielen, diesem reinen Wein einzuschenken und die Sache selbst in die Hand zu nehmen. Dahinter steht die Hoffnung, er oder sie wäre so entrüstet und verletzt, dass die Person sich trennen und dem Leid der Geliebten ein Ende gesetzt würde. Fälschlicherweise geben wir häufig der offiziellen Beziehung die Schuld dafür, dass sich der begehrte Partner nicht für eine Partnerschaft mit uns entscheidet. Wir denken, die Ehefrau oder Partnerin sei schuld. Wir verlieren uns in dem leichten Irrtum, der Ehemann oder Freund wäre das Hindernis. Wären die offiziellen Partner nicht mehr da, so steht vermeintlich fest, würde einer wunderbaren, offenen Liebe nichts im Wege stehen. Man müsste dann nicht mehr hoffen und warten, leiden und allein sein, denn die Barriere wäre aus dem Weg geräumt. Dann würde der Affärenpartner bei uns sein wollen. Ein Trugschluss, wie wir sehen werden.

Auch wenn Statistiken belegen, dass eine Trennung bzw. Scheidung verhältnismäßig oft nach Untreue vollzogen wird, so gibt es mehr Fälle, in denen die Beziehung trotz Fremdgehen aufrechterhalten bleibt. Die Frau oder der Mann geht nicht, sondern bleibt.

Es geschieht *gerade* dann, wenn Geliebte den eigentlichen Partner kontaktieren. In solchen Augenblicken schüren sie die Angst der Person. Doch es ist nicht nur die Angst, dass man sich in seinem Partner getäuscht haben könnte, die in ihnen aufsteigt. Es ist vielmehr die Furcht davor, was nun mit dem Leben, so wie es einmal war, geschehen wird. Geliebte schüren ihre Zukunfts- und Existenzängste, die nur mit Zeit und Lösungskompetenz angegangen werden können. Doch nicht jede/r traut sich das zu oder ist von seinem Lebensentwurf her in der Lage, die drei Kinder einzupacken und sofort zu den Eltern zu ziehen. Es passiert viel eher, dass sie bleiben und, leider, das Problem „Untreue“ eher lösen, als die Schwierigkeiten, die durch eine Trennung auftreten würden.

Denn eine Affäre oder ein Seitensprung stellt eine Frage in den Vordergrund: *Wieso betrügst du mich?* Da die Situation kaum mehr schlimmer werden kann, beschließen die Fremdgänger verhältnismäßig oft, die (meisten) Gründe auf den Tisch zu packen.

Dass man aus der Figur geraten ist, alles nur noch langweilig und trist ist, man nichts mehr gemeinsam unternimmt, die Kinder zu viel Platz in der Partnerschaft einnehmen, die Schwiegereltern nerven und das Bad schon vor Monaten neu gefliest werden sollte: Diese und andere Gründe, alles, was vorher die Beziehung heimlich belastete, wird offen ausgesprochen.

Nur wenige sprechen über ihre sexuelle Unzufriedenheit. Beers Studie[xviii] belegt das. Lediglich 31 Prozent der Frauen und 25 Prozent der Männer sprachen offen mit ihren Partnern über ihre sexuellen Wünsche. Sie selbst erfuhren von ihren Partnern ebenfalls selten, was sie sich von ihnen wünschten. Nur 27 Prozent der Frauen und 14 Prozent der Männer wussten, wonach sich ihre Partner sehnten. Das soll sich auch nicht geändert haben, wenn die Untreue offenkundig wurde: Selbst dann redeten nur 28 Prozent der Frauen über ihre Vorlieben und 36 Prozent der Männer.

Auch wenn das Vertrauen für viele Betrogene lange Zeit gebrochen bleibt und es stete Mühe bedarf, wieder zueinanderzufinden: Feststeht, dass Untreue neuen Wind in die Beziehung bringt – ob es ein Orkan oder ein frisches Sommerlüftchen ist, bleibt individuell. Doch die Vermutung einiger Fremdgänger, dass ihre Untreue der eingeschlafenen Partnerschaft einen neuen Anstrich geben könnte, stimmt meistens. Jedenfalls ist dem für eine kurze Zeit so, bis sich der Alltag wieder eingeschlichen hat – und damit die altbekannten Probleme.

Ein weiterer Grund gegen die Offenbarung der heimlichen Affäre liegt darin, dass Geliebte von vornherein als potentielle Gefahr wahrgenommen werden. Häufig glauben die eingeweihten Partner den Geliebten daher weniger, als ihren Männern und Frauen – und das obwohl sie erfahren haben, dass sie mehrfach, vielleicht sogar jahrelang, belogen, betrogen und hintergangen wurden.

Während sich heimliche Geliebte in einer romantischen Verbindung sehen, führen viele Menschen eine Zweckbeziehung, die auf wirtschaftlichem und existenziellem Boden steht. Der Verlust dieses Fundaments erscheint ihnen deshalb schlimmer, als der Verlust der Liebesgefühle. Um zu verstehen, was unter anderem in betrogenen Partnern, die trotz Untreue bleiben oder diese gar dulden, vor sich gehen kann, möchte ich die Geschichte von Svenja, Daniel und Anna erzählen. Sie illustriert, wie romantische Gefühle in einer Partnerschaft zu reinem Funktionalitäts- und Sicherheitsdenken werden können.

Anna und Daniel waren seit 17 Jahren verheiratet. Sie hatten eine gemeinsame Tochter, die bald für ihre Ausbildung in eine andere Stadt ziehen würde. Daniel war seit Jahrzehnten selbstständig tätig und mit seinem Unternehmen sehr erfolgreich. Sein Einkommen ermöglichte Anna, sich nach der Geburt der Tochter aus dem Beruf zurückzuziehen. Es war zwar nicht geplant gewesen, dass Anna nie wieder beruflich tätig werden würde, doch die Kindererziehung, der

Haushalt, ihr Garten und ihre späteren ehrenamtlichen Tätigkeiten ließen sie ihr Leben sehr genießen. Weder Daniel noch Anna hatten je in Erwägung gezogen, dass ihre Ehe irgendwann geschieden werden würde. Auf Annas Seite bestand folglich keine Angst, dass ihre fehlende Berufserfahrung jemals zu einem Nachteil werden könnte.

Daniel hatte während ihrer Ehe mehrere Affären; immer dachte er, dass Anna davon nichts wusste. Seine letzte Affäre mit Svenja dauerte nun bereits mehr als ein Jahr. Sie hatten sich beruflich kennengelernt und nach einigen Treffen begonnen, miteinander zu schlafen und sich zu verlieben. Svenja war alleinerziehende Mutter und konnte daher Daniels Grund verstehen, sich nicht zu trennen, bis die Tochter aus dem Haus war. Sie sollte bis zu ihrer Ausbildung nichts davon mitbekommen.

Doch als sie bereits seit Wochen Zuhause ausgezogen war und sich Daniel noch immer nicht trennen wollte, wurde Svenja stutzig. Sie beschloss, Anna die Wahrheit zu sagen, wenn Daniel es schon nicht tat, und fing sie vor ihrem Haus ab. Mit zittrigen Händen erzählte sie ihr von ihrer Affäre und wie lange sie schon andauerte. Sie berichtete von ihren und Daniels Gefühlen füreinander. Nach einem kurzen schmerzhaften Blick grinste Anna Svenja an und nickte. Dann stieg sie in ihr Auto und fuhr davon.

Während Svenja dachte, dass sich Anna von Daniel trennen würde, passierte das genaue Gegenteil. Daniel erwähnte mit keinem Wort, dass Anna ihn darauf angesprochen hatte. Nach einigen Tagen erzählte Svenja ihm von ihrem Geständnis. Daniel brüllte sie an: „Was fällt dir eigentlich ein? Du entscheidest doch nicht darüber, ob Anna und ich uns trennen!“ Svenja war schockiert und konnte nicht fassen, was geschah – und vor allem, was nicht geschah. Daniel trennte sich von Svenja. Aber Anna trennte sich nicht von Daniel.

Svenja wollte das nicht auf sich beruhen lassen und fuhr in einer schwachen Minute erneut zum Haus, als sie wusste, dass Daniel arbeiten war. Sie wollte wissen, wieso Anna sich nicht von Daniel getrennt hatte. Das Gespräch dauerte nur wenige Minuten. Doch die Antwort, die Svenja so sehnlichst gesucht hatte, machte für sie alles nur noch schlimmer: „Ich weiß, dass mein Mann mich betrügt. Sie sind nicht seine erste Liebschaft. Sie werden auch nicht seine letzte sein. Aber ich bin seine Ehefrau und das wird auch immer so bleiben.“

Sonja sah Daniel noch einmal, als sich die Gemüter wieder beruhigt hatten. Er erzählte ihr, dass Anna seine Untreue zwar nicht guthieß, aber zugunsten ihrer Familie und ihres eigenen Lebensentwurfs duldete. Svenjas „Betrug“, Anna alles erzählt zu haben, wog für Daniel übrigens schwerer, als seine eigener.

So wie Anna geht es vielen betrogenen Partnern, die sich trotz wissentlicher Untreue ihrer Männer und Frauen nicht trennen. Ob das an Abhängigkeiten oder aber dem fehlenden sozialen Netzwerk liegt, lässt sich nur schwer sagen. Feststeht: Es überwiegt, wie die

ElitePartner-Studie bereits zeigte, ein mehrfaches Fremdgehen als Auslöser für Trennungen, keineswegs einmalige Ausrutscher. Die Trennungen werden zwar meist durch die Betrogenen in die Wege geleitet. Aber auch hier zeigt die Statistik bestenfalls Querschnitte. Verlässlich ist sie nicht. Frauen sind und bleiben am häufigsten die, die sich trennen, wenn sie eine Affäre haben. Männer trennen sich weniger oft. Auch dann weniger, wenn ihre Partnerin sie betrogen hat. Frauen hingegen sind die, die sich vermehrt trennen *würden*, wenn ihr Partner sie betröge. Das sagten sie jedenfalls selbstsicher, als sie in der Studie gefragt wurden. Ob sie in der Realität auch so handeln würden, bleibt ungewiss.

ÜBER HINHALTETAKTIKEN UND AUSREDEN

„Die Achtung ist ohne Zweifel das Erste,
weil ohne sie auch keine wahre Liebe stattfindet."

Immanuel Kant

Geliebte finden oft erst im Nachhinein heraus, dass sie in eine Dreiecksbeziehung geraten sind. Wenn der Affärenpartner es gut versteckt hat und alles daransetzt, sie für sich zu gewinnen (und zu behalten), ist es ein beinahe undurchschaubares Spiel. Erst, wenn es nur bestimmte Telefonzeiten gibt, die Person nicht ans Handy geht oder die Festnetznummer geheim hält, die Mailbox ab gewissen Uhrzeiten anspringt oder an Wochenenden, zu Urlauben und Feiertagen absagt, sich herausredet und im wahrsten Sinne des Wortes „aus der Affäre zieht", wird es Geliebten klar: Da gibt es noch jemanden, der nichts weiß, und nichts wissen soll.

Auch Geliebte, die von vornherein wussten, dass sie nur der oder die Dritte im Bunde wären, sehen sich mit einer Handvoll mehr oder minder legitimen Gründen konfrontiert. Oft wissen sie nicht, was sie glauben sollen – aber das anfängliche Vertrauen, was auf ihrem Verliebtsein basiert, lässt sie viel schönfärben. Zu wichtig erscheinen die schönen Gefühle und „irgendwie verständlich" sind die meisten Gründe, wieso die offizielle Beziehung nicht beendet werden kann – jedenfalls jetzt noch nicht. So rechtfertigt man vor seinem Freundeskreis und sich das Verhalten, nämlich das Sich-nicht-entscheiden-Wollen oder Hinhalten. Doch über kurz oder lang kommen wie Janine oder Svenja Zweifel. Sie signalisieren nicht nur, dass man eventuell zu gutgläubig ist. Sie wollen auch ermahnen, wie ein eigenes Schutzschild unseres Kopfes und Herzens, dass es auch darum geht, was man selbst möchte.

Unser Gehirn ist ein wahres Meisterwerk, wenn es darum geht, Schmerz zu vermeiden. So geschieht es, dass wir entweder aus Angst vor der Wahrheit die Augen verschließen oder uns in Eifersucht und Ungläubigkeit ertränken und versuchen, der Realität auf die Spur zu kommen. Bis auch der letzte Schleier fällt.

Eine der eindrucksvollsten Geschichten, die mir zugetragen wurden, war die von Sabine. Sie lernte Jens auf einer Feier im Freundeskreis kennen. Ein befreundetes Pärchen hatte ihn als +1 mitgebracht. Sabine war froh, nicht die Einzige ohne Begleitung zu sein und schon bald kamen sie ins Gespräch. Sie verstanden sich auf Anhieb gut und teilten viele Interessen. Sabine war als alleinerziehende Mutter eines vierjährigen Sohnes nicht besonders offen gegenüber neuen Beziehungen. Ihre Scheidung lag gerade einmal neun Monate zurück. Ihr Alltag bestand aus Arbeit zur Sicherung des Lebensunterhalts, gemeinsamer Zeit mit ihrem Sohn und wie sie selbst sagte: „Zur Ruhe kommen!“ Im Gegensatz zu anderen GesprächspartnerInnen, war sie keineswegs mit einem geringen Selbstvertrauen ausgestattet. Noch hatte sie je Probleme gehabt, sich aus einer Beziehung zu lösen, wenn sie unzufrieden war. Ihre Ehe war in die Brüche gegangen, weil ihr Ex-Mann in den ersten Monaten nach der Geburt des Kindes Schwierigkeiten hatte, sich als Partner und Mann „wiederzufinden“. Sabine liebte ihr Kind über alle Maßen und konnte die mangelhafte Verantwortung ihres Partners nicht akzeptieren. Da in den vergangenen Monaten auch Liebe und Zusammengehörigkeitsgefühl abhandengekommen waren, trennten sie sich einvernehmlich.

Jens hingegen war verheiratet und sprach offen über seine Ehefrau und ihre gemeinsame, kleine Tochter. Er kannte die Bredouille von Sabines Ex-Mann sehr gut. Er schaffte es, dass sie in kürzester Zeit viele unverarbeitete Ereignisse aus ihrer Ehe aus einer anderen Perspektive sehen konnte. Auch er hatte mehr als nur einmal den Gedanken gehabt, sich zu trennen, konnte sich aber nie durchringen, loszulassen. So tauschten sie an dem Abend viele private Informationen, Kinderfotos und schließlich auch ihre Telefonnummern.

In den kommenden Wochen trafen sie sich regelmäßig und verbrachten ihre Stunden mit emotionalen Gesprächen, sei es mit den Kindern auf dem Spielplatz oder allein bei einem Kaffee oder in der Mittagspause. Sexualität schien kein Thema zu sein. Jens fühlte sich wohl bei Sabine, weil sie seine Bedürfnisse durch ihre eigenen Erfahrungen verstand – im Gegensatz zu seiner Frau. Sabine wiederum schätzte es, dass sie durch Jens Unverarbeitetes aus ihrer Ex-Ehe endlich ad acta legen konnte.

Am Ende eines Treffens küsste Jens Sabine unerwartet. Sie hatte ihn zwar gemocht, aber nie als Partner in Erwägung gezogen. Wie Jens ihr dann jedoch gestand, hegte er bereits seit dem Abend, an dem sie sich kennengelernt hatten, Gefühle für sie. Sabine brachte das in eine Zwickmühle: Auf der einen Seite genoss sie die Zeit mit Jens sehr und wollte ihn als Mensch und Freund nicht verlieren. Es tat ihr gut, wieder einen Mann in ihrem Leben zu haben, mit dem sie reden konnte. Sie hatte ihm viele ihrer geheimsten Ängste anvertraut. Auf der anderen Seite wollte sie auf gar keinen Fall eine Geliebte sein. Auch wenn sie nie selbst eine heimliche Affäre gehabt hatte, wusste sie, dass ihr Leben mit ihrem Sohn und eine Affäre nicht miteinander zu vereinbaren waren.

Doch Jens ließ nicht locker. Wann immer sie sich sahen, öffnete er sich mehr und mehr, und erzählte ihr davon, wie sehr er sie vermisste, wenn sie nicht zusammen waren. Seine Worte vermittelten Sabine, dass er es ernst meinte. Es dauerte nicht lang, bis Sabine nachgab und sie sich näherkamen. Aus der anfänglichen Freundschaft wurde eine handfeste heimliche Affäre.

Obwohl Sabine viel Freiraum für ihren Alltag und ihren Sohn brauchte, merkte sie schnell, dass sie sich Jens als festen Partner wünschte. In Zeiten des Alleinseins wünschte sie sich, er wäre bei ihr. Als sie ihm sagte, dass sie ihre Beziehung auf die nächste Ebene bringen will, machte Jens dicht. Alle seine vorherigen Bedenken gegenüber seiner Ehe schienen vergessen. Sabine traf das tief, aber aus Respekt vor ihrem eigenen Leben beendete sie die Affäre.

Leider war Jens auch damit nicht einverstanden. Wann immer er konnte, schrieb er ihr oder rief sie an. Er erschien unerwartet an den Orten, an denen sie vorher gemeinsam Zeit verbracht hatten, nur um mit ihr reden zu können. Doch Sabine blieb hart, obwohl es ihr unendlich schwerfiel: Sie forderte ihn auf, eine Entscheidung zu treffen – eine Entscheidung, die Jens nicht treffen konnte, wie er sagte. Denn wenn er sich scheiden ließe, müsse er damit rechnen, dass seine Ehefrau ihm alles nehmen würde – nicht nur seine Tochter. Er stellte seine Ehefrau als einen Menschen dar, der aus verletztem Stolz und Wut sein gesamtes Leben zerstören würde. Er würde jedoch versuchen, so versprach er, seine Ehefrau dazu zu bekommen, sich selbst zu trennen.

Sie hatte Jens nie als einen abhängigen Menschen wahrgenommen, doch seine Erklärungen schienen Sabine verständlich. Sein Kind zu verlieren war das eine; doch durch eine Trennung mehr oder minder mittellos dazustehen, war etwas Anderes. Sabine erkannte, dass seine Trennung gut vorbereitet werden musste und gewährte ihm Aufschub. Sie wartete trotz Angst und Eifersucht geduldig mehrere Wochen.

Als nach einigen Monaten noch immer keine Schritte eingeleitet worden waren, stellte Sabine Jens ein erneutes Ultimatum. Als er sich wieder nicht rührte und lediglich seine Ausreden wie eine Schallplatte immer und immer wieder abspielte, ging sie erneut.

Es dauerte drei Wochen und viele unbeantwortete Anrufe und Nachrichten, bis Jens mit gepackter Tasche vor Sabines Tür stand. Er hätte sich von seiner Frau getrennt; sie bräuchte nun keine Angst mehr zu haben. Der Rest würde sich von alleine geben. Sabine freute sich riesig und gemeinsam verbrachten sie zweieinhalb Wochen, wie in einer glücklichen kleinen Familie.

Bis zu jenem verhängnisvollen Nachmittag, an dem sich alles ändern sollte: Sabine war noch kurz in den Supermarkt gefahren, um etwas für das Abendessen einzukaufen. An der Kasse traf sie unverhofft das Pärchen, das Jens zum damaligen Zeitpunkt mit auf die Feier gebracht hatte. Sie freuten sich über das Wiedersehen und erzählten, was es Neues in ihrem Leben gab. Natürlich erzählte Sabine auch davon, dass Jens und sie nun zusammen waren und er sich nach langer Zeit von seiner Ehefrau getrennt hatte.

Aus den Gesichtern des Pärchens flog jeder Glauben. Als Sabine fragte, warum sie so entgeistert schauten, sagten sie ihr, dass Jens und seine Ehefrau keineswegs getrennt wären. Sie wäre lediglich für einige Wochen zu einer Mutter-Kind-Kur gefahren. Sabine konnte es nicht glauben. Hatte sich die Ehefrau ihren Freunden gegenüber nur gescheut, die Wahrheit zu sagen? Oder hatte Jens sie tatsächlich so dreist belogen?

Sie stellte Jens, wieder Zuhause angekommen, zur Rede. Doch er leugnete alles. Sabine beschloss, noch zwei Wochen zu warten. Spätestens dann müsste die Kur beendet sein. Wenn Jens die Wahrheit sagte, dürfte sich nichts weiter ereignen. Behielten aber ihre Freunde recht, so würde er über kurz oder lang wieder bei Sabine ausziehen müssen.

Nach etwa anderthalb Wochen sagte Jens, sein Vater sei krank und er müsse dringend für eine unbestimmte Zeit zu ihm fahren, um ihn zu pflegen. Seine Mutter würde das alleine nicht schaffen. Sabine fühlte sich hintergangen, missbraucht und zutiefst gekränkt. Sie konnte fühlen, dass er log.

Ihre gemeinsamen Freunde hatten unterdessen bereits mit Jens' Ehefrau gesprochen. Sie arrangierten ein gemeinsames Treffen, in dem klar wurde, dass Jens sie beide hintergangen hatte. Beide trennten sich noch am selben Tag von ihm. Sabine ist bis heute von diesen Ereignissen und der Unverfrorenheit dermaßen gezeichnet, dass sie keine weitere Beziehung eingegangen ist.

Dass sie ihm geglaubt hatte, kann sie sich nicht verzeihen. Wie viele heimliche Geliebte schleppt sie sich mit der einen Frage herum: „Wie konnte ich nur so dumm sein?" Jens hat sich nie seiner Frau und Sabine gegenüber zu seinen Motiven geäußert.

Hinhaltetaktiken spielen auf Zeit und nutzen scheinbar triftige und verständliche Argumente. Sie erregen Mitleid und Mitgefühl. Sie erlauben dem Affärenpartner, nicht handeln zu müssen. Wenn nicht sofort das Argument mit Kindern oder Geld kommt, dann ist es eine andere Abhängigkeit, die angeblich im Weg steht, und auch gern als totale Barriere verstanden wird. Wegen den vielen Jahren der Partnerschaft, den Kindern, dem Geld, dem Job, dem Krankheitsfall, dem Schuldfaktor usw.: Welche Ursachen legitim sind oder nicht, möchte ich an dieser Stelle nicht beurteilen. Wer aber eher *herumjammert*, wie unglücklich er in seiner Beziehung sei, ohne sich lösen und glücklich sein zu wollen, aber dafür eine Menge Zeit für die Affäre findet, spielt sicher nicht mit offenen und ehrlichen Karten.

Die Fälle meiner KlientInnen zeigen zudem, dass es keine Muster gibt: Sowohl jüngere, als auch ältere Menschen tun sich schwer, sich zu entscheiden – ob es nun am Nicht-Können oder Nicht-Wollen liegt. Sie haben alle Angst vor den Konsequenzen. Dass die Affäre meist unwichtiger ist, als die eigentliche Partnerschaft, liegt im Wesentlichen an geteilten, jahrelang etablierten, partnerschaftlichen Werten, auf existenzieller und emotionaler Ebene. Die Partnerschaft ist sozial anerkannt, während eine Affäre zwar „normal" ist, aber wenig statusbehaftet.

Im Folgenden möchte ich daher Gründe aufzählen, die eine diffuse Angst vor der Zukunft und dem Versagen signalisieren. Sollten sie genannt werden, weißt du, woher sie kommen:

- Sorgerecht: Angst vor dem Verlust der gemeinsamen Kinder (sie nicht aufwachsen zu sehen)
- Angst um die Vaterschaft/Mutterschaft und Vorwürfe seitens der Kinder (nicht mehr gebraucht und geliebt zu werden, ihnen Schmerz zuzufügen)
- kein weiterer Wunsch für Familienplanung
- Krankheit in der Familie, Verantwortungsgefühl, Versprechen und Pflichtbewusstsein
- drohende Rache der Partner und existenzielle Verluste, welche die Lebensqualität erheblich einschränken würden (bei Abhängigkeiten)
- Angst vor Schuldgefühlen, Konflikten und Zerwürfnissen
- Angst vor Verlust des eigenen Ansehens und Selbstbildes
- Angst, nochmals „von vorn" beginnen zu müssen
- Verlust von Geld und Besitz
- andere wirtschaftliche Gründe
- Angst vor Trennung
- Angst wegen Altersunterschieden
- Angst vor der Reaktion und dem Verlust von (gemeinsamen) Freunden und Bekannten
- Angst, sein Gesicht zu verlieren
- Man findet nur schwer Antworten: „Ich weiß es nicht!"

Wer diese Gründe (aus)nutzen möchte, wird das tun. Befangene/Unsichere/Unwollende Männer und Frauen würden nie ein schlagbares Argument wählen, um sich Zeit zu erkaufen. Sie würden eher ein, zwei Worte dazu sagen, dich verführen oder dich mit Geschenken und Komplimenten überschütten, um dich zum Schweigen zu bringen. Oder sie sagen etwas, um der Situation zu entfliehen: Sie müssten darüber nachdenken, der Zeitpunkt wäre noch nicht da, dieses und jenes wäre gerade erst passiert, sie wären krank, der Partner oder die Kinder, die Schwiegereltern wären gestorben, das Kind sei in einer schwierigen Phase, sie hätten einen Termin, alles wäre gerade beruflich sehr schwer, sie müssten dringend das Gespräch beenden, jetzt ginge es noch nicht usw.

Die Ehrlichen unter ihnen würden immer sagen, dass sie sich unsicher sind oder sich nicht imstande fühlen, die Partnerschaft zu beenden. Sie würden offen über ihre Ängste sprechen, aktiv nach

Lösungen suchen, keinem Gespräch ausweichen. Sie würden kommunikativ gewaltfrei und nachvollziehbar klarstellen, dass sie Verständnis hätten, wenn du gingest. Sie würden mit offenen Karten spielen.

Eine Geschichte, die das beweist, ist die von Melanie und Stephan. Sie kannten sich bereits jahrelang als Kollegen aus derselben Firma. Auf einer Betriebsfeier kamen sie sich näher. Sie war Single; er verheiratet. Beide hatten sie Kinder: Ihr Sohn war 13 Jahre und seine Tochter bereits 19 Jahre. Über Monate hinweg trafen sie sich heimlich, bis er ihr eines Tages eröffnete, dass er über eine Trennung von seiner Frau nachdachte. Melanie hatte zwar immer gehofft, dass er sich für sie entscheiden würde, aber hatte nicht damit gerechnet. Aus vorherigen Erfahrungen mit Affären hatte sie außerdem gelernt, dass alles sein Für und Wider hatte. Sie hatte sich deshalb von vornherein keine Illusionen gemacht.

Unerwarteterweise wollte er das Doppelleben nicht länger führen. Seiner Frau stets Lügen und Gefühle vorspielen zu müssen, hatte er satt. Er fühlte sich schlecht dabei, Melanie und die Frau, die ihn fast 20 Jahre lang begleitet hatte, so zu hintergehen. Es dauerte einige Monate, bis er sich endgültig gelöst hatte und zu Melanie gezogen war. Aber er hatte den Neubeginn örtlich, beruflich und vor allem ehrlich geschafft: durch offene Gespräche mit allen Beteiligten.

Dabei hatte er zuerst mit seiner Frau und dann mit seiner Tochter gesprochen. Auch wenn es ihnen nicht leichtfiel und viele Tränen vergossen wurden, so war der Respekt und der ehrliche Umgang mit seinen Gefühlen offensichtlich der richtige Weg. Seine Tochter war einige Monate lang wütend und enttäuscht und sprach kaum mit ihm. Heute hat sich die Lage wieder gebessert und sie können wie in alten Zeiten miteinander sprechen.

Seine heutige Ex-Frau verwand den anfänglichen Schock ebenfalls schneller als erwartet. Erstaunlich ist, dass Melanie von allen die größten Ängste auszustehen schien: Nachdem Stephan zu ihr gezogen war, schleppte sie sich die ersten Wochen mit Unsicherheiten und Gewissensbissen wegen der zerstörten Familie herum. Doch auch hier half das offene Gespräch: Stephan stellte sie seinem alten Leben vor (seinen Eltern, Freunden, seiner Ex-Frau und Tochter), gab ihr die nötige Sicherheit und blieb weiterhin ehrlich im Umgang mit seinen Gefühlen und den der anderen – bis das neue Leben beidseitig glücklich wurde.

Liebe zuerst dich und dann deinen Nächsten

Wer glaubt, ausgenutzt zu werden, gerät häufig in einen Teufelskreis aus Sorgen, gefolgt von einem Noch-mehr-Leisten. So versuchen Geliebte der lähmenden Angst, man könnte den Affärenpartner verlieren, auszuweichen. Indem sie noch weniger fordern, noch stiller in Momenten sind, in denen sie sich sonst zu Wort gemeldet hätten, und noch mehr geben, ohne auf ein Gleichgewicht zu achten, hoffen sie, den anderen umzustimmen und zu beschwichtigen.

Sie wollen davon überzeugen, dass sie es wert sind, geliebt zu werden. Sie erbringen mit ihren Leistungen den Beweis, dass sie sich lohnen. Sie erkämpfen sich Zuwendung und Wertschätzung, die ihnen von vornherein und ohne Beweise zugestanden hätten. Jeder Mensch hat das Recht, respektvoll, wertschätzend und liebevoll behandelt zu werden. Bleibt diese Behandlung aus, liegt es an dem Menschen, der handelt – nicht aber an dem Menschen, der so behandelt wird.

Leider vergessen heimliche Geliebte das sehr häufig. Sie meinen, sie seien persönlich dafür verantwortlich, dass der Affärenpartner sie ausschließt oder ungerecht behandelt. Und nur sie könnten das ändern. Dahinter verbirgt sich die Angst vor dem Alleinsein nach einer Trennung. Da mit Trennung negative und schmerzhafte Gefühle verbunden sind, versucht man in der Zeit davor, alles in seiner Macht Stehende zu tun, um diesen Verlust abzuwenden. So reagieren Menschen, wenn sie für sie wichtige Werte und Menschen, die ihnen diese Werte ermöglichen, in ihrem Leben halten wollen.

Überhaupt gilt Liebeskummer als einer der größten Schmerzen, die Menschen ertragen lernen müssen. Ob du kurz vor der Beendigung deiner Affäre stehst, mitten im Liebeskummer steckst oder dich das Warten und Hoffen auszulaugen droht: Es gibt Aspekte, die du konsequent beachten solltest, wenn du während deiner Affäre psychisch gesund bleiben willst. Die Quintessenz lautet: Liebe zuerst dich und erst dann den anderen Menschen.

Um sich selbst zu lieben, muss man Zeit mit sich verbringen. Diese Zeit sollte aber keineswegs durch Denken oder Trauern gefüllt werden, sondern mit Beschäftigungen und Menschen, die dir ähnlich stark am Herzen liegen, wie dein Affärenpartner. Idealerweise magst du sie noch sehr viel mehr. Wer sich in solche Tätigkeiten fallen lassen kann und das, obwohl man enttäuscht oder beunruhigt ist, stärkt sein Selbstvertrauen und seine Resistenz. Statt Liebeskummer, Angst und Traurigkeit, Isolation und Schuldgefühlen, kontert man mit liebevollen und befriedigenden Handlungen. So gelingt es bereits nach einem oder zwei Durchgängen, dass man seinen negativen Gefühlen trotzen kann. Natürlich verschwinden sie nicht; aber man erinnert sich in den Situationen daran, dass das eigene Leben aus mehr besteht, als aus Passivität, Hilflosigkeit und Trauer wegen des Menschen, den man vermisst und den man nur für sich haben möchte.

Bringe dich so in eine Lage, in der du aktiv, selbstwirksam und strategisch eine Route heraus aus dem Sumpf des Liebeskummers und hinein in die Schönheit des Lebens findest. Denn das Leben ist auch schön, wenn man keine Beziehung hat. Nicht für alle hat ein Singleleben denselben positiven Wert, wie ein Leben mit einer festen

Beziehung. Doch dein Gehirn darf lernen, dass es für dich mehr zu entdecken und zu genießen gibt, als Liebe zu einem Menschen, der (momentan oder allgemein) nicht bzw. selten an deiner Seite ist.
Auch in Situationen, in denen ihr euch treffen wolltet, er unerwartet absagen musste, in getrennten Urlauben, an Wochenenden, Feiertagen, vor dem Schlafengehen und mehr, hilft dir diese Liste geliebter und nährender Tätigkeiten weiter. Sie zieht deine Aufmerksamkeit vom Mangel weg und stellt dir eine Fülle vor, die du im Moment vermisst – oder in deinem Leben in den Hintergrund geraten ist.

Im Übrigen eignen sich kreative und bewegende Aktivitäten am besten, da sie das Grübeln mehr oder minder aushebeln. Das Gehirn schafft bei Sport oder in Bewegung zusätzlich Platz, der sonst für Sorgen verwendet wird. Zudem werden in kreativen und sportlichen Zeiten Stresshormone vermindert. Stattdessen stärkt Sport und Bewegung deine Resistenz. Nicht zuletzt wird bei Sport ein körpereigener Angsthemmer ausgeschüttet.

Unser wichtigstes Organ wird am ehesten durch Sport geschützt: das Herz. Denn der Herzmuskel wird durch die Anstrengung gestärkt. Herzrhythmusstörungen und sogar Herzrasen und Herzstolpern werden minimiert. Weil die Stressrezeptoren am Herzen durch Sport desensibilisiert werden, wird unser Herz also stressresistenter.[xix]

Du musst kein Jahres-Fitnessstudio-Abo abschließen; schon kurze, moderate Sporteinheiten wie Walken, Joggen, eine halbe Stunde Yoga, Pilates, zehn Minuten High Intensity Interval Training oder eine Runde Volleyball, Badminton oder Squash mit einem guten Freund verhelfen dir zu demselben Effekt: Glückshormone und mentale sowie emotionale Widerstandskraft. Die dänische Medizinerin Bente Pedersen stellte fest, dass die arbeitenden Muskeln beim Sport sogenannte Myokine, heilende Botenstoffe, ausschütten.[xx] Und eine niederländische Studie zeigte 2011, dass nur 60 Minuten Sport pro Woche die Gefahr von Depressionen, Angst- und Panikstörungen sowie Suchtkrankheiten verringert. Die Genesung erfolgte zudem sehr viel schneller, wenn die Betroffenen regelmäßig Sport trieben.[xxi] Und da Traurigkeit und anhaltende Angst sowie der Griff zu Alkohol und Zigaretten häufige Kompensationsmittel gegen Liebeskummer sind, hilft auch hier Sport weiter.

Außerdem wirkt Bewegung auf die Selbstwirksamkeit und Gefühle wie Minderwertigkeit, Hilflosigkeit, Wehrlosigkeit und Traurigkeit: Wer es schafft, sich aufzuraffen, fühlt sich handlungsfähiger. Sich klein, wertlos und wie ein Opfer zu fühlen, gehört dann der Vergangenheit an. Damit stärkt Sport das Selbstvertrauen und Selbstbewusstsein und fördert die Resilienz.

Zudem hat Sport die Wirkung, dass man belastende Umstände, Kraftakte und Krisen auszuhalten lernt. Denn dann weiß unser Kopf, dass längere Anstrengungen gefahrlos vom Körper ertragen werden können. In Zeiten starker Belastungen und psychischer Beschwerden aber tendieren wir dazu, zu denken, wir können nichts mehr ertragen und nicht noch mehr leisten. Tatsächlich aber wird dem Geist durch regelmäßigen Sport beigebracht, dass er durchaus eine Menge „stemmen" und „tragen" kann, er mehr „Ausdauer" und „Kraft" hat, als gedacht. Solltest du deine Affäre (noch) nicht beenden wollen, aber nach Wegen suchen, wie du es dir leichter machen kannst, ist Sport eine Wunderwaffe zum Überwinden der negativen Gefühle.

Entscheidend aber ist, dass du eine Sportart wählst, die dir Freude bereitet. Sport in regelmäßigen Abständen wirke dann wie Psychotherapie.[xxii] Wer Sport mit Zwang und Unmut ausübt, wird nicht von den positiven Auswirkungen profitieren. Das bedeutet: Wenn du eher für Kraftsport zu begeistern bist, mühe dich nicht beim Joggen ab. Wenn du lieber Teamsportarten magst, schaue dir Ballsportarten näher an. Auch Boxen und Squash gegen Aggressionen sowie Kampfsport[xxiii] für mehr Selbstvertrauen sind einen Blick wert. Wer mehr innere Ruhe fördern will, für den kann Yoga (besonders Yin Yoga), Tai-Chi und Qi Gong lohnenswert sein. Wer allgemein zu wenig Zeit hat oder sich mit Sport nicht seine Freizeit nehmen will, sollte einmal die kleine Kunst des bereits erwähnten HIIT (High Intensity Interval Training) ausprobieren. Es gibt viele Apps, die in weniger als zehn Minuten sogar Kalorien verbrennen. Kurz vor und nach belastenden, angsterfüllten Situationen ein Wundermittel.

Wer kein Freund von Sport ist, kann Spaziergänge in der Natur nutzen, um sich von seinen Sorgen zu entfernen. Das Grün der Bäume und die Waldluft helfen ähnlich wie Sport: Sie beruhigen dich, weil sie Stresshormone reduzieren. Sollten Sport, Gruppenaktivitäten und Natur noch keinen festen Platz in deinem Leben haben, lohnt es sich, ihn jetzt einzuräumen. Deine Psyche wird es dir danken.

Ein Leben, das du liebst

Affären haben ein unausgesprochenes, vermeintliches Versprechen inne: Dass sie das Leben aufwerteten, besonders dann, wenn aus ihnen mehr würde. Bis dahin regiert die Angst und die Lust, etwas, was wir in der Psychologie Angstlust nennen. Es ist der Genuss am Nervenkitzel, die stete Anspannung und der Kampf. Es ist aufregend und erfüllend. Man hat ein Ziel, für das man sich einsetzt: ein besseres Ich in einem besseren Leben. Es erscheint wertvoll, dieses Ziel zu erreichen, im Vergleich zu solchen, die einem leichter fielen. Das lässt die Hormone tanzen. Sie fühlen sich herausgefordert, können zeigen, was in ihnen steckt, können sich beweisen und ihren Wert demonstrieren. Erfolge im Außen sprechen sie eher an, als innerer Frieden. Sie gehen gern über ihre Grenzen.

Wer ein weniger aufregendes Leben lebt, wie beispielsweise

Introvertierte oder Hochsensible bzw. allgemein sensiblere Seelen, der kämpft selten um andere oder etwas. Er meidet übermäßig emotionale oder psychische Anstrengungen. Für ihn sind Stresshormone wie das Adrenalin bei Angstlustigen „zu aufregend". Sie mögen Sicherheit und vor allem selbstwirksame Lebensstile. Sie sind gerne unabhängig und haben Schwierigkeiten mit Umständen, in denen sie sich ganz auf Zufälle oder andere Menschen verlassen müssten. Es bringt zu viel Chaos mit sich. Sie sind für strukturierte Alltage und geordnete Verhältnisse. Nichtsdestotrotz haben wir alle eine sensible und eine angstlustige Seite in uns, die sich gern in Affären zeigt.

Ein wahrhaft sich selbst liebender Mensch hat eigene Ziele, die er verfolgt. Doch er ist bereit, von ihnen abzulassen, wenn der Preis zu hoch steigt. Er investiert seine Energie und Herzenskraft für sinnvolle Tätigkeiten und Menschen, die uneingeschränkt und willens für das Gute in seinem Leben unterstützend handeln. Bei heimliche Affären ist das oft nicht der Fall. Zwar würden die Geliebten das sofort und auf der Stelle für den begehrten Menschen tun, aber in den seltensten Fällen wird diese bedingungslose und fürsorgliche Liebe erwidert.

Der Normalfall ist, dass heimliche Geliebte eine gewisse, meist unbemerkte Leere in ihrem Leben haben. Daher fällt es ihnen nicht schwer, das Wenige stehen und liegen zu lassen, wenn sie von einem Menschen, der ihnen etwas bedeutet, weil ans Herz gewachsen ist, für einen Moment Liebe und Zuwendung, Fülle und schöne Beschäftigung erhalten. Doch es zeigt, dass es ihnen an mehr mangelt, allem voran Selbstliebe. Sie reagieren entsprechend schnell auf herausfordernde Umstände, um sich beweisen zu können, vergessen ihre Grenzen und ignorieren ihre sensible Seite. Diese zeigt sich oft erst bei zu viel Schmerz, zu vielen Stresshormonen und zu wenig Struktur und Ordnung in diesem Lebensabschnitt Affäre.

Mir ging es selbst so: Ich arbeitete den ganzen Tag in einer Stelle, die mich nicht forderte, aber viele Herausforderungen seelischer und mentaler Art mit sich brachte. Ich hatte daneben zwar gute Freunde, die ich jedoch nur am Wochenende sah. Zwischendrin, nach der Arbeit, an Wochenenden und Feiertagen gab es daneben nur wenig, was mich erfüllte. Ich hatte kaum Leidenschaften oder Hobbys, die mich selbst an Regentagen unter Menschen gebracht hätten oder die mich die Zeit hätten vergessen lassen.

Doch genau solche Lebensinhalte braucht ein jeder Mensch – ob abenteuerlustig oder sensibel. Vor allem heimliche Geliebte benötigen sie, um sich nicht selbst in die Vergessenheit zu treiben. Wenn sie schon von jemand anderem verheimlicht werden, müssen sie erst recht gegen die Vertuschung ihres eigenen Lebens, ihrer Bedürfnisse und Wünsche agieren. So erreichen sie nicht nur Freude. Sie gelangen auch aus eigener Kraft in einen Flow-Zustand, der sie wegtreibt von schuldbewussten, unzureichenden, ängstlichen und traurigen Situationen, in denen der Affärenpartner ihnen nicht geben konnte, was sie so sehnlichst gebraucht hätten. Ein wenig Aufregung kann man sich durch weniger emotionale Umstände ins Leben holen. Abgesehen davon, dass deine Affäre merken wird, dass es dir gutgeht, hat ein Leben, das du liebst, viele Vorteile – auch für deine Affäre.

Erstens: Wenn du herausgefunden und ausagiert hast, was du liebst, mit Menschen, die es ebenfalls lieben, wirst du erfolgreich sein. Erfolge machen attraktiv, optimistisch und erlauben dir, in dir zu ruhen. Sie schenken dir und deinem Wohlbefinden einen gehörigen Boost.

Zweitens: Ein Leben zu haben, in dem du nur für einen Menschen und zukünftigen Partner lebst, ist nicht nur schlecht für dich, sondern auch für die kommende Beziehung. Es gibt sonst nur Leidenschaften innerhalb der Zweisamkeit und des Bettes zu teilen. Ein Leben, das du liebst und erfüllt lebst, ermöglicht dem Partner Anteilnahme und schafft die Basis für gemeinsame Aktivitäten und geteilte Freude. Die Paarforschung hat gezeigt, dass solche gemeinsamen Aktivitäten zusammenschweißen und euch als Paar glücklicher machen. Du bist zudem weniger abhängig von deinem Partner, wenn du dich selbst zu beschäftigen weißt und kannst auch in Zeiten von Kritik oder Streit Halt in deinem Leben finden.

Drittens: Mehrere Tätigkeiten in deinem Leben zu haben, die du liebst, lassen dich neue Menschen kennenlernen, die deinen bisherigen Lebensstil erweitern und bereichern. Soziale Kontakte jeder Art vermindern Einsamkeit. Da Einsamkeit auf lange Sicht krankmachen kann, ist jeder neue Mensch, mit dem du ein gemeinsames Ziel oder Hobby hast, wertvoll. Denn gemeinsame Interessen schenken Halt und Fülle in Zeiten von emotionaler Unruhe und Traurigkeit, von sinnvoller Ablenkung ganz zu schweigen.

Viertens: Es ist wichtiger, seine eigenen Erwartungen zu erfüllen, als anzunehmen oder zu erhoffen, dass ein Partner es tut. Wenn du dir deine (sonstigen) Wünsche allein zu erfüllen lernst, brauchst du keinen anderen Menschen mehr dafür. Das schenkt dir Selbstvertrauen und Glauben an dich selbst. Denn so lernst du, dir selbst zu helfen. In Zeiten, in denen du diese Form der Hilfe dringend benötigst, wird es wie ein Automatismus ablaufen: Du tust allein etwas, was dir guttut. Du wartest nicht darauf, dass jemand kommt oder anruft, der dir hilft. Du packst die Herausforderungen selbst an, ohne nachzudenken.

Fünftens: Wer sich im gesunden Maße liebt, arbeitet an sich, statt an Beziehungen oder solchen, die es werden können. Selbstliebe heißt, du arbeitest an der Beziehung zu dir, baust sie auf, gibst ihr einen Kick, pflegst und liebst sie. Das hat wenig mit Egoismus zu tun. Es bedeutet, dass du deinen Blick von anderen und dem, was sie haben, wegziehst und nicht mehr mit deinem Leben (was dir vermeintlich fehlt) vergleichst. Vergleiche machen Angst und einsam. Es ist leichter, seinen Weg zu gehen, statt sich an dem anderer zu orientieren.

Sechstens: Wenn du Leidenschaften hast (Kreatives beispielsweise), wird es dir wichtig sein, dass dein zukünftiger Partner diese entweder auch hat oder im Mindesten schätzt. Meist fällt es in heimlichen Affären ins Gewicht, was man nicht hat. Deshalb findet man zusammen. Bei eigenen Interessen und tragenden Lebensqualitäten trennt sich die Spreu früher vom Weizen. Das spart viel Zeit und erlaubt dir, jemanden früher „zu erkennen". Leidenschaften zeigen dann, wer wirklich zusammenpasst und wer nur zusammengefunden hat, weil er sich selbst nicht fühlen kann.

Siebtens: Würdest du dich selbst heiraten? Bist du für dich der beste Partner, den du dir wünschen kannst? Wir verlieren uns oft in wirren Wunschvorstellungen darüber, was wir wären und werden würden, wenn wir erst einmal die Liebe unseres Lebens und eine echte, feste Partnerschaft hätten. Dann erst wären wir komplett; erst dann erleben wir uns in all unserer Pracht und nichts bliebe zu wünschen übrig. Wir vergessen dabei, dass dieser wahrhaftigen Entfaltung und Selbstverwirklichung auch vor einer Beziehung nichts im Wege stünde. Wir könnten sie uns selbst geben und schenken, auch ohne, dass uns jemand dabei zusieht oder uns unterstützt, applaudiert oder mitmacht. Wir erleben uns besonders in mangelhaften Zeiten wie Kinder, die ihre Eltern für Lob und bestätigende Zuwendung brauchen. In Wirklichkeit sind wir heute erwachsen und brauchen niemanden, der uns sagt, was wir tun dürfen, müssen oder können. Wenn wir in einem Lebensbereich brillieren, merken wir es auch ohne einen Partner. Menschen werden sich zu uns hingezogen fühlen wie Motten zum Licht. Sie werden uns von allein bewundern und wertschätzen für die Leistungen, die ganz aus unserem Herzen kommen, ohne Anstrengung oder Mühe. Wir brauchen niemanden dazu, nur uns. Doch heimliche Geliebte holen sich wegen der Gewohnheit, zu warten und zu fragen, oft Erlaubnisse ab. Bei vielen zeigt sich das auch außerhalb ihres Liebeslebens, zum Beispiel im Beruf. Sie favorisieren Führung und Vorgaben jeglicher Art, statt eigene Entscheidungen zu treffen und zu ihnen zu stehen – bedingungslos. Doch sich selbst zu lieben bedeutet genau das: sich und ein Leben, das man liebt, zu wählen – bedingungslos.

Checkliste für einen liebevollen Umgang mit dir selbst

Ziel dieser Checkliste ist es folglich, sich in verwundbaren und verwundeten Momenten nicht zurückzuziehen und selbst zu beschuldigen, zu ärgern oder Ängste zu vertiefen. Stelle dir die folgenden Fragen immer dann, wenn du jemanden vermisst, traurig oder ängstlich bist.

1. Behandelst du dich gerade liebevoll?
2. Spiegeln deine Gedanken dir gegenüber wider, dass du wertvoll oder wertlos bist?
3. Richtest du Ärger, Groll und Verachtung gegen dich oder die Person,

die diese Gefühle in dir ausgelöst hat?
4. Suchst du nach Lösungen, wie du diese und ähnliche Situationen in Zukunft vermeiden kannst? Falls ja, ist jemand anderes die Lösung oder bist du es? Wenn du es nicht bist, wie kannst du, allein auf dich gestellt, das gegenwärtige Ungleichgewicht beheben?
5. Was könnte dir in dieser Situation die nötige Liebe und Wertschätzung geben, dir du gerade als Mangel empfindest?
6. Wie würde ein Leben aussehen, das du liebst, unabhängig von Liebe und Beziehungen aller Art?
7. Wie sieht dein jetziges Leben (stattdessen) aus?
8. Welche wichtigen Kriterien fehlen dir zusammenfassend, um jeden Abend zufrieden ins Bett zu gehen und morgens genauso wieder aufzustehen?
9. Wen kennst du, der dir dabei helfen kann?
10. Welche Eigenschaft liebst du an dir am meisten? Wie kannst du sie in deiner jetzigen Situation für dich gewinnbringend einsetzen? Kannst du auf Hochtouren damit laufen oder wirst du in deiner Entwicklung gebremst?
11. Wie kannst du auch ohne eine feste Beziehung zu deinem Affärenpartner deine Weiterentwicklung auf Hochtouren bringen? Wie kann dir deine beste Eigenschaft dabei helfen?
12. Welche Tätigkeit, die du liebst, kannst du in allen Situationen, in denen es dir schlecht geht, ausführen, um wieder zur Ruhe und in deine Kraft zu kommen?
13. Wie gehen andere Menschen mit deiner Situation um? Kannst du etwas von ihnen lernen, was du bislang noch nicht kanntest oder übersehen hast?
14. Welche Erfolge hattest du in deinem Leben? Wie sind sie dir gelungen? Welche Eigenschaft half dir am meisten?
15. Welche Art Menschen hattest du in deinem Leben, die dir zu den Erfolgen verholfen haben? Welche Eigenschaften deines Affärenpartners hatten sie und welche nicht?
15. Welche sonstigen Eigenschaften schätzt du an deinem Affärenpartner und welche nicht?
16. Die Charakterzüge deines Affärenpartners, die du weniger schätzt: Womit macht er/sie wieder wett? Was lässt dich vergessen, dass auch er/sie nicht perfekt ist?
17. Welche Möglichkeiten fallen dir ein, dich von den negativen Eigenschaften wegreißen zu lassen, hin zu einer akzeptierenden und tolerierenden Sichtweise?

Diese Fragen helfen dir, dich auf dich zu besinnen und gleichzeitig den Affärenpartner von einem zu hohen Treppchen wieder auf Augenhöhe herunterzuholen. Sie ermöglichen zudem, das du dich in Selbstwirksamkeit und Proaktivität übst, um dich in solchen Zeiten nicht noch schlechter zu fühlen oder gar zu isolieren. Sie richten deinen

Blick auf dein bisheriges und aktuelles Leben und fördern deine Selbstwertschätzung.

Zusätzlich zu dieser Checkliste ist es ratsam, dass du dir einen Notfallplan erstellst. Jede/r kann seinen eigenen Plan erstellen, abgestimmt auf sein Leben, der in leeren oder traurigen, ängstlichen Situationen hilft, aus eigener Kraft wieder zu dir zu finden. Trainiere diesen Plan, wie einen Muskel. Denn Selbstliebe ist eine Disziplin, die Übung bedarf.

Notfallplan

1. Erkenne und benenne deine aktuelle Herausforderung in einem Satz.
2. Erkenne und benenne, wie es so weit kommen konnte (dein Verhalten und das anderer Personen).
3. Entschuldige dich aufrichtig bei dir. Beende deine Entschuldigung mit einem ehrlichen „Ich liebe mich."
4. Benenne etwas in deinem Leben, das du genauso magst, wie deinen Affärenpartner.
5. Benenne oder finde jemanden in deinem Leben, mit dem du das, was du genauso magst, wie deinen Affärenpartner, teilen kannst.
6. Erstelle eine Liste, die von Platz 1 bis 10 deine liebsten Beschäftigungen zeigt (nach Priorität).
7. Erstelle dir einen Notfall-Tages- bzw. Abendplan für traurige oder einsame Stunden mit derselben Vorgehensweise.

Es ist ratsam, dass du diesen Notfallplan einmal bzw. mehrmals ausprobierst und ggf. Änderungen vornimmst oder Wichtiges ergänzt. Auf der folgenden Seite findest du einen Beispiel-Notfallplan. Auf der Seite darauf kannst du deinen eigenen Notfallplan erstellen.

Beispiel-Notfallplan

1 + 2 Er/Sie trennt sich nicht für mich. Es verletzt mich und macht mir Angst. Ich habe gehofft, dass er/sie genauso verliebt ist und diese Gefühle nicht ignoriert. Ich hatte Angst, die Konsequenzen zu ziehen und zu tragen.

3. Es tut mir leid, dass ich mich dem ausgesetzt habe. Ich konnte nicht anders. Aber ich verzeihe mir selbst, weil ich mich liebe.

4. Mein Haustier, Radfahren in der Natur, Schwimmen, italienische Küche und Kochen, Shoppen, Lieblingsserie, Zeichnen u. v. m.

5. Beste Freunde, Gruppenangebote in meiner Nähe

6.
1 Mein Haustier
2 Radfahren in der Natur
3 Schwimmen
4 italienische Küche und Kochen
5 Shoppen
6 Lieblingsserie
7 Zeichnen
8 Tanzen
9 Weiterbilden
10 Massagen

7. Morgens aufstehen, Rezept für abends heraussuchen, einkaufen gehen, mit meinem Haustier spielen, mit dem Rad in einen Park fahren, dort zeichnen, Abendessen vorbereiten/kochen, Freundin einladen, essen, gemeinsam Lieblingsserie anschauen, tanzen gehen.

8. Kino statt Serien, Literaturabende, Kunstkurse

9. alte Freunde kontaktieren, neue kennenlernen

Dein Notfallplan

1.

2.

3.

4.

5.

6. 1
   2
   3
   4
   5
   6
   7
   8
   9
   10

7.

8.

9.

ZWISCHEN HOFFNUNG UND REALITÄT

„Manche Menschen treten in dein Leben ein, wie ein Segen, andere wiederum wie eine Lektion."

Lebensweisheit

Als ich meine damalige Affäre kennenlernte, war ich voller Vertrauen: in mich, in Männer, Menschen im Allgemeinen, in Beziehungen, in die Liebe. Ich hatte keine *Hoffnung*, dass er sich trennen würde: Ich vertraute darauf, blind und beharrlich. Ich vertraute darauf, dass er erkennen würde, dass wir gut zueinander passten und wir besser füreinander waren, als andere. Ich vertraute darauf, dass mit der Zeit auch die Vernunft und noch tiefere Gefühle kommen würden, die den Rest wie Abwasch wirken ließ. Ich vertraute darauf, dass wir in unseren Leben aufräumen und Altes hinter uns lassen würden.

Doch er nutzte dieses Vertrauen aus. Mit den ersten Lügen und Manipulationen, bewussten Verletzungen und emotionalen Missbräuchen brach mein Vertrauen Stück für Stück. Das Urvertrauen, das mich über Jahre hinweg durch alle Probleme getragen hatte, fiel wie ein Kartenhaus in sich zusammen. Ihm war das gleich. Er konnte nicht sehen, was er anrichtete. Denn ihm fehlte dieses Vertrauen und damit auch die Fähigkeit, sich in andere emotional hineinzuversetzen. Wie so vielen. Aber wenn meine Affäre hätte etwas empfinden können, dann das: Hoffnung darauf, dass er aus seiner eigenen Haut kann, wie er es zu sagen pflegte. Leider stellte er immer wieder fest, dass er es nicht konnte. Er war nicht in der Lage, an seinen Glaubensmustern zu arbeiten und wieder Vertrauen in das Leben und die Liebe, in sich, Frauen und Partnerschaften zu finden. Damit war auch jede Hoffnung von meiner Seite nutzlos.

Wie ich bereits erwähnt habe, trennen sich nur neun Prozent von ihrem offiziellen Partner nach bzw. für die Affäre. Nur einer dieser Menschen ist ein Mann, wenn man den Statistiken Glauben schenkt. Nicht alle Fremdgänger gehören zur „bösen" Sorte. Unter ihnen gibt es einige, die in betrogenen Partnerschaften zu ihrer Lektion fanden und deshalb den Schlussstrich zogen – auch wenn die überwiegende Mehrzahl es nicht tut – und ungern über die eigenen Schattenseiten und Charakterschwächen reflektiert. In diesen Fällen werden die Klischees über Affären Wirklichkeit.

Ein vergessener Faktor bei heimlichen Affären ist der Kampf zwischen Hoffnung und Realität. Einige haben zu viel Hoffnung; andere zu wenig. Kaum eine/r schafft es, den Blick auf die Realität zu behalten. Sie äußert sich wie ein unerwarteter Tritt in den Hintern, das plötzliche Messer im Rücken, der herbe Nackenschlag – oder meist alles auf einmal. Man ist selten darauf vorbereitet.

Entweder heimliche Geliebte verfangen sich in der Augenwischerei und leiden über Monate und Jahre hinweg, aus Angst, wieder mit unangenehmen Gefühlen allein zu sein. Oder sie beenden etwas, was sich als zukunftsträchtig erwiesen hätte, weil ihnen Hoffnung fehlte. Allerdings wissen die wenigsten heimlichen Geliebten, welche radikalen Konsequenzen es hat, eine heimliche Affäre zu sein und sich auf mehreren Ebenen betrügen zu lassen und am Betrug eines anderen teilzuhaben. Es hat Auswirkungen auf dein Leben, deine Zukunft und emotionale Sicherheit. Denn einmal negativ erlebte, heimliche Beziehungen hinterlassen Wunden, die teilweise jahrelang zum Heilen benötigen. Auch folgende Bekanntschaften und Beziehungen leiden unter den Ereignissen. Denn der Schmerz, der mit einer Affäre einhergehen kann, wird von den Betroffenen überwiegend weggeschoben oder bleibt mit seiner Wucht ungenutzt. Statt die Energie der Trauer und Wut für sein eigenes Leben einzusetzen, landet sie – und bleibt auch dort – im eigenen Körper und Umfeld. Nicht nur leidet unsere Seele und unsere Psyche unter den geduldeten Hieben; auch unser Freundes- und Bekanntenkreis wird sich über kurz oder lang empören. Deshalb: Erwarte das Beste, aber sei vorbereitet auf das Schlimmste.

Das gilt auch für die Affärenpartner. Es ist ein Trugschluss, zu glauben, dass nur heimliche Geliebte leiden würden oder Lasten zu tragen hätten. Einer der schwersten und psychisch gefährlichsten Umstände in heimlichen Affären ist, dass Geliebte und Gefühle versteckt werden. Niemand soll wissen, dass es dich und deine Gefühle sowie die deines Affärenpartners gibt. Die Gefahr, dass sich der wirkliche Partner trennt, ist zu groß.

Doch was bedeutet es für die Psyche, wenn man jemanden verstecken muss, der inoffiziell im (Liebes)Leben existiert? Ich möchte mich nachfolgend zum Kraftakt des Vertuschens äußern, um dem Thema umfassender gerecht zu werden.

Verheimlichung: Was es wirklich kostet

Einen Seitensprung zu verheimlichen, ist das eine. Der- oder diejenige, die für eine Nacht oder einige Stunden anwesend war, wird nicht zu einem Teil des Lebens. Man braucht weder Telefonnummern auszutauschen noch Privates miteinander zu teilen. Alles, was man teilt, ist körperlich. Bei Seitensprüngen befürchten daher nur die wenigsten Fremdgänger Konsequenzen. Es kommt in 99 Prozent aller Fälle zu keinem weiteren Kontakt. Niemand ruft um 23 Uhr weinend und verletzt an, während der offizielle Partner direkt daneben im Bett liegt. Niemand schickt an Wochenenden minütlich geheime SMS; es gibt keine Drohungen und keine Angst, erwischt zu werden. Alles, womit man sich auseinandersetzen müsste, wäre die eigene Moralvorstellung. Doch wer ohne Selbstvorwürfe und schlechtes Gewissen untreu sein kann, hat auch damit nicht zu kämpfen.

Ganz anders sieht es in einer heimlichen Affäre aus. Hier muss man bewusst Freiräume schaffen, um sich zu treffen. Diese Treffen müssen geplant und vor allem legitimiert werden. Man braucht gegebenenfalls mehrere triftige Ausreden für den offiziellen Partner, idealerweise nicht immer dieselben, damit sie nicht auffallen. Man benötigt zudem Argumente für die heimlichen Geliebten, weshalb man nicht oder nur dann und wann kann. Beide Seiten dürfen nicht verletzt werden. Hinzukommt, dass man freie Ressourcen (Zeit, ggf. Geld, private Örtlichkeiten) sowie Durchhaltevermögen, Risikobereitschaft und Standhaftigkeit braucht. Eine heimliche Affäre zu führen heißt auch, dass man emotional für mehrere Menschen verantwortlich ist, jedenfalls theoretisch. Man muss für zwei Menschen da sein und an sie denken oder zumindest so tun, um keine der Beziehungen zu gefährden. Das beginnt bei minimalen Rahmenbedingungen wie zwei Geburtstage und Jahrestage. Es bedeutet, mindestens eine heimliche Telefonnummer, E-Mail-Adresse oder sichere Abmachung für Kontaktzeiten und -arten.

Das bringt eine massive Verwirrung für den Betrügenden mit: Angst, ertappt zu werden, sich nichts anmerken lassen, emotional stabil auf beiden Seiten bleiben, sich nicht allzu sehr verändern, weiterhin liebevoll sein *müssen*, auch wenn die Gefühle für den Affärenpartner oder offiziellen Partner überwiegen, Angst davor, die Affäre nicht beenden zu können, weil sonst Rache folgen könnte, ständige Erreichbarkeiten, Stress aufgrund vieler Lügen, Zeitdruck und innere Unausgeglichenheit u. v. m.

Eine Affäre zu verheimlichen und aufrechtzuerhalten ist ernsthaft mit Aufwand und Geschick verbunden; es bedeutet strikte Organisation und Zeitmanagement. Es bedarf sehr viel Kraft, sehr viel Empathie für die Schwächen der Betrogenen, einer gewissen Intelligenz und vor allem einer enormen Manipulationskraft.

Das macht man nicht „mal eben so“: Denn zwischen Partnerschaften hat ein jeder noch sein eigenes Leben mit Beruf, Ruhezeiten, Interessen/Leidenschaften, Familie, Freunde, Verwirklichung der eigenen Ziele und so weiter.

Die emotionalen Auswirkungen können bei dem Betrügenden genauso verheerend sein – auch wenn man das nicht glauben mag. Deshalb spreche ich grundsätzlich von mehreren Ebenen des Betrugs. Es kommt einem Schauspiel in beinahe allen Lebensbereichen gleich, solange man sich nicht zu einer Entscheidung durchringen konnte. Diese Entscheidung kann heißen, dass man sich von einem der zwei Partner trennt, sich nicht trennt oder aber von beiden gleichzeitig.

Dieses Kapitel soll nichts beschönigen oder legitimieren; es geht mir vorwiegend darum, mit den Klischees aufzuräumen. Selbstverständlich gibt es auch Personen, die mit voller Absicht und bestem Gewissen fremdgehen und auf den Gefühlen anderer herumspringen. Aber selbst sie finden sich in einer Situation wieder, die nicht gerade leicht, aber doch gewollt ist.

Wer eine heimliche Affäre oder Beziehung führt und bereits weiß, dass er/sie daraus niemals eine offizielle Beziehung machen wird, es aber für sich behält, der verheddert sich unweigerlich in einem Netz aus Lügen. Der Betrügende muss bewusst heucheln und verheimlichen, was er in Wahrheit fühlt und welche Ziele er *in Wirklichkeit* verfolgt. Er/Sie lässt sowohl seinen eigenen Partner als auch die Partei, die als Affäre ausgenutzt wird, im Unklaren darüber, was vor sich geht und geschehen soll. Das erzeugt Unmengen an psychischem Druck.

Meine Erfahrung zeigt mir, dass höchstens zwei von zehn derart gewissenlos und abgebrüht, eiskalt und selbstfokussiert sind, um ein bewusstes Doppelleben über eine längere Zeit auszuhalten (mindestens sechs Monate, Tendenz: Jahre), ohne eine der beiden Beziehungen verlassen zu wollen und es zu tun, ohne psychisch belastet und gar krank zu werden, ohne erwischt zu werden, ohne Gewissensbisse bei Lügen und Manipulationen zu fühlen, ohne Reue zu verspüren und ohne regelmäßig aus einer der beiden Beziehungen auf seine eigene Art und Weise zu flüchten.

Meist ist es die heimliche Affäre, die einen On-Off-Touch bekommt. Aber auch die offiziellen Beziehungen geraten in Gefahr, wenn einem das Doppelleben zu viel wird: Man muss Küsse und Streicheleinheiten, körperlichen Kontakt jeder Art ertragen und seine wahren Gefühle überspielen. Ein jeder mit etwas Vernunft und Herz gerät trotz des anfänglichen Reizes am Verbotenen irgendwann in einen inneren Konflikt, der zu Streitigkeiten und Beziehungs-Tiefs führt und ihn zwingt, zu handeln.

Ich erlebte in all den Geschichten, die mir erzählt wurden, nur zwei Personen, die ihr Doppelleben gewissenlos führen konnten – während sie beide PartnerInnen auf genug Abstand halten konnten, um selbst nicht in einen Konflikt zu kommen. Diese Menschen machten sich auch keine Illusionen darüber, welche Konsequenzen ihr Verhalten haben könnte, geschweige denn, dass sie sich selbst Gedanken über die Zukunft mit beiden PartnerInnen machten. Sie lebten ausschließlich im Moment und vermieden jeden Gedanken an ein Morgen. Sie planten weder noch hatten sie ein „volles" Leben. Sie lebten in den Tag hinein und ihr Lebensentwurf kannte so gut wie keine partnerschaftlichen Ziele, die man gemeinhin in Beziehungen findet. Sie verhielten sich eher wie Kinder in einer Trotzphase, die sich nicht das Spielen nehmen lassen wollten; wie SchülerInnen, die sich nicht den Lehrern und Eltern unterordnen wollten; wie Menschen, die weder sich selbst noch anderen gegenüber Verantwortung übernehmen konnten. Jede Pflicht empfanden sie – außer der beruflichen – als Last, weshalb sie auch scheuten, sich weiterzuentwickeln oder festzulegen. Sie trafen weder für ihr Leben noch für die Gefühle anderer eine Entscheidung. Sie vermieden vor allem Abhängigkeit auf allen Ebenen und verfügten nur über eine geringe Sozialkompetenz. Sie realisierten vorwiegend Zeiten der Leere und Mängel bei und durch Menschen, die sie wiederum zu füllen versuchten. Sie bewerteten Menschen danach, was diese für sie tun konnten und waren hervorragend darin, sich über unerfüllte Bedürfnisse zu brüskieren. Wich ihnen jemand aus, zum Beispiel, weil derjenige keine Affäre (mehr) wollte, wurden sie wütend und verwirrt. Sie fragten sich in den Augenblicken nicht, was dahintersteckte oder ob ihr eigenes Verhalten dazu beigetragen haben könnte. Sie beschuldigten eher, als dass sie akzeptierend und verständnisvoll reagierten. Sie waren ausschließlich auf der Suche nach Personen, die es ihnen leichtmachten. Sie waren jedoch nicht an Menschen interessiert, für die sie selbst etwas tun mussten. Da sie per se kaum eine Liebesfähigkeit für sich hatten, konnten sie auch andere nicht wahrhaftig lieben. Das schließt selbstredend die Fähigkeit aus, jemanden an seinem Leben teilhaben zu lassen. Sie erlaubten nur, dass sie selbst an dem Leben anderer Personen teilhaben durften – und verlangten das auch.

Bei jedem neuen Partner, wie auch bei sich selbst, sollte man sich zuerst die eine, in meinen Augen wichtigste Frage stellen:

Welcher Typ Mann bzw. Frau ist der (potenzielle) Partner?
Und welcher Typ bin ich bzw. war ich in meinen vergangenen Beziehungen?
Ich unterscheide hierbei gern zwischen Gärtnern, Mittlern und Konsumenten.

- **Gärtner** sind Partner, die sich fragen: Was kann ich für dich tun?
- **Mittler** sind Partner, die sich fragen: Was können wir füreinander tun?
- **Konsumenten** sind Partner, die sich fragen: Was kannst du für mich tun?

Der beschriebene Charakter blieb in der dritten Kategorie verhaftet, weil sie sich Personen der ersten Kategorie in ihr Leben zogen. Sie sind dennoch von denen zu trennen, die klar und deutlich Grenzen ziehen: Sie sind in einer Beziehung und haben eine heimliche Affäre, die nie die offizielle Beziehung ersetzen wird. Sie äußern das exakt so, auch, wenn sie für die Affäre Gefühle haben. Die eben beschriebenen Personen sind ebenso von denen zu unterscheiden, die Angst vor dem Alltag oder Herausforderungen einer Partnerschaft haben. Sie sind vielmehr die, die das Internet zu Narzissten, Soziopathen, Psychopathen und so weiter deklariert. Es sind also Menschen, die

Probleme mit dem Alleinsein haben, die stete Zuwendung brauchen, um sich fühlen zu können und eine tieferliegende Angst davor haben, nichts wert zu sein, wenn man sie abweist – und seien die Gründe auch noch so legitim. Sie tun sich leichter damit, Menschen zu verletzen, als damit, verletzt zu werden. Sie haben Konflikte mit dem offiziellen Begriff der Liebe.

Nicht bei allen hinterlässt es psychisch verheerende Spuren. Je nach emotionaler Widerstandsfähigkeit „vertragen“ Geliebte Affären mehr oder minder gut bzw. schlecht.

Psychische Konsequenzen einer Affäre

So erging es auch Verena. Sie hatte in ihren Dreißigern eine dreijährige Affäre. Sich von dem Mann zu trennen, hatte sie viel Kraft und Schmerz gekostet. Anfangs glaubte sie, dass sie beide füreinander bestimmt wären – bis er ihr gestand, dass er in einer festen Partnerschaft lebte. An der Stelle brach das erste Vertrauen und Verliebtheitsgefühl weg. Doch weil sie in ihn verliebt war, entschied sie, sich auf die Affäre einzulassen. Sie vertraute ihm und hatte Hoffnung, dass er es nicht enttäuschen würde.

Nach und nach schlichen sich immer mehr Zweifel bei ihr ein. Erst wechselte er seine Handynummer und weigerte sich, sie ihr zu geben. Er redete sich damit heraus, dass seine Freundin gerade kein eigenes Handy hätte und mitunter seines benutzte. Er wollte kein Risiko eingehen, solange sich Verena und er nicht zu 100 Prozent sicher waren, wohin die Affäre führen würde. So wartete sie monatelang darauf, dass er sich meldete. Hatte sie hingegen keine Zeit, wurde er ungehalten und drohte mit dem Beenden der Affäre, „wenn sie ihn ohnehin nicht mehr sehen wolle“. Er spielte sie emotional in ihrem eigenen Leben so an die Wand, dass sie irgendwann nur noch mit ihrem Handy neben sich lebte. Die Angst, dass er sich melden könnte, und sie es verpasste oder aber nicht sofort reagieren konnte, war zu groß. Sie war stets abrufbereit. Das führte so weit, dass sie einmal, als sie Urlaub hatte, eine Woche lang nicht ihre Wohnung verließ, weil ihr Handy kaputt war. So musste sie immer in der Nähe ihres Festnetztelefons sein. Auch ihre Tür stand immer offen, wenn er es wollte – und wann. Sie verschob Verabredungen, berufliche Termine, Familientreffen und die kleinsten Erledigungen, von Einkäufen bis zu Postgängen.

Mit den Monaten hatte er immer weniger Zeit; waren anfänglich ihre Treffen über Stunden und teilweise durch vorgeschobene berufliche Reisen nächtelang gewesen, brachte er zum Schluss nur noch zwei, drei Stunden auf. Nach dem Sex fühlte sich Verena wie ein Fußabtreter, ausgenutzt und fallen gelassen. Wenn sie vor ihm Schwäche zeigte und weinte, weil sie so verletzt war, lachte er sie aus, reagierte wütend oder ging sofort. So etwas bräuchte er nicht auch noch außerhalb seiner Beziehung. Sein Leben wäre schon schwierig genug. An ihren Gefühlen wäre nur sie schuld; sie wäre labil und könnte nicht sehen, was sie beide aneinander hätten. Er würde ihr doch so viel mehr geben, als seine Partnerin je von ihm bekommen hatte, und wieso sie das nicht zu schätzen wüsste.

Er hatte außerdem bei allen Gesprächen über eine gemeinsame Zukunft stets neue Argumente, wieso er sich nicht für sie entscheiden konnte. Mal war es der Job, der ihn zu sehr forderte, dann wieder die finanziellen Mittel, die er aufbringen müsste, wenn er sich trennte. Ging es nicht um Geld und Zeit, haderte er mit seinen eigenen Gefühlen, ob sie ausreichen würden (sie sei immerhin labil und unberechenbar). Er stellte sich vor allem die Frage, wann es auch bei ihnen nur noch Alltag und Selbstverständlichkeit sein würde. Affären wären doch gang und gäbe und er würde welche kennen, die sich schon seit Jahrzehnten heimlich trafen und dennoch glücklich wären. In anderen Momenten wollte er seine Partnerin nicht verletzen, und auch Versprechen, die er ihr gegenüber geleistet hatte, konnte er so urplötzlich nicht lösen.

Verena glaubte ihm schon lange nicht mehr; aber je mehr sie ihre eigene Unfähigkeit, sich von ihm zu trennen, spürte, desto wütender wurde sie auf ihn. Sie gab ihm die Schuld daran, sie in die Affäre gezogen und mit falschen Versprechungen gehalten zu haben. Sie war wütend auf sich, dass sie die Affäre zugelassen hatte und vor allem, dass sie ihn so sehr liebte. Aber die Hoffnung, dass er seine Freundin doch noch verlassen würde, wenn sie ihm nur genug Zeit und Raum ließe, war immer stärker gewesen.

Und obwohl sie sich nur noch wie ein Sexobjekt fühlte und von Liebe keine Spur mehr da war, blieb sie. Sie verfiel in einen apathischen, duldenden und allzeit gefügigen Zustand. Sie vergaß alle ihre eigenen, drängenden Gefühle und spielte ihm den Sonnenschein vor, auch wenn sie sich die Tage zuvor vor Depressionen und Angstzuständen nicht mehr retten konnte. Entscheidungen, die sie hätte für ihr Leben treffen müssen, waren nur noch möglich, wenn er vorher gefragt wurde, „um keinen Streit zu provozieren".

Zum Schluss nahm sie Antidepressiva und andere Beruhigungsmittel, damit sie schlafen und die Tage überstehen konnte. Während dieser Jahre wusste sie zwar immer, was sie sich antun ließ und selbst antat. Aber ihre Angst vor dem Alleinsein und davor, nicht geliebt und gebraucht zu werden, war größer. „Hauptsache war, dass mich jemand wollte. Ich konnte den Gedanken, dass ich keinem Mann etwas bedeutete, nicht ertragen."

Mit einer Therapeutin lernte sie, sich von ihm zu trennen und wieder zurück in ihr Leben zu finden. Doch noch Monate später hatte sie Angst, sich wieder einem Mann zu öffnen. Alle Bekanntschaften, die sie machte, verband sie mit der Frage, ob derjenige insgeheim eine

Partnerin hätte. Sie unterstellte jedem, dass er sie nicht lieben würde und spürte Fluchtimpulse bei den kleinsten Unstimmigkeiten. Sie hatte die Erfahrung gemacht, dass sie ungewollt und ungeliebt war und hatte Mühe, diese schmerzvollen Erlebnisse hinter sich zu lassen. Vor allem aber war der Gedanke, dass sie erneut auf jemanden hereinfallen könnte, stets präsent. Sie fürchtete, dass sie nochmals ihre Bedürfnisse und Grenzen ignorieren würde, wenn sie sich verliebte. Aus Schutz vor sich selbst ging sie daher lieber keine Beziehung ein oder suchte sich Männer, die von vornherein nicht zu ihr passten. Es dauerte lang, bis sie wieder Selbstvertrauen aufbauen konnte und in eine neue, funktionierende Partnerschaft fand.

Als Geliebte/r muss es nicht ganz so schlecht laufen, wie bei Verena. Aber jede Affäre hält solche oder ähnliche Verletzungspotenziale bereit. Mindestens 90 Prozent all meiner GesprächspartnerInnen gaben zu, dass sie ab einem individuellen Zeitpunkt die Schuld für die Heimlichkeit bei sich suchten. Sie fragten sich, weshalb sie versteckt wurden und begannen, zu glauben, dass sie nicht gut genug seien, sich falsch verhalten würden oder „besser" sein müssten, um auch als echte Beziehung gewollt zu werden. Neben etlichen Vergleichen mit den offiziellen PartnerInnen, redete ihnen ihr Kopf Schuld- und Minderwertigkeitsgefühle ein. Er ließ sie glauben, dass es an ihnen liegen müsse, dass sie „nur für eine Affäre gut waren".

Natürlich hatte ich auch Menschen im Gespräch, die keine Selbstzweifel spürten, sondern das gesamte Gewicht von sich wegschoben. Diese litten keineswegs weniger, da sie in ihrer Teilnahmslosigkeit alle Selbstwirksamkeit gleichfalls von sich wiesen: So gelangten sie schneller in den Opfer-Modus, in dem allein der Affärenpartner hätte handeln können. Tat er/sie es nicht, so lag dort der Hund begraben. Sie erlebten heftige Wut, die nichts verbesserte. Sie konnten weder hinter ihre eigenen Beweggründe schauen noch etwas für ihre Zukunft mit sich nehmen. Stattdessen standen sie still auf dem Feld und schauten auf den herannahenden Tornado, fluchend, dass er sie in Stücke fetzen würde, ohne sich daran zu erinnern, dass es ihre eigenen Beine waren, die sie in Sicherheit bringen könnten.

Die Mehrheit greift sich im ersten Moment selbst an und verfällt in eine kindliche „Ich bin schuld!"-Falle. Genau dasselbe fragt und redet sich auch die Ehefrau/der Ehemann bzw. der offizielle Partner ein.

- Wieso werde ich betrogen/nicht gewollt?
- Was mache ich falsch?
- Was soll ich anders/besser machen?
- Was kann die Affäre/der Partner besser als ich? (Übersetzt: Was kann ich nicht?)
- Wie kann ich meine Beziehung/Affäre retten?

Auch bei den offiziellen Partnern setzt eine augenblickliche

Panikstarre ein, die – wie es bei Gefahren üblich ist – mit einer schnellen Reaktion abgewiesen werden soll. Tatsächlich reagieren nur die wenigsten Menschen mit dem „normalen" Verhalten und fragen sich: *Was stimmt nicht mit dem Fremdgänger? Denn er/sie hat den Fehler begangen. Es sagt eine Menge über denjenigen aus, aber wenig über mich. Es sagt etwas über unsere Beziehung aus.*

Natürlich haben immer zwei Seiten Verantwortung für eine missliche Lage in Beziehungen. Aber nennen wir das Kind einmal beim Namen: Wer in seiner Beziehung unglücklich ist, kann jederzeit gehen – wenn er bereit ist, die Kraft und Konsequenzen auf sich zu nehmen. Wer es nicht tut, obwohl er unzufrieden ist, hat gute Gründe dafür. Am Partner liegt es aber zu großer Wahrscheinlichkeit nur bedingt. Die wenigsten Beziehungen sind tatsächlich körperlich sowie existenziell missbräuchlich und gefährdend. Den meisten fehlt rein psychologisch und statistisch ein geeigneter Weg, eine gute Lösung oder die Kraft, für sich zu handeln und sich gegen andere durchzusetzen.

Betrogene Partner und der/die Geliebte haben demnach ein- und dieselben Fragen. Wer über längere Zeit glaubt, betrogen oder hingehalten zu werden, wird unweigerlich (noch mehr) Angst entwickeln.

- Sind andere Frauen bzw. Männer besser als ich?
- Bin ich nicht liebenswert?
- Bin ich nur dann liebenswürdig, wenn ich mich den Ansprüchen anderer Menschen anpasse?
- Muss ich meine Gefühle und wahren Bedürfnisse für mich behalten?
- Gibt es für mich Liebe?

Wer einmal sein Vertrauen an jemanden gab, der es ausnutzte, wird zumindest anfänglich leichte bis erhebliche Schwierigkeiten haben, sich wieder auf diesen oder einen anderen Menschen einzulassen – mit allen Risiken. Das Gehirn merkt sich das Risiko, den Faktor und alle Eventualitäten. Darauf ist es programmiert. Es wird sich also eine Angst manifestieren, dich und deine Gefühle zu zeigen, deine Bedürfnisse offen auszusprechen und ihre Erfüllung einzufordern, dich offen und ehrlich freuen zu dürfen, wütend und trennend zu sein, wenn dir danach ist.

Einer meiner Gesprächspartner, ein 37jähriger Mann, der sich für eine gebundene Frau entschieden hatte, ohne zu wissen, worauf er sich einließ, beschrieb es so: „Als mir klar wurde, dass ich vielleicht ewig nur ihr dummer Spielgefährte bleiben würde, war ich wie gelähmt und hatte das Gefühl, ich könnte mich nicht bewegen oder dürfte es nicht. Weil jeder Schritt hätte falsch sein können. Ich war so verliebt in diese Frau, dass ich dachte, wenn ich jetzt etwas Verkehrtes sage oder tue, ist sie für immer weg. In den wenigen guten Momenten mit ihr, war immer diese Angst da. Nie konnte ich so sein, wie ich in Wirklichkeit bin. Ich wollte sie eigentlich anschreien und links liegen lassen, sie beschimpfen und leiden lassen. So machte sie es ja auch mit mir. Rief nur an, wenn es nichts Besseres zu tun gab oder es mit ihrem Freund mal wieder nicht so gut lief. Im nächsten Moment wollte ich sie lieben und in den Arm nehmen, vor ihrer Tür stehen und sie einfach mit zu mir nehmen, weil ich sie trotz der Enttäuschung unendlich liebte. Aber jedes Mal fragte ich mich, ob ich ihr vertrauen konnte und überhaupt durfte. Oder ob sie mir morgen schon wieder die Kehrseite zeigen würde."

Der Mantel der Ungewissheit hing wie eine graue Wolke über ihm. Latent war er stets darauf vorbereitet, dass gleich die nächste Enttäuschung kommen würde. Viele Betroffenen kennen diese Gefühle. Vielleicht wirst du anfangen, weniger Gefühle und Bedürfnisse auszusprechen oder zu zeigen. Vielleicht wirst du denken, dass du etwas anders oder besser machen musst. Vielleicht wirst du auch glauben, dass du in bestimmten Situationen zu viel verlangt hast. In jedem Fall wirst du dich verändern – und zwar aus Angst, (emotional) verlassen zu werden, nicht zu genügen oder an Wert zu verlieren. In Beziehungen aller Art gibt es einiges zu verlieren: sei es die Illusion, die Liebesgefühle, das Vertrauen, die Familie, den Zusammenhalt, die Harmonie, die Selbstachtung, aber auch den Glauben an sich selbst, den Respekt u. v. m. Mit all diesen bedrohlichen Gefühlen und Verlusten umzugehen, gehört zu den großen Herausforderungen einer heimlichen Affäre.

Für Geliebte steht mit dem Verlust auch ein erzwungener Neubeginn vor der Tür. Wieder von vorn anfangen, während sich Betrogene meist fragen: Wie soll ich weitermachen? Als betrogener Partner sowie als heimliche Affäre werden viele Momente mit der Angst einhergehen, dass einen der geliebte Mensch eventuell gerade betrügt oder emotional hintergeht. Auch wenn die Person im Supermarkt steht, in einem Geschäftstermin ist oder zu Hause die Fenster putzt: Zeiten, in denen du die Person nicht kontrollieren kannst, in denen du nicht sicherstellen kannst, dass diese Person treu und dir liebevoll ergeben ist, werden mit Angst begleitet sein.

Daraus können leicht und unmerklich Depressionen und chronische Angstzustände entstehen. Die Ängste, die viele kennen, sind die Angst vor dem Alleinsein und die Angst vor Einsamkeit, vor Trennung und Verlust. Das Vertrauen ist oft gebrochen und es ist somit schwerer, in Zeiten des Alleinseins trotzdem Halt und Liebe zu spüren. Es erfordert Kraft und Liebe zu sich sowie Verantwortung gegenüber seinem Leben, um dennoch bei sich zu bleiben. Trotz Angst.

Viele finden diese Kraft nicht. Das führt oft dazu, dass sich tiefe Selbstzweifel und Misstrauen in ihnen bilden. Der Gedanke, dass etwas mit ihnen nicht stimmt, sie nicht liebenswert seien, andere

Frauen und Männer besser und wertvoller seien, verunsichert zunehmend. Das Selbstvertrauen bröckelt Stück für Stück. Wir alle wissen, wie lange es dauert, erneut Halt und Selbstvertrauen nach Schicksalsschlägen aufzubauen, aus ganz eigener Stärke heraus, wieder an sich und seinen Wert zu glauben.

Bei vielen Menschen wird der Glaubenssatz, sie seien nicht genug, eher aktiviert. Wird man dann noch hingehalten, belogen und absichtlich verletzt, vertieft sich der Glaubenssatz immer mehr. Unwissentlich in eine heimliche Affäre zu geraten bzw. von seinem Partner betrogen zu werden, kann leicht alte Wunden wieder aufreißen oder noch tiefere entstehen lassen. Auf der Suche nach dem Wieso, kann man so einigem Irrglauben verfallen.

Diese Angst kann sich nicht nur in der jetzigen Beziehung bzw. Affäre zeigen, sondern auch in der Zukunft bei neuen, potentiellen Partnern – bis man sie überwunden hat. Je mehr Vertrauen sich in einer neuen Beziehung gebildet hat, desto geringer wird die Angst werden. Bei einigen Menschen dauert das nur wenige Wochen, bei anderen Menschen, wie bei Verena, dauert es Monate oder Jahre. Die Angst, wieder betrogen oder hintergangen zu werden, nur die dritte Geige zu spielen, ist noch nicht verarbeitet. Gerade diese Menschen müssen zwingend das Selbstvertrauen und den Mut finden, das Alte loszulassen und sich dem Neuen zu öffnen. Das erfordert Arbeit an sich selbst, oft auch Unterstützung durch einen Therapeuten oder Coach, oder zumindest die tiefe Hoffnung, dass das Leben etwas Besseres für einen bereithält. Doch auch das entwickelt sich im Tempo des Einzelnen, je nachdem, wie schmerzhaft die Erfahrung war.

„Wartende Menschen"

Ein Sprichwort sagt: Das Gras wächst nicht schneller, wenn man daran zieht. Doch einige Menschen haben das Prinzip Geduld derart perfektioniert, dass es schädigend für sie wird. Was wir am häufigsten in heimlichen Affären und Dreiecksbeziehungen vorfinden, sind eben Menschen, die bereitwillig – wenn auch leidend – warten. Sie warten täglich, dass dieser eine Mensch sich meldet, an sie denkt, Zeit mit ihnen verbringen will, ihnen Zuwendung und Aufmerksamkeit, Liebe und Nähe schenkt. Sie warten Monate bis Jahre, um den Menschen ihrer Begierde und ihres Herzens für mehr zu „bekommen": als Geschenk und Beweis für ihre Liebenswürdigkeit und Leistung im Schatten eines anderen Menschen. Dahinter verbirgt sich ein Schema. Es ist das Muster wartender Menschen.

Wartende Menschen passen sich an, um Teil sein zu dürfen. Dafür nehmen sie so manches in Kauf, zum Beispiel zwar Teil zu sein, aber nicht Teil haben zu dürfen. Sie geraten nach und nach in eine Warteschleife. Sie dürfen zwar Sexualität, Aufmerksamkeit,

Ablenkung vom offiziellen Leben, das Schöne an einer Partnerschaft usw. geben, aber selten dasselbe oder einen anderen Wert nehmen. Das meint Dasein, Unterstützung, menschliche Nähe, Vertrauen, emotionale Sicherheit, Teilhaben am Leben, der Zukunftsplanung, den guten und weniger schönen Gefühlen und Momenten. Ein sehr hoher Preis. Sie warten, dass sie von jemandem gewollt und als wichtig erachtet werden, leisten Großes und hoffen, dafür etwas Bestimmtes zu bekommen. Erst dann glauben sie, sie seien wertvoll, weil sie es sich erst dann verdient haben. Erst wenn sie bei anderen oder durch andere etwas erzielt und gewonnen haben, spüren sie ihren Wert. Das ist natürlich ein Trugschluss. Denn Wert hat ein jeder. Nur nicht jeder kennt seinen Wert und weiß, sich an diesen in allen Momenten zu erinnern. Nicht jeder geht achtsam mit seinem Wert um und nicht jeder bewertet andere angemessen: nämlich genauso wertvoll wie sich selbst. Auch nicht jeder behandelt andere nach demselben Wert, wie er/sie ihn hat, sondern wertet sie ab, aus Angst, weniger wert zu sein.

Tatsächlich ist es so, dass sich Menschen, die andere abwertend behandeln, von vornherein in einem Gefühl der Verachtung befinden. Sie haben bereits einen Vergleich vollzogen und schnitten weniger wertvoll ab, außer sie würden zum Beispiel x dazu bekommen, y zu tun. Dann hätten sie einen Wert, dementsprechend sie sich verhalten. Verachtung bedeutet, dass wir aus Angst Ablehnung vorschicken, oder auch Egoismus, Arroganz oder gar Narzissmus, um nicht benachteiligt oder außen vor behandelt zu werden.

Du bist bereits wertvoll. Das Skriptmuster „Mein Affärenpartner ist mehr wert, also warte ich/bleibe ich still/harre ich aus/usw.“, wie die Transaktionsanalyse es nennt, ist nur so tief in deinem System verankert, dass dich keine andere Wahrheit bislang ergreifen konnte. Deshalb ist es so wichtig, dass „wartende Menschen“ die Möglichkeiten erkennen, ihr Leben allein zu steuern, besonders dann, wenn es ihnen Angst macht. Viele haben nicht gelernt, dass sie sich selbst entdecken und steuern können, da sie sich selbst nie die Erlaubnis dafür gegeben haben. Sie fassen kleine Ablehnungen als Verweigerung ihrer Individualität auf, als dürften sie nicht „groß“ werden, als dürften sie nicht erwachsen ihr eigenes Leben so ausrichten, wie sie es wünschen. Sie haben eigene Wege und Schritte, Ideen und Talente nur mit Gegenwehr kennengelernt oder mit der Angst anderer Menschen. Sie haben gelernt, dass Eigenheiten und Eigensinn entweder andere Menschen verletzen und verängstigen oder, dass es zu Konflikten und eigenen Verlustängsten führt. Als Kinder haben sie wichtige Bezugspersonen vielleicht sagen hören:

- Mach Mama/Papa nicht traurig!
- Sei ein braves Kind!
- Sei nicht immer so aufmüpfig!
- Mami liebt dich so sehr, aber nicht, wenn du so und so bist!

Als Kinder versuchen wir stets, herauszufinden, welche Eigenschaften und Verhaltensweisen uns größtmögliche Sicherheit und Halt versprechen. Wenn uns unsere Eltern suggerieren, dass wir still und lieb sein sollen, werden wir auch im späteren Leben wenige Konfliktsituationen und wenig störendes Verhalten an den Tag legen. Sicherheit durch (erzwungene) Harmonie wird zu einem Tauschgeschäft, das uns später schadet. Wir erlernen nicht, dass wir das Recht auf eine eigene Meinung haben, Nein sagen dürfen, unsere Bedürfnisse anmelden und einfordern dürfen, Gegenseitigkeit wünschen, Weiterentwicklung und Individualität leben dürfen. Das Ergebnis: Wir empfinden unser Sein, so, wie wir sind, als Gefahr. Was wirklich in uns ihnen wütet, vor sich geht, lebt und geliebt wird, wird oft an die Umwelt angepasst oder gar verheimlicht.

Doch Authentizität ist der erste Schritt in Richtung Leben – erst recht mit einer heimlichen Affäre. Auch wenn unsere heutige Ansicht gern dem stillen Eingeständnis folgt, dass es Regeln gebe, die es einzuhalten gilt, gilt es in meinen Augen eher, dass man alle erlernten Regeln infrage stellt. Und damit auch die Ängste der Affäre. Soll heißen: Dass diejenigen sich nicht trauen, sich von der offiziellen Beziehung zu trennen, sich unsicher sind oder andere Ängste haben, die sie vermeintlich abhalten, sich für dich zu entscheiden, sollte unter keinen Umständen zu deiner Belastung werden. Was stattdessen oft geschieht, ist, dass die Hinhaltenden einfach ihre eigenen Gefühle auf den oder die Dritte projizieren. So wird ihre Angst und Unsicherheit zu deiner. Weil sie nicht die Stärke besitzen, fordern sie es von dir. Weil sie sich so und so fühlen, musst du die Last tragen. Weil sie keine Lösungen suchen oder finden, sollst du zur Lösung werden. Dem nachzukommen, ist eine völlig normale, empathische Reaktion. Viele Geliebte sind übermäßig empathisch. Nicht empathische Menschen würden sehr wahrscheinlich keine solchen Probleme mit ihrer heimlichen Affäre haben und damit auch sicher nicht dieses Buch kaufen und lesen.

Empathie ist eine wunderbare Eigenschaft, aber in Affären hilft dir dieser Charakterzug nur bedingt zur Erfüllung deiner Wünsche. Einige freuen sich sehr darüber, in Affären ausschließlich das Schöne an einer Beziehung zu haben, während sie sich angeblich mit dem Unschönen des Alltags nicht konfrontiert sehen, eben weil sie nur die Affäre sind. Im Normalfall allerdings erleben sich Geliebte als Lückenfüller, Urlaub nach anstrengenden Zeiten, Fußabtreter oder Randständige. Falsch verteilte Empathie ist oft der Grund dafür. Man hört auf, an sich zu denken und deine Bedürfnisse in den Vordergrund zu stellen. Man fühlt sich in seinen Affärenpartner ein und verliert nicht selten das Gefühl für sich selbst.

Gefühle da sein zu lassen, sie sich zu erlauben, Wut und Zorn, Enttäuschung und Angst zu fühlen und aus der Situation heraus helfende und heilende Impulse wahrzunehmen, ist der erste Schritt.

Nach ihnen zu handeln der zweite. Auch, wenn wir in unserer Kindheit nicht gelernt haben, selbstständig und eigensinnig zu handeln, so heißt das nicht, dass wir das nicht nachholen können. Jederzeit übrigens. Wir benötigen nur Lebensumstände und soziale Kontakte, die zu unserer wahren Identität passen. Nicht das Umfeld entscheidet, was uns nährt, sondern wir entscheiden, welches Umfeld uns guttut. Je mehr Abweichungen es gibt, desto schwieriger wird es, die einsamen und angsterfüllten Gefühle zu ertragen. Es fehlen die Gegenpole: Freude, Sinn, Sicherheit, Liebe, Zugehörigkeit, Unabhängigkeit. Da das Leben nicht immer leicht ist, kommen automatisch mehr und mehr Situationen hinzu, die erneut Anpassungen fordern. Verlust deines Selbst, deiner Identität, deiner Wünsche und Träume, Bedürfnisse und Ziele, deiner Werte sind allgegenwärtig, denn nicht immer können und dürfen wir unendlich bekommen, ohne zu geben. Wir sind alle nur Menschen. Auf Augenhöhe, mit derselben Wichtigkeit und demselben Wert. So wie du haben alle Rechte.

Für die anderen gelten trotzdem dieselben Regeln im Miteinander: Respekt dir gegenüber, deine Grenzen wahrzunehmen und zu wahren, dir zuzuhören, dich ernst zu nehmen, dich nicht mutwillig zu verletzen u. v. m. Das werden sie aber nur dann tun, wenn sie an dir sehen, dass du Grenzen hast, die du selbst wahrnimmst und wahrst, zur Not verteidigst und bei Konflikten standhältst, während du respektvoll bleibst, dem anderen zuhörst, aber dennoch bei dir bist. Sich selbst zu verlassen, aus Angst, verlassen zu werden oder zu verletzen, ist keine Option. Schenke dir selbst die Empathie, die du anderen gibst.

Geliebte müssen sich erst so verhalten, wenn sie erhalten wollen, was sie sich wünschen. Wenn sie sich mehr authentische und nährende Kontakte in ihrem Leben wünschen, müssen sie zwingend herausfinden, was sie nährt und dann nach Gleichgesinnten suchen. Sie müssen wieder authentisch werden, statt angepasst, um Leere zu vermeiden und irgendetwas/irgendjemanden zum Füllen zu haben. Sie müssen herausfinden, was sie davon abhält, Kontakt, eine Partnerschaft, einen erfüllenden Job oder Ähnliches zu haben. So müssen Geliebte eben erkennen, ob ihnen die Affäre guttut oder ob sie ausgenutzt werden. Wenn es das Letztere ist, musst du entscheiden, ob jemand, der dich absichtlich oder vermehrt verletzt, Teil deines Lebens sein soll – und wenn ja, wozu du dir das wünschst.

Damit sind wir beim zweiten Extrem:

Wut, Angst und Traurigkeit

Eine ebenso große Gruppe von Menschen, die unter ihrer Affäre leiden, versperren sich unbewusst den Zugang zu nährenden, funktionierenden Beziehungen. Sie haben sich dementsprechend unbewusst (oder bewusst) zurückgezogen, weil sie innerlich durch ablehnende Situationen sehr verletzt sind. Ich spreche in der Gegenwartszeitform, denn sie sind es noch immer – ob die Wunde weit in der Vergangenheit liegt oder erst vor wenigen Monaten entstand: Sie liegt offen und kann durch die schmerzvolle Erfahrung jederzeit und spielend leicht aufgerissen werden.

Verständlicherweise fürchtet diese Gruppe jede weitere Verletzung und nutzt deshalb eine Affäre, um erst einmal nicht allzu viel geben zu müssen, aber dennoch zu empfangen. Im Laufe der Affäre realisieren die Geliebten aber, dass sie durch die Zuwendung und eigenen positiven Gefühle immer mehr dazu bereit werden. Sie möchten sich noch weiter öffnen, wollen sich wieder trauen, in eine echte Beziehung zu gehen. Sie haben sich sozusagen in einem sicheren Käfig erprobt und festgestellt, dass keine Gefahren von außen eindringen können. Der Unterschied zwischen einer heimlichen Affäre und einer richtigen Beziehung, die auch beide Leben beeinflusst, ist natürlich der, dass man in einer Beziehung Verantwortung trägt. Es ist zum einen die Verantwortung gegenüber sich selbst, aber auch die gegenüber dem Partner. Mit Verantwortung geht auch immer Pflicht einher, die nicht von jedem positiv oder neutral, im Sinne des Dazugehörens, betrachtet wird. Sie wissen, noch nicht alles im angemessenen Maß geben zu können, weil in der Vergangenheit zu viel gegeben wurde, worauf eine Enttäuschung folgte, die viele durch Affären zu kompensieren versuchen. Wer einmal zu viel gegeben hat und arg enttäuscht und benachteiligt wurde, findet sich oft in Dreiecksbeziehungen wieder.

Doch auch der Affärenpartner hat(te) seine ganz eigenen Motive, sich auf eine Affäre einzulassen. In den meisten Fällen ist das Hauptmotiv: „Bloß keine Beziehung (mehr)!“ Streng genommen könnte man mutmaßen, dass sich mindestens 50 Prozent der Geliebten mit derselben Motivation in eine Affäre stürzen. Doch während bei dem Beziehungs- oder Liebesenttäuschten nur eine Heilung stattfinden muss, müsste bei dem Betrügenden weit mehr geschehen: Er/sie müsste sich seinem aktuellen (und anhaltenden) Problem stellen und handeln. Er/sie müsste herausfinden, ob es an dem eigentlichen Partner liegt oder an ihm/ihr selbst. Die Person müsste ehrlich sich selbst gegenüber sein und erkennen, was die Affäre attraktiv machte. Dazu gehört auch, dass der- oder diejenige sich eingestehen müsste, ob es wirklich der heimliche Partner war oder ob dieser nur eine willkommene Fluchtmöglichkeit bot. Erst dann ist es möglich, dass aus einer heimlichen Affäre auch eine *funktionierende* Partnerschaft wird.

Doch die meisten gelangen erst gar nicht an diesen Punkt, weil die Eingeständnisse eine Menge unliebsamer Fragen aufwerfen – nicht nur auf der eigenen Seite, sondern auch auf der des offiziellen und inoffiziellen Partners. Im schlimmsten Fall hat man sich selbst jahrelang belogen und versucht, das Konzept einer Partnerschaft zu leben, das nie passte oder zwischenzeitlich unpassend wurde. Doch statt Gespräche zu suchen und eventuelle Konsequenzen zu ziehen, blieb man: aus Angst.

Dasselbe geschieht mit den heimlichen Partnern, wieder auf ganz ähnliche, empathische Weise. Sie werden zum Spiegel ihrer heimlichen Affäre. Sie verheimlichen ein Stück ihres Selbst, ihre wahren Gefühle und Bedürfnisse, die irgendwann wie ein Bumerang zurückgeschossen kommen.

Entgegen dem, was heimliche Geliebte oft glauben, leiden ihre AffärenpartnerInnen nicht weniger. Im Gegenteil:. Sie brauchen höchstwahrscheinlich sogar sehr viel mehr, als sie. Sie sind damit auch abhängiger. Nicht zwingend von dir. Für manche ist man austauschbar, aber einige unter ihnen brauchen genau dich. Dass euer beider Pole in allen Entwicklungspotenzialen, erlittenen Wunden und unbefriedigten Bedürfnissen auf intensive Weise zusammenpassen, definiert eure Anziehungskraft. Und macht Angst. Dem einen mehr, als dem anderen.

Während du dir eventuell wieder einen Neuanfang vorstellen könntest, heißt das nicht, dass es deiner Affäre ebenso geht. Denn der Käfig, in dem man sich ausprobieren konnte, ist ein anderer. Und bringt auch unterschiedliche und unterschiedlich intensive Gefühle mit sich. Macht es Lügen, Hinhaltetaktiken, Verletzungen und emotionale Missbräuche legitim? Keineswegs. Denn dein Schmerz bleibt derselbe, auch wenn viele Geliebte dazu tendieren, ihre Herausforderungen zu rationalisieren. Rationalisieren und Bagatellisieren sowie Projektion sind Mechanismen der Angstabwehr, wie die Psychoanalytikerin Verena Kast anmerkt.[xxiv]

Doch was macht unser Kopf in Momenten, in denen er Angst nicht mit Logik greifen kann? Er begegnet uns entweder mit tiefer Traurigkeit, die uns wertlos und unliebenswürdig fühlen lässt. Oder er reagiert mit Wut und Zorn, um die Traurigkeit nicht zulassen zu müssen. Einige reagieren auch mit Angstzuständen, die panikähnliche Auswüchse haben, und Flucht favorisieren.

Bevor eine Situation erneut schmerzhaft werden kann, ist schon die Angst oder Wut da, um die Traurigkeit erst gar nicht in unser Leben kommen zu lassen. Im Kopf spielen wir Ereignisse durch, wie wir darauf reagieren würden und steigern uns in einen Zustand, der wiederum erlaubt (und fordert), dass wir uns zurückziehen. Wir rechtfertigen uns so vor uns selbst. Das erklärt die latente und immer präsente Angst, die viele Geliebte kennen. Die Angst, die immer wiederkehrt, auch wenn uns die Affäre doch gerade erst beruhigen konnte. Die Angst, die nachts aus heiterem Himmel über uns hineinbricht, obwohl wir doch gerade grün mit der Situation schienen. Sie erinnert uns an das vorhandene Ungleichgewicht und vor allem an unsere unerfüllten Bedürfnisse.

Es kann sein, dass die Tiefe der Traurigkeit zu schwer zu ertragen ist, sodass dein Gehirn dich davor schützt. Extreme Wut kann auch

Angst und Panik auslösen und schnell in eine andere Form Schmerz übergehen. Aber die eigentliche Wunde bliebe eher unberührt. So erlaubt der Geist, dass wir uns langsam und in unserem Tempo dem annähern, was es zu heilen gilt. Sich in diesem Moment einzugestehen, dass wir verletzt sind, weil... oder uns eine Situation wieder an ein Erlebnis aus der Vergangenheit erinnert, ist sehr hilfreich. Es nimmt der Wucht deiner zornigen und ärgervollen Gefühle die Energie.

Ein gutes Beispiel dafür ist die Geschichte von Maik und Yvonne. Maik war selbstständig tätig; Yvonne war in der Ausbildung. Sie führten seit mehreren Jahren eine enge und liebevolle Beziehung. Als sich Maiks Selbstständigkeit verschlechterte und er wegen eines Mitarbeitermangels neben dem Tagesgeschäft auch noch Nacht- und Wochenendschichten mit Abrufbereitschaft übernehmen musste, bekam die Beziehung einen merkbaren Knacks. Das „Ständig-zur-Verfügung-Stehen" löste bei ihm eine permanente Angst vor der Angst aus, dass gleich wieder das Telefon klingeln würde. Er isolierte sich in den Wochen, in denen ein anderer Mitarbeiter dafür eingesetzt wurde, deshalb mehr und mehr und war ausschließlich mit sich und seinen Interessen beschäftigt. Er vernachlässigte nicht nur Yvonne. Er verlor auch jedes Bedürfnis nach Nähe und Sexualität.

Yvonne versuchte anfangs noch durch Gespräche eine Einsicht und Verbesserung zu erwirken, aber jedes Mal explodierte er. Vorwürfe wie „Du machst es nicht besser!" und „Setz mich nicht auch noch unter Druck!" führten dazu, dass Yvonne bald gar nichts mehr sagte, um ihn nicht zusätzlich zu belasten. Wenn er seinen Interessen nachging, blieb sie still und versuchte, sich abzulenken und etwas für sich zu tun. Aber insgeheim wartete sie darauf, dass sich Maiks Anspannung legen würde oder in seiner Selbstständigkeit andere Wege fand, um sich zu entlasten. Doch dazu kam es nie.

Nach anderthalb Jahren fühlte sie sich nicht mehr wie eine Partnerin, sondern wie eine Mitbewohnerin in einer Wohngemeinschaft. Maik aber war sich keiner Verantwortung bewusst und vermied jeglichen Kompromiss.

Als Yvonnes Ausbildung beendet war, fand sie eine Festanstellung. Dort lernte sie Steffen kennen. Auch er war in einer Beziehung, in der es an Intimität und partnerschaftlicher Liebe, gemeinsamer Zeit und Erfüllung fehlte. Sie fühlten sich augenblicklich zueinander hingezogen, hatten sie doch dieselben Probleme. Schon nach kurzer Zeit begannen sie eine leidenschaftliche Affäre, blieben aber beide mit ihren Partnern zusammen. Sie verliebten sich ineinander und schreckten vor nichts zurück, um Zeit miteinander zu verbringen. Über eine Beziehung sprachen sie nicht; nur die Probleme in ihren offiziellen Partnerschaften waren regelmäßiges Gesprächsthema.

Nach wenigen Wochen konnte Yvonne das Versteckspiel und Doppelleben aber nicht mehr ertragen und trennte sich von Maik. Steffen fiel aus allen Wolken, als Yvonne es ihm erzählte. Sie hatte zwar nie gesagt, dass sie Erwartungen an ihn stellte, aber Steffen fühlte sich durch ihren Schritt im Zugzwang und beendete nach einigen Tagen Rückzug und heftigen Diskussionen per E-Mail und SMS abrupt die Affäre. Yvonne war zwar verletzt, aber noch immer zu sehr mit dem Ende ihrer Beziehung beschäftigt.

Sie und Maik hatten trotz der Trennung noch Kontakt und versprachen sich, Freunde zu bleiben. Doch als er eine neue Frau kennenlernte, die ihm jeden Kontakt zu Yvonne untersagte, zog er sich endgültig von Yvonne zurück. Yvonnes Trennungsschmerz wurde so übermächtig, dass sie Mühe hatte, ihn zuzulassen. Stattdessen versuchte sie, Steffen davon zu überzeugen, die Affäre weiterzuführen.

Nach zwei Wochen schrieb er ihr abends unverhofft eine SMS und fragte, ob sie sich treffen wollten. Yvonne war heilfroh, „wieder jemanden zu haben“, wie sie mir erzählte, und die Affäre begann – trotz aller Warnungen ihrer Freunde – von vorn. Zu diesem Zeitpunkt hätte sie, so sagte sie später, schon erkennen müssen, dass sie vor dem Trennungsschmerz davonlief und die Affäre nur eine Ablenkung davon war. Ihre Intuition sagte ihr, dass Steffen der Falsche war, um wieder zu sich zu kommen. Sie ignorierte den Fakt, dass sie sich getraut hatte, ihre Beziehung wegen der vielen Problemen zu beenden, während Steffen sich mit der Affäre in Sicherheit wog – und so Ersatz für alles fand, was seine offizielle ihm nicht gab. Die Affäre war seine Art, mit der Unzufriedenheit über seine Beziehung umzugehen. So konnte er sie ausblenden und weiterhin so tun, als wäre in seinem Leben alles im Gleichgewicht. Dass er aber nur durch Yvonne „zufrieden gehalten wurde“, ignorierte er vehement. Zu einschneidend wäre die Konsequenz – Trennung von seiner Frau – gewesen. Dabei fühlte er sich mit jedem Treffen mit Yvonne in seiner Beziehung unwohler. Er hatte kaum noch Gefühle für seine Partnerin.

Yvonne wiederum hatte durch ihr Beziehungsaus zu Maik nicht nur ihren besten Freund, sondern auch Partner verloren und sah in Steffen die Chance auf einen Neuanfang. So sprach sie das Thema, dass sie sich mehr wünschte, auch stets an und ließ nicht locker. Doch in Steffen löste das eine Verlustangst aus, die er nicht bereit war, anzusehen und zu überwinden. Gleichzeitig konnte er auch Yvonne nicht loslassen, was sich nach jedem Aus, das er einleitete, erneut mit SMS- und E-Mail-Fluten bewies.

Ohne die Affäre (oder irgendeine andere) war seine Beziehung unerträglich. Wie sich herausstellte, war das nichts Neues für Steffen. Er hatte sein ganzes Leben lang Beziehungen geführt, die alle nur hielten, weil er währenddessen heimliche Affären hatte. Er schob die Schuld dabei immer auf die Frauen und führte die üblichen Argumente an: Anfangs wäre alles gut gewesen. Doch schon nach kurzer Zeit hätten sie ihr Interesse an Sexualität verloren. Danach fühlten sich die Beziehungen wie enge Freundschaften und Seelenpartner an, weswegen er sich nicht trennen wollte.

Wenn seine Partnerinnen nicht mit ihm schliefen, hinterließ das bei ihm die Angst, dass sie ihn nicht mehr lieben würden. Sex und Hingabe hießen für ihn Liebe und die schien er nicht bei seinen Partnerinnen zu finden. Ins Gespräch mit ihnen zu gehen, war ihm zu konfliktreich. So ließ er seine Geliebte für die Mängel und Unzufriedenheit aufkommen.

Erst, als Yvonne Maik überwunden hatte, wurde ihr das deutlich. Dennoch blieb sie bei Steffen. Ihre eigene Angst vor Verlust und Trennung, vor allem vor dem Alleinsein und der inneren Leere, hielten sie bei ihm. Wenn er sich einmal wieder mit lautem Getöse von ihr trennte, beließ sie es zwar dabei. Aber sie ging jedes Mal wieder zu ihm zurück, wenn er sich meldete.

So entwickelte sich eine jahrelange heimliche On-Off-Beziehung, die mehrmals drohte, aufzufliegen. Steffens offizielle Partnerin blieb und glaubte ihm alle Lügen. Dass er in Wahrheit alle Register zog, um beide in seinem Interesse und wegen seiner Angst zu hintergehen, leugnet er bis heute.

Yvonne hingegen lernte in der Zeit mehrere andere Männer kennen, die ebenfalls allesamt nur Affären blieben. Eine Therapie half ihr, sich das einzugestehen. Sie hatte durch die Trennung von Maik eine eigene Bindungsangst entwickelt. Sie nährte sich nicht nur von der Furcht, erneut verletzt zu werden, sondern auch selbst erneut zu verletzen. Sie hatte die alte Angst aus der Beziehung zu Maik, wieder ohnmächtig zuschauen zu müssen, wie die Partnerschaft zerbrach, in ihren Knochen stecken. Auch die Angst vor dem Alltag, der wieder dazu führen könnte, dass jegliche Liebe und Nähe starben, war stets präsent. Maiks Unfähigkeit, sich seinen Schwierigkeiten und denen, die diese für ihre Beziehung gebracht hatte, zu stellen, dichtete Yvonne auch in andere Männer – einschließlich sich selbst. In ihrer Therapie lernte sie, ihre eigenen Grenzen kennenzulernen und rechtzeitig wahrzunehmen, wenn jemand oder sie selbst sie überschritt. Sie befasste sich über Monate vor allem mit ihrer selbst auferlegten Strafe: „Ich dachte, ich müsste leiden, weil ich ja selbst fremdgegangen war. Ich war der Überzeugung, dass ich diesen Mann dazu bekommen müsste, mit mir eine Beziehung zu führen. Nur dann hätte all das einen Sinn gehabt. Das ganze Leid und die vielen Streitigkeiten, die wir hatten, dass ich Maik verlassen musste. Nur durch die Affäre war mir bewusstgeworden, dass ich Maik nicht länger als Partner wollte. Ich weiß nicht, was geschehen wäre, wenn Steffen und ich keine heimliche Beziehung begonnen hätten, und ob ich heute noch immer mit ihm zusammen wäre. Aber ich weiß jetzt, dass ich mich nur abgelenkt habe und selbst so voller Schmerz und Angst war, die ich an Steffen so verabscheute. Es war, als würde ich mit meinen eigenen Gefühlen diskutieren, wenn wir uns einmal wieder in den Haaren hatten, weil er sich wie ein kleiner feiger Junge benahm. In Wahrheit wollte ich nie mit ihm zusammen sein. Ich wollte mit *jemandem* zusammen sein, der so wie ich, sich trauen würde, sich zu trennen und hinter die eigene

Unzufriedenheit zu schauen. Stattdessen diskutierte ich mit Steffen darüber, dass mein damaliger Schritt in die Trennung auch der bessere Weg für ihn wäre. Ich vergaß mich komplett – wie auch schon bei Maik. Denn es hätte nicht darum gehen sollen, was das Beste für ihn war, sondern für mich. Nämlich mich von ihm zu trennen, als ich erkannte, dass ich wieder bereit war für eine Beziehung, er aber nicht."

Yvonne beendete die heimliche Affäre nach vier Jahren. Sie brauchte zweieinhalb weitere Jahre, um die Affäre, ihre eigene Rolle darin und die vielen Lügen zu verarbeiten. Doch bis heute begleitet sie die Angst, die sie bei Steffen *und* sich selbst kennengelernt hatte: die Angst vor dem Alleinsein, als Ergebnis der Angst vor Verlust aufgrund falscher Handlungen.

Es ist leicht, anderen die gesamte Verantwortung zu übertragen. Auch wenn es augenscheinlich der Realität entsprechen mag, so gehören auch zu einer Affäre immer zwei Personen. Für den betrügenden Part gibt es sogar noch eine dritte Person, die mit ihren Bedürfnissen und Gefühlen Teil der Affäre ist. In solchen Szenarien alles im Blick zu behalten und folgerichtig zu urteilen, kann schwierig sein, wenn man nicht bei sich ist. Dabei ist es so essentiell, seine eigenen Wunden zu kennen, zu wissen, wo sie liegen und weshalb man sie versucht, zu verstecken – auch vor sich selbst. Wenn man sie da sein lässt und nicht ignoriert, kann Heilung erfolgen.

Übung: Die eigentliche Wunde

Wer entschied sich in der Vergangenheit gegen dich?

Wer ließ dich in seinen Entscheidungen außen vor?

Wer verletzte dich?

Wer gab dir das Gefühl, weniger wert zu sein, als andere?

Wer brachte dich je in die Situation, dass du dich ihm/ihr zuliebe von deinen Bedürfnissen entfernt hast?

Wer spielte mit deiner Angst vor Verlust je Katz und Maus?

Wer gab dir das Gefühl, dass du selbst nicht wirksam wärst?

Wer raubte dir deine Intuition und dein Vertrauen in dich und deine Stärke?

Wer behandelte dich wie einen unmündigen Menschen?

Wer verlangte dir Pflicht und Last ab, damit es ihm/ihr besser ging?

Wer bürdete dir Leid auf, damit er weniger leiden würde/müsste?

Wer stellte nur sich in den Vordergrund und beachtete weder deine Gefühle noch Wünsche?

Was fällt dir noch zu diesem Themenbereich ein?

Diese und ähnliche Fragen können dir helfen, Nähe zum ursprünglichen Schmerz herzustellen. Das raubt deiner Affäre eine gehörige Portion Attraktion und Konfliktpotenzial. Denn plötzlich wird die eigentliche Verletzung betrachtet: Und das ist es, was dich heilen und wachsen lassen wird. Dann wirst du von selbst in die Lage kommen und fähig werden, dich mit deinem erwachsenen Ich zu identifizieren, statt aus kindlicher, machtloser Sicht – selbst in Situationen, die sich vorher hilflos anfühlten. Du wirst wissen, woher der Schmerz oder eine Angst kommt.

Sowohl Menschen, die eher introvertiert sind, als auch Menschen, die ich eindeutig als extravertiert bezeichnen würde, haben heimliche Affären. Aber was mir in meinen Gesprächen mit ihnen auffiel, war, dass extravertierte Geliebte Affären überwiegend als Ventil benutzen. Sie wollen mittendrin sein, haben gern Menschen um sich herum, wollen im Gespräch und beschäftigt sein. Sie lieben den Kontakt. Sie fühlen sich im Kontakt wohl und können sich zeigen. Sie sind meist sehr empathisch oder sensibel, um die Bedürfnisse anderer wahrzunehmen und sich anzupassen. Fehlen diese Reaktionsflächen aber, verfallen sie in eine Traurigkeit, die sich anfühlt, als würde ihnen der Boden unter den Füßen weggezogen werden. Als würden sie nicht gebraucht werden, was ihren Wert in ihren Augen zu schmälern scheint. Können sie sich in Situationen nicht ausdrücken, fühlen sie sich einsam. Die innere Leere wird unerträglich.

Introvertierte Menschen hingegen sind eher leise und zurückgezogene Menschen. Sie brauchen die Isolation, um sich aufzuladen. Sie leiden nicht weniger unter einsamen Zeiten ohne ihren geliebten oder begehrten Affärenpartner. Aber sie kommen sehr viel besser mit dem Alleinsein an sich zurecht. Sie verwechseln es weniger mit Einsamkeit, als Extravertierte. Sie scheinen, aber das bleibt im Moment des Schreibens nur eine These, an Affären die Distanz (die ihnen Rückzug erlaubt) und die Intensität der Gefühle zu schätzen. Darin gehen sie auf. Fehlt es Introvertierten aber an Interessen, sozialen Kontakten wie Familie, Freunde und Bekannte sowie nährende Tätigkeiten, können sie allzu leicht tieftraurig und angsterfüllt werden. Sie würden ihren Schmerz sogar tiefer fühlen.

Denn er suggeriert, dass es ein bleibender Zustand sei. In solchen Zeiten vergessen sie oft, dass sie handeln könnten, oder gar, wie viele Kontakte sie haben und, dass ihnen die Welt offensteht.

Es macht jedem Angst, sich einsam und verletzt, vergessen und verlassen zu fühlen, weil es hilflos macht. Wir reagieren dann mit Vorwürfen, Beschuldigungen, Wut, Angst, Trauer. Deshalb geht es darum, aus dem passiven Zustand in einen aktiven zu treten und dorthin zu schauen, wo man selbst etwas ändern kann.

Ruediger Dahlke rät in diesem Fall zu einer interessanten Übung, die den eigenen Schatten erkennen lässt. Was wir anderen vorwerfen, werfen wir uns selbst vor, aber trauen uns nicht, genau dort hinzusehen. „Es zeigt sich die alte Erkenntnis in schönster Deutlichkeit, dass das überwiegende Problem immer bei dem liegt, der den Finger auf *andere richtet* [sic].“[xxv] Mit Dahlkes Übung kann man hinter diese Vorwürfe und Anschuldigungen blicken. Die Übung dreht Glaubenssätze um. Das ermöglicht, sich selbst zu „ertappen“ und zu entlarven. Diese Umkehrungen sehen so aus:
X hat mich verlassen. <--> Ich habe mich verlassen.
X ist nicht für mich da. <--> Ich bin nicht für mich da.
X behandelt mich schlecht. <--> Ich behandele mich schlecht.
X belügt mich und hält mich nur hin. <--> Ich belüge mich und halte mich nur hin.

Es sind noch mehr Varianten dieser Vorwürfe möglich, zum Beispiel:
X hat mich verlassen. <--> Ich habe X verlassen.
X ist nicht für mich da. <--> Ich bin nicht für X da.
X behandelt mich schlecht. <--> Ich behandele X schlecht.
X belügt mich und hält mich nur hin. <--> Ich belüge X und halte X nur hin.

Es lohnt sich, sich selbst gegenüber brutal ehrlich zu sein und herauszufinden, ob mit der gewünschten Beziehung auch angsterfüllte Aspekte auftauchen. Diese Übung kann man mit jedem Vorwurf durchspielen. Wichtig dabei ist, dass du die Sätze im Aktiv („X ist nie da.“) schreibst, nicht im Passiv („Ich werde immer vernachlässigt.“). Aber auch, wenn dir ein passiver Satz in den Kopf kommt, kann dort bereits eine mögliche Ursache deiner Blockaden und Ängste liegen. So ist der Satz „Ich wurde verlassen!“ Signal dafür, dass es um den Fakt geht, dass du verlassen wurdest. Hier lohnt sich die Frage, welche Trennung und welche Verluste vor der Affäre Wunden hinterließen, die unverarbeitet sind oder aber mit einer Affäre übertüncht werden sollen.[1]

---

[1] Mehr dazu im Kapitel „Beziehungsangst“ sowie „Emotional nicht verfügbare Menschen“.

Die Sätze im aktiven Wortgebrauch klingen sehr selbstbeschuldigend, doch sie zeigen eine Wahrheit, die nicht von der Hand zu weisen ist. Sie haben ihren Sinn. Der Sinn ist das Ergebnis eines Gefühls, das noch immer in deinem Körper gebunkert ist. Es ist ein Gefühl, das so überwältigend gewesen sein muss, dass du es versteckst und abschottest, um es nie wieder spüren zu müssen. Versuche einmal nur, dich zu erinnern:

- Wann und wodurch begann es, dass du dich von dir entfernt hast?
- Wer gab dir das Gefühl, dass Schwäche „schwach", „störend", „problematisch" und „unpassend" sei?
- Wer gab dir das Gefühl, dass du allein zurechtkommen müsstest?
- Wer gab dir das Gefühl, dass Beziehungen unsicher seien?

Bitte betrachte diese nicht beschämend oder schuldbewusst, sondern vielmehr als Einladung und Anzeichen, dass du aktiv werden kannst und darfst. Wie und womit, wie schnell und wann, mit wem und wie weit, entscheidest du.

Dem Opferbewusstsein entfliehen

Solltest du dich dabei ertappen, dass du folgende Gedanken hast, bitte ich dich, sofort einzuhalten und diese Gedanken als ersten Schritt wahrzunehmen, um sie danach bewusst zu widerlegen. Schädigende Gedanken sind:

- dass es Liebe für dich nicht gäbe,
- dass es Nähe für dich nicht gäbe,
- dass es für dich keinen ehrlichen und liebevollen Partner gäbe,
- dass du dazu bestimmt seiest, allein zu bleiben,
- dass du nichts Gutes und Schönes verdient hättest,
- dass du allein nicht ausreichen würdest,
- dass deine Entwicklungspotenziale (auch Schwächen genannt) Menschen abschrecken würden, dich als PartnerIn zu wollen,
- dass du „immer" verletzt würdest,
- dass du „immer" verletzen würdest,
- dass du schuld seiest,
- dass du Betrug und Heuchelei verdient hättest oder hinnehmen müsstest.

Erinnere dich: Was geschah, sagt viel über den Menschen, der dich verletzt hat, aus, aber wenig über dich. Du bist kein Opfer. Dir fehl(t)en die richtigen Mittel, um dagegen zu handeln.

In der systemischen Therapie würde man bei scheinbar unlösbaren Problemen sagen, dass es sich um einen gescheiterten Lösungsversuch von damals handelt. *Lösungsversuche von damals* sind Strategien, die wir uns in unserer Kindheit aneigneten, um harmonisch und sicher (über)leben zu können. Stillhalten, Sich-tot-Stellen, Flucht und Angriff (auch durch Gefühle wie Wut, Angst, Trauer, Kompensationen), anderen Vorrang geben und unsere eigenen Bedürfnisse ignorieren, noch mehr leisten und dulden, in der Hoffnung, dass wir dann Zuwendung und emotionale Sicherheit erhalten würden. Alle diese Wege sind Strategien, die wir früher erfolgreich umsetzten, aber die heute (teils) unwirksam sind. Denn die damalige Situation und die heutige als Erwachsener sind grundverschieden.

Insofern wir uns in die Lage versetzen, uns als selbstwirksamen und erwachsenen Menschen mit Lösungskompetenz annehmen zu können, werden wir dem kindlichen Opferbewusstsein entfliehen können. Wir realisieren, dass wir die Macher unserer Gedanken und unseres Lebens sind. Nicht mehr andere Personen entscheiden darüber, wie es uns geht und was wir in unserem Leben vorfinden oder manifestieren. Wir sind die Entscheider. Entscheiden wir hingegen, dass wir für und wegen jemandem leiden, zum Beispiel für unsere Affäre, so entscheiden *wir* das. Sicher werden nun einige LeserInnen protestieren und sagen: N*ein, er entscheidet es! Nein, sie hat das gegen meinen Willen beschlossen, nicht ich!* Und die Reaktion ist nicht nur legitim, sondern auch menschlich und verständlich. Nichtsdestotrotz erlauben wir einem Menschen, etwas zu tun oder zu lassen, was uns verletzt und gegen unsere Bedürfnisse ist. Dass diese Erlaubnis (und sei sie auch unausgesprochen, indem man nur lange genug geduldet hat oder stets schnell klein beigibt) im Raum steht, statt korrigiert oder zurückgezogen zu werden), ist ein Fakt.

Geliebte lassen oft ihre Affärenpartner über ihren Wert entscheiden. Sie sehen ihre Unsicherheiten wegen (noch bestehenden) Unfähigkeiten und verfangen sich in einem Netz aus erlernten Ängsten und Minderwertigkeitsgefühlen. Die stammen keineswegs vollständig aus dem Erwachsenenleben. Sie entspringen dem Kindheits-Ich.

Ich weiß genau, wie man sich fühlt, wenn ein anderer Mensch einem einen fetten Strich durch den Lebensplan oder das Liebesleben macht. In diesen Momenten sind wir wütend, angstvoll, enttäuscht, gekränkt, traurig, rachesüchtig oder still, akzeptierend und leidend. Die erste Reaktion in solchen Situationen, und das ist die gute Nachricht, ist aber erlernt. Was wir lernen konnten, können wir auch jederzeit wieder verlernen. Bis ins hohe Alter, wie die Wissenschaft zeigte, ist das menschliche Gehirn in der Lage, alle vorherigen Programmierungen aufzuheben und zu überschreiben.

Nun folgt eine kleine Übung, die dir helfen soll, dich in schlechten Zeiten an dich und deinen Wert zu erinnern. Sie fokussiert auf der einen Seite deine bisherigen Reaktionen und hintergründigen Motive. Auf der anderen Seite betrachtet sie alternative Verhaltens-, Denk- und Gefühlsmuster, die sich gesünder und gleichberechtigt anfühlen.

Es bedarf einer gewissen Übung, seine alten Muster umzuprogrammieren. Doch insofern es wirklich von dir gewollt ist, wird es ein Leichtes. Nach kurzer Zeit nur werden sich deine bisherigen Reaktionen geändert haben. Du wirst dich in Momenten, in denen du dich früher auf eine bestimmte Art und Weise gefühlt hast, erhaben und voller Kontrolle fühlen.

Zuvor noch ein Hinweis: Viele „schaffen" es nicht, ihre Muster umzuprogrammieren, weil sie Angst vor den Konsequenzen haben. Damit sind sie nicht bereit für andere Muster; sie gehen eher das Risiko ein, sich selbst zu verlieren, als andere gehen zu sehen. Deswegen „schaffen" sie es nicht.

Vielleicht kennst du das auch aus deiner Affäre oder anderen sozialen Verbindungen. Wenn du dich gegen etwas oder jemanden aussprichst, deine Bedürfnisse benennst oder einforderst, reagiert der andere Teil überrascht, empört oder ablehnend, gar aggressiv. Wer sich oft mit dem Leben und Bedürfnissen, Zielen und Grenzen der anderen zufriedengab, löst mit einer Verhaltensänderung erst einmal Verwunderung aus. Die besonders „pflegeleichten" und bewusst geduldigen, demütigen und aufschauenden Geliebten zeigen etwas, das neu und ungewohnt ist. Vorher waren sie aber wegen ihrer Demut und Passivität, Geduld und Ich-losigkeit attraktiv. Es ist ja auch viel leichter, sich als Mensch nicht zwischen zwei Menschen entscheiden zu müssen, wenn der offizielle Partner nichts weiß und der inoffizielle nicht muckt. Ändert man sein Verhalten plötzlich, kommt es diesem Gedanken gleich: „Wie? Du denkst plötzlich an dich?" Daran muss sich derjenige gewöhnen, was von dir Durchhalten und Ja-nicht-klein-Beigeben erfordert. Aber natürlich müssen sich auch Geliebte daran gewöhnen, dass sie durchaus Forderungen stellen und Gefühle zumuten dürfen.

Diese Musterkorrektur oder -veränderung lässt sich nicht nur auf extreme Situationen beziehen, in denen man beispielsweise mit Trennung oder der Beendigung der Affäre liebäugelt, sondern auf alle erdenklichen:

- wenn du zu oft nachgibst,
- wenn du auf eine Entscheidung hindrängen willst,
- wenn du die Affäre wieder belebend und dankbar erfahren willst,
- wenn du deine Eifersucht, Angst oder Unsicherheit in gezielten Momenten steuern und schwächen willst,
- wenn du mehr Aktivität statt Passivität leben willst,
- wenn du weniger reaktiv, offen wütend, anklagend, fordernd und aggressiv gegenüber deiner Affäre sein möchtest,
- wenn du verständnisvoller und liebevoller gegenüber deiner Affäre sein möchtest,
- wenn du verständnisvoller und liebevoller dir selbst gegenüber sein willst u. v. m.

Die folgende Übung macht es notwendig, dass du ehrlich zu dir bist, in Bezug auf deine Stärken und Entwicklungspotenziale. Ergänze nach Belieben, wenn dir im Nachhinein etwas Zusätzliches einfällt oder dir die ersten Gedanken zu übertrieben, zu schwach oder auf andere Weise unzureichend erscheinen. Die Übung dient der Reflexion und soll dir in den dunklen Momenten Hilfe leisten, bewusst aus den ungesunden Verhaltens-, Denk- und Gefühlsweisen auszubrechen und sie stattdessen durch neue zu ersetzen. Deshalb ist sie besser, je vollständiger und umfassender sie ist.

Dazu ist es ideal, wenn du dich bei der Übung zu deinen alten Mustern bewusst in die einzelnen Ich-Zustände begibst, die du vorher einmalig identifizierst.

Bei der Übung zu den korrigierten, neuen Mustern solltest du versuchen, das Eltern-Ich und Kindheits-ich nur bedingt sprechen zu lassen. Aktiviere das Erwachsenen-Ich so oft wie möglich, um dich von Opferhaltungen distanzieren zu können. Suche aktiv nach Lösungen, auch wenn du Angst verspürst, während du die Übung ausfüllst. Erinnere dich daran, dass du zu allem fähig bist, was du möchtest. Erinnere dich daran, dass es nichts gibt, was dir aufgedrängt wird, außer du erlaubst es jemandem.

Übung: Erinnerung an dich

Notiere dir nachfolgend alle Situationen, über die du dich im Nachhinein ärgerst oder in denen du dir ein anderes Verhalten, Denken oder Fühlen wünschst. Daneben schreibe, welche Gefühle präsent sind bzw. ausgelöst werden. Identifiziere den Ich-Anteil: Kind, Erwachsener oder Eltern? Die Spalte „Alte Reaktion" gehört deiner bisherigen Reaktion, während die Spalte „Neue Reaktion" markiert, welche Änderung du umsetzen willst, z. B. „Ich reagiere ruhig." oder „Ich lasse mich nicht abbringen." oder „Ich werde aussprechen, wie ich mich fühle."

Situation	**Gefühl**	**Alte Reaktion**	**Neue Reaktion**

Ich brauchte lange, um die selbstzerstörerischen Gedanken als *falsche* Gedanken und alte Ängste zu erkennen. Meine Affäre verlief negativ. Demnach waren meine nötigen Lernerfahrungen schlecht für ihn, anfangs schmerzhaft für mich, destruktiv für die Affäre, aber schlussendlich befreiend für mein Leben. Ich musste gezielt daran arbeiten, dass der Mensch, dem ich vertraut hatte, eben nur ein Mensch war, beizeiten einer, der mich hinhielt und bereit war, mich zu verletzen – aus Angst. Ich musste lernen, dass dieser Mensch nichts mit anderen Menschen zu tun hatte. Ich musste verstehen, dass es für mich falsch war, Betrug zu dulden oder darüber hinwegzusehen und so zu tun, als sei alles in Ordnung. Ich musste mir eingestehen, dass ich etwas Echtes verdient hatte und nichts dafürkonnte, dass ich betrogen wurde. Ich musste lernen, dass ich Angst hatte vor Trennung, Verlust und davor, nicht genug zu sein. Und ich musste lernen, dass ich wollte, dass mir all das passierte. Ich hatte mir diese Realität erschaffen. Ich trug die Gedanken über mich und mein Leben bereits vor unserem ersten Treffen in mir. Durch ihn konnte ich meine Überzeugungen und Glaubensmuster erkennen.

Es bedurfte einer gehörigen Portion Ehrlichkeit und Mut, mir einzugestehen, dass das, was mich am meisten verletzte, das war, was ich ihm gewährte. Damit stand fest: Ich hatte ihm die Erlaubnis gegeben, mich schlecht zu behandeln, zu belügen, zu verletzen und hintenanzustellen. Ich erlaubte ihm, meine Bedürfnisse zu ignorieren und meine Gefühle ebenso. Ich hatte es ihm ja schön vorgemacht und hielt es brav aus.

Als ich das verstand, war es kein Problem mehr, mich von einseitigen Beziehungen oder unpassenden Partnern fernzuhalten.

IST MONOGAMIE NUR EINE ILLUSION?

„Treue ist, wenn kein anderer kommt."

Quelle unbekannt

In einer Gesellschaft, in der polyamoröse Beziehungen, Dreiecksbeziehungen und heimliche sowie nicht heimliche Affären gang und gäbe sind, muss man sich die Frage stellen: Sind Treue und damit Monogamie nur Illusionen?

Ein Sprichwort sagt: *Man ertrinkt nicht, wenn man seinen Kopf unter Wasser hält, sondern nur, wenn man nicht wiederauftaucht.* Mit Untreue erscheint es mir ähnlich. Untreue an sich sagt wenig darüber aus, ob Liebe vorhanden ist oder nicht. Aus eigenen Betrugserfahrungen aber wusste ich, dass ich intimen Kontakt unweigerlich an tiefere Emotionen koppelte. Deshalb begann ich, mich intensiver mit den Konzepten hinter Treue, Monogamie und vor allem Eifersucht auseinanderzusetzen.

Untreue sagt etwas darüber aus, wie der Mensch zu Treue (nicht) steht, was er darunter (nicht) versteht und wie er damit umgeht. Dabei kann er Treue gänzlich anders sehen, als man selbst. Für einige bedeutet Treue bedingungsloses Zugehörigkeits- und Besitzgefühl. Es stellt den ultimativen Beweis dar, dass man geliebt wird. Das endet abrupt, wenn der Partner untreu wird. Plötzlich fühlen wir uns weniger zugehörig und geliebt, sind mit Angst vor Verlust und Trennung, Minderwertigkeitsgefühlen und Traurigkeit konfrontiert – auch, wenn man genauso geliebt wird, wie vorher. Man wurde betrogen und in den Augen der meisten Menschen heißt das, der Betrogene würde nicht mehr geliebt und man würde nicht mehr mit ihm zusammen sein wollen.

Was heißt das für heimliche Affären? Augenscheinlich wäre eine heimliche Affäre in einer Beziehung ein Indiz dafür, dass der Betrüger seinen offiziellen Partner nicht mehr lieben oder sich ihm nicht mehr zugehörig fühlen würde. Umgekehrt verhielte es sich ähnlich: Der Betrüger liebe seine Affäre nicht und wolle nicht, dass der oder die Geliebte zu ihm gehört, wenn er der heimlichen Affäre keinen offiziellen Stempel geben, sich nicht binden und nicht treu sein wollte.

Das erinnerte mich an einen Mann, der mich einst kontaktierte, weil er Gründe für das Fremdgehen seiner Frau suchte:

- Was bedeutet es, wenn sie mich betrügt?
- Will sie nur etwas sexuell Neues ausprobieren?
- Steckt da mehr dahinter?
- Muss ich da etwas hineininterpretieren?

- Soll ich ihr vertrauen?
- Wie soll ich mich verhalten?

Er hatte sie nicht auf frischer Tat ertappt. Wie es eben mit einem heimlichen Seitensprung so ist: Es sind immer dumme Zufälle, die ihn aufdecken. Dabei spielt es keine Rolle, wer wen betrügt und mit welchem Geschlecht in welchem Alter. In seiner Angst vor dem, was kommen könnte, verlor er seine eigenen Gefühle und Bedürfnisse völlig aus den Augen. Er stand wegen des Seitensprungs, der zu einer heimlichen Affäre geworden war, unter Schock und wollte ihn rationalisieren, um sich keine Sorgen machen zu müssen. Er wollte herauszufinden, ob die Affäre bestehen bliebe, seine Partnerschaft gefährden könne oder eben nichts zu bedeuten hätte. Er mutmaßte und interpretierte viel, zum Beispiel, dass es nur sexuell wäre, seine Frau in ihrer Ehe etwas vermissen könnte, es aber *eigentlich* nicht an ihm liegen könnte, seine Frau dazu sicher ermuntert worden sei, also die dritte Person „schuldig“ sei. Auch, ob er selbst – wenn es nur etwas Sexuelles war – Verständnis haben solle, während er nicht wusste, ob dies eine Konkurrenzsituation war (und er sich bedroht fühlen sollte), beschäftigte ihn, so wie auch heimliche Geliebte sich diese oder ähnliche Fragen stellen.

Er spürte seine Verlustangst wie eine Walze, die immer näher rückte und war mit den Gefühlen der Hilflosigkeit und des Kontrollverlusts gänzlich überfordert. Er konnte nichts tun, außer seiner Frau ihre wenigen Worte glauben zu *wollen*: „Es ist einfach so passiert. Aber es hat nichts zu bedeuten!“ Doch „glauben“ fiel ihm verständlicherweise sehr schwer. Kann man so einen Ausspruch überhaupt glauben? Kann man annehmen, dass Untreue und besonders *mehrfaches Fremdgehen* unabsichtlich und bedeutungslos geschehen kann, vor allem „einfach so“ zu einer heimlichen Beziehung oder Affäre auswachsen kann?

Dass der Treue- bzw. Untreuegrad nichts über die Liebe zu einem Partner aussagen würde, ist dabei ein Argument, dass besonders oft von denen kommt, die untreu sind. Erstaunlich oft wird das obige Argument auch von Affärenpartnern benutzt, die sich nicht binden wollen. Sie machen aus dieser Wahrheit eine Art universelle Weisheit, welche die Verletzung des anderen verneinen sollen. Getreu dem Motto: *Nicht ich mache etwas falsch, wenn ich untreu bin, sondern du, wenn du denkst, Untreue sei etwas Negatives!* „Für Treue entscheidet man sich, so wie man sich gegen Untreue entscheidet“, erklärte mir ein Mann auf Nachfrage, von dem ich wusste, dass er felsenfest treu ist. Was ist also „richtig“ und was ist „falsch“, wenn es um Treue und Monogamie geht?

Vielen heimlichen Affären wird nachgesagt, sie seien nur deshalb so romantisch und intensiv seien, weil daraus nie mehr würde. Mit diesem „mehr“ sind allerdings nicht nur die sicheren und immer verfügbaren emotionalen Momente gemeint; es bezeichnet all jene

Lebensumstände, die der Psychologe und Autor Peter Lauster als „Schwankungen“[xxvi] betitelt. Einer großen und intensiv erlebten Liebe würde das Attribut Schicksalshaftigkeit vergeben, die wiederum Ewigkeit beinhalte. Auf ewig sind wir mit dem Partner verbunden und er mit uns. Auf ewig werden wir nur ihn wollen und er uns. Doch bleibe laut Lauster eine Definition und auch Trennung zwischen einer *Liebesgemeinschaft* und einer *Lebensgemeinschaft* aus, wenn es um Ewigkeit gehe.

In den meisten Fällen betrachten die verheimlichten Geliebten ihre Affäre als Liebesbeziehung, während sie sich diese auch als erfüllende Lebensbeziehung wünschen. Lauster bringt den Begriff *Besitz* mit ins Spiel und macht dafür unsere Gesellschaft und die verzerrte Interpretation des Liebeskonzepts verantwortlich. Damit steht er keineswegs allein. Liebe sei immer nur gegenwärtig, ohne Ewigkeits-Attribut, und vor allem offen, frei von Leistung, Wille, Kontrolle, Besitz und Sicherheitsdenken. Damit sei Liebe auch fern ab jeder Eifersucht: Eifersucht verlange nämlich, dass der Partner vollständig mit dem eifersüchtigen Partner beschäftigt ist, ihn nichts weiter zufrieden und glücklich macht. Eifersucht sei Angst davor, ausgeschlossen zu werden und nicht teilhaben zu dürfen. Sie konfrontiere Menschen mit Ängsten aller Art. Daran könne man die Befürchtung sehen, dass der Partner in keine Verbindung zu einem habe oder man ihn nicht an sich binden könnte. In Lausters Augen führe das dazu, dass sich der Partner *falsch*, eingeengt und in seiner Lebensgestaltung unterdrückt fühle. Immerhin solle die Eifersucht des Partners ihn verändern.[xxvii]

In ihrem Artikel „Monogamie – Die große Lüge“ wirft Michèle Binswanger die Frage auf: „Ist es vielleicht gar nicht die Untreue, die Ehen kaputt macht, sondern die unrealistische Erwartung, dass Sex nur innerhalb der Ehe stattfinden soll?“ Wenn das zutreffend wäre, würden Affären *nur Affären* sein und hätten keine Auswirkungen oder gar Anrechte auf Exklusivität und Monogamie. Dann dürften Geliebte sich nicht schicken, um eine feste Beziehung zu betteln. Dann dürften Betrogene nicht die Trennung einreichen und wütend und verletzt sein. Dann dürften Geliebte nicht trauern und ihre größte Angst, sie seien „nur Sex“, würde wahr. Das hieße vor allem, dass man seine Gefühle ausklammern können müsste.

Doch das Bedürfnis, zu jemandem und etwas zu gehören, ist heutzutage viel zu groß, als dass diese „Wahrheit“ zum Tragen käme: Denn während Betrüger sich gern mit weltoffenen und philosophisch-psychologischen Erklärungen über das wahre Wesen der Liebe brüsten, haben doch erstaunlich viele von ihnen Probleme damit, wenn sie selbst betrogen werden. Wie ernst können Geliebte eine derart ambivalente Betrachtung der Konzepte Monogamie und Treue also nehmen?

Meine Lebens-, Liebes- und Affärenerfahrung sagt mir, dass man nur das erwarten darf, was man selbst bereitwillig und leicht schenkt.

Doch beim Thema Treue geraten die meisten Menschen schnell in eine Bredouille mit ihrem Ego und vor allem mit ihrem eigenen Schatten. Denn obwohl sie sich nicht binden, sowie erneut besessen und besetzt werden wollen, so wollen sie dennoch besitzen und besetzen. Nur ein Mensch, der seinem Affärenpartner dasselbe Recht einräumt, darf es sich auch herausnehmen. Geliebte gewähren dieses Recht meist von allein, ohne dass darum gebeten werden muss. Fremdgänger hingegen starten an diesem Punkt die Abwehr und Diskussionen.

Es wäre eine interessante Strategie, deinem begehrten Menschen beim nächsten Kontakt darauf anzusprechen, ob er/sie dir dieselben Rechte gewährt, wie sich selbst. Besonders spannend wird es vor allem in der Zeit nach dem Gespräch. Denn selbst wenn die Person deine Frage bejaht, gehe ich jede Wette ein, dass mindestens neun von zehn ihr Verhalten aus eigener Angst anpassen werden. Verlustängste, Eifersucht und Besitzdenken und das tiefe Bedürfnis, geliebt und gewollt zu werden, ist nicht nur bei Geliebten und Betrogenen aktiv! Im Gegenteil: Der Berliner Psychologe, Psychotherapeut und Autor Dr. Wolfgang Krüger meint sogar: „...wenn zuhause [sic] eine große Entfremdung eingetreten ist, dann sind wir verführbar, wenn jemand kommt, von dem wir uns wieder erkannt, gesehen und berührt fühlen."[xxviii] Der Drang nach Anerkennung und Vertrautheit ist auch bei Fremdgängern groß, wenn nicht sogar mindestens gleich groß, wie bei Geliebten.

Das freie und selbstlose Liebeskonzept, dass häufig als Argument verwendet wird, soll in meinen Augen hauptsächlich zum Schweigen bringen. Es soll nebenständig deine Meinung und Gefühle, damit die Konfliktsituationen, aushebeln. Es soll Schuld von dem Beschuldigten auf dich abwälzen. Es soll verhindern, dass man sein Handeln überprüft und dem ungezügelten Spiel mit den Gefühlen anderer erlauben. Es soll aber vor allem bewirken, dass die Person sich nicht auf ihren Mangel oder die empfundene Leere, wegen denen eine Affäre begonnen wurde, konzentrieren braucht. Wenn sich erwachsen denkende, meint lösungsorientierte Menschen mit ihren Mängeln beschäftigen, sind nicht nur ihre Entwicklungspotenziale gemeint. Auch all das, was sie in ihrem Leben als mangelhaft empfinden, spielt eine Rolle.

Jeder Mensch mit einem Mangelbewusstsein in einem oder mehreren Lebensbereichen schätzt sich glücklich über Lösungen von außen. In den seltensten Fällen gehen wir lieber monatelang in uns und ergründen die Ursachen in unserem Verhalten, Denken und Fühlen. Es ist so viel einfacher, andere Personen und äußere Umstände zur Lösung zu erklären. Es ist natürlich menschlich und in anderen Situationen legitim, sich Unterstützung zu holen. Jemanden um Unterstützung und Handlungsimpulse zu bitten, ist das eine. Jemanden mit ins Boot zu holen, scheint aber für viele Affärenliebhaber attraktiver zu sein, weil sie denjenigen jederzeit über Bord werfen können, wenn er den Finger einmal wieder zu tief in ihre ignorierten Wunden bohrt.

Es gibt kaum Menschen, die den Begriff Beziehung nicht in ihren Zukunftsvorstellungen finden. Heutzutage keine feste und andauernde Beziehung zu haben, erscheint beinahe bedauernswürdiger, als in einer zu sein, die dysfunktional, lieblos und einseitig oder gar beiderseits unbefriedigend ist. Aber ich gebe Lauster in einem Punkt Recht: Liebe hat per definitionem nichts mit Sicherheit, Besitz, Verantwortung und Pflicht oder gar Treue zu tun. Wer Treue suche, dem würde Treue auch mehr bedeuten, als Liebe und der müsse deshalb auch von Treue sprechen, nicht aber von Liebe.[xxix] Treue ist somit ein individuelles Bedürfnis und eine separate Entscheidung, die getrennt von Liebe besprochen und betrachtet werden sollte. Schöne Theorie oder umsetzbare Praxis?

Als ich herausfand, dass mein damaliger Affärenpartner neben mir noch eine offizielle Freundin hatte, war ich empört, verletzt und desillusioniert. Ich konnte nicht fassen, dass er zwei Menschen gleichzeitig hinterging und es ihm (wenigstens anfänglich) keine Schwierigkeiten bereitete. Er hatte weder mir noch ihr von der Anwesenheit der anderen erzählt. Als sie von mir erfuhr, reagierte sie genauso, wie ich. Daraufhin geriet ich mit ihm in eine Grundsatzdiskussion, in der er mir sagte: „Man kann auch zwei Menschen gleichzeitig lieben." Er nahm diese Überzeugung als Argument, um sich nicht schuldig fühlen oder gar über eine Entscheidung nachdenken zu müssen.

Noch lange nach der Affäre musste ich an diesen Satz denken. Ich reflektierte meine eigene Untreue, aber da ich mich kurz danach aus meiner Beziehung gelöst hatte, stellte ich fest, dass ich nicht mehrere Menschen gleichzeitig lieben konnte. Vielleicht fehlte mir auch nur die Konzentration und das nötige Organisationsgeschick, vielleicht war es meine mangelhafte Abgebrühtheit: Ich konnte nicht bei jemand anderem sein, wenn ich bei ihm sein wollte. So trennte ich mich, auch wenn ich meinen offiziellen Partner nicht verletzen wollte. Es war nicht anders mit meinem Charakter zu vereinbaren. Doch mein Affärenpartner konnte es sehr wohl. Ich dachte lange darüber nach und begann, *Liebe* noch näher zu betrachten.

Kann man mehrere Menschen gleichzeitig lieben?

Aus Lausters Sicht müsste man diese Frage bejahen. Nun ist Liebe ein sehr breiter Term, der sich religiös, kulturell, soziologisch, psychologisch und mindestens auch philosophisch besprechen lässt. Das ist nicht der Schwerpunkt dieses Kapitels. Doch ein Begriff erscheint mir in diesem Zusammenhang diskutabel, der gleichzeitig Lausters Ja begründet: die Liebes*fähig*keit. Wahre Liebesfähigkeit beginne damit, dass man nicht nur frei und offen lieben könne, sondern sich auch lieben lasse – von unterschiedlich vielen Menschen.

Auch haben nach Lausters Meinung weder Beziehungen noch Treue etwas mit Liebe zu tun. Wer liebt, braucht nicht zwingend eine Beziehung, um seine Liebe auszudrücken. Wer eine Beziehung hat, liebt nicht automatisch. Wer untreu ist, ist nicht zwingend beziehungsunfähig oder unfähig zu lieben. Treue wiederum sagt nichts über die Existenz und Intensität von Gefühlen aus. Wer treu ist, der ist es entweder absichtlich oder aber hat keine Möglichkeiten, in die Versuchung zu geraten. In Versuchung zu geraten aber kommt einem Affekt gleich, der nur durch die Verfügbarkeit entstehen kann. Man muss sich demnach bewusst gegen Untreue entscheiden, um treu zu sein. Es bleibt aber individuell, aus welchen Gründen man treu ist. Doch selbst Treue würde keinen Bezug zu Liebe brauchen, sondern kann auch als ein Zeichen des Respekts verstanden werden.

Für mich ist es ein solches Zeichen des Respekts, treu zu sein. Wenn ich untreu werde, liebe ich denjenigen nicht mehr genug, um auch erfüllt mit ihm in einer Beziehung sein zu können. Für mich stehen damit Liebe – Treue – Beziehung in einem direkten Zusammenhang. Doch im Nachgang wurde mir klar, dass nicht nur ich davon ausgegangen war, dass mein Affärenpartner mir treu wäre, weil er mich liebte (und deshalb eine Beziehung mit mir hätte wollen müssen). Auch er hatte angenommen, dass es für mich in Ordnung war, wenn er mich hinterging. Immerhin war ich selbst fremdgegangen. Er sah es als Ähnlichkeit zu ihm. Sogar die verschiedenen Ausmaße und Konsequenzen unseres Verhaltens schien er nicht infrage zu stellen. Wir hatten beide vermutet, dass der jeweils andere dieselben Vorstellungen von Treue und Liebe sowie Beziehungen hatte, wie man selbst.

Seitdem erscheint es mir vernünftig, seine PartnerInnen darauf zu „prüfen", ob ihre Ansichten zu diesem Thema mit den eigenen übereinstimmen. Oft empfinden Frauen es als Untreue, wenn sich der Mann emotional und/oder sexuell auf eine andere Frau eingelassen hat. Für einen Mann hingegen ist es ein Zeichen der Untreue, wenn die Frau sich körperlich bei einem anderen Mann wohl(er) fühlt. Diese Ansichten stellen wiederum nur einen Querschnitt dar.

Die folgende Reflexionsübung soll dir zeigen, wie du selbst zu Liebe und Treue stehst. Mit diesen Antworten kannst du potenzielle PartnerInnen (und deinen Affärenpartner) auf eure Kompatibilität „prüfen".

Übung: Was ist Liebe? Was ist Treue?

Liebe heißt für mich:

Lieblosigkeit sieht für mich so aus:

Wenn ich liebe, dann will ich auch:

Wenn ich nicht liebe, will ich:

Treue heißt für mich:

Untreue bedeutet für mich:

Eine Beziehung hat folgenden Wert für mich:

Eine Beziehung lässt dieses außen vor:

Eine Beziehung schützt mich davor:

Bedeutet Beziehung für dich Liebe?

Bedeutet Liebe für dich Beziehung?

Ist Treue für dich ein Beziehungswert?

Bedeutet für dich Treue Liebe?

Bedeutet Liebe für dich Treue?

Welche anderen Begriffe stehen für dich in einem untrennbaren Zusammenhang mit Liebe und Beziehung?

Was davon sind Bedingungen, die erfüllt sein müssen?

Findet man in seiner Beziehung Werte und Ansichten gegensätzlich vor, sind Herausforderungen im Alltag vorprogrammiert. Fehlen diese in einer heimlichen Affäre, so droht den Geliebten Gefahr, verletzt zu werden und allein zurückzubleiben.

Hat man dann noch bei der Beziehungsform unterschiedliche Wertvorstellungen, schließt das nicht nur gemeinsame Entscheidungen und das Recht auf Mitbestimmung und -gestaltung aus. Es zerstört das Glück: Stück für Stück.

Eifersucht und Neid auf den offiziellen Partner

Eifersucht und Neid auf das vermeintlich erfüllte, alles gebende und habende Leben des offiziellen Partners sind zwei der dunkelsten und schwersten Gefühle, denen sich heimliche Geliebte stellen müssen. Sie krachen hart auf den permanenten Mangel, den sie in sich fühlen, weil sie den geliebten und begehrten Menschen „nicht haben" und nur die Krümel vom Kuchen abbekommen.

Je mehr sich diese Gefühle ausbreiten, desto tiefer wird die Wunde der angeblich Ungeliebten: Sie beginnen sich zu fragen, was er oder sie hat, was sie nicht haben. Sie bewerten den offiziellen Partner besser und positiver, als sich, während sie selbst in Vergleichen schlechter abschneiden. Oder sie diskutieren gegen den gefürchteten Sieg des offiziellen Partners, versuchen sich und dem Affärenpartner glaubhaft zu machen, dass sie in Wahrheit die besseren Partner für ihn seien. Traurigkeit und Angst ist häufig nicht nur die Folge, sondern auch die Ursache. Ebenso das latente Gefühl, nicht liebenswert (genug) zu sein, körperlich und/oder charakterliche Makel zu haben, die jeglichen Verlust erklären würden. Weil man selbst glaubt, dass man weniger wertvoll sei und im Vergleich zu anderen Menschen schlechter abschneide, weil man nicht perfekt sei, wird die erlebte Realität erklärt und projiziert. Dann macht es auch Sinn, dass sich der Affärenpartner nicht entscheidet oder gegen einen entscheidet. Die Unentschiedenen aber entscheiden sich in Wahrheit weder für einen Menschen noch gegen einen anderen. *Sie vermeiden die Entscheidung*. Um das rational verstehen zu können, meinen heimliche Geliebte oft, dass einer besser oder schlechter sei. Dabei geht es nur um die Entscheidung, die *die Affärenpartner* treffen müssten, aber sich nicht zutrauen. Es geht um *ihre eigenen Mängel* oder die, die sie wegen der Entscheidung erleben würden. Es geht um Angst.

Genau das macht Eifersucht auch mit Geliebten: Sie nutzt ein bereits verletztes Selbstbewusstsein. Besonders eifersüchtige Menschen haben ihre Erfahrungen lange vor der Affäre gemacht. Sie haben eventuell bereits in der Kinderstube gelernt, dass die Meinung anderer Menschen über sie wichtiger sei, als ihre eigene. Sie haben aus dem Verhalten anderer zu glauben gelernt, dass sie von dieser Meinung abhängig seien, weil sich daraus ergeben würde, wie viel bzw. ob sie wertvoll seien. Sie suchen nach Anerkennung und Bestätigung, weil sie sie sich nicht selbst geben. Jedes Signal und jedes, das ausbleibt, entscheidet darüber, wie sympathisch, attraktiv, liebenswürdig und willkommen sie seien. Statt zum Beispiel zu sagen: *Ich höre, was du sagst und möchtest, aber ich bin einer anderen Meinung. Ich mag mich so, wie ich bin. Ich bin der Meinung, dass ich wertvoll bin und genug.*, übernehmen sie die angebliche Meinung eines anderen und erlauben dadurch auch, dass diese wichtiger ist, als ihre eigene. Weil sie keine eigene haben bzw. sich nicht trauen, eine zu entwickeln.

Diese erlernten Mechanismen gründen meist auf unverarbeiteten schlechten Erfahrungen in der Kindheit, Betrugs- und Verlusterfahrungen in Beziehungen oder Abwertungen durch andere Menschen, die unverarbeitet sind. Wir haben es meistens mit Trennungen zu tun, die als „allein gelassen werden" interpretiert wurden. Wir finden bei eifersüchtigen Menschen auch tatsächliche

Vernachlässigung, mangelhafte Zuwendung, Wertschätzung und Liebe von Seiten der Eltern oder wichtiger Bezugspersonen, sowie sexuellen und emotionalen Betrug in Partnerschaften bis hin zu narzisstischen Erfahrungen.

Innerlich sind sie durch diese Erfahrungen davon überzeugt, dass sie nicht genug und deshalb nicht liebenswürdig seien. Ihr Selbstwert und ihre Selbstwirksamkeit sind abhängig von den Gefühlen, die andere für sie haben – und ihnen zeigen. Demonstriert jemand weniger Interesse, weil sein Leben gerade anstrengend und kräftezehrend ist, lässt Eifersucht einen leicht denken, es läge nicht am Leben des Abweisenden, sondern an dir. Derjenige hätte seine Gefühle verloren, würde sich absichtlich keine Zeit mehr nehmen, hätte einen „besseren" Menschen gefunden, du hättest einen Fehler begangen, hättest dich zu sehr in den Mittelpunkt gedrängt, zu viel gewollt und gefordert, gemeckert oder diskutiert usw. Dir fehlt das Vertrauen, dass du durchaus wertvoll und liebenswürdig bist, deine eigene Meinung genauso wichtig ist, wie die anderer und dein Leben ebenso. Hinter Eifersucht versteckt sich die Angst vor Verlust eines geliebten Menschen, den wir mit allen Mitteln vermeiden wollen.

Am ehesten lässt sich Eifersucht mit kindlichen Erfahrungen vergleichen, die wir alle kennen: Wenn wir als Kind etwas Dummes getan haben, bekamen wir Ärger mit unseren Eltern. Wir sollten brav und lieb sein, denn das garantierte uns Liebe und Harmonie. Daher versuchten wir, so anständig und entzückend zu sein, dass keine Konflikte entstanden. Wir gaben uns Mühe, so wenige eigene Bedürfnisse wie möglich zu zeigen, um geliebt und willkommen zu sein. Wir machten es anderen recht, um das zu erreichen, störten nicht und versuchten, nicht zu fordernd oder anstrengend zu sein. Ein Kind versteht so ein Szenario anders als Eltern: Es hört: „Sei anders! Sei nicht so und so! Wenn du so bist, dann haben Mama und Papa dich weniger gern! Wenn du aber so bist, wie wir dich wollen, dann haben wir dich lieb und freuen uns darüber, dass es dich gibt. Bist du anstrengend, fordernd oder machst Ärger, dann beschränkst du uns. Das wertet dich in unseren Augen ab. Also sei anders!"

Interessanterweise habe ich viele Gespräche mit heimlichen Geliebten geführt, die solche oder ähnliche Aussagen und Mechanismen in ihren Affären wiedererkannten und beklagten. Wurden sie eigensinniger, forderten sie Offenheit und wertschätzende Bekundungen, Rücksicht, Zukunftsorientierung und Ehrlichkeit, Eingeständnisse und Halt, zogen sich viele Affärenpartner zurück. Sie lehnten dieses Verhalten ab. Sie verhielten sich stattdessen wie ein Elternteil, das sein Kind dazu „erziehen" will, so zu sein, wie es für ihn am bequemsten wäre. Sie erlegten Forderungen auf und behandelten den Geliebten oder die Geliebte nicht wie einen gleichberechtigten, erwachsenen Menschen, sondern wie ein kleines Kind, das zu gehorchen hätte. Als unterschwellige Botschaft sendeten sie die gefürchtete Trennung aus und mahnten so, dass sie sich wieder dem Wollen und Begehren des Affärenpartners anzupassen hätten.

Unglücklicherweise reagierten viele der Geliebten brav und anständig, wie sie es in ihrer Vergangenheit gelernt hatten. Sie verließen erneut ihre Bedürfnisse und Gefühle und übernahmen die des anderen. Immer tiefer rutschte so ihr Selbstwert und ihre Eigenwirksamkeit ab. Was sie an Wert hatten, machten sie abhängig vom Verhalten des Affärenpartners, der wiederum bestimmte, wie das Verhalten der Geliebten auszusehen hätte, um attraktiv für ihn zu sein. Handelten die Geliebten aber entgegen dem, was der Affärenpartner wollte, so kam es häufig zu heftigen Auseinandersetzungen, kurzzeitigen Trennungen und anderen Bestrafungen. Diese Strafen waren ebenso Verlust, im Sinne eines Rückzugs, Isolation, Abwehrverhalten und andere strafende Maßnahmen – wie Eltern es bei Kindern so häufig tun, um sie zu ihren eigenen Gunsten zu ändern.

Eifersucht zeigt in Wahrheit nicht, ob dein Affärenpartner wertvoll ist, jemand anderes wertvoller, als du. Sie zeigt eine Wunde aus der Vergangenheit, die dringend als Erstes geheilt werden sollte. Um deiner selbst willen. Du bist für dein Glück zuständig, wie für deine psychische und physische Gesundheit, deine Gegenwart und Zukunft. Du entscheidest über Fülle oder Mangel in deinem Leben, wie auch über Schritte, die du einleitest oder nicht einleitest, die dich dorthin bringen würden. Nicht andere. Man hat weder etwas mit dem Glück oder dem Unglück anderer zu tun noch hat jemand das Recht, einen zu bestrafen, wenn er anders war, als er ihn wollte. Wir können jederzeit erwachsen und offen ins Gespräch gehen, über unsere Bedürfnisse reden, verletzte Gefühle ansprechen, sie ihnen zumuten. Aber Erwartungen und Anpassungen sind immer nur eine Bitte, ein Vorschlag, den wir jederzeit ablehnen dürfen. Wir sind keine Kinder mehr, mit denen geschimpft wird. Wir können hören, was die anderen sagen, aber haben das Recht, anderer Meinung zu sein, eben eine eigene Meinung zu haben.

Wer mit solchen unterschwelligen Manipulationen in seiner Affäre umgehen muss, für den kann sich ein langer und intensiver Blick auf die eigene Verletzbarkeit durch „Sei anders!"-Erfahrungen aus der Vergangenheit lohnen. Eifersucht ist eine Aufforderung, dich anzusehen und lieben zu lernen, gleich, was andere denken. Das ist nur dann leichter gesagt, als getan, wenn wir den Verlust eines anderen wichtiger nehmen, als den Verlust unseres Selbst: unserer Würde, unserer Bedürfnisse, unseres Seelenwohls, unserer Gesundheit, unserer Zeit, unserer Lebensjahre, unserer Träume und Herzenswünsche, unserer Liebesfähigkeit, unserer Gefühle und unseres Verstandes. Trau dich, so zu sein, wie du bist. Nimm dir, was du vom Leben möchtest. Lerne von deiner Affäre, die alten, erlernten Verhaltensmuster hinter dir zu lassen. Nimm deine Affäre als Lektion, diese damaligen, verletzenden Erfahrungen anzusehen und sie in deiner Beziehungsform zu ändern. Du kannst die früheren Erlebnisse nicht rückgängig machen. Aber du kannst deiner Zukunft eine respektvolle und ehrwürdige Richtung geben, die deinem Selbst in voller Größe entspricht. Die kindlichen Muster im Verhalten und Behandelt-Werden hinter sich zu lassen, ist der erste Schritt.

Denn Eifersucht macht den Menschen, den wir fürchten, an jemand „Besseres" zu verlieren, keineswegs wertvoller. Es vertieft nicht deine Liebe. Es mag demjenigen schmeicheln, er mag sich dadurch geliebter und gewollter fühlen. Aber den Eifersüchtigen macht es kaputt. So wie viele Partnerschaften, Ehen und Affären. Eifersucht kann zu einer großen Belastung werden, die nur noch das Misstrauen wegen der eigenen Abwertung im Sinn hat, sowie die Schuld, die wir dem anderen zusprechen, weil wir uns ungeliebt fühlen. Sie bleibt vor allem so lange, bis du sie angesehen und geheilt hast. Deshalb ist es sinnvoll, herauszufinden, woher deine Eifersucht auf den offiziellen Partner rührt, was sie dir sagen möchte und was von all dem der Realität entspricht.

Übung: Eifer sucht, was Leiden schafft

Die folgende Übung soll dir zeigen, wodurch und weshalb deine Eifersucht entsteht und was sich dahinter verbirgt.

Was lässt dich glauben, dass der- bzw. diejenige besser und wertvoller sei?

Wie schneidest du in dem Vergleich ab? Gib der Person einen Titel und dann dir.

Bei welchen „besseren/wertvolleren" Eigenschaften, die du dem offiziellen Partner zuschreibst, bist du dir zu 100 Prozent sicher? Hinterfrage jede gelistete Eigenschaft: „Bin ich mir sicher? Falls ja, woher nehme ich diese Sicherheit?"

Welche Attribute schreibst du dir zu? Beachte bei der Auflistung, dass du nicht nur die Eigenschaften, die du für negativ hältst, vermerkst, sondern auch die positiven.

Wie ist die Meinung deines Affärenpartners zu dir (zu den vermeintlich negativen und positiven Charakteristika)?

Erinnere dich an Situationen, in denen deine vermeintlich negativen Eigenschaften von dem Affärenpartner wertschätzend bzw. neutral betrachtet wurden. Liste einige dieser Situationen auf.

Für mich ist es legitim, dass Menschen, denen es in ihrem Leben an Lieben und Geliebtwerden mangelt(e), eine feste Bindung mit ihrer Affäre eher anstreben, als grenzenlose, offene, nichts wollende Liebe zu allen möglichen Menschen, ohne jede Sicherheit. Heute jemanden zu finden, ist leicht. Aber sich zu verlieben und mit der Person auch sein Leben teilen zu wollen, fällt vielen schwer. Es ist verständlich, und kein Argument über Treue oder Liebe kann das aushebeln, dass Geliebte sich mehr wünschen, als nur eine Hin-und-wieder-Beziehung, die von jemand anderem geformt und gesteuert wird.

Eifersucht macht hier auch deutlich, dass wir uns durch die Affäre und ihre Realität, durch diese Form der Beziehung, die leicht zu einer Identität werden kann, abgewertet fühlen. Wir mindern unseren Wert, wenn wir doch eigentlich wissen, wie viel mehr wert wir sind. Dass jemand anderes das ignorieren kann, liegt leider nicht an der Person, sondern an uns. Wir erlauben es dem Menschen, uns so zu behandeln und abzuwerten. Je länger das geschieht, desto tiefer greift die Eifersucht, desto stärker werden unsere Trauer und Angst und umso breiter macht sich Misstrauen – nicht nur dem Partner gegenüber, sondern auch gegenüber uns selbst.

Eine Beziehung zu haben bedeutet, in einer Beziehung *zu jemandem* zu sein. Wir sind an jemanden gebunden und wollen auch, dass der- bzw. diejenige an uns gebunden ist. Auch wenn das eine der geduldeten Abhängigkeiten der Menschheitsgeschichte ist, so ist es doch so: Wir alle möchten uns geborgen, geliebt und willkommen fühlen. Für die meisten Menschen bedeutet das Beziehung. Sie empfinden kein Glück dabei, nur wenige Stunden Nestwärme zu fühlen. Der Schmerz über den Verlust dieser Nestwärme, wenn der Affärenpartner wieder zu seinem offiziellen Partner nach Hause geht, ist mindestens genauso groß, wie das liebevolle Gefühl. Bei vielen nimmt dieser Schmerz jedoch Überhand: Er nistet sich zwischen dem temporären Glück ein und überschattet jede verbrachte Minute, die zuvor noch herzlich empfunden wurde. Dass auf Liebe immer wieder Verlust folgt, macht das Auskosten des Moments, worauf eine Affäre per se beruht, für Menschen mit dominanten Verlustängsten scheinbar unmöglich. Wenn du das kennst, weißt du nun, dass eine Affäre keine passende Beziehungsform für dich zu sein scheint. Du solltest sie vermeiden, weil sie Schmerz für dich bedeutet. Erst wenn du dich davon trennen könntest, in einer Beziehung sowohl eine Liebesgemeinschaft, als auch Lebensgemeinschaft zu sehen, die exklusiv ist, wärst du in der Lage, eine Affäre zu genießen.

Wiederum andere können sehr gut damit umgehen. Sie genießen ihre Freiheit und die Tatsache, dass sie nur das Beste der Affäre auskosten können. Sie benötigen keine Bindung, da ihnen Freiheit ein höheres Gut ist, als Zugehörigkeit in Form einer Beziehung. Die würde nur unweigerlich dazu führen, dass die Momente nicht mehr dankbar und intensiv empfunden werden könnten, wenn nun auch Pflicht, Verantwortung, Sicherheits- und Besitzdenken sowie Abhängigkeit Einzug fänden. Sie empfinden keine Eifersucht, weil sie den Menschen in einem anderen Licht sehen. Sie sehen ihre eigenen Fähigkeiten und Meinungen und heften sie nicht an andere. Mir scheint, dass es an der Sichtweise des Einzelnen in Bezug zu Verlust und Trennung liegt – und vor allem daran, wie dieser damit umgeht bzw. umzugehen gelernt hat.

Übung: Ich und Verlust

Was kommt dir in den Sinn, wenn du folgende Wörter liest?

Allein sein – allein gelassen werden

Verlust – verlieren

Ausschließen – ausgeschlossen werden

Abhängen – abhängig sein

Frei sein – frei gelassen werden

Halt – Richtung – seinen Weg kennen

Deine Antworten sollten dir zeigen, welche Wörter du mit eventuellen Ängsten, mit Verlust, geboren aus vergangenen Verlusterfahrungen, in Verbindung bringst. Sie verdeutlichen dir eventuell auch, dass es sich meist um passiv zugefügte Schmerzen handelte, die Ängste auslösten. Bei einigen Personen ließ sich sogar erkennen, dass sie in einer proaktiven Position keine Schwierigkeiten hatten. Wenn sie ihre Affäre verließen, sie jemanden abhängig machten oder sie die Richtung der Affäre vorgaben, verringerten sich Eifersucht und Angst.

Doch ließen sie zu, in eine passive Rolle zu kommen, stieg die Angst an und sie wurden verletzlich. Bei anderen wiederum zeigte sich, dass sie lieber den Schmerz über den Verlust in Kauf nahmen, als Schmerz zuzufügen. Auch die wilde, ungestüme, richtungslose Freiheit, das In-den-Tag-Leben ohne jeden Halt, war ein unerträglicher Gedanke. Nicht etwa, weil es ihnen zu wenig Struktur bot, die sie als Halt wahrnahmen. Sondern weil sie mit so viel Freiheit nichts anzufangen wussten. Sie hatten also eine eigene Angst vor dem Ungewissen. Weil sie nicht wussten, wie sie mit dieser Form der Leere (Freiheit) umgehen sollten/konnten, wie sie sie füllen sollten/konnten, schreckten sie davor zurück. Sie hatten lieber eine schmerzhafte Affäre, als gar nichts, außer ihr Single-Dasein, das ihnen gruselig und leer erschien. Sie hätten es füllen können, doch die Angst zu überwinden, selbstwirksam tätig zu sein, etwas für sich zu tun und sein Leben zu befüllen, war präsent.

Was zeigen dir deine Antworten? Wo siehst du größere Ängste und woher könnten sie rühren? Wovor wollen sie dich schützen? Was erlauben dir deine Ängste?

Homogamie statt Monogamie

Viel wichtiger als Monogamie sei laut Paarforschern Homogamie. Der Begriff hat keinen Bezug zu Homosexualität. Er beschreibt vielmehr ein wichtiges Kriterium zur Partnerwahl: Glaubt man den Studien, die eine Formel für das Liebesglück suchten, ist es sogar das ausschlaggebende Kriterium.[xxx]

Unter Homogamie versteht man den Vorzug eines Partners, der einem selbst in Alter, Bildung, Intelligenz, sozialer Stellung, Wertevorstellung und Zukunftsinteressen, Freizeitaktivitäten, politischen und religiösen Überzeugungen und vieles mehr ähnelt. Laut Buss und Barnes[xxxi] findet sich die überwiegende Anzahl aller Paare in äußerst homogamen Beziehungen wieder: Selbst die Länge der Ohrläppchen, Gewicht, Körpergröße, bis hin zu Drogen- und Substanzkonsum seien, wenigstens unbewusst, ausschlaggebend für die Wahl des Partners.

Der Begriff stammt ursprünglich aus der Soziologie und Zoologie. In den Studien vergangener Jahre fand er immer mehr Einzug, wenn es darum ging, Knock-out Kriterien für Partnerschaften und Ehen herauszufinden. Man stellte fest, dass sich unähnliche Paare schneller trennten, als welche, die in ihren Grundeinstellungen, Charakteristika und Lebensentwürfen übereinstimmten. So anziehend, wie wir andersartige Menschen auch finden können: Das Märchen vom Prinzen und der Dorfmagd, der schönen Reichen und dem Pool Boy oder dem Politiker und seiner Praktikantin ist nur auf kurze Dauer optimistisch zu verstehen. Auf lange Sicht bleiben diese Paare nicht zusammen. Zu unterschiedlich sind ihre Leben und Vorstellungen davon.

Sie sind heterogam. Heterogamie definiert, was wir alle aus vergangenen und momentanen Beziehungen kennen: dass der Partner immer die Klobrille oben lässt, überall seine Schuhe im Weg liegen, pünktlich um 18:00 Uhr gegessen oder am Samstagvormittag die Wohnung geputzt werden muss, wir lieber ins Kino gehen wollen, aber er den Fernseher vorzieht. Unterschiede mögen sich zwar anziehen. Doch die Paarforschung weiß seit langem, dass nur Gemeinsamkeiten eine echte Chance auf eine lange Liebe und Beziehung haben.

Wer sich in den wichtigsten Grundpfeilern des Charakters und Lebensentwurfs unterscheidet, muss einen Weg finden, diese Unterschiede zu kompensieren. Im Mindesten müsste man lernen, Kritik, Streitigkeiten und Sturheit auszuschalten. Gleich, ob man in einer Ehe, Beziehung oder Affäre lebt: Es ist unerlässlich, die nervigen Unterschiede akzeptieren zu lernen. Sonst ist die Beziehung sehr wahrscheinlich zum Scheitern verurteilt.

Liste: Homogam oder heterogam?

Sicher wirst du dich fragen, ob du und dein Affärenpartner homogam oder heterogam seid. Die folgenden Fragen laden dich ein, nähere Erkenntnisse zu gewinnen.

Nenne fünf prägnante Eigenschaften an dir und deinem Partner. Sie müssen nicht zusammenpassen oder sich ähneln, sondern dir spontan einfallen. Schreibe sie nebeneinander:

Ich	Er/Sie

Schreibe nun typische Situationen, in denen sich eure Eigenschaften zeigen, nebeneinander:

Ich	Er/Sie

Wie reagiert dein Partner auf die Situationen in deiner Liste und wie reagierst du auf die in seiner?

Ich	Er/Sie

Welche wesentlichen Gemeinsamkeiten und Unterschiede stellst du fest bezüglich:

Alter
Bildung
Politische Ansichten
Religiöse Ansichten
Intelligenz
Emotionale Intelligenz
Substanzen/Drogen (Tabak, Alkohol usw.)
Aussehen
soziale Stellung
Werte
Zukunftsinteressen
Freizeitaktivitäten

Wie steht ihr beide zu Angst, Alleinsein, Einsamkeit, Eifersucht, Treue, Untreue, Liebe und Beziehungen? Und wie geht ihr damit um?

DIE FÜNF TYPEN EINER AFFÄRE

„Liebe stirbt nie an Hunger,
sondern an Übersättigung."

Ninon de Lenclos

Gibt es nur die eine Form einer Affäre, die so und nicht anders, allen heimlichen Geliebten widerfährt? Gleichen sich die Personen, die Affären beginnen, obwohl sie gebunden sind? Sind sie ein *bestimmter Typ* Mensch, Mann bzw. Frau? Lassen sich diese Menschen anhand bestimmter Kriterien kategorisieren? Lassen sich heimliche Geliebte in eine Schublade stecken oder finden sich hier unterschiedliche Identitäten und Charaktere? Leben in ihnen allen ein- und dieselben Denk-, Gefühls- und Verhaltensmuster? Haben sie alle dieselben Ängste? Verbindet sie ein *gemeinsamer* Schmerz oder *die eine gemeinsame* leidvolle Erfahrung?

Diese Fragen sind nicht unberechtigt, werden doch Menschen, die Affären haben, grundsätzlich von der Paarforschung und sogar von der Psychologie in einen Topf geworfen. Statt sich individuelle Persönlichkeiten, Erlebtes und erlernte Muster anzusehen, galt es bislang als ausschließlich interessant, weshalb Menschen fremdgehen. Es existieren – nach jetzigem Stand meiner Recherchen – keine offiziellen Studien oder repräsentativen Umfragen zu heimlichen Geliebten, ihren Motiven und Handlungsweisen. Doch es gibt sehr viele Betrachtungen und Ergebnisse zu Fremdgängern, die ebenso die Art der Untreue näher beleuchten.

So kategorisierte die US Scheidungsexpertin Cathy Meyer fünf Typen: die opportunistische Untreue, die obligatorische, romantische und konfliktbehaftete romantische Untreue sowie Erinnerungsuntreue. Die opportunistische Form der Untreue beruhe auf sich bietenden Möglichkeiten, obwohl der Fremdgänger seinen offiziellen Partner liebe und eng mit ihm verbunden sei. Doch er habe eine ununterdrückbare Lust auf Sex und ebenso auf Risiko, was ihn zur Untreue führe. Die zweite Form, die obligatorische Untreue, könne man wie einen Gruppenzwang verstehen. Sie gründe auf Angst vor Ablehnung, wenn man sich der Möglichkeit zur Untreue verweigere. Diese Fremdgänger hätten Angst, sexuelle Avancen einer Person abzulehnen, aus Angst, zu enttäuschen, oder sich inmitten einer Gruppe aus untreuen Personen treu zu verhalten, aus Angst, aus der Gruppe ausgeschlossen zu werden. Der Drang nach Anerkennung treibe sie an. Der dritte Typ, die romantische Untreue, betreffe Menschen, die ihre offiziellen Partner kaum mehr lieben und daher anderweitig Verbünde schließen würden. Die konfliktbehaftete romantische Untreue wiederum zeige Fremdgänger, die sich häufig in mehrere Menschen gleichzeitig verlieben und mit ihnen Sexualität genießen wollen würden. Sie behalten die Untreue für sich, weil sie niemandem schaden wollen würden, aber könnten ihr Doppelleben nur sehr schwer aufgeben. Sie täten sich schwer mit Offenheit und Kommunikation in ihren Partnerschaften, sonst würden sie in Meyers Augen sicher offene Beziehungen und Dreiecksbeziehungen führen. Die Gedenk- bzw. Erinnerungsuntreue zeige Menschen, die sich zwar in einer Beziehung befänden, aber nichts mehr für ihre Partner empfänden. Sie rechtfertigten ihre Untreue damit, dass sie aufgrund der emotionalen und sexuellen Leere in ihrer Partnerschaft das Recht dazu hätten, sich anderweitig umzuschauen. Diese würden ihre Beziehung aufrechterhalten, damit sie nicht schuld seien.[xxxii]

Einigen von Meyers Erkenntnissen stimme ich zu, wobei ich sie differenzierter sehe. Die folgenden Gruppierungen entstammen allein meinen Beobachtungen und sind sicher nicht vollständig. Zukünftige Erfahrungswerte und – so Gott lob – Forschungsergebnisse werden sie erweitern oder in eine neue Struktur bringen.

Für den Moment lassen sich in meinen Augen mindestens fünf Formen bzw. Typen von Affären, Affärenpartnern und heimlichen Geliebten erkennen. Mit Form meine ich den Rahmen, das Wesen der Affäre. Als Typ verstehe ich das grundlegende Empfinden der Affäre, das vorherrschende Gefühl und die Verbindung aller Beteiligter. Auch wie sich die Involvierten gegenüber dem offiziellen Partner verhalten und über ihn denken, ist hier essentiell.

Typ 1: Die liebevolle, emotional sichere Affäre

Dieser Typus lernt einen Menschen kennen und verliebt sich nach einer Weile. Ganz einfach, unkompliziert und unabhängig von Problemen in der Partnerschaft. Viele hatten nicht einmal den ernsthaften Gedanken gehegt, nicht mehr mit ihrem Partner zusammen sein zu wollen.

Hier steht nicht im Mittelpunkt, dass man mit eventuellen Problemen in der Beziehung nicht zurechtkam. Es gibt immer Herausforderungen und Ecken in einer Beziehung, aber obwohl diese stören, ist das kein Auslöser für den Beginn der Affäre. Sie suchten die Untreue nicht. Mangelnde Gefühle oder untergründige Unzufriedenheit, die unausgesprochen bleiben und Leid erzeugen, standen nicht im Mittelpunkt. Die Ursache der Affäre liegt im eigenen emotionalen Empfinden: Sie haben sich neu verliebt.

Da vermeintlich einer von zehn Menschen seinen offiziellen Partner für seinen heimlichen Geliebten verlässt und nur insgesamt neun Prozent nach einem Seitensprung oder eine Affäre auch die Beziehung beendet, sind hierfür die Erfahrungsberichte dünn.

Hauptsächlich Frauen geben ihre Partnerschaft für eine neue auf. Oft finden wir auch unzufriedene oder bislang kaum merkbare Anhaltspunkte, die für die Trennung und die Affäre an sich ausschlaggebend wurden. Die Personen hatten sich aber arrangiert und suchten nicht nach etwas Besserem. Als ihnen doch unverhofft jemand Neues über den Weg lief, fällten sie eine Entscheidung und entschieden sich für eine Affäre, jedoch nicht ohne Skrupel. Sie haben eine relativ gesunde Beziehung zu ihrem eigentlichen Partner, in der selten Vernachlässigungen und Kränkungen auf der Tagesordnung stehen. Dementsprechend war es für die meisten leichter möglich, sich im Einvernehmen zu trennen, ohne Ängste wegen Kindern und gemeinsamen Gütern zu haben. Sie haben außerdem allesamt eine hohe Gewissenhaftigkeit und fühlen sich beim Fremdgehen schlecht. Sie mögen diese Seite an sich nicht und gewöhnen sich auch nicht mit der Zeit daran. Sie leiden vor allem unter ihren eigenen Lügen und dem, was sie spielen müssen. Sie haben große Angst, erwischt zu werden, aber nicht wegen des Umstands an sich, sondern weil sie bislang keine Entscheidung getroffen haben, obwohl sie diese suchen. Ihre Schuldgefühle gegenüber sich selbst sind hoch.

Bevor all ihre Horrorszenarien Wirklichkeit werden würden, fällen die meisten eine Entscheidung und gehen mit ihren Partnern ins Gespräch. Sie beichteten den Betrug und die neue Liebe offen und ehrlich, ohne Verschleierungen. Sie sind erwachsen in der Lage, mit ihren Schuldgefühlen und jeglichen Konsequenzen umzugehen. Ihre Lösungskompetenz ist hoch. Sie geben auch niemandem die Schuld am Neubeginn. Sie sind empathisch und können die Folgen für ihre Partner und Kinder nachvollziehen. Jedoch stehen sie zu ihrer Entscheidung.

Alle, die sich nicht trennen, oder kurz nach der Trennung zu ihrem Partner zurückgehen, entscheiden sich gegen ihre Gefühle für ihre Affäre. Sie lernen, damit zu leben, und auch mit dem Verbot und Verzicht. Oft sind Kinder der ausschlaggebende Grund, wieso sie trotz stärkerer Gefühle für die Geliebten bei ihrem offiziellen Partner bleiben.

Die heimlichen Geliebten bleiben jedoch nicht vergessen. Im Gegenteil. Sie erinnern sich mit positiven und sehr intensiven Liebesgefühlen an sie. Sie empfinden auch ein hohes Maß an Schuldgefühlen gegenüber den Geliebten und wissen um die Verletzung, die sie zugefügt haben. Da sie diese selbst teilen, sprechen sie häufig mit ihnen darüber, falls Kontakt nach dem Affärenaus ertragen werden kann. Sie ertragen es übrigens meist schlechter, als Geliebte.

Typ 2: „Rette mich, wer kann!"

Nicht allein mit seiner Enttäuschung über das Leben, die Liebe und Beziehungen sein zu wollen, kennt jeder. Einige nehmen ihr Leben dann in die Hand; andere wiederum verlassen sich auf Dritte, von denen sie glauben, dass sie stärker seien oder wenigstens stark genug für zwei. Wiederum andere denken lange nach und machen erst einmal gar nichts. „Ich war als Partnerin zwar da, aber innerlich weit weg. Ich fühlte mich wie eine Beobachterin, die neben meinem Mann und mir stand und die ganze Zeit mit dem Kopf schüttelte, empört darüber, wie still ich blieb, während er unsere Beziehung den Bach hinuntergehen ließ – und ich tat nichts dagegen. Aber obwohl er mich verletzte, wollte ich ihn nicht verletzen. Ich wusste ja, was für ein Schmerz das war."

Britta begann stattdessen eine Affäre, keineswegs als bewusste Entscheidung, sondern als Handlung neuer, unbewusster Liebesgefühle, die sie in eine Affäre zu einem neuen Mann zogen. Sie dachte schlichtweg nicht über die Konsequenzen nach und kam gegen ihre Gefühle nicht an. Der Mangel in ihr war so groß, dass er sich verselbstständigte. Der besagte Schatten eines jeden Menschen.

Am Anfang fand sie es aufregend, verboten und oft erregend. Sie war Teil eines heimlichen Spiels, zu dem nur sie eingeladen wurde. Sie musste ihren Affärenpartner und die Gefühle, die er in ihr hervorrief nicht mit ihrem offiziellen Partner teilen. Sie hatte ihr eigenes kleines Geheimnis, das nur ihr gehörte. Sie musste weder auf ihn warten, wie sonst, noch musste sie sich in das vorgegebene Beziehungsmuster, das sie seit einigen Jahren erlebte und lebte, einfügen. Sie wurde von Karsten im Gegensatz zu ihrem Partner auch zutiefst begehrt. Ihr Partner wollte seit mehr als zwei Jahren keine Intimität mehr. Karsten aber wollte ihr nahe sein, körperlich und seelisch. Für Karsten wiederum war es ein gänzlich neues Lebensgefühl, das ihn seine träge und emotional verarmte Ehe vergessen ließ. Er war aus wirtschaftlichen Gründen mit seiner Freundin zusammengekommen und -geblieben. Außer demselben Beruf, teilten sie nur wenige Interessen. Ihre Vergangenheiten aber waren sich sehr ähnlich. Ihre Ehe fühlte sich wie Bruder und Schwester oder sehr gute Freunde, Verbündete, an. Doch es gab ständig Auseinandersetzungen über unterschiedliche Lebens- und Zukunftsansichten, Erziehung und Beziehungswerte. Nach fast jedem Streit mussten sie sich wieder zusammenraufen. Trotzdem war er bei ihr geblieben.

Nur wenige sagen ihrem Partner ehrlich, offen und schonungslos, was ihnen an ihrer Partnerschaft missfällt, wie sie sich durch das Verhalten ihres Partners fühlen und mit welchen Gedanken sie herumlaufen. Sie vermeiden es, angsterfüllte Trennungen anzusprechen oder als Konsequenz zu nennen. „Ich hätte früher sagen müssen: Ich werde dich aus Respekt vor mir und meinem Leben verlassen *müssen*, wenn sich nichts ändert. Stattdessen rannte ich zu einem anderen Mann. Ich hatte nicht einmal ein schlechtes Gewissen. Ich hatte solange meinen Mund gehalten und all den Ärger über meine Einsamkeit in unserer Ehe heruntergeschluckt, dass es sich mit Karsten anfühlte, als hätte ich ihn verdient. Als wäre er ein Preis für all meine Mühen, still zu bleiben und lieb zu lächeln, während ich meinem Partner flüsterte: Ist nicht so schlimm, dass du mich nicht mehr liebst."

Aber es war leichter, für Britta und Karsten, ihr Leben und ihre Partnerschaften zu ertragen, als sie sich kennen- und lieben lernten. Ihre Treffen mit Karsten brachten einen Kick, einen Thrill, der sie denken ließ, dass sie etwas Besonderes waren und zusammengehörten. Sie fühlten sich, wie Britta mir erzählte, schicksalshaft zueinander hingezogen, „wie in einem kitschigen Film".

In dieser Form einer Affäre finden wir Menschen, die aus ihrem Leben ausbrechen wollen. Die offizielle Partnerschaft steht als Synonym für ein Gefängnis. Sie haben mit ihrem Affärenpartner einen Verbündeten und Mitstreiter gefunden, mit dem sie den Ausbruch erproben. Sie fantasieren darüber, schmieden Pläne, genießen die gedanklichen Fluchtwege. Es bricht alle bisherigen Regeln, man fühlt weder Schuld noch Scham, während man sich Stück für Stück von seinem Partner heimlich ablöst – und nun tut, was man will. Man wird plötzlich zu einer Person, die es wagt, sich mehr vom Leben zu nehmen, als es der bisherige Lebensstil vorgesehen hatte.

Es erinnert ein wenig an die frühe Eltern-Kind-Dynamik, in denen ein Verbot herrschte, an das man sich still und brav hielt. Bis zu dem Moment, in dem man einen Weg fand, dieses Verbot zu umgehen, ohne, dass einer der Elternteile es bemerkte. In der Transaktionsanalyse würde man von dem Skriptglaubenssatz „Ich bin böse, aber niemand darf das bemerken!" sprechen.[xxxiii] Es fühlt sich als Kind gut an; es fühlt sich auch bei vielen Erwachsenen noch aufregend an. In jedem Fall erregt es Affären noch mehr, wenn man diesen Glaubenssatz in sich trägt.

Das alles geht nur solange gut, bis einer der Affärenpartner aus dem Spiel aussteigt und wieder beginnt, sich den Verboten und Regeln anzupassen und zu unterwerfen: indem er zu seiner Ehefrau, ihrem Ehemann, seiner Freundin oder ihrem Freund zurückgeht. Anfangs mag es noch eine Trennung mit Abwehr sein; man möchte die Affäre heute Abend nicht verlassen, will bei ihr/ihm bleiben, will nicht in das alte Leben zurück. Doch mit der Zeit gewöhnt sich das Gehirn daran und entwickelt Möglichkeiten, die leidvolle Trennung nicht fühlen zu müssen.

Sich gänzlich für die Affäre zu entscheiden, hieße nämlich, dass das Kind in uns den Eltern gesteht, was es Böses getan hat. Es nimmt die Konsequenzen in Kauf und steht das Geschimpfe, den Hausarrest und das Schweigen durch. Das machen nur wenige Kinder. Und nur wenige Erwachsene realisieren, dass sie kein Kind mehr sind. Nur wenige fällen eine erwachsene Entscheidung. Sie genießen vielmehr, dass sie etwas haben, was sie vorher nicht hatten. Sie bestrafen heimlich, auch wenn diese Form der Affäre noch nicht so drastisch als Waffe gegenüber dem offiziellen Partner anzusehen ist. Die Affärenform lebt vom Moment, vom fantasierten Ausbruch, vom Hochgefühl. Sie entlastet das sonstige, langweilige oder beschwerliche Leben. Sie ist Kompensation. Aber kaum jemand erlaubt sich den Gedanken, dass das offizielle Leben eventuell in eine falsche Richtung lief, die jederzeit korrigiert werden könnte. Kaum einer versteht seine Affäre als Signal.

Das regelmäßige Ausbrechen aus dem offiziellen Spiel kann unter Umständen den eigentlichen Kick der Affäre ausmachen. Es ist wie eine heimliche Trennung, die Tag für Tag neu erprobt wird. Nur dass der offizielle Schritt, die wirkliche Trennung vom alten Leben, ausbleibt. Viele gehen über diese Ausbrüche nicht hinaus. Sie bemerken ihre Unvollkommenheiten und Ängste. Sie wollen nicht erwischt werden, wollen nicht, dass jemand mit ihnen ins Gericht zieht, weil sie sich etwas erlauben, was der offizielle Partner verboten hat. Dann brächte man die offizielle Beziehung in Gefahr, die von ihnen durch (gespielte) Harmonie und Durchhaltevermögen gelebt wird. Nur so bekommen sie auch vom offiziellen Partner, was sie brauchen. Würden sie sich von dem trennen, wäre auch die Affäre in Gefahr. Denn beide Teile gehören verwoben zusammen. Ohne das eine, kann das andere nicht so angenehm, attraktiv, belebend und erotisch wirken.

Mit den Treffen sind auch hormonelle Prozesse des Körpers verbunden. Sie schütten beispielsweise Adrenalin, Serotonin (ein Glückshormon) und Oxytocin (das Kuschel- und Bindungshormon) aus, die für das positiv Abenteuerliche und Aufregende sorgen. Beim körperlichen Akt wird zudem Dopamin, ein weiteres Glückshormon, ausgeschüttet. Je enger die Beziehung ist, desto mehr steigt die Konzentration dieser Hormone. So entstehen die Glücks- und Liebesgefühle, die sie wiederum vermissen, weil der Körper wie auf kaltem Entzug ist, wenn der Affärenpartner nicht da ist. Hinzukommt, dass sie stark entspannend wirken und so den empfundenen Stress der alltäglichen Beziehungsrealität verringern. Ist der Stresspegel geringer, vermindert sich auch unsere Angst. Der Drang nach Veränderung (die Not) ist nicht mehr groß genug.

Der Hormoncocktail führt also dazu, dass wir uns wohlfühlen, aufgehoben und glücklich. Denn unser Gehirn merkt sich die Klaviatur: Es prägt sich die Ausschüttung der Hormone in Verbindung mit den Treffen ein, so wie es sich auch die sexuelle Versöhnung nach heftigen Auseinandersetzungen, längeren Abwesenheiten, Wiederzusammenkommen in On-Off-Affären merkt. Es registriert: Es folgt kurzzeitiges, starkes Glück nach mehr oder minder großen, emotionalen Schmerzen.

Geliebte müssen sich bei dieser Affärenform merken, dass die Heimlichkeit und Erprobung essentielle Teile der Affäre sind. Dass du an der Stelle des offiziellen Partners sitzen könntest, aus Liebe und dem Wunsch nach dauerhaftem Zusammensein, ist nicht zwingend ausschlaggebend. Wieso?

Dein Affärenpartner möchte lernen, sich zu trennen, Auszeiten für sich zu nehmen, keine Rücksicht auf seinen offiziellen Partner zu nehmen, sich auch einmal egoistisch zu benehmen, statt stets fürsorglich oder bedächtig. Dieser Affärentyp lebt davon, dass er zwei Schritte machen kann, ohne den dritten gehen zu müssen. Er testet sich auf sicherem Terrain aus. Leider stellt er auch oft fest, dass er die Klausur nicht bestehen würde oder aber für die Überwindung seiner Angst keine Kraft investieren möchte. Da es hier nur um die Flucht an sich geht (den ersten Schritt) und darum, eine Fluchtmöglichkeit zu haben (die bist zum einen du und zum zweiten die Affäre an sich), verlassen sich diese Affärenpartner oftmals auf das, was ihnen leichtfällt, während sie das Unangenehme ablehnen.

Sie sind nur selten bereit, den letzten Schritt zu gehen. Aber sie proben bereits, wie ein Leben außerhalb ihres offiziellen aussehen und sich anfühlen würde. Nicht selten stellen sie fest, dass sie plötzlich etwas können, was sie in ihrer eigentlichen Beziehung nicht können. Eine Gesprächspartnerin traute sich in ihrer Affäre sexuelle Praktiken zu, die sie bei ihrem Ehemann vehement verneinte. Ein anderer Gesprächspartner überwand seine sozialen Ängste.

Heimliche Geliebte müssen bei diesem Typ meist sehr lang durchhalten und dem Affärenpartner stets zeigen, dass sie nicht sein Wasserbrunnen in der Wüste sind, sondern Menschen, die unter seinen Verlust- und Trennungsängsten massiv leiden. Deshalb finden wir bei dieser Form auch viele On-Off-Affären und nicht selten heftige Diskussionen um die Zukunft. Wenn sich die heimlichen Geliebten zurückziehen, aus Schmerz und Hoffnungslosigkeit, was ebenso häufig geschieht, trifft es den Affärenpartner schwer. Er leidet ehrlich und offen, immerhin wurde sein Fluchtweg zugeschüttet. Doch nur der Rückzug kann zeigen, ob die Affärenpartner bereit sind, für ihre eigenen Bedürfnisse ihre Ängste zu überwinden. Ihre Gefühle für die Geliebten reichen zwar tief und sind oft intensiver als die, die sie für ihren offiziellen Partner hegen. Doch das Verlassen verbinden sie mit etwas Traumatischem aus ihrer Vergangenheit. Oder sie haben gelernt, dass man Menschen wegen „eigener Befindlichkeiten“ oder weil der Partner „nicht genügt“, nicht verlässt. Nicht zu genügen und deshalb verlassen oder vernachlässigt zu werden, ist ein Schmerz, den sie nur zu gut kennen. Sie wollen ihn weder selbst fühlen noch anderen zufügen.

Es bräuchte am besten eine Entscheidung des offiziellen Partners, sodass sie „erlaubt“ gehen können. Es fehlt aber genauso oft ein selbstloser Grund im Außen. Sie vermeiden es, ihre Bedürfnisse, also sich selbst, als Ursache ihrer Unzufriedenheit anzunehmen. Ihre Wünsche nach mehr reichen ihnen nicht aus, um einen neuen Weg im Leben einzuschlagen. Doch eine offizielle Trennung bringt mit sich, dass man aus eigenem Empfinden heraus einen Schritt wagt, der nicht nur ins Ungewisse geht. Diese Entscheidung bedeutet auch, dass man sich gegen einen Menschen entscheidet – mit viel Selbstvertrauen und -bewusstsein. Leider haben sie gelernt, dass man sich – solange, wie es möglich ist – gegen sich selbst entscheidet, und damit auch gegen die heimlichen Geliebten.

Sie spiegeln ihre eigene Unfähigkeit, sich zu trennen, wenn sie freiwillig und still Teil der heimlichen Affäre bleiben. So werden sie nicht selten als Verlängerung des Affärenpartners gesehen, jemand, der so ist, wie sie. Die bedingungslose und selbstschädigende Loyalität teilen sie, wenn auch aus unterschiedlichem Anlass. Doch zeigen sie sich gegenseitig, dass es in Ordnung ist, wenn man sich gegen sich und seine Bedürfnisse entscheidet und für Angst.

Viele dieser Affären enden nach einer gewissen Zeit in einem Kreislauf aus Verletzung und Versöhnung, Verletzung und Versöhnung. Der Körper ist bereits (wie in normalen Beziehungen auch) abhängig geworden. Das ist nur bedingt schön. Zwar haben wir unsere Motivation für Beziehungen. Während wir in sicheren Partnerschaften aber davon nähren, wird es in unsicheren desaströs. Welche Auswirkungen der plötzliche Mangel der Glückshormone haben kann, sehen wir bei Liebeskummer oder Trennungen. Dasselbe geschieht mit unserem Gehirn, wenn wir eine einseitige, zerstörerische und/oder gefühlsintensive heimliche Affäre haben, die im On-Off-Stil aufgrund von Angst geführt wird.

Es kommt einer regelmäßigen Trennung gleich: Als hätten wir eine Woche eine Beziehung, die sich wieder trennt. Wir leiden und trauern wegen des Verlustes. Dann finden wir erneut in eine Beziehung, ohne die letzte verdaut zu haben, und es trennt sich erneut, weil erneut dieselben Probleme da sind. Und so geht es weiter und so fort. Es hinterlässt einen neuen Glaubenssatz: *Wir sind nicht (sehr lang) liebenswert. Irgendwann erkennt der andere es.* Unsere Sicht auf Beziehungen ändert sich, denn sie werden mit Trennung und Schmerz verbunden. So formt sich auch unsere Einstellung gegenüber Liebe: *Sie bringt Leid und Unsicherheit mit.* Kein Wunder, dass sich viele Geliebte durch ihre Affären schlussendlich in Beziehungsängsten und emotionalen Nichtverfügbarkeiten wiederfinden. Sie sind Resultat der heimlichen Affäre. Am leichtesten lässt sich das erklären, wenn wir uns typische Sätze in heimlichen Affären ansehen, wie diese:

- „Wenn du dich nicht zu mir bekennst, trenne ich mich von dir."
- „Wenn du dich nicht von deiner Frau trennst, ihr keinen reinen Wein einschenkst, trenne ich mich."

- „Wenn du es nicht deinem Mann sagst, dann sage ich es ihm."

Drohungen, kurzzeitige Trennungen oder wortgewaltige Auseinandersetzungen werden hier mit erfüllter oder sich dann erfüllender „Liebe" gleichgesetzt. Die vormals liebevolle Beziehung wird zu einem Wenn-Dann-Szenario, das auf Bedingungen fußt und Gefühlen keinen freien Lauf lässt. Dabei spielen nur unsere Hormone verrückt, gepaart mit viel Einsamkeit und unerwiderter Liebe.

Dass eine Beziehung aus sehr viel mehr als nur intensivem Sex oder wenigen schönen Stunden besteht, die uns emotional bestätigen, vergessen wir dabei leicht. In einer Affäre lauern Ablehnung und die Angst, bald wieder allein zu sein und ohne die (geliebte und/oder liebende) Affäre zurückzubleiben. Während der Affärenpartner sich in sein (zum Glück vorhandenes) Nest begibt, bleibt man selbst trauernd und leer, oft wie gelähmt, und vor allem wartend zurück.

Daraus kann sich schnell eine starke Angst vor Nähe, Trennung und Beziehungen per se entwickeln: Die Versöhnung nach einer Ablehnung wird dann als Liebe empfunden, sie scheint nur so schön, weil man sich vorher so sehr zerstritten hatte oder weil „es doch gut ausging". Die Dynamik dahinter ist aber zerstörerisch. Denn was ich hier beschreibe, ist keine Liebe, die auf Respekt, Rücksicht auf Gefühle oder Vertrauen fußt. Der erläuterte Kreislauf ist wie ein Musterbeispiel für emotional missbrauchende, bindungsängstliche und toxische Beziehungen.

Bei dieser Form der Affäre wird ersichtlich, dass es an Selbstliebe fehlt. Sie sind es nicht gewohnt oder haben es verlernt, für sich einzustehen und ihre Wünsche, erst recht, wenn sie nicht geteilt werden, durchzusetzen oder anderen ihre Gefühle zuzumuten. Sie sind es gewohnt, um Erlaubnis zu bitten, nur leise ihre Bitten anzubringen, sich leicht von ihren Wünschen abbringen zu lassen und sich auf ein Niveau des Klein-Seins zu bringen. Sie müssen erst lernen, am besten in der Affäre, dass sie ein erwachsener Mensch sind, der niemanden um Erlaubnis bitten muss, sondern der ungehindert und selbstwirksam für das einsteht, was er sich von Herzen wünscht. Sie haben gelernt, dass auf Trennung Schmerz folgt – bei ihnen oder anderen, die sie liebten. Sie wollen diesen Schmerz aber dringend vermeiden.

Solange sie keinen anderen Ausweg wissen, werden sie lieber in die Arme eines vermeintlich stärkeren Partners fliehen. Anstatt zu lernen, sich auf sich zu verlassen, sich der Wahrheit zu stellen, dem Partner offen und schonungslos gegenüber zu treten, ihre Gefühle zu vertreten und zu ihnen zu stehen, suchen sie andere Wege, die es ihnen leichter machen würden. Solange der Wunsch nach Harmonie und Unschuld (das innere Kind) genauso stark oder gar stärker ist, müssen andere Kräfte wirken. Eine Therapie oder ein Coaching wären gute Wege, um sich mithilfe eines psychologisch erfahrenen Menschen von seinen Trennungsängsten und Schuldgefühlen zu befreien.

Bei diesem Typ finden wir überwiegend Männer, die eine heimliche Affäre beginnen und neben ihrer Hauptbeziehung aufrechterhalten. Frauen hingegen beginnen zwar auch heimliche Affären dieser Form, sind aber eher bereit, sich zu von ihrer offiziellen Beziehung zu trennen, wenn nichts Unüberwindbares im Wege steht. Was ich ebenfalls in meinen Gesprächen feststellte, war, dass Frauen schnell ihre wahren Absichten (Trennung) auf den Tisch legen, während sich Männer für ihre heimliche Geliebte oft unzureichend fühlten. Typische Sätze, bei denen ich im Gespräch den Stift zückte, waren unter anderem:

- Du könntest jeden haben.
- X und Y wollen dich auch.
- Immer, wenn ich mit einer Frau wie dir zusammenlebte, verließ sie mich irgendwann.
- Du brauchst mich nicht.
- Du bist absolut selbstständig und unabhängig.
- Was kann ich dir schon geben?

Außerdem brachten sie immer wieder vorkommende Entschuldigungen an, die mit den Verletzungen der offiziellen Partner verbunden waren oder mit Schuldgefühlen. Diese Sätze waren unter anderem:

- Ich kann nicht noch einmal neu beginnen.
- Ich habe keine Kraft, um mich zu trennen.
- Du wirst mit mir ohnehin nicht glücklich werden.
- Ich habe versprochen, dass ich bei ihr/ihm bleibe.
- Ich kann sie (Partner und Kind/er) nicht verlassen. Es würde sie zu sehr verletzen.

Geliebte, die sich in dieser Form der Affäre wiederfinden, idealisieren ihre Beziehungen häufig. Sie glauben, einen Partner zu haben, würde ihr Leben leichter machen. Sie vertreten den Standpunkt, dass ein Partner ihr Leben vervollständige, ihnen die Leere nehme, die sie verdrängen oder nicht sehen. Sie sind übermäßig oft mit ihrem Job oder ihrer Rolle als Elternteil verheiratet, sodass sie ihr eigenes Bedürfnis nach Liebe und Zuwendung kaum spüren. Wie es sich anfühlt, sich geliebt und geborgen zu wissen, haben viele ausgeblendet, um sich es leichter zu machen.

Sie sind außerdem übermäßig häufig mit den Ansprüchen anderer Menschen beschäftigt. Entweder sind sie in einem sozialen Bereich tätig oder sie haben eine sehr fürsorgliche Ader. Damit sind sie prädestiniert dafür, sich um die Mangelzustände und Wehwehchen anderer Menschen zu kümmern. Diese sehen sie auch sehr viel eher als andere. Ihre Empathie bringt mit sich, dass sie das Leid der anderen spüren. Wenn sie sich dann in einen Menschen verlieben, wollen sie erst recht dafür sorgen, dass es ihm gutgeht.

Sie wissen um ihre eigene Liebesfähigkeit und spüren gleichzeitig ihre Sehnsucht nach Zugehörigkeit und Liebe. Einige sehnen sich auch nach einer Belohnung für ihre vielen Bemühungen auf emotionaler Ebene. Fällt diese dann aus, fühlen sie sich leer und zurückgestoßen. Gleichzeitig aber haben viele eine sehr hohe Sensibilität und geraten leicht aus dem Gleichgewicht, wenn Belastungen durch Ansprüche zunehmen. Das löst schnell eine Angst von Nähe aus, die etwas mit Enge durch Überforderung zu tun hat. Je mehr sie sich um ihren Affärenpartner sorgen oder um sich selbst in ihrer Zukunft Angst haben, desto eher sieht man, dass jemand seine Grenzen überschritten hat.

In 99 Prozent aller Fälle ist das ihr Affärenpartner. Sie haben dann Mühe, sich um ihre eigenen Angelegenheiten in wohltuender und selbstliebender Art und Weise zu kümmern. Sie stellen sich automatisch zurück, so wie Affärenpartner sich in ihrer offiziellen Beziehung zurücknehmen. Wir finden hier ähnliche Charaktere, wenn es um Konfliktbewältigung, Durchsetzungsvermögen und Selbstverwirklichung geht.

Anstatt nur zu funktionieren und es anderen rechtzumachen, müssen beide Seiten lernen, was Fritz Riemann *Eigendrehung*[xxxiv] nennt. Angstfrei. Sie müssen vor allem lernen, sich selbst in Beziehungen nicht zu verlieren. Denn auch verheiratete oder gebundene Geliebte finden sich hier wieder. Diese Glaubensmuster dominieren bei ihnen:

- In Wahrheit bin ich allein.
- Hoffentlich kommt irgendwann jemand, der mich aus diesem eintönigen/unfairen/lieblosen Leben erlöst.

Eine letzte Bemerkung zu diesem Typus: Geliebte werden bei diesem Affärenpartner sehr leicht zum zweiten Partner, engem Vertrauten und Freund. Sie sind damit nicht nur die Affären, sondern ein fester und wichtiger Bestandteil ihres Lebens, den sie dringend brauchen, um sich wohlzufühlen. Doch weil sie unter den Bedingungen einer Affäre eigentlich keine Rechte auf Exklusivität haben, haben sie meist noch größere Angst, dass ihnen die Geliebten weglaufen, weil sie sich nicht entscheiden. Deshalb ist bei ihnen Eifersucht extrem ausgeprägt. Sie können den Gedanken nicht ertragen, dass jemand anderes ihren Wasserbrunnen finden und besser behandeln könnte, als sie. Daher neigen einige zu heftigen Wutausbrüchen, andere wiederum zu tiefer Traurigkeit, auch noch lange, nachdem die Affäre bereits beendet ist.

Subtyp 1: Ich bin anders, aber keiner darf es merken.

Was ist mit denen, die nur eine Rolle in ihrer Partnerschaft erfüllen – wie die gute Ehefrau oder den Ernährer – die aber im Wesen ganz andere Menschen sein wollen, eine Art, die der Partner (vermeintlich oder tatsächlich) nicht akzeptieren würde? Einige lehnen die Andersartigkeit an sich ab und denken bei den heimlichen Geliebten, die sie in dieser anderen Art kennen- und lieben lernten: *Du willst mich? Dann kann ja mit dir irgendetwas nicht stimmen!* Oder sie meinen, dass diese Andersartigkeit nicht in ihr Leben passen würde, sie es sogar zerstören würde. Sie haben Angst vor dieser Ablehnung wegen ihres wahren Ichs. Insgeheim bi- und homosexuelle Personen fanden sich hier, genauso wie Menschen, die vom Grunde ihres Herzens etwas Anderes für sich und ihr Leben wollten. Sie trauen sich aber nicht, es zu zeigen, auszuleben und dazu zu stehen. Sie haben Angst, dass ihre Kinder und Freunde sie verurteilen und sich zurückziehen. Sie teilen ein tiefes Schamgefühl, weil sie denken, sie seien falsch. Sie haben sich in ihren Rollen so sehr angepasst, dass ihre Selbstverwirklichung im Laufe der Zeit auf der Strecke geblieben war. Von Tag zu Tag haben sie ihre Bedürfnisse mehr und mehr ignoriert und verdrängt. Plötzlich auszubrechen und einmal etwas ganz Anderes zu machen und zu sein, ist furchterregend. Aber dieses Andersartige und Fremde in einer heimlichen Affäre auszuleben, tut ihnen gut. Da findet ihre Explosion statt. Sie erproben ihr anderes Ich und genießen die Fluchtmöglichkeit aus ihrer bisherigen Rolle. Sie können sich fallen- und gehen lassen, so wie bei niemandem zuvor.

Diese Andersartigkeit aber zu verlieren ist genauso schlimm, wie ihre Normalität aufzugeben. Das Letztere müssen sie rechtfertigen und weil sie sich in ihrem wahrhaftigen Sein wenig zutrauen, lassen sie es sein. Die Gefahr ist zu groß und zu viele stempelten seit jeher ihre Bedürfnisse als Schwäche ab. Es kommt einem Fehler gleich, weil sie in den Begriffen der anderen, die sie bewerten, denken. Ihre Leidenschaft für ihr anderes Ich ist zwar da, aber genauso geheim, wie ihre heimlichen Affären. Nur bei und mit ihnen können sie aufatmen.

Diese Glaubensmuster dominieren sie:

- Ich bin anders/böse/eigensinnig/egoistisch, aber das darf keiner merken.
- Ich muss deshalb schauspielern, so tun, als sei ich treu/liebevoll/verantwortungsbewusst/stark usw.
- Meine Bedürfnisse sind unwichtig.
- Ich bin nicht gut genug.
- So, wie ich bin, bin ich nicht okay.
- Ich darf nicht ich sein oder mich meinen Wünschen entsprechend verhalten.

- Alles muss perfekt aussehen. Ich muss perfekt wirken als Mann, Frau, Mutter, Vater, Freund, Freundin, Berufstätige/r, Vorgesetzte/r usw.
- Ich bin nicht liebenswert. Menschen wollen mich nur wegen Geld, Ansehen/Position, Familie, Stärke usw.
- Ich gehöre nicht mehr dazu, wenn ich anders bin oder in meiner Andersartigkeit entdeckt werde.

Wie wir sehen, verbirgt sich auch dahinter eine große Angst vor Verlust, sozialer und familiärer Ausgrenzung und Trennung. Diese verhindert, dass man die guten und erfüllenden Gefühle, wenn man sich so zeigen kann und darf, wie man ist, in seinem Leben auslebt. Menschen dieses Typs sind häufig unglücklich über die Zustände, aber solange sie nicht lernen, sich gegen das Spielen ihrer Rolle und für sich selbst zu entscheiden, besteht auch für die heimlichen Geliebten nur wenig Hoffnung. Sie müssen deshalb lange warten, bis es für die Affärenpartner unerträglich wird, ihre Rolle aufrechtzuerhalten.

Geliebte ziehen diesen Typ entweder an, weil sie sich selbst in einem Lebensbereich verstecken oder aber, weil sie unumstößlich, teilweise extrem, ein Leben darstellen, das gegen viele Normen geht. Die Letzteren werden dann zum Vorbild für Affärenpartner, während die Erstgenannten wiederum eine Ergänzung, Leidensgenossen, sind.

Für beide kann es dennoch eine wichtige Lernerfahrung sein: Dass wir zu uns stehen müssen, mit allen Ängsten und unangenehmen Facetten unseres Ichs. Nur so können wir erfreuliche Erfahrungen sammeln und gleichzeitig verstehen, dass einige negative die Welt nicht zum Stillstand bringen. Wir müssen uns die Wahrheiten erlauben, um sein zu dürfen, wer wir sind.

In Beziehungen aller Art werden wir aufgrund wesentlicher Ähnlichkeiten oder vermisster Bedürfnisse ausgewählt. So wie Arbeitgeber nur Mitarbeiter rekrutieren, die zur Unternehmensphilosophie und den Jobanforderungen passen, wählen sich auch Menschen nur solche als Partner, die zum eigenen Wesen passen. Werden wir zu gegensätzlich, sodass unser Leben durch die Andersartigkeit einer Person gestört wird, müssten auch wir überlegen, ob die Beziehung noch stimmig und sinnig ist. Eben, weil diese Tatsache so wichtig für nährende und funktionierende Partnerschaften ist, empfinden Affärenpartner, die sich wegen ihrer dunkle Seite schämen und schuldig fühlen, Furcht, zu sich zu stehen. Während Scham immer ein Gefühl ist, das suggeriert, man sei falsch, ist Schuld eines, das sie glauben lässt, sie hätten etwas Falsches und Verachtenswertes getan. Dieser Typ ist sehr mit den einengenden Regeln anderer Menschen beschäftigt, die er seit langer Zeit versucht, einzuhalten.

Für heimliche Geliebte wäre es daher sinnig, sie unter gleichgesinnte Menschen zu bringen. Je mehr sie erfahren, dass es

Menschen gibt, die sie so akzeptieren, wie sie meinen, eigentlich inakzeptabel zu sein, desto besser. Aber eine Affäre müsste in diesem Rahmen *beweisen*, dass es soziale Umfelder gibt, die nicht so reagieren, wie der beschämte Affärenpartner irrtümlich glaubt. Hat sich so ein soziales Netzwerk erst einmal gefestigt, schenkt es dem Affärenpartner Halt und Vertrauen, dass sein Leben nach dem offiziellen weitergehen würde – und sogar sehr viel besser verlaufen könnte. Dass es ein nährendes Netzwerk gibt, vermittelt außerdem den nötigen Halt, wenn sich Selbstzweifel oder Bedenken melden.

Heimliche Geliebte müssen hier etwas Aufbauarbeit leisten, die sehr lohnenswert für ihr Liebesleben und das Vertrauen ihres Affärenpartners sein kann.

Subtyp 2: Langeweile, Sehnsucht und Lust

Diesem Typ geht es um die Vermeidung jeglicher Langeweile. Sie haben zwar feste Strukturen im Leben, wie Freunde, Job, Beziehung, Familie usw. oder zumindest einen strukturierten Bereich. Doch es reicht weder noch befriedigt es ihren Lebens- und vor allem Gefühlshunger. Der Punkt mangelnde und mangelhafte Sexualität sowie fehlende Freude in ihren Partnerschaften formt ihre Verbindungen und Affären.

Bei diesem Sub-Typ muss nicht die Heimlichkeit das Spannende an der Affäre sein. Auch Sehnsucht nach „mehr“, die Fülle an erlebten Gefühlen und Erfahrungen, kann darüber bestimmen, dass sie eine Affäre führen. Wer hätte nicht gern neben seiner Stadtwohnung noch ein Haus am Strand? Hier geht es darum, auf nichts im Leben verzichten zu müssen, auch wenn es heimlich geschehen muss. Man kann vieles haben und jederzeit nutzen, wenn man es möchte. Aber so, wie wir nur einige Male im Jahr Urlaub machen, ist eben auch die Affäre ein schöner Zeitvertreib. Dieser Typ handelt meist nur nach Möglichkeiten, die vorhanden sind. Treffen sie auf einen willigen Menschen für einen Seitensprung oder eine Affäre, nutzen sie die Chance.

Ich habe bei vielen Gesprächspartnern festgestellt, dass sie sich beim ersten Anzeichen emotionaler Abhängigkeit von der Affäre zurückzogen. Denn bei diesem Sub-Typ ist selten Schmerz oder Vernachlässigung in der eigentlichen Beziehung zu finden. Sie betrachten Seitensprünge und Affären eher als Ergänzung zu dem, was sie bereits in ihrem Leben haben, das erhalten bleiben soll. Eine neue Liebe passt da nicht hinein.

Natürlich gibt es bei diesem Sub-Typ das absolute Klischee, das ich aber relativ selten in so purer Form traf: Menschen, die emotionslos und ausschließlich wegen Sex eine Affäre unterhalten. Feststeht, dass sich diese Menschen herauswinden und vor allem keine allzu tiefe oder bedeutungsvolle Bindung zu heimlichen Geliebten aufbauen würden. Sie würden nur nach Sex fragen und wenn Geliebte verneinen, sich augenblicklich abwenden. Sie würden, wie meine Affäre anfangs, kommen, gehen, kommen, gehen und nie lange genug bleiben oder sich bemühen, den anderen kennenzulernen oder echte Nähe aufzubauen. Das kann sich im Laufe der Affäre natürlich ändern. Aber es herrscht anfangs vor allem eine gewisse Kälte, emotionale Abwehr und Distanz. Sie vermeiden authentische Kontakte und menschliche Intimität in jedem Fall. Sie öffnen sich selten. Sie grenzen verdächtig an den Typ 3, den passiv-aggressiven Affärentyp.

Einige von ihnen sprechen ihren Standpunkt nur selten aus. Hier müssen sich heimliche Geliebte mit dem Gefühl zufriedengeben, dass es sich ausschließlich um sexuelle Lust und Befriedigung handelt. Ein Signal aber, dass man nur für fremde Lust herhält, ist die barsche Kälte, wenn die Person nicht sofortig ihre sexuelle Befriedigung erhält und sich deshalb ablehnend verhält. Es ist das Gefühl, fallengelassen zu werden, weil man nicht sofort springt oder bereit ist, zu geben, was der andere verlangt. Es ist ein Trotzverhalten, das oft mit Trennung „bestraft" wird. Ein gern genutztes Mittel im Übrigen.

Typ 3: Die passiv-aggressive[2] Affäre als heimliche Waffe

Es ist unterhaltsam, befriedigend und spaßig, abzulehnen und ausnahmsweise einmal andere leiden zu sehen. Es ist erfüllend, in die Fußstampfen der Menschen zu treten, die diese Person verletz(t)en, in die Genugtuung hereinzuwachsen, mächtig und entscheidend zu sein. Sie wissen zwar, was sie damit beim anderen anrichten, glauben aber, dass es in Ordnung wäre, so zu handeln. Sie haben es so gelernt und ihre Wunde muss jemand heilen. Sie selbst halten sich im *tiefsten* Inneren ihres Herzens für unliebenswürdig und benötigen Beziehungen aller Art, um konstant die Aufmerksamkeit und Zuwendung zu erhalten, sodass sie das Gegenteil spüren. Sonst würden sie sich wieder klein und schuldig fühlen. Statt diese Gefühle zu verarbeiten und aushalten zu können, wenn sie sie überrollen, suchen sie jemanden, an dem sie sie sehen können. Sie wollen sich selbst zeigen, wie klein sie sich fühlen, aber empfinden es derart abstoßend und schwach, diese Gefühle selbst zu haben und zu zeigen, dass sie sie auslagern. Sie glauben, für ihre Schwäche verletzt werden zu dürfen. Jemand muss kommen und sie ihnen austreiben. Am besten gelingt

---

[2] Ich behandele passiv-aggressive Affären im folgenden Kapitel nicht im klinischen Sinn einer passiv-aggressiven Persönlichkeitsstörung, sondern im Sinne eines übermäßigen und ungesunden passiv-aggressivem Verhalten in allen Lebensbereichen.

das, indem man seine Gefühle projiziert. So verliert man sie nicht gänzlich, aber man gewinnt Abstand. Vor allem aber sieht man am anderen, wie derjenige mit den bekannten Gefühlen umgeht, was er dagegen unternimmt und wie er auf die ebenso bekannten Gefühle reagiert. Sie spielen sozusagen ihr eigenes Leben als Theaterstück, nur mit vertauschten Rollen. Sie werden zum Täter und ihr Opfer ist nur ein Mensch, der ähnlich fühlt, wie sie. Sie schlüpfen bewusst in eine neue Rolle, während die heimlichen Affären keine Ahnung haben, was mit ihnen geschieht. Sie durchleben den Schmerz des Affärenpartners und gleichzeitig ihren eigenen.

Dieser Typ braucht eine Kompensation für seine Schwierigkeit, sich dem festen Partner gegenüber durchzusetzen, seine Bedürfnisse zu kommunizieren, den Partner in die Verantwortung zu ziehen und seine wahren Gefühle vorrangig sich und dem Partner zuzumuten. Man gibt sich zu erkennen, wenn man das macht. Diese Form der Affäre versteckt aber ihre wahren Gefühle. Werte, die dem Mann oder der Frau wichtig sind, werden verschwiegen, statt offen ausgesprochen. Dieser Typ will nicht in seinem wahren Begehren erkannt werden, denn er fürchtet, dass er dann schuldig wäre und verletzen würde. Doch es darf niemand, nicht einmal der eigene Partner, erfahren, was in Wahrheit los ist: in der Beziehung, in dem Menschen, der betrügt und daher eher eine Affäre eingeht.

Aber es ist nicht nur die Heimlichkeit, die die Affäre attraktiv macht für diesen Affärentypus: Es geht vor allem darum, heimlich dem Partner eins auszuwischen, ihn zu verletzen, ohne dass er/sie es weiß. Es geht um eine passive Aggression, einen heimlichen Kampf gegen das, was er ehrlich ablehnt: den Partner selbst oder wie er geworden ist, die Art des Lebens, das man mittlerweile führt oder wie der Betrügende sich behandelt fühlt. Er fühlt sich vor allem klein und ohnmächtig, empfindet den Partner als übermächtig, deshalb ist die Aggression heimlich. Er fürchtet jeden neuen Schlag und kontert mit versteckter Verachtung.

Passiv-aggressive Menschen, die sich in heimliche Affären statt in die Ehrlichkeit dem Partner gegenüber stürzen, vereinen signifikante Merkmale. Sie haben einen Zwang oder eine Eigenart, die sie in ihrem Leben erfüllt sehen müssen/wollen. Das kann Geld sein, Begehrtwerden, die Steuerung im Job zu haben, der „Große" zu sein oder immer Sicherheit durch einen Plan B zu haben. Sie sehen in ihren ersehnten Bereichen vieles negativ, beschweren sich übermäßig, sind trotzig und ablehnend. Es liegt vor allem an anderen, wenn sie unzufrieden sind. Das macht diesen Menschen passiv. Jeden Ärger und jedes negativ interpretierte Erlebnis erzeugt Frust in ihnen, den sie nur ambivalent auszudrücken wissen. Sie gehen aber nicht in eine gesunde Konfrontation oder in verbal gewaltfreie Gespräche. Sie verhalten sich eher latent aggressiv und feindselig. Andere zu der Erfüllung ihres Zwangs, ihrer Bedürfnisse, *überlisten* zu müssen, macht sie aggressiv.[xxxv] Sie sehen es oft als einzigen Weg, zu bekommen, was sie glauben, verdient zu haben. Sie wenden sich mit ihrer Verachtung und Wut nicht nur gegen ihr Umfeld, das ihre Wünsche nicht erfüllt. Sie fügen sich das Leid auch selbst zu, machen sich mit ihrem Verhalten verantwortlich. Ihr Unmut sucht sich Wege. Sie zeigt sich beispielsweise in einem falsch interpretierten Gerechtigkeitsbegehren. Immerhin meinen sie, dass es jedem besserginge, während sie schlechter abschneiden. Dementsprechend sind sie häufig voller Eifersucht, Neid und Selbstmitleid. Sie verabscheuen die Zufriedenheit anderer Menschen und drücken das unterschwellig mit Verachtung aus. Sie fühlen sich gemeinhin missachtet und werten andere ab, um ihr Selbstbewusstsein hochzuhalten. Es ist ihre Art der Konfrontation und Konfliktbewältigung. Dieses Verhalten verstärkt ihre Probleme zusätzlich.

Vor allem erzeugt es Wut in Menschen, die du in der einen oder anderen Form vielleicht bereits in deiner Affäre kennengelernt hast. Sofortige Bedürfnisbefriedigung oder Rückzug und Diskussionen als Konsequenz kommen bei diesem Typ oft vor. Wutausbrüche oder verachtungsvolle Reaktionen, wenn du Respekt und Rücksicht gegenüber deinen Gefühlen forderst, sind weitere Beispiele.

Diese Affärenpartner verbieten gleichzeitig, dass du deine Verärgerung zeigst. Sie verleugnen sogar deine ärgervollen Gefühle, als dürftest du sie nicht haben, als seien sie falsch und nur eingebildet, als würdest du überreagieren. Das entstammt natürlich ihren eigenen Empfindungen bezüglich offenem Ärger und mangelnder Konfliktbereitschaft bzw. gesunder Kommunikation.

Die Nachricht, die sie dir vermitteln möchten, aber ist diese: Es liegt an dir, keineswegs am passiv-aggressiven Menschen. Oder wie ein passiv-aggressiver Mann es einmal formulierte, als ich ihm mitteilte, dass er mich verletzt hatte: „Das ist nur deine Wahrnehmung.“ Er würde die meisten (wenn nicht alle) Konflikte und Auseinandersetzungen vermeiden, versuchen, dich und deine Aufmerksamkeit abzulenken, nur um nicht über deine Forderungen reden zu müssen.

Dasselbe wird er auch in seiner offiziellen Beziehung machen; hier ist aber eine abgeschwächte Form wahrscheinlich. Er kann sich nicht ohne Groll und Angst durchsetzen. Sonst würde er keine Affäre brauchen. Deshalb widersetzt er sich auch in Affären passiv, zum Beispiel, indem er die Erfüllung deiner Wünsche verzögert und so lange aufschiebt, bis es ersichtlich wird. Er reagiert gereizt, wenn du deine Forderungen aufrechterhältst, weil er sie nicht umsetzen möchte. Er denkt und handelt absichtlich langsam oder unproduktiv, um dein Ziel nicht umzusetzen. Häufig hört man Beschwerden, wie viele Menschen Ansprüche an ihn stellen, ein Verhalten, das er verachtet. Deshalb „vergisst“ er deine Wünsche und Forderungen vorsätzlich. Er besteht ebenfalls häufig darauf, alles besser zu wissen, als du. Auch legitime Vorschläge zum Lösen eines Problems, zum Beenden einer Beziehung oder zur Verbesserung der Affäre weist er von sich. Er empfindet es als Kritik, die er dir zudem übelnimmt. Er untergräbt ebenso deine eigenen Bemühungen, indem er keinen Beitrag dazu leistet. Menschen, die ihm übermächtig erscheinen, also Autoritäten jeder Art, oder Personen, die ihn kritisieren oder Erwartungen an ihn stellen, lehnt er gänzlich ab.

Er fürchtet die Konsequenzen, denn wenn er zu sich selbst und seinen Bedürfnissen stünde, würde er sich möglichen Konflikten, Verlusten und abrupt endender Anerkennung, Harmonie und Liebe aussetzen. Er würde zwischen subjektivem und objektivem Empfinden entscheiden müssen. Er würde verstehen müssen, dass es nicht nur ihn gibt, sondern dass etwas für das große Ganze sinnvoll und daher lohnenswert ist.

Doch seine Selbstzweifel und Widerstandsfähigkeit sind stärker. Er verneint daher lieber Wünsche, Gedanken und Handlungen. Berechtigte Vorwürfe deinerseits verneint er ebenso, denn diese würden – menschlicher- und logischerweise – fordern, dass er nun handeln müsste. Aber das will er nicht, weil er es fürchtet. Dahinter steckt eine große, ernstzunehmende Angst. Sie fußt auf der Gefahr, sich selbst zu verlieren. Experten vermuten, dass solche Menschen Angst davor haben, ihre Bedürfnisse würden nicht durchgesetzt werden oder aber jemand würde sich ihnen in den Weg stellen.

Andere wiederum sind der Meinung, dass passiv-aggressives Verhalten eine fehlgesteuerte Art ist, seinen Ärger und seine Enttäuschung Luft zu machen. Auffallend häufig ändern diese Menschen ihre Meinung schnell, wechseln zwischen offensiver Ablehnung und intensiver Reue. Das geschieht nach Belieben, um nicht anzuecken oder aufzufallen, abgelehnt zu werden oder eine Ablehnung zu riskieren. Sie sind von der Anerkennung und Bestätigung getrieben und abhängig. Erhalten sie diese nicht, fühlen sie sich missverstanden und ungerecht behandelt.

Auch in der Liebe kann ein passiv-aggressiver Mensch sehr ambivalent sein: Einmal bejaht er, dass er dich liebt, seinen Partner verlässt und am nächsten Tag verneint er es wieder. Er ist tatsächlich unsicher. An dieser Stelle eine Anmerkung: *Ich habe selten jemanden erlebt, der nicht unsicher wurde, wenn er sich zwischen zwei Menschen und ggf. gegen seine Familie entscheiden musste. Es ist verständlich, wenn eine Affäre diese menschlichen Unsicherheiten hervorruft.* Doch einige halten ihre Affäre bewusst hin – um sich nicht entscheiden zu müssen. Es ist die typische Verzögerungstaktik, um nicht handeln zu müssen. Dahinter verbirgt sich der Wunsch des Affärenpartners, die Kontrolle zu behalten, sich eventuell gar nicht trennen zu wollen. Denn das könnte erneut einen Verlust von Kontrolle mit sich bringen. Er streut (mitunter absichtlich) Unsicherheit, um diese (emotionale) Kontrolle zu behalten. Er kann in einem Satz Vertrauen und Misstrauen zugleich wecken. Sein Verhalten ermöglicht es vor allem, dass er seine Affäre steuern kann, was ihm an anderen Stellen misslingt oder gar verweigert wird.

Es gibt Fälle, in denen diese Menschen nicht fähig zu einer einfachen Antwort sind. So weiß man nie, welche Gefühle derjenige wirklich hat, woran man ist. Emotionale Sicherheit ist damit für dich als Affäre ausgeschlossen. Für passiv-aggressive Affärenpartner sind Beziehungen jeglicher Natur immer potenzielle Machtkämpfe. Mit stiller Verachtung gegenüber dem Menschen, den er für mächtiger hält, ist er bereits im Vorfeld bewaffnet – um reagieren zu können, wenn er bereit sein muss. Denn er hasst Gehorsam, Uniformität, erzwungene Handlungen und Veränderungen. Dass ihm Entscheidungen, Handlungen, Meinungen, Gefühle, Werte und Bedürfnisse abgenommen werden, weil er sich anpassen muss/soll, lehnt er strikt ab.

Dass es soweit gar nicht kommen muss, man zwischendurch eingreifen kann, es kompromissvolle Menschen gibt, mit denen er offen und ehrlich, aber vor allem gewaltfrei kommunizieren kann, glaubt er nicht. Ihm fehlen die positiven Erfahrungen, die ihm zeigen, dass seine Selbstwirksamkeit tatsächlich existiert und er ein verzerrtes Bild der Realität hat. Aber seine Abhängigkeit durch die gewählte Passivität bringt ihn in diesen Teufelskreis. Seine Angst lässt ihn in diesem Dilemma steckenbleiben.

Dieser Typ verlässt so gut wie nie seinen eigentlichen Partner. Denn die heimliche Affäre ist seine einzige Waffe: raus aus dem erstickenden Alltag, raus aus den selbstwertgefährdenden Umständen seiner Partnerschaft, raus aus den vielen Verletzungen seines Stolzes, die die Partnerschaft mit sich bringen. Er empfindet seine Beziehung übermächtig; seinen Partner sieht er wie einen Berg, den er erklimmen muss. Er aber ist nur ein kleiner Mensch, jemand, der sich sehr anstrengen muss, um sein Ziel zu erreichen. Das laugt ihn aus, das macht ihn mürbe, aggressiv und kampfbereit: Er glaubt, er hat etwas Besseres verdient. Aber die heimliche Liebschaft wählt er, um sich zu belohnen und sich wertvoll zu fühlen. Denn sonst würde er sich überwiegend wertlos fühlen. Liebe ist hier weder das Ziel noch der Weg. Man könnte meinen, dass es diesem Menschen nur um Selbstgerechtigkeit geht.

Eine ehrliche Beziehung, die auf Gegenseitigkeit und Vertrauen baut, steht hier aber selten auf dem Zettel. Das mögen deine Anliegen sein, aber mit diesem Mann/dieser Frau wird das nur schwer gelingen. Denn Liebe und Beziehungen sind für passiv-aggressive Personen nur eine weitere Möglichkeit, enttäuscht und überrannt zu werden. Das liegt sicher an der Wahl der Partner, aber auch daran, wie er/sie mit den eigenen Bedürfnissen und Konflikten umgeht: Sie werden weder offen geäußert noch als wichtig genug gesehen. Deshalb werden sie auch verheimlicht oder nur mit viel Wut und Verachtung ausgedrückt.

Hier zeigt sich häufig ein Glaubensmuster, das die Transaktionsanalyse Skriptmuster nennt: *Ich bin nicht so wichtig. Meine Gefühle sind deshalb genauso unwichtig.*[xxxvi] Daher werden sie nicht ausagiert.

Dieser Typ ist mehr mit seinem Ego beschäftigt, als mit gegenseitiger, emotionaler Sicherheit. Das ist nicht als Plattitüde gemeint, sondern diesem Typus ist es ernsthaft wichtig, dass die Ansprüche, die er an sein Leben, an seine Partnerschaften, an seinen Selbstwert hat, erfüllt werden – egal, auf welche Weise. Sie sind meist gelernt oder durch eine gegenteilige Erfahrung als Muss definiert worden. Durch wen und, ob das ehrlich geschieht, ist dabei ebenfalls gleichgültig. Es regiert eine ebenso heimliche, innere Stimme, die stets gegen das reale, offensichtliche Leben diskutiert. Sie sagt:

- Wie lässt du denn mit dir umgehen?
- Soll es das gewesen sein? Mehr willst du nicht?
- Wie lange willst du dir das noch antun?
- Du kannst dich nicht durchsetzen.
- Das kann jetzt nicht dein Ernst sein.
- Ich habe mehr verdient.
- Zeig ihnen irgendwie, dass das man so etwas nicht mit dir machen kann!
- Ich bin so toll (reich, liebenswert, begehrenswert, gutmütig usw.). Das lasse ich mir nicht bieten.
- Gib ihnen zurück, was sie dir antun.

Aber es gibt noch eine andere, kleine Stimme von damals, sehr wahrscheinlich aus der Kindheit oder einer frühen, als verletzend empfundenen Beziehung, die zur Anpassung mahnt. Sie hält dagegen, indem sie Sätze wie diese formuliert und bei Gedanken an eine Trennung vom Partner hervorbringt:

- Ich will nicht mehr schuld sein.
- Wenn es dem Partner (der Familie usw.) schlecht geht, bin ich schuld.
- Ich muss mich um den Partner kümmern, ihn glücklich machen.
- Ich bin aufgefordert, vernünftig/erwachsen/ anspruchslos zu sein.
- Ich soll/darf keineswegs unabhängig/selbstständig/ eigensinnig sein.
- Ich darf die Ehe/Beziehung/Familie nicht verlassen.
- Die anderen kommen an erster Stelle.
- Ich muss mich darum kümmern, dass es allen (oder einer Person) gutgeht.
- Ich muss tun, was andere von mit erwarten, um dazuzugehören.

- Alles hat seinen Preis/Makel/sein Ende. Ich bin zu anspruchsvoll meinem Partner gegenüber.
- Meine Wut/Enttäuschung ist in den Augen der anderen ungerechtfertigt/dreist/ egoistisch.
- Es darf mir nicht bessergehen, als meinem Partner.
- Ich darf nicht glücklicher sein, als mein Partner.
- Ich mache lieber gar nichts, trenne mich nicht, dann kann auch nichts schiefgehen. (Wenn ich keine neue Beziehung eingehe, mich nicht trenne, dann droht für mich kein Schmerz.)
- Ich darf nicht glücklich sein. Die anderen nehmen sich wichtiger.
- (Anhaltende und echte) Liebe gibt es nicht (für mich).
- Die Enttäuschung kommt sicher (auch bei jeder neuen Beziehung).
- Ich darf nicht offen meine Wut/Traurigkeit/Angst zeigen.
- Ich darf meinen Partner nicht mit meinen Gefühlen belasten.
- Ich darf meinen Partner mit meinen Gefühlen nicht stören. Gefühle (negative oder die, die Ansprüche und Bedürfnisse zeigen) stören sowieso nur.
- Wenn etwas disharmonisch ist, fällt es über kurz oder lang auseinander.
- Man kann an Vertrauen nicht arbeiten.
- Am besten ist es, wenn ich niemanden an mich heranlasse.
- Nähe in einer Beziehung ist beängstigend, weil sie mich einengt/beschränkt/verschluckt. Deshalb fliehe ich (z. B. in eine Affäre).
- Wenn ich meinen Frust auf unterschwellige Weise zeige, dann kann ich wenigstens etwas Luft herauslassen, aber ich darf mich nicht trennen.
- Wenn ich keine Ansprüche habe (an den eigentlichen Partner), bin ich nicht lästig und darf da sein (Teil sein).

Nicht alle diese Glaubensmuster müssen sich bei einer Person finden. Häufig sind es Kombinationen oder einzelne, aber dafür besonders starke Glaubensmuster, die darüber entscheiden, wie und vor allem ob man liebt und wenn ja, welche Umstände die Glaubensmuster stärken bzw. bestätigen.

Die Person, die diese Stimme in sich trägt, frisst viel in sich hinein und die andere, vorher erwähnte Stimme, die zur Selbstachtung und Änderung ermahnt, ist die, die vorschlägt: „Wenn du dich schon nicht zu 100 Prozent für dich einsetzt und durchsetzt, dann mache es wenigstens zu 50 Prozent.“ Das kann dann in einer heimlichen Affäre, einem Seitensprung (oder mehreren) und anderen Ausbrüchen, aber auch körperlichen und geistigen Krankheiten enden. Es ist das, was Rüdiger Dahlke oder Maja Storch den Schatten nennen. Eine heimliche Affäre ist so ein Schatten, in dem man alles das ausleben kann, was bisher im Licht (offiziellen Leben) verdrängt wurde oder verdrängt werden musste.

Dem passiv-aggressiven Affärentyp ist es durchaus wichtig, dass die Affäre liebevoll oder emotional sicher ist und bleibt. Dazu gehört auch Sex, bei dem einen mehr, als beim anderen. Einer meiner Klientinnen war es besonders wichtig, dass ihre Affäre sie immer willkommen hieß, wenn sie ihn brauchte, auf Nachrichten schnell antwortete, Telefonate annahm, selbst wenn sie nicht verabredet waren. Kurzum: eine ständige, für ein normales Leben fast unmögliche Erreichbarkeit, die nicht nur körperlich, sondern vor allem emotional sein sollte. Es gab ihr die Kontrolle und die Macht, die sie in ihrer Ehe nicht hatte. In ihrer Ehe stand sie schon lang nicht mehr im Mittelpunkt, war nur noch selten Zentrum der Aufmerksamkeit, außer ihr Ehemann oder die Familie hatten Ansprüche, die sie erfüllen sollte. Die Affäre gab ihr die gewünschten Rechte auf Mitsprache, Teilhabe, bedingungslose Liebe, Gegenseitigkeit, Aufmerksamkeit u. v. m. wieder, die sie so sehr vermisste. Allerdings ließ sie an ihrem Geliebten auch ihre Macht-, Hilf- und Wehrlosigkeit aus. Da sie wusste, dass er sie liebte und alles täte, um sie „zu bekommen“, spielte sie seine Gefühle aus. Es minimierte das Leid in ihrer offiziellen Beziehung.

Die emotionale Sicherheit und der dahinterliegende Halt kann – je nach Mensch – entweder beiderseitig sein oder wenigstens nur vom Affärenpartner. Es ist jedoch essentiell, dass der Affärenpartner bleibt, deshalb würde dieser passiv-aggressive Typ auch *fast* alles tun, um sie aufrechtzuerhalten. Das reicht von Sabotage bis hin zu Manipulationen aller Art. Dieser Typ würde allerdings nicht alles tun, um seine Affäre nicht zu verlieren. Denn seine Schwäche, sich nicht durchsetzen und unter allen Konsequenzen zu sich (und einem neuen Partner) stehen zu können, bleibt auch weiterhin bestehen. Der bedeutungsvolle Halt und die Sicherheit außerhalb der offenkundigen Beziehung wird sehr häufig nicht zurückgegeben, beides geschieht nur auf einseitiger Ebene. Der oder die Geliebte ist zweitrangig, ein Preis, eine Trophäe, die er heimlich im Schrank zwischen seinen Socken versteckt, um sie herauszuholen, wenn niemand schaut, und sich dann daran zu erfreuen: im Stillen. Er hat gelitten und jemand ist gekommen, um es ihm leichter zu machen.

Spricht dein Affärenpartner oft mit dir über seine Probleme, negativen Gedanken, verletzten Gefühle, Misserfolge und wahren Bedürfnisse, wie sehr er von jemandem verletzt oder ignoriert wird, obwohl er so viel tut und Energie investiert? Verteilt er oft Schuld für seine Lebensumstände, die klar auch bei ihm liegt, was er aber weder hören noch besprechen möchte? Dann ist das ein Zeichen seiner erlittenen Verletzung. Du wiederum funktionierst in der Situation wie ein heimlicher Therapeut oder wie eine Mutter/ein Vater, bei der/dem man sich ausweinen kann, wenn wieder alles schief zu laufen scheint.

Das darf nicht allzu negativ betrachtet werden, auch wenn meine

Worte so klingen. Ich möchte davon Abstand nehmen, dass du für deine Affäre nur einen oberflächlichen Nutzen hast. Denn das entspricht weder meinen Erfahrungen noch denen meiner Interviewpartner/-innen und Klienten/Klientinnen. Es ist vielmehr so, um es mit den Worten meiner damaligen Affäre zu sagen, dass du und die Zeit, die ihr miteinander verbringt, ein sehr wertvolles Stück Privatsphäre ist, ein Ort, an dem man nehmen darf, ohne geben zu müssen, an dem man offen sprechen und fordern kann, ohne sofort mit Verlustängsten, Scham und Schuld konfrontiert zu werden. Ein Mensch, bei dem man so sein kann, wie man ist – in allen Facetten (einmal stark, einmal schwach, einmal anlehnungsbedürftig, einmal autoritär) – und wie man sein will (aber nicht ist). An diesem Ort muss deine Affäre nichts teilen, niemand anderen in den Mittelpunkt rücken, keine Rücksicht nehmen – und darf alles. Du bist sozusagen wie ein schöner All-inclusive Urlaub (und das ist ein ernst gemeintes Kompliment).

Was geschieht nun, wenn man versucht, seinen passiv-aggressiven Affärenpartner für eine Beziehung mit sich zu gewinnen? Die legitimste Herangehensweise ist das offene Gespräch, in dem man über seine Gefühle, seine Sehnsucht, seine Zukunftsträume und das Leid durch die Affäre spricht. Es ist ebenfalls legitim, dass man eine Konsequenz ausspricht und das Beenden der Affäre als Risiko mit einkalkuliert. Es ist als Teil seiner Selbstliebe und Selbstverantwortung zu verstehen. Doch für diesen Typ kommt das einer Drohung gleich. Es birgt nicht nur Kritik an seinem „Glück" und seinem S(ch)ein, sondern bringt ihn in einen Konflikt, den er bereits in seiner offiziellen Beziehung nicht aushält und daher nicht eingehen würde. Auch in seiner Affäre bleibt er passiv und aggressiv. Jede Aufforderung zur Änderung, jede noch so legitime Anspruchshaltung wird negativ und abwertend behandelt und gesehen. Er ist für Aktion und ehrliche, selbstwirksame Schritte (noch) nicht bereit und würde versuchen, ähnliche Bemühungen bei heimlichen Geliebten zu unterdrücken. Er will seine Stellung nicht aufgeben und verlieren.

Die Geliebten sind in einer ähnlich implosiven Haltung: Erfahren sie Ablehnung ihrer Gefühle oder sollen sie (noch mehr) leisten, (noch) stiller sein und (noch) mehr geben, statt zu empfangen, reagieren auch sie trotzig und vor den Kopf gestoßen. Sie haben genug geleistet und gegeben, um Zuwendung zu erhalten. Sie können nicht mehr. Sie müssen sich selbst retten. Sie beschweren sich sehr häufig wegen des Verhaltens des Affärenpartners oder aber reagieren unterschwellig aggressiv und genervt, um ihren Unmut und ihre Enttäuschung auszudrücken. Sie spiegeln sein Verhalten oder seine wahren Gefühle und Bedürfnisse nach außen. Sie bleiben in diesem inneren Konflikt häufig haften, statt sich aus ihm zu befreien. Auch sie sind von ihrer Unschuld überzeugt und der Affärenpartner ist es, der handeln müsste.

In seltenen Fällen geschieht es, dass sie ausagieren, was ihr

Affärenpartner selbst so gern können will: die Bedürfnisse anbringen und gesund äußern bzw. radikale Schnitte vollziehen und sich trennen, wenn ihre Bedürfnisse unbeachtet bleiben. Auch solche On-Off-Konstrukte fanden sich. Hier hätten wir eine andere Form der Spiegelung, die sich auf die wahren Bedürfnisse bezieht. Geliebte agieren den Schatten des Affärenpartners aus, als wäre es eine Demonstration des Wunschdenkens, -handelns und -fühlens.

Es liegt auf der Hand, dass sich diese Affäre selbst sabotiert, in dem sich Affärenpartner und Geliebte/r gegenseitig von ihrem wahren Ich abhalten. Sie fordern immer wieder zu alten Mustern auf, was beim anderen Ablehnung und folglich Wut und Angst, aber nur selten Loslösung oder Bewältigung, bewirkt.

Typ 4: Narzisstische Affären

Narzisstische[3] Menschen haben einen überragenden Charme und eine enorme Anziehungskraft. Man findet sie im Beruf, in der Partnerschaft, in der Familie, im Freundeskreis und auch in Affären. Sie werden im Blogzeitalter auch gern *Energievampire* oder *Energieräuber* genannt, denn sie hinterlassen geistige und seelische Erschöpfung und Zermürbung.

Sie sind anfänglich höchst angetan von dir und überhäufen dich mit Geschenken, Komplimenten und Kontaktanfragen. Was die Psychologie heute Love Bombing nennt, findet man sehr oft bei ihnen: pausenlose Nachrichten, Anrufe und Gefühlsbekundungen. Dieses erste Anzeichen für einen narzisstischen Menschen deuten Geliebte oft als Verliebtsein. Es ist leicht, darauf hereinzufallen, weil die Anerkennung und Zuwendung guttut und ihnen schmeichelt. Doch nach und nach wird der narzisstische Affärenpartner in einer Affäre bekommen, wonach er sich sehnte und die anfänglichen positiven Emotionen wandeln sich merklich oder sie ebben urplötzlich ab – meist ohne ersichtlichen Grund.

Im Allgemeinen präsentieren sie sich, als seien sie das Gold der Welt und man müsse ihnen folgen und so sein wie sie, ihnen geben, was sie brauchen und nichts fordern, wenn sie nicht gefragt haben. Wehe, man hat eigene oder gar gegenteilige Bedürfnisse und wagt es, diese anzumerken oder gar durchzusetzen.

Tipps, um mit Narzissmus zurechtzukommen, gibt es wenige. Für viele bedeutet eine narzisstische Affäre nicht nur Angst, sondern auch Selbstzweifel und ständiger Kampf, es ihnen rechtmachen zu

---

[3] Ich behandele narzisstische Affären im folgenden Kapitel nicht im klinischen Sinn einer narzisstischen Persönlichkeitsstörung, sondern im Sinne eines übermäßig und ungesund gesteigerten Narzissmus.

wollen/müssen. Denn es geht Narzissten um ihr Ego. Eine der wenigen Strategien für einen Umgang mit ihnen, ist für mich der Blick hinter die Kulissen eines narzisstischen Menschen.

Es geht im Narzissmus um den Schutz des falschen Ichs und Selbstbilds, seiner Verletzungen und Glaubenssysteme. Ihnen geht es um *ihre Identität*, die sie mühselig aufgebaut haben und die sie mit allem verteidigen müssen: Sonst droht der Zusammenbruch. Eigene Lebendigkeit ist vollkommen abwesend. Sie nähren sich aus Spiegelbildern; sie identifizieren sich mit etwas oder jemandem, der ihnen einst gebot, *das* sein zu müssen.

Narzisstischen Affären erwarten von ihren heimlichen Geliebten, dass sie sie wichtiger nehmen, als sich selbst, und Opfer für sie erbringen, die nur selten zu rechtfertigen sind. Sie strafen und tadeln, falls man die Forderungen abwehrt. Nicht-narzisstische Personen würden dich selbst entscheiden lassen, dir höchstens ihre Meinung zu etwas in ihren Augen Zweifelhaftem sagen, aber lobende und fördernde Eigenschaften aufweisen, die emotional gewaltfrei sind.

Der renommierte Psychologe Peter Schellenbaum formulierte Narzissmus so: „Narziss'[4] Lebensschoß verschließt sich aus Lebensangst. Auch narzisstische Menschen gehen auf der traumatischen Spur einer alten (emotionalen) Vergewaltigung. Früh zerstörte rücksichtsloses Eindringen fremder Übermacht ihre Lebendigkeit: Bezugspersonen, die das Kind überwältigten, statt es zu fördern."[xxxvii] Diese erneute Überwältigung und Übermacht vermeiden sie nun in allen Beziehungen.

Das Leid hat der Narzisst gelernt und er gibt es weiter: an dich und alle anderen. Narzisstische Affärenpartner neigen dazu, dir mit ihren Worten und Taten zu suggerieren, dass du schlecht und falsch seiest, wenn du ihm widersprichst. Nehmen wir legitime Bedenken über die Zukunft oder die Glaubwürdigkeit seiner Worte: Ein narzisstischer Mensch würde dich sehr wahrscheinlich verbal zum Schweigen bringen, nur um sich nicht infrage gestellt zu sehen. Sie loben weder noch zeigen sie ehrliche, offene und ernst gemeinte Gefühle. Sie fordern mehr, als sie geben. Sie bedanken sich nicht und zeigen keine Wärme oder innige Geborgenheit. Wenn sie geben, dann ausschließlich mit Hintergedanken, um dich wieder auf ihre Spur zu bringen.

Narzisstische Affärenpartner sind wahre Meister darin, sich zurückziehende Geliebte zu manipulieren, um sie nicht zu verlieren. Sie übergehen sie und ihre Ziele mit falschen Gefühlsbekundungen und Täuschungen. Sie setzen alles daran, damit sie bleiben – um sie dann erneut in ihrer Kraft und ihrem Können zu unterdrücken und

---

[4] Narziss ist eine Gestalt der Mythologie und gab dem Begriff Narzissmus seine Bedeutung.

kleinzuhalten, gefügig zu machen und herrisch über sie zu walten. Das staffieren sie mit signifikanten Verhaltensweisen aus, die ihre Meinung über dich verstärken sollen und deine eigenen, schon vorhandenen Selbstzweifel und Ängste schüren:

1. hochnäsiger, exzentrischer und abfälliger Tonfall
2. Lachen über deine Empfindungen oder dein Verhalten
3. ablehnendes Verhalten bei gegensätzlichen Meinungen
4. Hinter-deinem-Rücken-Gerede, um dich bei anderen schlecht zu machen
5. falsche Freundlichkeit und gespielte Gefühle
6. Drohungen mit Verlust und Trennung sowie weiteren, schwerwiegenden Konsequenzen
7. emotionale Gewalt, Sabotage und Manipulation durch Aussenden eiskalter Signale, um ein Verhalten zu erzwingen
8. emotional „gewaltige" Artikulation ihrer Emotionen (hohe Emotionalität und Aggression)

In Affären und Beziehungen können nur narzisstische Menschen „die Hosen anhaben" oder „den Ton angeben". Denn sie erwarten und fordern Liebe, Respekt und Ansehen, ohne Rücksicht auf mögliche Verletzungen, Kränkungen oder deine Grenzen. Es zählen nur sie und ihre Ziele auf ihrem Weg.

Aber sie selbst erkennen ihr Verhalten nur äußerst selten. Sie nehmen sich nicht nur ernster und wichtiger, im Vergleich zu anderen, sondern erlauben nur sich Fehler, während sie andere für Fehler abmahnen. Sie zeigen sich gern brillant und wichtig und präsentieren sich und ihre Leistungen auf einem silbernen Teller, während sie dir dein Fehlverhalten vorhalten. Sie schmettern deine Ideen ab, kennen nur ihre Grenzen und Freiheiten und wollen nur diese durchsetzen. Ein Handeln in ihrem Interesse ist alles, was sie bewegt. Andere Personen mit eigener (und anderer) Denk- und Handlungsweise sind ihnen schier unerträglich, suggeriert man damit doch, dass man sich ihnen weder anpasst noch anpassen möchte, sie weder wichtiger nimmt, als sich selbst noch vorhat, sich zu vergessen oder zu verbiegen. Dieses Verhalten finden wir auch in ihren offiziellen Beziehungen.

Damit lassen sich folgende klassische Verhaltenszeichen bei narzisstischen Affären identifizieren:

1. Die Gesellschaft von Menschen wie ihnen ist in ihren Augen ein Geschenk. Etwas Anderes vorzuhaben, degradiert ihn. Und damit auch dich. Sein Verhalten fragwürdig zu finden oder seine Worte zu widerlegen, die Affäre infrage zu stellen oder Korrekturen zu wünschen, ihn beim Lügen zu erwischen oder seine Glaubwürdigkeit anzuzweifeln, degradiert ihn. Und damit auch dich.

2. Wenn der Narzisst dich anhält, so zu sein, wie er dich haben will, dann, weil er glaubt, seine Art sei richtig. Er möchte dich auch so richtigmachen, wie sich. Seine Richtigkeit steht außer Frage. Er kann nur als Mensch Anerkennung erfahren, wenn du ihm nicht widersprichst oder zuwiderhandelst. Nicht so zu sein, wie er es sich wünscht, stellt seine Bedürfnisse und Persönlichkeit infrage. Nur ein Handeln und Sein in seinem Sinne lässt ihn erkennen, dass er gut ist, ergo liebenswürdig.
3. Wenn der narzisstische Affärenpartner von dir erwartet, das zu tun, was er will, dann, weil seine Ziele und Antworten auf das Leben für ihn lebenserhaltend sind. Diskussionen um die Zukunft oder über sein verletzendes Verhalten stellt sein Leben infrage. Jeder Bruch und jede Barriere ist ein Hindernis, mit dem er nicht gerechnet hat. Es wirft Zweifel an ihm selbst auf. Sonst zweifelt er an dir.
4. Ein Mensch im Zeichen des Narzissmus wird dich rügen, falls und wenn du es nicht so tust, wie er es möchte. Er wird dich zu Gehorsam oder Anpassung hin*biegen* wollen, notfalls auch mit verbaler und emotionaler Gewalt, Trennungen und Verlustdrohungen.
5. Wenn narzisstische Personen dir eine Beziehung oder Liebe nicht zutrauen, sondern dich in deinem Wissen, Können, deinen Talenten, Stärken oder zwischenmenschlichen Kompetenzen einschränken und stummschalten wollen, dann, weil ihnen deine Stärken ihre untergründigen Selbstwertgefühle zeigen. Sie trauen es sich selbst nicht zu. Dass andere etwas können, zerschneidet ihre Kontrolle in zwischenmenschlichen Beziehungen.
6. Narzisstische Affärenpartner geben dir oft die Schuld für dein Anderssein, auch wenn dieses Anderssein eigentlich das Normale ist. Jedes noch so legitime Gefühl ist falsch und du bist der Verursacher. Du müsstest es in seinen Augen ändern, wenn du mit dem narzisstischen Affärenpartner zusammen sein möchtest. Er will dir weismachen, du wärst so, wie du bist, nicht wunderbar, nicht liebenswürdig, nicht respektabel, nicht kompetent. Es ist also ein klares Signal narzisstischer Persönlichkeiten, wenn sie dir erzählen, du seiest falsch bzw. müsstest dich so verhalten, wie sie sich verhalten.
7. Diese Affärenpartner wollen dich kleinhalten, verstecken, sich in den Mittelpunkt stellen, immer im Vordergrund stehen, dir verbieten, dich zu zeigen und in deine wahre Größe zu kommen. Sie sehnen sich nicht nach gesunder Augenhöhe, wie eine nährende Beziehung es bräuchte. Sie sehnen sich nach Bewunderung und höchstmöglicher Positionen, damit sie verlangen und einfordern dürfen.

8. Sich zu verteidigen, weil man sich vom Narzissten ungerecht behandelt fühlt, ist zwecklos. Seine Ansichten sind seine und die einzig wahren. Es verschwendet nur Energie, die du für dich brauchst.

Erkennt man solche Verhaltensweisen in seiner Affäre, ist nicht nur Vorsicht geboten, sondern auch zu Rückzug geraten. Totaler Rückzug und Umdrehen der Mechanismen, sodass du dich wohlfühlst, deine Ziele und dein Wesen, treu dir selbst gegenüber, ausleben kannst.

Doch wieso sind narzisstische Affärenpartner so? Hinter dem Bild ihres Selbst und ihrer Verhaltensmuster verbirgt sich ein ganz einfaches, ja beinahe menschliches Prinzip und Ziel: Sie wollen bestätigt sehen, dass sie „richtig" sind. Sie empfinden ihre Identität im engen Zusammenspiel mit „Dazugehören", „Besser-Sein" und dadurch „Abgrenzen". Sie fürchten die Abweisung durch die Gesellschaft und haben ein starkes Gefälle in ihrer Eigenwahrnehmung und ihrem Fremdbild. Sie lehnen fremde Werte ab, denn diese stellen ihr Wertesystem und ihre Identität infrage.

Daher ist es auch so schwierig, Narzissten in einer Therapie zu Verhaltensänderungen anzuhalten. Erstens finden die Wenigsten zu einem Therapeuten, da sie nicht bemerken, dass ihr Verhalten problematisch für ihr Umfeld ist. Gehen sie jedoch in Therapie, ist es zumeist ein langwieriger Prozess, Tipps des Psychologen auch umzusetzen. Denn Narzissmus beruht darauf, dass der Mensch bereits übertoll ist. Jede noch so sinnige Verhaltensänderung ließe ihr bisheriges Leben ins Schwanken kommen und stellt eine Gefahr für ihre Identität dar. In einer psychotherapeutischen Behandlung ginge es nämlich um die Ent-*Täuschung* ihrer Wahrnehmung.

Selbst für Sigmund Freud, der sich in seiner Psychotherapie auf die Behandlung von Narzissten konzentrierte, war es ein langjähriges Unterfangen. Er prägte den Begriff des Narzissmus erstmals 1909, wobei er zwischen einem primären und sekundären Narzissmus unterschied. Die meisten Menschen, die heute mit dem Begriff Narzissmus in Verbindung gebracht werden, fallen in die zweite Kategorie. Dazu schrieb Freud, dass dieser Zustand häufig nach enttäuschter Liebe und einhergehenden Selbstwertkränkungen auftreten würde. Er stellt in seinen Augen jedoch ein „wichtiges und unverzichtbares Element in der Persönlichkeitsreifung"[xxxviii] dar.

Wenn man sich das bewusstmacht, fällt es leichter, narzisstische Züge seines Affärenpartners zu akzeptieren und sie auch in extremen Situationen zu *lassen und sich trotzdem treu zu bleiben*, statt ihre Worte und Handlungen auf sich zu beziehen. Denn für heimliche Geliebte sind Schuldgefühle und Scham natürliche Gefühlsreaktionen auf narzisstische Affärenpartner. Für dich ist es daher wichtig zu wissen, dass ihr Verhalten nur etwas über die narzisstischen Affärenpartner aussagt, nicht aber über dich.

Sie nähren sich natürlich an der Wut und den Kränkungen, die sie in den Geliebten auslösen. Sie provozieren so Gefühl. Wenn sie es schaffen, in jemandem Gefühle auszulösen, werden sie ernst genug genommen und gesehen, meinen sie. Werden sie aber ignoriert, im- und explodieren sie häufig, weil man ihnen so den Nährboden für die dringende Anerkennung und Annahme nimmt. Oder sie begegnen dir mit Verachtung, widerlichen Gefühlsspielchen, eiskaltem Hohn und Trennung. Im Umgang mit narzisstischen Affärenpartnern ist es essentiell, sich dieses zu merken: Niemand bestimmt über den Wert eines anderen Menschen. Du bist gut, genauso wie andere. Du bist in Ordnung, genauso wie andere. Aber es gibt Menschen, die darin geübt sind, sich aufzuwerten, indem sie andere abwerten und ihnen Lebens- und Denkweisen diktieren.

Heimliche Geliebte sind hier gefragt, sich ihre Identität zu bewahren und nicht zuzulassen, dass jemand darüber bestimmt, wer sie angeblich seien oder was sie im Leben verdient hätten. Affären sind eine geeignete Beziehungsform, in der Machtspiele zwischen Unterdrückung, Bestrafung und Übermacht leicht wirken können. Deshalb ist es für Geliebte dringend nötig, sich zu sehen und zu erkennen – mit all den dunklen und hellen Seiten. Je mehr man sich kennt und trotz Entwicklungspotenzialen liebt, desto neutraler kann man Kritik und Ablehnung betrachten, wenn der Affärenpartner sie übt. Liebe dich selbst, auch wenn Menschen dich als unliebenswürdig hinstellen möchten oder so behandeln. Du bist liebenswert. Erkenne fremde Ängste, erkenne die Angst narzisstischer Menschen, dass du sie nicht liebst, nicht ernst nimmst, nicht anerkennst, sie verlässt oder kontrollierst. Sie tun das mit dir, was sie selbst in sich sehen und am meisten fürchten. Sie stülpen dir ihren Sack über den Kopf, um dich in ihre Situation zu heben, um sich weniger allein zu fühlen, um sich zu fühlen.

Ihre Identität ging in ihrer Vergangenheit verloren. Irgendwann geschah etwas, was sie glauben ließ, dass sie nur wertvoll seien, wenn sie *so oder so* sind. Sie stellten das nicht infrage, auch wenn es ihnen aufgezwungen wurde. Aber du kannst es infrage stellen. Du kannst jederzeit für dich entscheiden, dass deine Identität die ist, die du selbst bestimmst. Du kannst dich abgrenzen und dem anschließen, was du für wertvoll erachtest; Umfelder, in denen du deine Werte wiedererkennst, statt fremde Werte simpel und ohne Reflexion zu übernehmen, nur um eine Beziehung zu erhaschen, die nicht gesünder würde, als die Affäre es war. Menschen, die Mangel und Identitätsleere in sich haben, werden immer auf der Suche nach dem, was sie als „richtig" und „liebe-voll" *gelernt* haben, sein. Schau dir also an, was du als Liebe gelernt hast. Wo findest du diese frühen Erkenntnisse in deiner jetzigen Affäre wieder? Sich narzisstischen Menschen zu unterwerfen, es ihnen rechtzumachen, geht immer an deinem Ziel vorbei.

Heimliche Geliebte, die bei einem narzisstischen Affärenpartner

„landen", folgen ebenso auffälligen Verhaltens-, Denk und Gefühlsmustern: Sie fühlen sich unsichtbar, fürchten, nicht geliebt zu werden, wenn man sie näher kennenlernt, weil sie in sich den Glauben tragen, sie wären nicht liebenswürdig. Im Vergleich mit anderen Männern bzw. Frauen schneiden sie grundsätzlich schlechter, aber vor allem schlecht, ab. Sie verstehen insgeheim, dass sich ihr Affärenpartner für den offiziellen Partner entscheidet und gegen sie. Sie tun es ja selbst. Eine Affäre ist für sie der einzige Weg, um zu bekommen und zu erhalten, was sie anderen zeigen möchten. Sie wollen vermeiden, dass man ihre Makel erkennt, aus Angst, dann in den Augen des anderen Menschen weniger wert zu sein. Auch sie manipulieren und sabotieren, wenn auch sich selbst, als andere. Sie befürchten zwar, dass sie mehr verdient haben, aber zweifeln daran, dass es das für sie geben wird. Sie sind oftmals mit Minderwertigkeitsgefühlen aufgewachsen und haben diese von ihren Eltern oder anderen Bezugspersonen gespiegelt bekommen. Sie meinen, ihren geringen Wert für andere zu kennen. Sie haben ihren Glauben an sich und ihre Liebenswürdigkeit verloren und versuchen nun, wenigstens etwas Liebe zu erhaschen. Im Verhalten kann sich das entweder so zeigen, dass sie devot und „brav" sind, um nicht anzuecken. Oder sie sind das gesamte Gegenteil, aber nur in der Hoffnung, dass dieses Verhalten ihnen schenkt, was sie wünschen. Trennen würden sie sich selten ernsthaft, wenn dann nur als Druckmittel und Drohgebärde.

In diesen Typ fallen daher Menschen, die bereits lange allein sind oder noch Wunden aus ihren vergangenen Beziehungen haben. Dass sie noch immer verletzt sind, etwas nicht verarbeitet haben, sich selbst eventuell die Schuld und die volle Verantwortung geben, wissen sie meist nicht. Unbewusst handeln sie gegen ein vergangenes Ereignis, das sie stark genug prägte, um nun im Schatten eines anderen Menschen zu stehen. Sie machen sich ebenso oft Vorwürfe, dass sie ein allgemeines Gut, wie eine Beziehung, so wie die Gesellschaft sie als wertvoll betrachtet, noch nicht „geschafft" haben. Sie sind häufig kinderlos, aber sehnen sich insgeheim stark nach einer Familie. Sie sind Kümmerer, Weltverbesserer oder in ihrem Beruf sehr eigenständig, querdenkerisch und besitzen nicht selten (emotionale) Führungsqualitäten. Sie mögen Kontrolle über ihr Leben ebenso, wie ihre Affärenpartner. Denn Affären geben ihnen ein Stück Kontrolle, das sie in einer Beziehung eventuell nicht hätten. Dort müssten sie stets und ständig ein Bild aufrechterhalten: ein wahrer Kraftakt für sie, weil sie die Geber sind. Sie haben Schwierigkeiten, sich lieben zu lassen, weil sie nicht an ihre Liebenswürdigkeit glauben. Sie müssen den Anforderungen der anderen nachkommen, durch Leistung, und sich Zuwendung und Teilhabe sowie Teilsein erarbeiten. Diese Anstrengung, ununterbrochen so zu sein, wie andere einen haben und sehen wollen, können Geliebte nur schwer ertragen. Sie sind oft einen

Schritt weiter, als ihre Affärenpartner, aber dennoch passiv und nicht selten von Ängsten oder leichteren bis mittelschweren Depressionen betroffen. Ohne jemand anderen existieren sie nicht; sie müssen für andere da sein. Das macht es nötig, dass andere Mängel haben. Die Mängel, die Narzissten aufweisen, sind klar: Sie haben kein echtes Selbstwertgefühl, da es stets durch andere bestätigt werden muss. Sie fühlen sich abgewertet durch unterschiedliche Lebens- und Sichtweisen, weil sie in Wahrheit hinter den gelernten nicht stehen. Sie stellen nicht nur ihre Identität infrage, wenn jemand anders denkt und sich verhält, sondern auch sich. Sie stellen eben sich und ihren Lebensstil infrage. Solche Mängel bieten sich an, von Geliebten kuriert zu werden. Sie zeigen dann „Du bist liebenswert!" und sagen es eigentlich sich selbst.

Typ 5: „Bestätige mich, wer kann"

Dieser Typ Affäre handelt für Anerkennung und Zuwendung. Er will für seine Affäre jedoch nur selten etwas emotional leisten müssen. Affären haben nicht denselben Stellenwert, wie Partnerschaften. Verantwortung scheut er daher, wie lästige Pflichten.

Häufig führen sie Affären, weil ihr offizieller Partner stunden- oder tageweise abwesend ist oder nicht verfügbar. Ob diese Abwesenheit nun lang ist oder unvernünftigerweise so interpretiert wird, hinterfragen sie nur selten. Sie müssen auf das Alleinsein und die Einsamkeit reagieren, um die Angst, unwichtig zu sein, abwehren zu können. Ob sie nun in ihren Partnerschaften zu wenig Aufmerksamkeit erhalten oder aber sich noch mehr wünschen, bleibt daher offen. Feststeht: Sie reagieren auf Menschen, die sie begehren und wollen. Sie belohnen sie mit sexueller Intimität, Gesprächen, ihrer Anwesenheit und Zeit und erwarten im Rückschluss eben diese Aufmerksamkeit als Gegenleistung. Für sie ist es Spaß, Ausgleich und Lohn.

Als Pendant kennen wir diese Personen als Singles, die keine Beziehung wollen, sondern nur stundenweise Sex und Nähe, die ihnen ausreichend Zuwendung schenken, um an den kommenden Tagen strahlend und selbstwertschätzend durch die Welt zu gehen. Meistens melden diese sich an freudvollen Abenden, die noch schöner auslaufen könnten, zum Beispiel mit Sex. Oder sie melden sich gar mitten in der Nacht nach einem schönen Abend und möchten diesen noch schöner ausklingen lassen.

In ihrer Beziehung sind sie meist ab- und anhängiger, als man erwarten würde. Sie sind es gewohnt, dass sie etwas leisten müssen, um die Beziehung aufrechtzuerhalten. Sie geben das auch gern, weil sie dadurch wiederum die gewünschte Aufmerksamkeit erhalten und einfordern können, ohne ein schlechtes Gewissen haben zu müssen.

Ob man diese Zuwendung als bekannte romantische Liebe bezeichnen kann, wage ich zu bezweifeln. Es handelt sich in meinen Augen vielmehr um Lebensgemeinschaften, die mit Gefühlen erhalten werden.

Dieser Typ Affäre würde auch, wenn er treu sein möchte, untreu werden. Die Option und das Angebot reichen aus, um fremdzugehen. Ausschlaggebend ist seine Angst, durch ein Nein Ablehnung und Verlust des Wertes zu erfahren und ertragen zu müssen. Sie genießen es, gewollt und begehrt zu werden. Sie fühlen sich pudelwohl, wenn sie heiß umschwärmt und mit Komplimenten überschüttet werden. Das starke Interesse an ihrer Person schmeichelt ihnen und gibt ihnen ein bestätigendes Gefühl, das wir alle das eine oder andere Mal in unserem Leben hatten.

Für einige ist man ein netter Zeitvertreib; andere hatten nicht unweigerlich keinerlei Intentionen zum Anfang, aber es funkte im weiteren Verlauf auch nicht. Meist aber verlieben sich die heimlichen Geliebten und wollen trotz eines Neins nicht loslassen. Auch wenn Liebe bekanntlich wachsen kann und einige Signale darauf hindeuten, dass der Affärenpartner einen mag, muss es bei diesem Typ nicht heißen, dass er in eine Beziehung gehen möchte. Denn während einige sich zurückziehen, wenn es zu eng wird, so nutzen andere die Gefühle der Geliebten aus. Sie können leicht zum Spielball werden und dulden aus Hoffnung mehr, als sie sich später verzeihen können. Viele berichteten mir davon, dass ihre Affärenpartner ihre Gefühle bewusst missbrauchten, um weiterhin Anerkennung und Zuwendung auf Knopfdruck zu erhalten.

Verlangen ihre heimlichen Geliebten, dass sie emotional für sie zur Verfügung stehen, ziehen sie sich meist sehr schnell zurück. Sie sagen oft schon zu Beginn, dass sie keine Beziehung anstreben. Solange die Geliebten „mitmachen", verstehen es die Affärenpartner aber als Einverständnis. Man muss ihnen direkt sagen, dass sie sich diese Form einer Beziehung nicht für sich wünschen und es beenden. Hat man das allerdings ein- oder auch mehrmals ausgesprochen, muss man damit rechnen, dass sie sich zurückziehen. Bei diesen Affären gibt es ebenso Fälle, in denen die Affärenpartner wiederankamen, um zu prüfen, wie ernst die Geliebten es meinen, so wie wir es von On-Off-Affären kennen.

Sowohl Frauen, als auch Männer finden sich hier wieder. Dass heimliche Geliebte eher dazu tendieren, Anerkennung und Zuwendung zu schenken, weil sie sich das selbst wünschen, liegt nahe. Doch auch sie tragen beide Konflikte in sich: Sie wollen diese Zuwendung wieder verlieren noch wissen die meisten, wie sie sich diese selbst schenken können. Ähnlich verhält es sich auch bei den Affärenpartnern, die dann nur spiegeln, was sich im Inneren der heimlichen Geliebten abspielt. Beide Seiten fürchten sich davor, nicht geliebt zu werden oder in Beziehungen mit ansehen zu müssen, dass Liebe immer mehr und mehr schwindet. Während heimliche Geliebte sich darauf berufen können, dass es an der Affäre läge, könnten die Affärenpartner natürlich dasselbe bei ihren offiziellen Partnern tun. Doch auch hier finden wir eine Übereinstimmung: Trifft man zu häufig auf Ablehnung vom geliebten Menschen, wird man sich ab einem bestimmten Zeitpunkt still und zurückhaltend verhalten. Die Hoffnung, dass sich alles zum Besten wendet, überwiegt. Dass sich diese Hoffnung auf Angst gründet, wird zwar in den meisten Fällen unbewusst verdrängt. Doch solange, wie sie sich schwertun, anderen ihre Gefühle zuzumuten, trotz Angst vor Verlust, kann sich nur wenig ändern.

Zuerst jedoch müssen sie sich ihre Gefühle selbst zumuten und verstehen lernen, dass kein Partner dieser Welt ihnen das geben kann, was sie erfüllt. Wahrhaftige Fülle kann nur entstehen, wenn man in sich ruht und unabhängig von anderen Menschen Liebe zu sich selbst spürt. Diesen Schritt muss ein jeder Mensch für sich allein gehen.

Toxische Affären

In der letzten Zeit lesen wir häufig von toxischen, giftigen Beziehungen und welche Merkmale sie mit sich bringen. Diese sollen sofort erkannt werden und vor allem gebannt, weil sie einen Menschen – und erst recht heimliche Geliebte – nachhaltig psychisch belasten und kaputtmachen können. Jedes Gift in der Liebe kann das. Zwischen all den teils sehr unwissenschaftlichen (meint unbelegten) Beschreibungen finden wir vorwiegend Merkmale, die man vor der Selbsthilfe-Internetpolizei wohl schlicht „falsche Partner“ nannte. Nichtsdestotrotz möchte ich zum Thema Affärentypen den toxischen Typ hinzufügen.

In meinen Augen sind alle Affären toxisch, die die Gefühle von mindestens einem Beteiligten verletzen. Meist sind die heimlichen Geliebten die Getroffenen, weil sich die Affärenpartner oft ebenfalls in toxischen Beziehungen wiederfinden oder im Laufe der Partnerschaft selbst Gift wurden. Je länger wir uns Missständen aussetzen, sie ertragen (lernen), desto eher beteiligen wir uns an einem Verhalten, das wir insgeheim ablehnen. Während sich viele Menschen dessen bewusst sind – was eine Verbindung aus ihnen macht – gibt es auch Menschen, die es nicht bemerken. Sie werden zynisch, aggressiv, übermäßig ängstlich, isolieren sich, existieren nicht mehr als Individuum oder machen sich und den Partner abhängig. Das zeigt ihre Vergiftung und kann für jeden neuen Partner nichts Gesundes heißen. Das quit pro quo-Prinzip in Beziehungen funktioniert nur bedingt. Es macht uns auf Dauer unglücklich und entfernt uns von unserer wahren Persönlichkeit, die weder Schmerz erfahren noch verursachen wollte. Im Grunde wollte das niemand, aber Menschen lassen sich nicht nur *er*ziehen, sondern erschreckenderweise auch *ver*ziehen.

Toxische Menschen bzw. Affärenpartner sind Menschen, denen man sofortig aus dem Weg gehen sollte. Sie gehören zu jenen Personen, die verletzt wurden und nun aus ihrer Verletzung heraus andere verletzen, um nicht in ihrem Schmerz allein sein zu müssen. Wenn sie es verdient haben und damit umgehen mussten, so müssen es auch andere. Nur dann wäre es gerechtfertigt, dass es ihnen geschah. Nur dann hätte es nichts mit ihnen zu tun, sondern wäre etwas, das jedem passieren könnte. Doch auch sie müssen lernen, dass kein Schmerz dieser Welt ausgelöscht würde, nur weil sie ihn mit jemand anderem teilen.

Auch wenn heimliche Geliebte diesen Schmerz noch so gern wegmachen und auflösen wollen: Es ist unnütz, für die Schandtaten eines anderen und Unfähigkeiten des Einzelnen wie eine Mutter oder ein Vater, ein Erzieher oder eine Krankenschwester einspringen zu wollen, um zu heilen, was ein jeder selbst heilen muss. Wer verletzt wurde, muss sich um seine Wunden kümmern und sie pflegen, bis sie verheilt sind. Wer sich dagegen sträubt, weil er angefangen hat, zu glauben, dass diese Wunden jeder verdient, ist vom liebevollen Weg abgekommen.

Anhand dieser Charakteristika kann man toxische Affären erkennen:

- Idealisierung trotz emotionaler Gewalt mittels Vorwürfen, Beleidigungen, Abwertungen und Gehässigkeiten, Vernachlässigungen, Ignoranz und selbstgefälligem Verhalten
- ständiges Auf und Ab zwischen wohltuenden und stressigen, psychisch belastenden Momenten
- Trennungsandrohungen oder tatsächliches Trennen-Zusammenkommen im häufigen und sehr schmerzhaft erlebten Wechsel (sogenannte On-Off-Affären)
- gesteigerte Unsicherheiten, Selbstzweifel, Eifersucht, Ängste, Ausgelaugtsein, Grübeln in Zeiten, in denen der Affärenpartner bei dem offiziellen Partner ist
- gesteigerte Abhängigkeiten und Verlustängste: Einrichten des eigenen Lebens um die Affäre herum und daraus resultierende, merkbare bis schwerwiegende Konsequenzen für die eigene Existenz
- mangelndes Verantwortungs- und Pflichtbewusstsein sowie fehlende Gegenseitigkeit des Affärenpartners
- Mind Games: Manipulation und Sabotage der Gedanken und Gefühle der heimlichen Geliebten, um gut bzw. besser da zu stehen, als andere und als die heimlichen Geliebten, um Schuld abzuweisen und zuzuweisen, Gefügigkeit zu erwirken und so Macht zu erlangen, wie zum Beispiel die häufig erwünschte Trennung von deinen Kraftressourcen, Neid und Eifersucht,

Kontrolle und Überwachung, geforderte Isolation und Verfügbarkeit usw.

Solltest du an einen toxischen Affärenpartner geraten sein, ohne selbst bereits toxisch geworden zu sein, dafür aber fürsorglich und heilend, bedenke: Dieser Mensch hält sich vergiftet, indem er täglich neues Gift zu sich nimmt. Er wird erst heilen und dich bedingungslos lieben und sich lieben lassen, wenn er aufhört, dieses Gift zu trinken.

Diese Metapher ist nicht sehr weit hergeholt, denn in Zeiten leicht zugänglicher therapeutischer Hilfe und vieler Selbsthilfemöglichkeiten wie Life Coaching und anderen Heilangeboten ist es fahrlässig, sich verletzt zu belassen.

Darauf zu hoffen, dass jemand kommt, um ihn zu retten, ist ein Muster. Es sagt: *Solange ich verletzt bin und jemandes Hilfe bedarf, werde ich jemanden finden, der meine Wunden sieht und sich um mich und diese Verletzungen kümmert. Heile ich diese Wunden aber selbst, dann bin ich für mich verantwortlich und eventuell gibt es dann auch niemanden mehr, der sich um mich kümmert. Denn dann bin ich ja geheilt. Wozu sollte noch jemand bei mir und für mich da sein?* Auf der anderen Seite erlaubt ein solches Schema dem Affärenpartner auch, dass er diese Hilfe jederzeit annehmen oder ablehnen kann. Geht ihm die Hilfe beispielsweise zu weit in Richtung Heilung, zieht er sich oft zurück, um in seinem hilfebedürftigen Zustand verharren zu können. Drängt ihn jemand die Hilfe auf oder verlangt, dass man sie bis zum Gelingen fortsetzt, verhält er sich ebenfalls häufig abweisend. Er sucht nicht nur diejenigen aus, von denen er sich am meisten Aufmerksamkeit verspricht, ohne eigens handeln zu müssen, aus. Er wählt auch, wie lange er sich umsorgen lässt und wann es ihm nicht mehr passt. Die Wunde aber soll selten geheilt werden, denn sie zu haben, hat einen Sinn.

Trotz aller Traurigkeit über die Erfahrung und Begegnung, müssen heimliche Geliebte verstehen, dass sich hinter dem toxischen Verhalten Muster verbergen, die sie nicht aufzulösen vermögen. So wie jemand, der Blut- und Organspenden, Behandlungsmethoden und lebensverändernde Maßnahmen ablehnt, so lehnen auch toxische Menschen Heilung ab.

Solltest du bereits vergiftet worden sein, erinnere dich daran, wer du warst und gern sein wolltest: Es gibt immer die Möglichkeit, einen Schritt zurückzugehen – zu sich. Man kann Menschen so lassen, wie sie sind, und dafür so sein, wie man ist, ohne schlechtes Gewissen. Man kann auch trotz Schmerz und Enttäuschung loslassen, wenn man erkennt, dass derjenige einen mit ins Grab ziehen würde.

Was man dafür braucht, ist eine Entscheidung und die Gewissheit, dass das Ergebnis gesund und gerechtfertigt ist. Am besten funktioniert das mit Argumenten.

Übung: Gifte und Gegenmittel

Die folgende Übung soll dir dabei helfen. Schreibe links, welche Verhaltens-, Denk- und Gefühlsmuster dich am meisten verletzen (die einzelnen Gifte) und rechts dazu das genaue Gegenteil (Heilmittel). Bitte verfasse die störenden Elemente ohne „er/sie“ bzw. „ich“-Nennungen. Schreibe sie neutral auf, zum Beispiel: „ständige Streitereien“ oder „häufiges Alleinsein“.

Gift	**Gegengift**

Diese Übung lässt dich wissen, was du brauchst, um glücklich und psychisch sowie emotional gesund zu werden und zu bleiben. Außerdem signalisiert sie dir, was dir dein Affärenpartner an psychischer und emotionaler Gesundheit und damit an Zufriedenheit und Lebenswohl verweigert und vorenthält.

ZURÜCK INS JETZT

„Denke nicht so oft an das, was dir fehlt, sondern an das, was du hast."

Marc Aurel

Es gibt etliche Situationen für heimliche Geliebte, die nicht nur in dem Moment schmerzhaft sind, sondern die sich bis in die Nächte und kommenden Tage hineinziehen. Viele verfallen in eine Art Starre und Lähmung wegen depressiver und ängstlicher Gedanken, die augenblicklich vom Körper aufgesaugt und durch Krankheiten gespiegelt werden. Schlechte Laune und eine beinahe Unfähigkeit, Freude für die kleinen Dinge des Lebens zu empfinden, Rückzug in die Isolation, um mit seinen Gedanken und Leiden allein zu sein, urplötzliche Erinnerungen an Aussagen, Mimik und Gestik des Affärenpartners, die Lügen enttarnen (könnten), die Konfrontationen mit Zeiten des Alleinseins, die man angsterfüllt und hilflos auf sich zurollen sieht. Nicht zuletzt bestimmen diese Situationen, wie man sich fühlt und das ist meist: klein, wertlos, ungeliebt, ausgeschlossen, ungewollt, verletzt, ängstlich, wütend, überrascht, angewidert, im (Un)Glauben bestätigt u. v. m.

Jeder entscheidet für sich, ob er Schmerzen aufrechterhalten und an dem Leid, das der Affärenpartner verursacht, teilhaben möchte oder ein Stopp-Zeichen setzt. Solltest du dich aus Liebe und Hoffnung dafür entscheiden, diesen Giften weiterhin ausgesetzt zu bleiben, brauchst du essentielle Kraftquellen, um dich wenigstens wieder aufladen zu können. Dein Leben braucht dich kraftvoll und selbstvertrauend. Dazu kannst du dir aus der Übung *Notfallplan* wirksame Strategien heraussuchen oder einen Notfallplan für jedes einzelne Gift erstellen.

Bei jeder auftretenden Verletzung ermöglicht dir dieses Vorgehen, dass du sofort handeln kannst, ohne dich wie ein Opfer zu fühlen oder dich von deinen Ängsten bestimmen zu lassen. Andere Sofort-Strategien können vielfältig sein: von Atemtechniken, Entspannungstechniken, Leidenschaften und Hobbys, bis hin zu Treffen und Gesprächen mit Freunden und Kontakt mit Kindern oder Tieren, kreative Tätigkeiten oder sportliche Aktivitäten. Sie sollten Liebe und Freude in den Moment bringen, der dich herunterzieht, weil deine Gedanken noch an dem Affärenpartner und seinem Verhalten haften. Im Anhang habe ich dir einige der wissenschaftlich wirksamsten Strategien und Techniken zusammengestellt, die du ausprobieren und erlernen kannst.

Dich aus der Vergangenheit in die Gegenwart zu ziehen und bewusst im Jetzt zu sein, ohne in die Zukunft abzuschweifen, nennt man Achtsamkeit. Dieses Phänomen wurde spätestens durch Eckhart

Tolles Bestseller „Jetzt“ bekannt. Es bedarf ein wenig Übung, sich vom Schmerz vergangener Sorgen zu distanzieren und in der Gegenwart etwas zu tun, was das zukünftige Gefühl aufwertet und ändert. Tolle empfindet das als bewusste Entscheidung. Der Kopf würde die Situation interpretieren, nicht die Situation würde zu den Gedanken führen. Dieser Stimme im Geiste müsse man sich bewusstwerden. Befreien könne man sich nur, wenn man den Denker hinter den Gedanken erkennen und entlassen würde. Man würde ihn dann nur wahrnehmen, aber ihm keinen Glauben schenken. Wenn in deiner Affäre der nächste ungeliebte Moment auftritt, müsste man nach Tolle den enttäuschten, sehnenden, meckernden, mangelerfüllten und interpretierenden Denker dahinter enttarnen und realisieren. Man müsste ihn einfach nur wahrnehmen, dass es ihn gibt und er dir gerade diese Gedanken einhaucht. Man lässt ihn einfach dort sein, aber glaubt ihm nicht.

Nicht jeder kommt mit dieser transzendentalen Achtsamkeit gut zurecht. Die folgende Übung soll dir dabei nur helfen, den Moment zu lieben, auch wenn es „lediglich“ einer Symptombehandlung gleichkommt. Meine Impulse dienen als Anregung. Bitte ergänze nach Herzenslust, was dir guttut!

Impulsübungen: Im Hier und Jetzt statt Gestern und Morgen

Impuls 1

Gehe nach draußen und lasse Handy, Uhr, Handtasche und alle anderen Ablenkungsutensilien zu Hause. Wähle dir einen Ort aus, an dem es still und rein ist, zum Beispiel einen Wald, einen kleinen Park, einen Kanal oder Fluss, See (oder, falls du das Glück hast, in der Nähe des Meeres zu wohnen,) das Meer, einen Friedhof oder auch Rad- und Wanderwege. Stelle dich an einen Platz, an dem du ungestört bist, und erkunde mit deinen Augen die Gegend. Was siehst du: links, rechts, am Boden und auf Augenhöhe, im Himmel, in den Baumkronen, auf den Blättern? Welche Gerüche nimmst du wahr? Woran erinnert dich der Geruch? Was hörst du: Tiere, Wasserrauschen, Blätterrascheln? Denke in diesem Moment nicht an deine Affäre, sondern nimm nur den jetzigen Moment wahr und lasse dich davon erfüllen. Falls die Sonne scheint, beobachte ihren Lichtstrahl, wohin er fällt, was er preisgibt, die Blattadern, die Farbe, die Intensität? Was liegt im Dunkeln, wo ist Schatten? Was gibt es dort zu finden? Empfinde dich als Teil dieses Schauspiels und sei dankbar dafür, dass du dort sein darfst und dich vom einzigartigen Wirken der Natur einfangen lassen kannst.

Impuls 2

Stelle dich auf den Balkon oder in deinen Garten, hebe deinen Kopf, blicke in den Himmel und zu den Wolken oder in das reine, tiefe Blau des Himmels. Nimm einige Atemzüge und schließe dann deine Augen. Konzentriere dich nur auf deinen Atem und lass die reine Luft durch deine Nase, den Hals, deine Lungen und deinen Brustkorb bis in den Bauch wandern. Mache deinen Bauch kullerrund, wenn du einatmest, dann presse die Luft in deine Lungen und lasse sie langsam wieder aus den Lungen und den Bauch entweichen. Sei dankbar für jeden einzelnen Atemzug und erlebe den Moment des Atmens, als sei es das Weihnachtsfest, der Lotteriegewinn oder das ewige Leben. Betrachte deinen Atem, als sei er ein Geschenk des Himmels, das dich füllt, nährt, aufweckt und schützt. Nimm mindestens zehn dieser wohltuenden Atemzüge voller Dankbarkeit. Dann öffne deine Augen und nimm erneut den Himmel und die Wolken, den Geruch der Luft wahr. Du wirst feststellen, dass sich die Umgebung gewandelt hat und lichter erscheint.

Wer diese Übung täglich wiederholt, wird nicht nur mehr Dankbarkeit für seinen Körper und sein Sein verspüren. Er wird das Leben an sich und die dunklen Momente auch sehr viel weniger gefährlich und unberechenbar empfinden.

Impuls 3

Affirmationen und Mantras haben zwar durch vielfältige Studien und ihre nachgewiesenen andauernde Wirkung einen guten Ruf. Doch sie gehen nie tief genug für essentielle Veränderungen und haben daher in spirituellen Kreisen mittlerweile an Power verloren. Doch sich in schmerzhaften Momenten an positive Gespräche mit sich selbst zu halten, ist schon deshalb eine gute Idee, weil es neurowissenschaftlich das weitere Denken nachhaltig formt. Wer stets negativ und abwertend mit sich spricht (dazu gehören auch imaginäre Streitigkeiten und Anklagen des Affärenpartners), der schadet langfristig seinem Selbstwert.

Wenn du dich das nächste Mal dabei ertappst, wie du in Gedanken sagst: „Immer lässt du mich allein!", „Steh endlich zu mir!", „Verlass sie/ihn endlich!", „Ich bin nicht gut genug!", „Das mit uns wird nie etwas!" usw., spreche danach (im Kopf und mit lauter Stimme) doch einmal diese Worte und Sätze aus:

- Ich bin.
- Ich bin schön.
- Ich bin stark.
- Ich nutze meine Stärken, um mein Leben zu meistern.
- Ich schaff' das!

- Ich bin stärker, als ich denke.
- Ich bin einzigartig.
- Ich liebe mich.
- Auch das wird weichen.
- Alles hat seinen Sinn.
- Andere lieben mich.
- Ich werde beschützt.
- Ich. Bin. Ganz. Ruhig. Und. Ganz. Gelassen. (als einzelne Wörter sprechen)
- Ich halte mich aus.
- Es ist, wie es ist.
- Was sein soll, wird kommen.
- Ich habe gute Begebenheiten verdient.
- Es ist in Ordnung, dass ich das Beste für mich möchte.
- Es ist in Ordnung, dass ich nur das Beste für mein Leben verfolge.

Das Internet hält Tausende von Webseiten bereit, die dir wertvolle und Erleichterung bringende Mantras und Affirmationen anbieten. Probiere dich mit einzelnen aus und erstelle dir auch hier eine Liste von denen, die am wirkungsvollsten und angenehmsten für dich sind. Sage sie dir bewusst im leidvollen Moment solange auf, bis die anderen Gedanken wie Wolken am Himmel vorbeiziehen. Üblicherweise spricht man von 30 Wiederholungen zwei Mal täglich für mindestens 30 Tage lang.

Impuls 4

Körperreisen eignen sich gut, um angestaute Gefühle aufzulösen, die sich in physischen Schmerz transformiert haben. Dazu legst du dich bequem an einen ruhigen Ort und atmest von deinen Füßen in die Unterschenkel, die Knie, die Oberschenkel, dein Becken, deinen Bauch, deine Brust und Schultern, deinen Hals, Kiefer, Mund, deine Nase, Augenlider und Stirn bis zum Scheitel. Wirst du von deinen Gedanken abgelenkt, fängst du von vorn bei den Füßen an.

Diese Übung zwingt dich, dich auf dich und deinen Körper sowie deinen Atem zu konzentrieren. Sie eignet sich hervorragend, um einzuschlafen, da das tiefe Atmen und der Fokus auf die einzelnen Körperpartien Ruhe und Halt schenken.

Wenn du die Körperreise beendet hast, kannst du beginnen, Gefühle aufzulösen. Lege dazu deine linke Hand auf eine Stelle deines Körpers, an der du Angestautes, Schmerzen oder ein Ziehen, Pochen, Zwicken usw. spürst. Dann lege deine rechte Hand auf eine Stelle, die keinerlei Beschwerden zeigt und sich vollkommen frei und unbelastet anfühlt. Atme bewusst von der unbelasteten Stelle in die belastete, indem du beim Einatmen die volle, positive Energie aufnimmst und diese beim Ausatmen durch die belastete durchatmest.

Weitere Techniken und Strategien zur Entspannung und Übung von Achtsamkeit findest du im Anhang.

UND ÜBERALL DIE BINDUNGSANGST

„Wer der Liebe ganz entsagt,
ist nicht weniger krank als der,
der ihrer allzu sehr begehrt."

Euripides

In unserem Wunschdenken landen wir nach einem turbulent-spannenden Start am Ende immer beim perfekter Partner, in einer perfekten Beziehung, mit Haus und Hund, lachend im Park, verliebt in den Moment für die Ewigkeit. Wohlgemerkt ohne irgendein Ach unter dem Dach. Während der Fernseher aus ist und die Drehbücher schweigen, suchen Millionen Menschen auf dieser Welt *in diesem Augenblick* online in Partnerbörsen einen passenden Menschen, der sie mit Liebe nährt und bei ihnen sein will, bei ihnen bleibt und sie so annimmt, wie sie sind: mit Ecken und Kanten. Doch viele haben Probleme mit ihrer Liebenswürdigkeit und -fähigkeit, können nur schwer Gefühle zulassen und noch schwerer zeigen. Es sind Männer und Frauen, die wir als beziehungsunfähig und liebesunfähig bezeichnen würden, weil sie unter Beziehungsängsten leiden. In den Onlinemedien werden sie pauschal „emotional nicht verfügbar" genannt.

Die von mir beschriebenen Affären-Typen zeigten nicht alle diese Ängste, aber ein erstaunlicher Anteil litt entweder unter der Bindungsangst ihres offiziellen Partners. Oder sie litten unter ihrer eigenen und suchten mit einer Affäre einen Ausweg. Andere nahmen diesen Notausgang als Weg, um sich von ihrer offiziellen Beziehung distanzieren zu können – weil sie unter Bindungsängsten litten. Sie konnten den Alltag nicht mehr ertragen.

Auch heimliche Geliebte zeigen nicht selten Bindungsschwierigkeiten, die sie wiederum zu Menschen mit eben solchen Herausforderungen zogen.

Das Thema Bindungsangst bzw. Beziehungsangst sowie Angst vor Nähe thematisiert Menschen, die emotional nicht verfügbar sind und Nähe sowie Distanz scheuen. Sie sind zwar auf Partnersuche oder in einer Beziehung, aber verspüren oft und schnell den Drang, sich wieder zu distanzieren. Sie leiden an *und* unter ihrer Nähe-Distanz-Problematik, einer geballten Verlustangst, die hochkommt, wenn es viel Nähe gegeben hat oder Nähe verlangt/erwartet wird. In solchen Momenten neigen sie als Schutzmechanismus zu kurzzeitigen Trennungen, Flucht in andere Situationen und Kontrollsucht, zum Beispiel durch Affären.

Eine Affäre zu haben ist bereits eine heimliche Trennung von ihren eigentlichen Partnern. Das liegt an ihrer Unsicherheit im Umgang mit Gefühlen – ihren eigenen und denen anderer. Denn Liebe und Beziehung bedeuten auch emotionale Unsicherheit und Angst, nicht zu genügen, zu viel von sich geben zu müssen (Selbstverlust), ohne angemessen zurückzuerhalten, aber vor allem Angst, verlassen zu werden.

Fühlen sie sich in ihrer Beziehung vernachlässigt, fühlt sich das wie Trennung an. Aus der Angst vor der Angst, die sie nicht spüren wollen, flüchten sie schnell zu einem anderen Menschen, den sie fern und doch nah genug halten. Bei diesem Menschen wird dann einiges von dem, was sie selbst erleben und am meisten fürchten, umgedreht.

So bekommen heimliche Geliebte oftmals ab, was Affärenpartner kaum ertragen können. Erleben sie zu viel Nähe in ihrer Beziehung (z. B. in Urlauben), so flüchten sie zu ihrer Affäre (in E-Mails und SMS), um Distanz zu schaffen. Erleben sie in ihrer Partnerschaft zu viel Distanz, flüchten sie zu ihrer Affäre, um sich wieder geliebt und geborgen zu fühlen.

Offen gestanden bügeln heimliche Geliebte so manches Fehlverhalten und Angstgefühl beider Partner aus. Eine Studie der Florida State University stellte 2013 folgerichtig einen Zusammenhang zwischen Bindungsstilen und Untreue fest.[xxxix] Darin zeigte sich, dass Personen eher zum Fremdgehen neigten, wenn sie *oder* ihr Partner eine hohe Bindungsangst aufwiesen.

Wie verhalten sich aber Personen, die Beziehungen fürchten? Man ist nicht beziehungsängstlich, wenn man die folgenden Fragen bejahen kann:

- Kann man all seine Gefühle zeigen und zulassen?
- Ist man fähig, sich fallen- und einzulassen, sich Gefühle zu erlauben, sie auszuhalten, sich jemandem anzuvertrauen und ihm zu vertrauen?
- Traut man sich selbst etwas zu, z. B. Konflikte zu lösen, seine Meinung zu äußern, Kritik zu ertragen, Kompromisse zu schließen, ohne Angst?
- Übertrifft das Gefühl der Geborgenheit bei Nähe die eventuelle Angst vor Distanz oder einem erneuten Schmerz?

Die Autoren Sokol und Carter sind überzeugt, dass wenigstens 50 Prozent der emotional offenen Menschen einmal auf jemanden treffen (würden), der emotional nicht verfügbar sei. Sie unterscheiden dabei zwischen aktiver und passiver Bindungsangst. Aktive Bindungsangst zeige sich, wenn jemand häufig fliehen und sich abgrenzen, trennen oder fehlverhalten müsse, um seine Angst abzubauen. Passive Bindungsangst wiederum betreffe die Personen, die mit aktiven Ängstlichen liiert seien und diese Angst bräuchten, um sie nicht selbst ausleben zu müssen. Passive Ängstliche seien somit die Meckernden,

Beschuldigenden und Leidenden, die aber dennoch nicht gehen, sondern bleiben, weil sie ihre Angst nicht bewusst erfassen.[xl]

Feuer und Flamme für den einen Menschen zu sein, den man gerade erst kennengelernt hat, sofort in die noch lockere Beziehung hineinzuspringen und die großen, überwältigenden Gefühle der anfänglichen Magie auszukosten, nichts ungeträumt zu lassen, sofort alles umwälzen zu wollen, Love Bombing: Das sind Signale für einen aktiven Bindungsängstlichen zu Beginn einer neuen Bekanntschaft. Ständiger Kontakt auf allen Ebenen, rund um die Uhr, gemeinsame Stunden, die sich für die Ewigkeit anfühlen, die wohltuende Nähe, der tolle Sex, das Gefühl der innigsten Verbindung und die tiefen Gespräche, diese magische Verbundenheit ... bis der Alltag kommt und derjenige bemerkt: Verbundenheit beinhaltet das Wort *Bund* und erinnert zu sehr an Gebundenheit statt an Vertrauen und Freude.

Und das macht Angst. Alte Ängste werden reaktiviert, Erfahrungen und Verletzungen kommen wieder hoch. Aus dem Bunde wird die ewig alte Wunde, die daran erinnert, dass sie noch nicht heil ist, nicht verarbeitet wurde und noch immer schmerzt. Um den Schmerz oder den, der kommen könnte, zu unterbinden, verhindert der Mensch die Möglichkeit, dass es positiver laufen könnte, als in der Vergangenheit. Und ergreift die Flucht. Passive und aktive Bindungsängstliche finden sich sehr häufig in schmerzhaften und äußerst turbulenten und dramatischen On-Off-Beziehungen bzw. Affären wieder.

Aus dem anfänglichen, innigen und verschmelzenden Moment wird Distanz, panische Reaktionen und ein Zusammengereime aus vermeintlichen Argumenten, die benutzt (und gebraucht) werden, um es sich und dem Partner so plausibel wie möglich und ohne Schuld zu erklären.

Die wenigsten Personen möchten merken oder aussprechen, was in ihnen vor sich geht: „Ich habe eine Heidenangst vor dir, vor Liebe und vor Beziehungen!" Viele beziehungsängstliche Menschen gehen einfach aus deinem Leben, statt Gefühle zulassen und zeigen zu lernen. Es beschreibt das Phänomen, was die Psychologie Ghosting nennt: das plötzliche Verschwinden eines Menschen, mit dem man sich seit kurzer Zeit in einer Beziehung befindet. Wie aus dem Nichts, verschwindet diese Person aus deinem Leben, meldet sich kaum noch, ist selten oder gar nicht erreichbar, antwortet nicht mehr oder nur noch knapp, sagt Treffen ab, ohne Ersatztermine vorzuschlagen, schiebt sein Leben als Entschuldigung vor, wenn denn Erklärungen abgegeben werden. Die Person wird zu einem Geist.

Für die Verlassenen bleibt das Gefühl, etwas falsch gemacht zu haben, liebensunwürdig zu sein, denjenigen nicht genug geliebt, umsorgt oder aufmerksam betrachtet zu haben oder gar zu viel davon getan zu haben. Dabei sind sie „nur" an jemanden geraten, der emotional nicht verfügbar ist.

Emotional blockierte Menschen haben Verhaltens- und Denkmuster, die ich kurz erläutern möchte.

Sie führen häufig typische On-Off-Beziehungen und Affären, die sich wie eine Hop-on-Hop-off-Fahrt anfühlen. Sie ziehen sich aus heiterem Himmel zurück oder beenden gar die Beziehung bzw. streben Auseinandersetzungen an, die ihnen diese Distanz erlauben. Sie stoßen dich kurz weg, um dann wieder anzukommen und den Moment des Anfangs auszukosten, um sich dann wieder zurückzuziehen, und sich wieder zu melden und so weiter und so weiter. Sie ertragen keine Routine; sie fühlen eine starke Konfrontation und dadurch Angst bei Liebe, denn die Tiefe und das Dunkle, das Unberechenbare, fürchten sie. In Beziehungen erlauben sie sich dieses Muster selten, aber auffallend, auch wenn es die Partnerschaft in große Gefahr bringen würde.

Sie haben dafür häufig(e) Affären, mit denen sie kompensieren und die dauernde Nähe und Konfrontation mit ihren eigenen Gefühlen und denen des anderen nicht ununterbrochen (er)tragen zu müssen. Affären erlauben ihnen zudem, dass sie ihre Ängste offen und authentisch ausleben können. Die Beziehungsform ist nicht die beste für sie, da sie Distanz des anderen genauso scheuen, wie zu viel Nähe. Aber sie sind an Ablehnung gewöhnt, weniger an Liebe, die gegenseitig ist. Daher wissen sie oft, mit Rückzug umzugehen, während sie eine gesunde und gegenseitige Liebe weniger kennen und daher misstrauisch beäugen.

Sie tun viel, um dich für sie zu gewinnen, auch wenn du zu Beginn kein Interesse hast. Sie sind anfänglich wie ein Orkan, der sich dann langsam auflöst, wenn sie dich erobert haben. In Beziehung zu kommen, erscheint ihnen wichtiger, als in Beziehung zu sein und zu bleiben. Das Aufrechterhalten von Gefühlen ist problematisch für sie. Wenn der Beweis ihrer Liebesfähigkeit und Liebenswürdigkeit erbracht wurde, lassen ihre Bemühungen nach. Die nächsten Schritte liegen für sie im Dunkeln.

Sie sind dabei meist nur zu ihren Bedingungen erreichbar oder verfügbar, sei es telefonisch, in Person, in Dauer oder Art und Weise des Kontakts. Sie bestimmen den Rahmen, um die Kontrolle zu behalten. Heimliche Geliebte haben kaum Gestaltungsspielraum oder Mitbestimmungsrechte.

Natürlich ist die Heimlichkeit der Affäre ebenso ausschlaggebend für diese Nichtverfügbarkeit, aber es ist auch eine gute Ausrede, die kaum jemand widerlegen kann. Sie haben Angst und sie spielen mit der Verlustangst der heimlichen Geliebten, wenn sie sich selbst wie ein Spielball fühlen. Sie verlangen daher oft (wenn auch still), dass du etwas für sie tust. Sie tun dir wiederum wenige bis keine Gefallen oder nur widerwillig. Manche machen das auf eine offene, aggressive Art und Weise; andere wiederum schlängeln sich drumherum.

Sie sind, obwohl ihr nur eine kurze Zeit miteinander verbringt, oft mit anderen Menschen und Situationen beschäftigt, zum Beispiel mit Telefonieren, sozialen Medien oder Gesprächen mit anderen, Alkohol oder Tieren oder sonstiger Kompensation des Moments, um sich nicht zu tief einlassen zu müssen. Das liegt nicht an ihrer offiziellen Beziehung oder an dir, sondern an ihnen. Sie suchen die konstante Ablenkung, um das Auftauchen ihrer Angst vor einer sich entwickelnden Bindung und ihren „Mitbringseln" zu untergraben. Sie verbieten daher sich selbst und dir das (öffentliche) Zeigen von Gefühlen: Es ist oft so, dass sie weder erlauben, ihre Hand zu halten noch in der Öffentlichkeit als liebendes Paar aufzutreten. Wären sie nicht in einer Beziehung, würden sie sich genauso verhalten und gar ablehnend zeigen. Einige Gesprächspartner sagten mir, dass sie sich auch in ihren Partnerschaften wenig emotional in der Öffentlichkeit zeigen würden. Die PartnerInnen akzeptieren diese Abneigung meist stillschweigend.

Sie ziehen sich schnell aus der Situation zurück, wenn es „zu nah" wird, zum Beispiel durch gezielt gelegte berufliche Termine nach euren Treffen oder bei einer Distanzaffäre klare Festlegungen über Dauer des Aufenthaltes, Regelmäßigkeiten oder Zeitpunkte. Andere lösen die Unerträglichkeit der Nähe durch bewusste Dirty Talks beim Geschlechtsverkehr oder indem sie einfach die Augen beim Küssen offen lassen.

Sie erklären sich und ihr Leben dabei häufig mit ihrer Vergangenheit. „Irgendeine" Frau oder „irgendein" Mann stach ihnen ein Messer in den Rücken und trägt die Schuld an ihrem heutigen Verhalten. Dadurch vermeiden sie, sich selbst anzusehen und an sich zu arbeiten, die Verantwortung für ihr Leben zu übernehmen und die Last der negativen Erfahrungen zu verringern. Sie wollen in den meisten Fällen so verhärtet und unnahbar bleiben, um der Gefahr, erneut verletzt zu werden und die Kontrolle zu verlieren, aus dem Weg zu gehen.

Was sie sehr gut können, ist *eine Sache*. Auf die legen sie viel Wert. Das kann Sex sein, ein Kind oder Geld bzw. ihr Beruf. So transportieren und kanalisieren sie Gefühle und beweisen sich dort.

Sie lenken sich durch den Partner, die Affäre oder elektrisierende Liebe von ihrem Seelenleben ab und „nutzen" sie, um sich nicht mit sich selbst auseinandersetzen zu müssen. Doch weil sie sich nach echtem Kontakt und wahrer Liebe sehnen, suchen sie Personen, mit denen sie in Beziehung gehen können, auch wenn die Tragweite dessen emotional beschränkt bleibt. So würden sie eher in Zeiten der empfundenen Einsamkeit, die schwer auf ihnen lastet, Treffen haben wollen, als in Zeiten, in denen sie mit ihrem Leben beschäftigt sind.

Sie nähren deine Gefühle, in dem sie dir Aufmerksamkeit schenken und gleichzeitig von dir verlangen, auch wenn hier öfter

Ungleichgewichte herrschen. Sie suggerieren so, dass du gebraucht und geliebt wirst. Man selbst merkt erst spät, dass man mehr gibt und opfert – es ihnen eher rechtmacht – als man zurückerhält. Denn sie verlangen viel Freiraum oder Zeit für sich und ihr Leben, um die Distanz aufrechtzuerhalten. Jede ungewollte, gemeinsame Zeit wird von ihnen abgewehrt und nicht selten geahndet. Wenn du sie abweist, die Nase voll hast oder Zeit für dich beanspruchst, nicht erreichbar bist oder dich um etwas in deinem Leben kümmern möchtest, fühlen sie sich ausgeschlossen und bekommen Angst, unwichtig zu sein. Sie können sich jedoch nur selten für ihre Fehler entschuldigen oder sie eingestehen und zugeben. Sie sagen eher, dass sie schlechte Partner seien, als dass sie euch und eurer Affäre eine Chance geben oder sich bemühen würden, dass sie funktioniert – für beide. Sie wollen höchstens Teil (d)einer Familie und (d)eines Freundeskreises sein, als umgekehrt. Auch hier ist nicht die Heimlichkeit der Affäre ausschlaggebend, sondern ihre Angst. Wären sie nicht in einer Beziehung, würden sie sich lieber in deiner Wohnung aufhalten und sich in dein Nest setzen. In ihr Leben Einzug zu finden, kommt einem möglichen Eindringen in ihre Privatsphäre gleich, die wie ihre Schutzhülle ist. Es ist ihnen zu nah. Die Wahrscheinlichkeit, dass der emotional unverfügbare Mensch dir seine Familie oder enge Freunde vorstellt, wenn er keine Beziehung mehr hätte, ist sehr gering. So halten sie Distanz, um weniger verletzlich zu sein.

Sie führen daher überwiegend oft Fernbeziehungen oder haben Affären, um eine von vornherein natürliche Distanz und verständliche Erklärung für ihr isoliertes Handeln zu haben. Interessanterweise sind offizielle Beziehungen, die angeblich kaum mehr emotional oder sexuell tot seien, eigentlich genau das Richtige für sie, aber sie fühlen selbst in distanzierten Partnerschaften Angst. Denn wenn jemand mit Distanz antritt, dann sie. Entfernt sich ihr offizieller Partner, löst es eine neue Angst aus: dass er genauso unverfügbar und lieblos sein möchte, aus Schutz, wie sie.

Einige von ihnen strafen ohne Erklärung jede noch so kleine *Kränkung* und *Verletzung* mit Schweigen, Rückzug und passiver Aggression, anstatt in ein ehrliches und offenes Gespräch zu gehen, in dem sie den Partner auf seine Handlungen ansprechen. Sie tun sich schwer, ehrlich und reflektiert über ihre Gefühle zu sprechen und vermeiden Gespräche dieser Art, brechen sie abrupt ab oder lenken ab. Umgekehrt wehren sie solche Gespräche bei dir ab, indem sie sie beispielsweise sogar verbieten oder dich als Schuldigen hinstellen. Sie wissen sich in dem Moment nicht anders zu helfen.

Sie sind in den meisten Fällen grandiose LiebhaberInnen, vermitteln Innigkeit und Leidenschaft, tiefe Verbundenheit beim Sex, aber im normalen sozialen Kontakt sind sie eher in sich gekehrt, distanziert oder emotional abweisend. Nicht selten sind sie introvertiert und erkennen Menschen und ihre Gefahrenpotenziale, die nicht zwingend mit der Realität übereinstimmen müssen, sondern auf ihrer Angst basieren. Sie „lesen“ sie wie ein Buch.

Ist man an einen emotional distanzierten oder nicht verfügbaren Affärenpartner „geraten“, kann man versuchen, mit ihm ins Gespräch darüber zu gehen. Beziehungsangst ist keine Pest, keine Seuche und auch keine ernsthaft psychische Störung, auch wenn sehr häufig ein ausgeprägter Egoismus oder gar Narzissmus als Schutzmaßnahme genutzt wird. Doch den Nutzen kennen die Personen und nicht selten werden diese Persönlichkeitsanteile übertrieben dargestellt, um so wieder zu Distanz zu gelangen und Nähe abweisen zu können.

Entgegen der weitläufigen Meinung gibt es durchaus Personen, die um ihre Angst wissen und bereit sind, diese anzusehen und anzugehen. Was weniger hilfreich bis kontraproduktiv ist, ist den beziehungsängstlichen bzw. gefühlsängstlichen Menschen zu drängen, zu zwingen, zu überrennen oder Auflagen zu vergeben. Sie können Schritt für Schritt in Richtung Sicherheit gehen, wenn man ihnen die Zeit lässt und wenn sie es wollen. Das werden sie aber aussprechen oder signalisieren, wenn sie die Bereitschaft dazu haben. Die Ergebnisse würden sich auch in der Affäre sichtbar machen.

Sollten sich keine Ergebnisse einstellen, auch keine kleinen Schritte, so gibt es auch keine Bereitschaft. Dann ist die offizielle Beziehung ebenso wenig die Ursache für sein/ihr Verhalten und nur als Grund vorgeschoben. Wenn keine ehrliche und willige Absicht, an sich und seiner Angst – vor allem gemeinsam – zu arbeiten und sie zu bewältigen, ausgedrückt und gezeigt wird, dann gibt es auch keine Absicht. Sich dennoch weiter auf den emotional distanzierten Affärenpartner zu konzentrieren, weiterhin zu hoffen, dass der- oder diejenige irgendwann doch noch bereit ist, ist eine schmerzhafte Illusion.

Es ist sehr viel sinnvoller, sich in solchen Fällen, wenn auch schweren Herzens, zurückzuziehen. Rückzug ist auch dann die richtige Wahl, wenn von ihm oder ihr die Affäre beendet wird. Gehe nicht blindlings zu der Person zurück, hoffe nicht ins Blaue, glaube nur, was du siehst und nicht, was *schön klingt*, achte auf die Handlungen, aber vor allem: Renne der Person nicht hinterher. Das würde direkt in die Wunde und das Kontrollbedürfnis spielen, bedrängen und die Person eventuell noch weiter von dir entfernen.

Viele von ihnen merken schnell, dass ihr Rückzug ein Fehler war. Haben sie ihn erst einmal angetreten, tritt ihre Angst, die vorher so groß war und zum Handeln zwang, in den Hintergrund. Sie fühlen erneut ihre Leere und ihre Sehnsucht nach Liebe, erinnern sich an das Gefühl mit dir und wollen es zurück. Denn nicht geliebt zu werden und niemanden zu haben, der sich lieben lässt, ist genauso schwer für sie zu ertragen, wie ihre Angst vor der Liebe und ihrer Unberechenbarkeit. Da sie sich in ihrer offiziellen Beziehung durch Alltag, Familie, Beruf,

Haushalt, Existenzielles usw. leicht aus der emotionalen Verantwortung zurückziehen können und wenig zum Lieben angehalten werden, brauchen sie die Affäre.

Es gibt leider keine angenehme oder leichte Art, einen beziehungsängstlichen Menschen oder emotional nicht verfügbaren Menschen dazu zu bekommen, einen zu lieben oder sich bereitwillig und vertrauensvoll auf eine Liebesbeziehung einzulassen. Abgesehen davon, dass sie sich von ihren offiziellen Partnern trennen müssten, steht für sie noch sehr viel mehr auf dem Spiel. Sie hätten keine Rückzugsmöglichkeit mehr oder würden dich in eine On-Off-Beziehung verzerren, die keineswegs leichter zu ertragen wäre, als eine heimliche Affäre. Die Person muss allein die Bereitschaft und den unbedingten Willen aufbringen, sich auf dich (und Liebe an sich) einzulassen und an sich zu arbeiten.

Ertappt man sich dabei, dass man seine Gefühle oder die des anderen nur schwer aushält, kann es ein Hinweis darauf sein, sich diese (auch die negativen, die Schattenseiten) anzusehen und zu reflektieren, woher sie kommen. Wir sind heutzutage zu schnell mit der Erklärung, es müsse zwingend am anderen liegen. Derjenige tut dies, was uns missfällt und das, was wir nicht leiden können oder schon von unseren vorherigen Partnern kennen, (und nie wieder erleben möchten). Beziehungs- und gefühlsängstliche Menschen haben Schwierigkeiten mit dem Normalen, dem Alltag, dem Unspannenden, dem Langweiligen, dem Monotonen, dem Bekannten, mit Fehlern des Partners sowie den eigenen. Sie ertragen das Zwischendrin nur schwer, sei es, aus Angst, sich selbst zu verlieren, oder aber aus Angst vor dem Verlust des Anderen. Sie müssen lernen, dass weder sie noch sonst jemand perfekt ist. Jeder macht Fehler. Bedeutet das, dass sie selbst einer sind? Keineswegs. Deuten Fehler auf Versagen hin? Nein. Sollte man etwas lassen, wenn man einen Fehler gemacht hat, anstatt ihn zu korrigieren oder sich bei einem Menschen zu entschuldigen? Nein. Solange wir alle Menschen sind, werden wir Fehler machen, auch wenn wir uns noch die größte Mühe geben, keine zu machen. Die Gewissheit, dass es immer Aufs und Abs gibt, nach Höhen Tiefen folgen können und auf Tiefen wieder Höhen, ist ihnen zwar theoretisch klar, aber schwer zu glauben. Sie haben eine Art Urmisstrauen gegenüber leichtem Glück und gegenseitiger Liebe entwickelt.

Unsicherheit ist eine Last und Qual zugleich. Sie leiden, wenn sie geben müssen, ohne nehmen zu dürfen. Sie leiden, wenn sie das Gefühl bekommen, weniger wichtig zu sein, als der Alltag und das Leben des Partners. Sie beziehen es auf sich und ihre vermeintlichen Unzulänglichkeiten, die sie als Liebensunwürdigkeit deuten. Auch, wenn sie das gern verdecken oder abstreiten. Es ist leichter, dem Anderen die Schuld zu geben oder wegzusehen. Gefühle auszuhalten bedeutet somit, a) seine eigenen auszuhalten, auch die eigene Angst, und b) die, die bei uns landet, wenn uns jemand seine Angst zeigt, für die wir uns verantwortlich fühlen.

Sich nicht fallen lassen zu können, ist übrigens eine ganz menschliche Angst:

- nicht angenommen zu werden, so wie man ist,
- Misstrauen und Angst, nicht zu genügen,
- Angst, verletzt oder verlassen zu werden, und sich wieder aufrappeln zu müssen,
- Angst, wieder von vorn beginnen zu müssen,
- sich selbst nicht(s zu) trauen,
- lieber die Kontrolle behalten zu wollen und eine Situation zu ihren Gunsten zu steuern, sodass es erst gar nicht zum schmerzhaften Fall kommt.

Aber: Menschen mit Angst vor Beziehungen und Gefühlen sind nicht gestört. Sie sind (noch immer) verletzt und verängstigt. Wer bereit ist, sich diese Verletzungen aus alten Beziehungen anzusehen und an seiner Angst zu arbeiten, der kann in Zukunft bereit werden, in tiefe, innige und liebevolle Beziehungen zu gehen. Angstfrei.

Menschen ohne Bindungsangst sind in der Lage, an sich, das Gelingen einer Partnerschaft und die Liebe zu glauben. Sie bringen ein (beinahe unzerstörbares) Urvertrauen mit, wohingegen bindungsängstlichen Menschen dieses Vertrauen fehlt. Diese stehen für Perfektionismus, geballte Anziehungskraft trotz tiefsitzender, meist intransparenter oder verleugneter Angst. Auftretende Beziehungsprobleme sind für sie ein Signal, dass es eben nicht funktionieren kann. Jede Nähe-Distanz empfinden sie wie eine Walze, die durch ihr Leben rollt und alles aus dem Lot bringt. Sie suchen daher in einer Affäre Schutz.

Die Psychologie geht davon aus, dass sie zumeist von ihren Eltern, einem früheren Partner oder anderen Beziehungen gelernt haben, dass Bindungen nicht stabil seien, emotionale Sicherheit nicht andauere oder die Beziehung nur mit großen Opfern auf ihrer Seite aufrechterhalten werden könne. Sie nehmen an, dass eine Beziehung entweder nach einer gewissen Zeit zu Bruch gehen werde (wegen ihnen oder dem anderen). Oder sie meinen, dass sie weder lieben können noch liebenswert seien. Dennoch suchen sie meist jahrelang nach einem Partner und erleben die immer selben Erfahrungen: Sie werden enttäuscht oder enttäuschen selbst. Beides bestätigt sie in dem Glauben, dass es Liebe für sie nicht gäbe und oder sie nicht liebenswert und liebevoll seien. Dabei werten sie oft bei ihrer Partnersuche den Menschen ab, der ihnen Gefühle zeigt und suchen in Gedanken nach Signalen dafür. Auf der Suche nach Antworten, weshalb es ihnen so schwerfällt, sich auf jemanden einzulassen, verharren sie entweder dabei, den anderen zum Problem zu machen oder aber kennen ihr eigenes Problem sehr genau: Sie können nur schwer lieben und sich lieben lassen, weil sie Bindungsbrüche erlebten, die ihnen signalisierten, dass Liebe in Verbindung mit ihrer Person problembehaftet sei.

Annehmen zu können als Teilelement des Liebens ist aber genauso essenziell, wie die eigene Fähigkeit, Liebe zu geben und sie auszudrücken: zeigen können, dass man jemanden liebt und sich diese Gefühle weder selbst verbietet noch verbieten lässt sowie Gefühle zu benennen, sagen zu können, dass man liebt und ohne Angst vor Nähe oder Angst vor Trennung/Abweisung dazu zu stehen. Auch wenn die Angst vor Enttäuschung dieser Gefühle mitschwingt oder der andere weniger gut im Umgang mit seinen Gefühlen ist.

Emotionale Nichtverfügbarkeit ist also eine Facette der Verlust- und Trennungsangst. Sie wehren sich so gegen die Angst, verlassen zu werden oder aber selbst zu verlassen. Die meisten Menschen, die an Beziehungsangst, an Angst vor Nähe und Distanz leiden, sind emotional nicht verfügbar, da sie ihre Gefühle weder spüren noch offenbaren möchten. Sie fürchten sich davor, dass ihnen ein erneut schmerzhaftes Erlebnis bevorsteht, wenn sie sich auf eine Beziehung einlassen. Beziehungen, die Jahre anhalten, sind meinen Erfahrungen und den Antworten meiner Interviewpartner nach am schlimmsten: Denn je länger eine Beziehung dauert, desto schwerer fällt es, sich emotional von dem Menschen zu lösen. Sie verbinden somit Partnerschaft und Liebe mit Trennung und Verlust, Schmerz, Fremdbestimmung und Verlassensheitsgefühle. Viele reagieren deshalb mit Untreue.

Doch sie wollen selten jemanden genauso verletzen, wie sie verletzt wurden. Daher neigen sie weniger dazu, in langjährigen Beziehungen einen Schlussstrich zu ziehen, weil sie eine heimliche Affäre haben, die sie lieben. Sie wollen nicht schuldig sein und auch nicht dasselbe Schmerzvolle und Enttäuschende weitergeben, was sie selbst erlebten. Hat man Trennungsangst, so ist die Ursache dafür oft das Gefühl der Schuld, was vermieden werden soll. Sei es die Schuld des Partners oder die eigene, denn Schuld will getragen werden und wiegt schwer. Geht ein Mensch mit Angst vor Nähe und Trennung eine Partnerschaft ein, so dauert sie entweder nur kurz oder aber er sorgt dafür, dass er sich Möglichkeiten für den Ausbruch, die Flucht nach vorn offenhält: zum Beispiel durch eine heimliche Affäre oder häufige Seitensprünge.

Splittet man Beziehungsängste auf, so bleibt zum einen Beziehung und zum anderen Angst übrig. Doch dazwischen liegt ein kleines, unsichtbares Wort, das dem Phänomen der Bindungsangst seine Dimension verleiht: *in*. Es ist das Wort „in“, was die Problematik erweitert. Menschen mit Beziehungsangst haben auch oder vorwiegend *in Beziehungen Angst* und Angst davor, Angst zu haben. Statt diese Angst in der Partnerschaft Tag für Tag aushalten zu müssen, entwickeln sie lieber *vor* der Beziehung Angst, also noch be*vor* die Beziehung zu einer festen Partnerschaft wird. Daher ist es bei routinierten Fremdgängern sehr verbreitet, dass sie von einer Affäre, die sie hatten, weil sie eine Beziehung führten, nicht nur stundenweises Glück erwarten. Sie trägt sie auch durch sämtliche Konflikte der offiziellen Beziehung und falls diese zu Bruch ginge, wäre noch immer der/die heimliche Geliebte da. Dann geht man zur nächsten Beziehung und falls sich die Affäre in der Zwischenzeit verabschiedet hat, sucht man sich eine neue. Alleinsein oder Einsamkeit in der Partnerschaft erleben zu müssen, ist genauso ein Horror, wie zu viel Nähe und Abhängigkeit in einer Partnerschaft.

Hier zeigt sich die Angst, nicht geliebt zu werden, wegen der dahintersteckenden Angst, unliebenswert zu sein, nicht zu genügen. Es erinnert an die Trennungsangstgefühle eines Kleinkindes von seinen Eltern, eine Todesangst, und genau daher rührt auch die Bindungsangst. Es ist ein hilfloses, kindliches Gefühl, was an das schamvolle „*Ich habe etwas falsch gemacht*"-Gefühl in der Kindheit und Jugend erinnert, wiederum in Verbindung mit Verlassenwerden. Angst galt auch damals in der Kindheit und Jugend schon als Motivation und Angst begleitet uns nicht umsonst bis ins Erwachsenenalter, besonders wenn es um Liebe und Anerkennung/Akzeptanz geht. Als Strafe galt auch in den frühen Tagen Distanz, Abwendung, Liebesentzug und verlorene Zuwendung durch die Eltern, Stubenarrest und Sanktionen wie gestrichenes Taschengeld und Fernsehverbot. Wir haben gelernt, dass wir für unsere Fehler bezahlen müssen.

Das spiegelt sich gerne im Erwachsenenalter in vielen Situationen wider, in denen uns Fremdansprüche am Erfüllen der eigenen Bedürfnisse hindern. Ist die Angst vor Selbstverlust oder Einengung, mangelnder Freiheit oder Verlassenwerden groß genug, wird es schwierig zwischen zwei Menschen: gleich, ob es sich um eine feste Partnerschaft oder eine Affäre handelt. Die Beziehung zu beenden, bevor es zu tief geht, erscheint vielen Ängstlichen deshalb leichter. Bei Frauen wurde in der Psychologie sogar beobachtet, dass sie einen veränderten Geruch der Männer wahrnehmen, wie Sokol und Carter beschreiben. Einige meiner GesprächspartnerInnen beschrieben den Geruch als modrig-alt. Bei Männern sei es laut Sokol und Carter ein verändertes Aussehen der PartnerInnen, das ihre Angst spiegele. Sie erscheinen plötzlich monstergleich, unsymmetrisch und die kleinsten, negativen Seiten wirken abstoßend.[xli]

Meine Erfahrungen zeigen, dass wiederum die Situation für den jeweils anderen Partner genauso schwer zu ertragen ist, sodass es von beiden Partnern aus zu Trennungen kommen kann.
Doch wie erwähnt, treffen sich meist passive und aktive Bindungsängstliche. Beide haben eine Distanz-Problematik und äußern häufig Sätze wie diese:

- Ich will unabhängig sein, frei sein und mich auf niemanden einlassen.
- Ich will nichts Festes.
- Ich will mich nicht nach jemandem richten.
- Ich will mein Leben allein bestimmen.
- Ich gerate immer an dieselben Männer/Frauen.
- Nie bleibt mir jemand treu.
- Alle meine bisherigen Partner hörten schnell auf, mit mir sexuell intim zu sein.
- Alle wollen sie sofort etwas Festes!
- Alle wollen sie nur etwas Lockeres!
- Alle wollen sie nur Sex von mir!
- usw.

Auch die Schwierigkeiten, sich beim Sex fallen zu lassen oder in der Beziehung immer in der „Macht"position sein zu wollen, stets Dirty Talk zu brauchen oder eine klare Abfolge der gemeinsamen Zeit in petto zu haben, Bestimmungen hineinzureichen, wie etwas ablaufen soll/muss, ist ein Signal, das Beziehungsängstliche aussenden. Das gilt auch für die Angst vor dem Zusammenziehen oder Urlaube, Verabredungen an beziehungstypischen Tagen wie Wochenenden oder Zeiten nach der Arbeit. Weitere Anzeichen sind Makelhaftigkeit, mangelnder Status oder geringeres Ansehen des Partners.

Ihre Angst ist aber selten bedingt durch den Anderen. Sie ist eine Schutzmaßnahme, um Schmerz nicht (nochmal) erleben zu müssen. Erstens konzentrieren sich ihre eigenen Gefühle meist so heftig auf den anderen, sodass nicht nur ihre Erwartungsangst hervorgerufen wird: Die eigenen Erwartungen könnten nicht erfüllt werden und auch die Erwartungen des Partners könnten sie enttäuschen. Zweitens ist ihr Perfektionismus eine wunderbare Tarnung, um ihr eigenes Gefühl des Nicht-Genügens zu verbergen.

Perfektion als Notausgang

Lieben bedeutet, alles an seinem Partner zu akzeptieren bzw. wenigstens einen Umgang damit zu ermöglichen. Heutzutage allerdings befinden wir uns in einer optionalen Partnerwelt. Mehr Menschen denn je sind Single und die Partnerbörsen machen nicht umsonst so eine Heidenasche mit der Vermittlung von Beziehungen, in denen sich hoffentlich Liebe findet.

Eine gesunde Beziehung fußt vor allem auf Annahme. Natürlich kann man nicht alles mögen, was der Partner an sich hat, aber hier ist das stereotype Ideal des Perfekten gemeint. Entspricht es nicht oder nicht länger unseren perfekten Ansprüchen, geraten viele Menschen ins Grübeln und wechseln ihre Partner nach Lust und Laune oder mahnen solange zur Änderung, bis die Beziehung für den anderen unerträglich wird. Liebe als Gefühl verbindet, statt zu trennen. Aber Angst vor Nähe (und übermenschlicher Perfektionismus ist ein Signal dafür) trennt per se. Wie soll man lieben oder sich lieben lassen, wenn man echte und ganze Liebe verbietet, sie als Bedrohung sieht, sich selbst weniger oder gar nicht liebt oder jemandem verbietet, einen zu lieben und sich lieben zu lassen?

Des Weiteren ist die geforderte Perfektion des bindungsängstlichen Menschen ein Signal für seinen eigenen Schatten: Er weiß um seine Mängel, Fehler und Macken und mutet sie sozusagen niemandem zu. Hinter diesem scheinbaren Gefallen steckt allerdings wiederum die Angst vor Trennung und Verlust. Stattdessen hört man häufig Sätze wie:

- „Es hat nichts mit dir zu tun!“
- „Lass uns Freunde bleiben.“
- „Wenn du mich lieben würdest, dann würdest du xyz tun!“
- „Ich habe dir gesagt, dass ich keine Beziehung will!“
- „Ich bin nun einmal so.“
- „Ich kann nicht aus meiner Haut.“
- „Ich bin (noch) nicht bereit.“
- „Ich habe gerade erst eine Trennung hinter mir.“

Beziehungsängste finden wir sowohl bei Affärenpartnern als auch bei heimlichen Geliebten. Ich denke nicht, dass Beziehungsangst ein emotionales Störungsbild im Sinne einer „Krankheit“ ist. Meist ist es unsere Angst, nicht gesehen zu werden, vergessen zu werden, nicht geliebt zu werden als Endinterpretation des eigenen „Ungeliebtsein-Gefühls“. Natürlich gibt es Menschen, die wirklich zu wenig lieben, einfach nur eine Beziehung „haben“, um eine zu haben und nicht allein zu sein. Es gibt auch Partner, die Liebe nicht zeigen können. Bei den eben genannten Sätzen finden wir aber eine Projektion der eigenen Schattenseiten auf den Partner: „Ich glaube insgeheim, ich wäre nicht gut genug und deshalb bist du es auch nicht“. Wir sind mit dem Vergeben von Stempeln, die in „gute“ und „schlechte“ Töpfe einordnen wollen, heute zu schnell.

Die Angst, die vor, in und nach Beziehungen vorhanden sein kann, muss nicht zwangsweise therapiert werden. Sie kann auch „nur“ ein Signal dafür sein, dass man noch nicht bereit ist oder sich schlichtweg keine tiefen romantischen Gefühle für eine/n heimliche/n Geliebte/n einstellen oder sie in Beziehungen verblassen und zu Verletzungen führen würden. Das betrifft auch die Affärenpartner. Einige der Geliebten wussten um ihre Angst vor Bindungen und ihre Motivation für eine Affäre: Angst.

Unsere Interpretationen herauszufinden, wieso einem wiederholt

„die Falschen“ über den Weg laufen, führen uns oft in eine innere Sackgasse. Doch diese Sackgasse zeigt, dass die Arbeit an einem selbst beginnen muss. Denn unweigerlich landen wir mit unseren Entwicklungspotenzialen immer wieder bei uns. Es ist die „Arbeit“ an den eigenen Gefühlen, die man lernen kann, auszuhalten, auch wenn jemand nicht (mehr) mit einem zusammen sein möchte, sich nicht von seiner offiziellen Beziehung trennen will. Niemand wird kommen und einen heilen. Den Affärenpartner so sicher wie möglich zu haben, wollen alle heimlichen Geliebten. Und jeder Mensch hat stückweise Angst davor, zu viel geben zu müssen oder verletzt oder gar verlassen zu werden. In den meisten Fällen denken wir mehr als Schutzmaßnahme, als dass wir uns erlauben, dass das Gegenteil geschehen darf. Sich selbst eine neue Chance zu geben, wäre ein wunderbarer Anfang für etwas, was durchaus schön und beiderseitig zufriedenstellend sein könnte. Deshalb ist es ratsam, sich seine Ängste in Bezug zu Beziehungen anzusehen. Einige Übungen sprachen dieses Thema bereits an. In der folgenden Übung wollen wir es vertiefen.

Übung: Das Fürchten lernen

1. Zur Erinnerung: Was an dem Affärenpartner erinnert dich an jemanden aus der Vergangenheit?
2. Wer ist dieser Jemand und welche Bedeutung hatte er für dich?
3. Ist der Affärenpartner tatsächlich so, wie der Mensch, von dem du verletzt wurdest?
4. Hat die Person geäußert, dass sie exakt dasselbe (schmerzhafte Ziel) verfolgt?
5. Auf einer Skala von 1 bis 10: Wie sehr hat der Mensch aus deiner Vergangenheit Schmerz hinterlassen und wie stark ist der Schmerz bei deiner Affäre?
6. Möchtest du lernen, den Schmerz der Vergangenheit, der sich erneut in deiner Gegenwart durch deine Affäre zeigt, aufzuarbeiten und hinter dir zu lassen? Wie könnte das gelingen?
7. Ist dein Affärenpartner der beste Mensch dafür? (Wenn schon eine Lektion, dann von ihm/ihr?)
8. Was hat dein Affärenpartner, das ihn zum besten Menschen für die Aufarbeitung der frühen Schmerzen macht und was der Verursacher aus deiner Vergangenheit nicht hatte/hat?

CO-ABHÄNGIGKEIT IN AFFÄREN

„Die Dinge haben nur den Wert, den man ihnen verleiht.“

Jean Baptiste Moliere

In der Psychologie kennt man die Begriffe Abhängigkeit und Co-Abhängigkeit in Bezug zu Alkoholismus und Drogen. Es beschreibt das Phänomen zweier Partner, von denen einer süchtig ist und der andere sich beteiligt, indem er das schädigende Verhalten bagatellisiert oder es ignoriert, entschuldigt und billigt. Eine Trennung wird häufig trotz vieler offensichtlicher Gründe ausgeschlossen. Man verschleiert das Ausmaß der Schwere vor sich und anderen. Damit hält der co-abhängige Partner das schädigende Verhalten und die Krankheit aufrecht. Eine Gesundung durch Reflexion und Therapie wird erschwert bzw. gänzlich verhindert. Da die Ausmaße einer Sucht nicht nur die Partner treffen, geraten selbst ganze Familien in die Situation, sich zu rechtfertigen, die Sucht zu verheimlichen oder gewollt isoliert zu leben, um das System aufrechtzuerhalten. Die Partner meinen eine Mitverantwortung, sogar Schuld, am Suchtverhalten des anderen zu haben und fühlen sich in der Pflicht, zu bleiben, zu helfen und zu dulden.

Der Begriff Co-Abhängigkeit wird auch für Beziehungen ohne Substanzabhängigkeiten verwendet. Hier spricht man von Beziehungsabhängigkeit. So können Geliebte und ihre Partner in Affären ebenso co-abhängig sein und werden und das Negative rechtfertigen, entschuldigen, verheimlichen und sich von wertenden Stimmen gänzlich (sozial) isolieren. Wie entsteht dieses Muster?

Ein Partner ist emotional und psychisch labil; er bräuchte professionelle Hilfe in Form einer Therapie, um seine Entwicklungspotenziale auszuschöpfen und Barrieren zu überwinden. Doch er ignoriert seine Selbstverantwortung und sucht sich statt einer Therapie einen Menschen, der bereit ist, diese Aufbauarbeit zu leisten. Mit viel Zeit, beinahe elterlicher Fürsorge, monetärer und existenzieller Unterstützung versucht der helfende Partner, die Probleme des anderen zu mindern oder gar zu lösen. Im Fokus steht, dass diese Form der Hilfe irgendwann fruchten würde, was jedoch ausbleibt. Doch statt sich der Realität zu stellen und sich im eigenen Interesse zu trennen, hält der Co-Abhängige das Verhalten des Anderen aufrecht und damit auch die Beziehung (bzw. Affäre). Denn solange der Co-Abhängige gibt, kann der Abhängige nehmen. Er mag sein Verhalten, er braucht es, um sich selbst gegenüber seinem Leben nicht verantwortlich zu zeigen.

Daneben lassen sich weitere Charakteristika[xlii] co-abhängiger

Affären zusammenfassen, die stark an „Rette mich, wer kann"- und narzisstische Affäre erinnern. So wie viele Beziehungssüchtige eine sofortige Befriedigung ihrer Bedürfnisse erwarten, sind Co-Abhängige diejenigen, die sofortig die Bedürfnisse befriedigen. Bleibt diese jedoch aus, kann es nicht selten zu aggressiven, wortgewaltigen, eifersüchtigen und verletzenden Streitigkeiten führen. Doch der Wollende braucht die Zuwendung des Anderen wie der Alkoholiker den Schnaps. Nur wenig erinnert an ein respektvolles Miteinander zweier erwachsener Menschen, die sich mögen oder gar lieben. Stattdessen hat Kontrolle eine große Bedeutung für beide Seiten: Droht ein Verlust dieser Kontrolle, so sind emotionsgeladene Auseinandersetzungen zur Manipulation bis hin zu angedrohten Trennungen das Mittel der Wahl. Angst wird oben gehalten, um die Verbindung zu sichern. Dabei steht vor allem ein mangelndes Vertrauen (in sich und den anderen sowie beiderseitig) im Weg. Da sich die Affären sehr oft zwischen inniger Verbundenheit und abwertender Distanz bewegen, ist eine emotionale Sicherheit nie wirklich gegeben. Stets fürchtet man, dass der Andere sich abwenden oder einen in Wahrheit nicht lieben würde. Man benötigt die immerwährende Zusicherung und Versicherung. Auch die mangelhafte Zuwendung führt oft zu erneuten Einbrüchen der Harmonie und Hoffnung. Auf Hoffnung, erfüllende und freudige Momente folgen Enttäuschung, Angst, Schmerz sowie Scham- und Schuldgefühle, die nicht selten durch dramatische Wiedervereinigungen mit großen Gesten und leidenschaftlichem Sex aufgehoben werden. Die Spirale setzt sich danach fort.

Das stärkste Signal bei heimlichen Geliebten bildet die verschlossene (statt offene) Kommunikation ihrer Bedürfnisse und Gefühle. Sie behalten sie für sich, um keine Konflikte im anderen herbeizuführen und die Harmonie (und damit die Chance auf eine offizielle Beziehung) aufrechtzuerhalten. Auch die Affärenpartner verheimlichen ihre wirklichen Intentionen: nehmen, um selbst nichts gegen ihr(e) Problem(e) unternehmen zu müssen. Während sich die Affärenpartner wünschen, dass die heimlichen Geliebten ihre Herausforderungen und Probleme lösen, fühlen sich die Geliebten gebraucht und machtvoller, als die eigentlichen PartnerInnen. Wir sind bereit, vieles für den Menschen zu tun, der uns braucht, will und liebt. So entsteht Hoffnung auf eine neue Beziehung, in die man bereits im Vorfeld durch eben diese Unterstützung investiert hat. Dementsprechend traurig und enttäuscht fühlen sich viele, wenn ihre Hilfestellungen innerhalb der Affäre wenig bis gar nichts nützen. Denn beide Teile haben unrealistische Erwartungshaltungen an den anderen, der ihren angeschlagenen Selbstwert oder ihre existenziellen Herausforderungen „wegmachen" soll. Anfänglich mag sich diese Hoffnung durch das Hoch des Verliebtseins noch bestätigen. Doch mit der Zeit wird allen Seiten bewusst, dass die Affäre nur Mängel beseitigen soll, nicht aber auf der Entscheidung beruht, seine Leben miteinander zu teilen.

Bei Partnern, von denen einer substanzabhängig und der andere co-abhängig ist, findet sich ein Krankheitsverlauf, der sich auf co-abhängige Geliebte beziehen lässt.[xliii] Auch bei Affären bleibt es oft bei der anfänglichen Hoffnung.

1. Phase: Die Beschützer- & Entschuldigungs-Phase

Man zeigt Verständnis für das Verhalten des Affärenpartners, rechtfertigt sich im Freundes- und Familienkreis für die Umstände oder aber bagatellisiert sie. Man glaubt zu wissen, was der geliebte Mensch braucht, was ihm fehlt und wie die Affäre mit der Kraft der Liebe zu einer funktionalen Partnerschaft werden kann.

2. Phase: Die Kontroll-Phase

Die emotionale Belastung wird stärker und man beginnt zunehmend, sich mit den Fakten auseinanderzusetzen. Man versucht nicht nur, die Wahrheit herauszufinden (Liebt er/sie mich wirklich? Bin ich vielleicht bloß Sex oder Ablenkung? Wird er/sie den offiziellen Partner ernsthaft verlassen oder ist alles nur gelogen?). Auch die Handlungen des Affärenpartners und sein Verhalten möchte man möglichst streng kontrollieren (dürfen). Nach außen tut man so, als sei alles in Ordnung und unter Kontrolle, harmonisch und gesund. Die Wahrheit erscheint jedoch zunehmend beschämend. Innerlich steigt der Druck. Geliebte versuchen mit der wenigen Macht, die sie haben, die Beziehung aufrechtzuhalten und bemühen sich über alle Maßen und Grenzen hinweg, zu geben, was er/sie braucht. Unter Umständen „bekommt“ man ihn/sie doch noch dazu, sich für einen zu trennen. Die Hoffnung ist lebendig, der Realität sieht man ungern ins Auge. Wenn man sich nur ausreichend einsetzt und bemüht, seine Grenzen noch weiter verschiebt, muss es zu keinem Ende der Hoffnung (und Affäre) kommen.

3. Phase: Die Phase der Wut, Anklage und Trennungsangst

In der letzten Phase steht dann fest, wer das „Problem“ ist und dass es sich allein nicht lösen lässt. Man realisiert auch, dass man kein eigenes, unabhängiges Leben mehr führt, sondern sich alles um den Affärenpartner, das Funktionieren der Affäre dreht. Du beginnst, nach Unterstützung zu suchen, erfährst Beistand und Zuspruch, vielleicht sortierst du deinen Freundeskreis neu oder erzählst nur zustimmenden

Menschen davon, um deine Situation nicht zu sehr zu fühlen, nicht zu dramatisieren. Aber es steht fest, dass diese Unterstützung Mitgefühl und emotionalen Halt, Aufmerksamkeit und Verständnis liefert. Das hält dich aufrecht und gibt neue Kraft. Durch diesen Beistand, der dich nicht zum Umdenken und zur Trennung bewegt, gewinnst du neue Energie, die du wieder in deine Affäre steckst. Auch wenn alle Versprechungen leer bleiben und du ständige Berg- und Talfahrten erlebst: Was am wichtigsten erscheint und in dir lebt, ist die unbedingte Hoffnung, dass es eines Tages besser würde - wenn du dich nur bemühst oder noch einmal ins Gespräch gehst, die Pistole auf die Brust setzt und zur Entscheidung drängst oder gar mit Drohungen zwingst. Vielleicht sprichst du Trennungsgedanken und -drohungen aus. Aber diese führst du nicht aus. Durch deine inkonsequente Haltung deiner Affäre gegenüber, spitzt du den Teufelskreis nur weiter zu. Da sich mittlerweile alles um die Affäre dreht, bist du bereits selbst abhängig geworden – von der Hoffnung auf bessere Zeiten, von den wenigen guten Zeiten, dem Schmerz, der gefolgt ist, von glücklichen Stunden und inniger Verbundenheit. Du fühlst dich an diesen Menschen gekettet und weißt kein Entkommen. Du verwechselst deine Abhängigkeit mit schicksalsträchtiger Liebe und Fügung.

Wer in eine Co-Abhängigkeit gerät, der hat nicht selten psychische und physische Konsequenzen zu ertragen. Sie äußern sich in Kopfschmerzen, Verdauungsstörungen, Nahrungsunverträglichkeiten, Gelenk- und Muskelschmerzen, Schlafstörungen, Ängsten und Panikattacken, Depressionen oder depressiven Verstimmungen, autoaggressivem Verhalten u. v. m. Oft geraten co-abhängige Menschen auch in eine eigene Sucht: Um die Affäre zu ertragen, die Abhängigkeit emotional durchzustehen, beginnen viele, Medikamente oder Alkohol zu sich zu nehmen. All das geschieht, während man sich emotional versteckt, um sich keine Blöße zu geben, in seiner Abhängigkeit unerkannt zu bleiben, keine Konfrontationen oder Streitigkeiten mit Freunden und der Familie ertragen zu müssen. Oder man bleibt fast nur an Orten (am ehesten zu Hause), an denen man stets erreichbar ist, wenn sich die Affäre meldet. Als wäre man ein Fernseher auf Standby.

Co-abhängige Geliebte verstricken sich leicht in ihre Affären(partner). Nicht nur wollen sie sie beschützen: vor der lieblosen Ehefrau, dem finanziell ausnutzenden Freund, der frigiden Freundin oder dem distanzierten Ehemann. Sie lenken so auch von ihren eigenen Herausforderungen ab und erhalten kurzzeitiges, werterhöhendes Lob für ihre Mühen. Denn wer sich um jemanden kümmert, der muss sich nicht mit sich selbst beschäftigen – und sich um sich kümmern. Der vorwurfsvolle Ausspruch: „Du bist nie für mich da, wenn ich dich brauche!“, klagt häufig mehr sie selbst an, als ihre Affärenpartner. Wer sich um seinen Affärenpartner aber kümmert, der verhindert nicht nur seine Individuation und Selbstverwirklichung. Er unterbindet auch, dass der Affärenpartner sich den Problemen mit seiner offiziellen Beziehung stellt - und den in der Affäre. Das lässt sich oft daran erkennen, dass beim Auffliegen einer Affäre plötzlich alles auf dem Tisch landet und Probleme, die vorher ignoriert und unausgesprochen blieben, ad hoc gelöst werden wollen und können – nur leider zugunsten der offiziellen Beziehung.

In allen Beteiligten herrscht also etwas Instabiles, das sich klein und abhängig fühlt, nicht aber erwachsen und selbstwirksam. Das Letztere würde sich dadurch zeigen, dass man *man selbst* ist, statt die gewünschte Version des Anderen oder eine Rolle, die man spielt: die des sichernden Vaters, der fürsorglichen Mutter, des immer verfügbaren Helfers, des leidenden Opfers, des heimlichen Täters, der dunklen Schwester, des großen Bruders usw. Erkennt man seine Rolle nicht, spricht man dem anderen die Verantwortung und Schuld zu, klagt ihn wegen der eigenen Enttäuschung über die ausbleibende Liebe an. Jede Auseinandersetzung gleicht einem vernichtenden Urteil, das über beide hereinzubrechen droht. Es droht damit, sich zu versagen, emotional abzukapseln, zu trennen, die Wahrheit zu enthüllen und vieles mehr. Es ist jedoch für heimliche Geliebte (und natürlich auch für ihre Affärenpartner) wichtiger, sich den eigenen Herausforderungen mutig zu stellen und zu erkennen, was sie bewog, sich auf eine co-abhängige Affäre einzulassen.

Eine ähnliche Dynamik wie in co-abhängigen Affären findet man auch bei dependenten Persönlichkeiten: ein extremes Bedürfnis nach Liebe, Zuwendung, Aufmerksamkeit und Gebrauchtwerden. Sie brauchen Bestätigung wie Luft zum Atmen, weil sie stark unter Trennungsangst leiden. Daher tendieren sie auch dazu, sich aufzuopfern und vollends zu vernachlässigen. Nur wenn sie für andere da sein können und gebraucht werden, sind sie in ihren Augen wertvoll und liebenswert. Deshalb versuchen sie, alle Konflikte und Konfrontationen, die zu einer Ablehnung führen, zu vermeiden. Sie halten ihre Meinungen, Gefühle und Gedanken zurück. Eigene Entscheidungen fällen sie selten; sie überlassen das dem Anderen.

Die Grenzen zwischen dependentem und co-abhängigem Verhalten verwischen sehr oft. Einige wichtige Selbsterkenntnisfragen möchte ich im Folgenden als Impulse geben, um deine eigene Motivation, zu ergründen.

Übung: Was es mir gibt

Gibt es in deinem Leben einen Mangel an Beschäftigung?

Fehlt dir die Aufmerksamkeit anderer Menschen?

Fehlt dir Selbstausdruck und ein unterstützendes Netzwerk?

Mangelt es dir an sexueller Energie, Mut zur Nähe, Beziehungen oder Zumutung der eigenen Gefühle?

Was macht eine Affäre attraktiv?

Was in dir reagierte auf die Möglichkeit, diesen (Affären)Partner zu bekommen, statt eines Menschen, der zu 100 Prozent zu dir stünde?

Welche Gefühle entstehen in dir, wenn das Drama einsetzt?

Wie stehst du zu dem Gefühl, wenn die Affäre nach einem Aus wieder von vorn beginnt? Fühlst du dich dann „doch" geliebt und bestätigt?

Worauf reagierst du eher: auf Gebrauchtwerden oder auf Komplimente?

Was fühlst du, wenn du gebraucht wirst?

Was fühlst du, wenn du gelobt wirst und im Mittelpunkt stehst?

Wie fühlst du dich, wenn du nicht im Mittelpunkt stehst und Anerkennung ausbleibt? In welche Position senkt es dich?

Was versprichst du dir von emotionaler Hilfestellung? Was glaubst du, zurückzuerhalten, wenn du in Vorleistung gehst?

Was erlaubt dir ein Mensch (zu sein/ nicht zu sein), der Hilfe braucht?

Fühlst du dich stärker, wertvoller und weniger ausgeliefert, wenn du jemandem helfen kannst?

Wie fühlst du dich, wenn du nicht gebraucht wirst?

Wie siehst du Menschen, die ihre Entscheidungen allein fällen? Lösen sie Bewunderung, Lob, Neid oder unangenehme Gefühle aus? Weshalb?

So unbequem diese Fragen auch sein mögen, sie helfen dabei, den Weg zurück zu sich zu finden, ehrlich mit sich zu sein und so alte Wunden zu erkennen und zu heilen.

In der Geschichte über die Affäre zwischen Lars und Susann sehen wir, wie schwierig es sein kann, sich aus einer Abhängigkeit zu lösen – für beide. Susann und Lars führten seit über fünf Jahren eine heimliche, extrem emotionale Affäre. Es war eine typische Teufelskreis-Affäre aus Innigkeit, leidenschaftlichem Sex, wiederkehrenden Enttäuschungen wegen Distanz und Ablehnung, Angst und Wut, Frust und Streitigkeiten, Eifersucht, Drohungen und ständigen Trennungen für einige Tage, bevor sie wieder zueinanderfanden und sich dramatisch versöhnten.

Lars wollte seine Freundin nicht verlassen, angeblich, wie Susann sagte, weil er keine Schwierigkeiten wegen der gemeinsam angeschafften Immobilien wollte. Er hielt sie bewusst hin und war sich sicher, dass sie immer wieder zu ihm zurückkehren würde, wenn er sich nur lange genug bemühte. Gleichfalls aber zog er sich selbst bei jeder garantierten Versöhnung nach nur wenigen Tagen wieder zurück. Susann fühlte irgendwann, dass er sich nur dann nicht distanzierte, wenn sie ihm die Sicherheit nahm. Dazu musste sie stets das Drama aufrechterhalten: nicht nur, um sich geliebt und gewollt zu fühlen, sondern auch, um ihn zum Handeln zu bewegen. Sie verzettelte sich in seine Unfähigkeit, eine Entscheidung zu treffen und gleichzeitig in ihre eigene Angst, dass er und sie unfähig blieben – und er es bleiben wollte. Er brauchte sie dafür, um sich geliebt zu fühlen und empfand jede Distanz von ihrer Seite als Verletzung. Konstante und sichere Nähe aber war für ihn nicht aufregend genug. So drehten sich beide jahrelang im Kreis.

Schlussendlich ließ sich nicht mehr sagen, wer von wem abhängig war. Der Schmerz und die Trennungsphasen hielten länger, als die freudigen Momente. Bald fühlte sich die Distanz für Susann gut an. Es interessierte sie immer weniger, wenn er keine Zeit hatte. Manchmal war sie sogar froh, wenn er sich nicht meldete. Tat er es doch, versuchte sie, sich herauszuwinden oder traf sich nur widerwillig mit ihm. Sie genoss zu sehr die Zeiten, in denen es keinen emotionalen Tumult gab, sondern Ruhe und Zeit für die wichtigen Dinge, denen sie sich immer mehr gewidmet hatte.

Bevor Susann in der Lage war, sich von Lars zu trennen und den Kreislauf zu durchbrechen, haderte sie jahrelang mit sich, mit ihm, mit der Wahrheit – und vor allem mit ihren Ängsten, denen sie sich stellen musste. Sie hatte Angst davor, das Bisschen „Beziehung“ zu verlieren. Sie hatte Angst vor dem Alleinsein. Sie hatte Angst vor der Leere, die zurückbleiben würde, wenn sie ihn verließe. Sie hatte Angst, ihn in die Arme einer anderen Affäre oder seiner offiziellen Beziehung zu treiben, nicht mehr zurück zu können und ein Stück ihres Selbst zu verlieren. Sie fürchtete, nicht mehr von Wert zu sein, wenn sie nicht mehr gebraucht würde.

Doch statt noch mehr Kontrolle auszuüben, überwand sie ihre Ängste. Davor aber wollte sie das Drama Affäre – keineswegs bewusst, doch es gab diesen Teil in ihr, der warten und hoffen wollte und meinte, dass er nur lange genug ausharren, durchhalten und ertragen müsste, um zu genügen. Der Teil suggerierte ihr, dass sie sich beweisen, still bleiben und immer Lars' Anforderungen genügen müsse. Der Teil in ihr erzählte ihr auch, dass es eine wunderbare, schmerzfreie Zukunft für beide gäbe, in der sie freudig und problemlos an Wochenenden und in Urlauben ihre Gefühle offen leben würden. Sie war leider an einen Mann geraten, der ein noch größerer Schauspieler war, und um Längen besser, als sie.

Als ihr ihre eigene Verstrickung bewusstwurde, entschloss sie, etwas dagegen zu unternehmen. Sie wollte ihre Zukunftsträume noch umsetzen und ihre Jahre nicht mit Warten verbringen. Ausschlaggebend war bei Susann, dass sie sich eine Familie wünschte. So löste sie sich in den Jahren zunehmend, je schmerzhafter ihre Abhängigkeit wurde. Sie wuchs über sich hinaus, lernte aus ihren Fehlern, statt weiterhin mit ihnen zu leben, erkannte seine und ihre Muster, unterbrach sie und trennte sich. Lars konnte das nicht verstehen und billigte es ebenso wenig. Er will bis heute Kontakt und Nähe, aber Susann ist innerlich so gereift, dass sie ihn entschieden und vor allem entspannt ablehnen kann. Es kommen keine Gefühle der Sehnsucht oder Reue mehr in ihr hoch, wenn sie mit ihm spricht. Die Angst, ihre Affäre zu verlieren, die sie damals tagtäglich begleitete, ist für sie heute unvorstellbar. Auch je wieder eine Affäre zu führen, erneut eine heimliche Geliebte zu sein, zu warten, zu hoffen, zwischen der Wahrheit und der eigenen Intuition zu stehen, ist bar jeder Vorstellung. „Ich weiß heute, dass ich nie wieder naiv auf einen selbsternannten König warten werde, der nur noch seine holde Gattin verlassen muss, damit ich endlich Prinzessin sein kann". Ein vertrautes Gefühl für viele Geliebte.

Eine andere Form der Abhängigkeit, die dieser stark ähnelt, ist die emotionale Abhängigkeit. Dabei wird nicht die Affäre zur Sucht, sondern die Gefühle, die sie in dir auslöst (und nicht auslöst). Anzeichen für eine emotionale Abhängigkeit sind diese:

- Du idealisierst den Menschen und stellst ihn auf ein Podest.
- Du sprichst dem Menschen Eigenschaften zu, die er in seinem Verhalten nicht zeigt.
- Du siehst in ihm einen Menschen, der dich glücklich machen kann/wird/muss/soll.
- Du übersiehst die wahren Gefühle, Absichten und Gedanken des Menschen.
- Du fühlst dich in seiner Nähe besonders und wichtig.
- Du fühlst dich mit ihm geliebt, gewollt und gebraucht.

- Du bist unsicher, ängstlich und besorgt, wenn er nicht bei dir ist oder er sich mit anderen Menschen oder Tätigkeiten beschäftigt.
- Wenn eine emotionale Bestätigung des Menschen ausbleibt, gerätst du leicht in Panik und Angstzustände.
- Du bist in Gedanken stets bei diesem Menschen (im Positiven und Negativen, doch überwiegend oft mit Sorgen und Ängsten wegen ihm besetzt).
- Du machst diesen Menschen verantwortlich für deine Zufriedenheit, dein Zukunftsglück, deinen Selbstwert und Ansehen - und ihr Ausbleiben.
- Du hast eine Reihe von Erwartungshaltungen (an dich und ihn), die darüber entscheiden, ob du dich geliebt fühlst.
- Du fühlst dich klein, wertlos, leer und depressiv, wenn du ungewollt allein bist oder keine Rolle in seinem Leben spielst (weil er sich gerade um etwas Anderes kümmern muss/möchte).
- Du glaubst, ohne diesen Menschen nicht mehr leben zu können.
- Du spürst starke Verlustängste in Verbindung mit dieser Person. Du empfindest zum Beispiel große Angst bei Kritik.
- Du bist häufig eifersüchtig und neidisch auf die Zeit, die er mit anderen verbringt oder besitzergreifend, um die Kontrolle zurückzubekommen.
- Du verbringst die meiste Zeit mit diesem Menschen und isolierst dich zunehmend von deiner Familie, den Freunden und Bekannten.
- Du vernachlässigst deine Leidenschaften und Hobbys (auch, weil er es so will bzw. suggeriert).
- Gegebenenfalls erpresst und manipuliert dich der Mensch psychisch und emotional.
- Bei Trennungswünschen kommt ein Gefühl der Aussichtslosigkeit, Schwere, Hilflosigkeit und Selbstunwirksamkeit auf.

Stellt man diese Charakteristika an sich fest (mindestens fünf), lohnt es sich, diese zu hinterfragen. Mit Fragen nach dem Warum (vergangene Erlebnisse, die das Verhalten und Fühlen steuern) und dem Wozu (zukünftige Ängste) lassen sich wertvolle Erkenntnisse finden, die Stück für Stück eine Klärung der emotionalen Barrieren bringen. So lässt sich eine Entscheidung für Unabhängigkeit leichter treffen. Diese ist unabdingbar für einen Start in eine neue Richtung.

BLOSS SEX ODER WAHRE LIEBE?

„Ich aber sage, dass nichts ohne die Liebe geschehen kann (...).
Je mehr du gibst, umso mehr wächst du.
Es muss aber einer da sein, der empfangen kann.
Und es ist kein Geben, wenn man dabei nur verliert."

Antoine de Saint-Exupéry
„Die Stadt in der Wüste"

Die Anthropologin Helen Fisher benennt einen biologischen Grund für Untreue und damit auch für heimliche Affären: Wir hätten zwei Gehirnsysteme, von denen eines auf Bindung und romantische Liebe aus sei und das andere auf die Befriedigung des Sexualtriebs. Nicht immer müssen beide sauber miteinander kommunizieren, was zum Fremdgehen führe.[xliv] Auch Menschen, die fremdgegangen sind, stellen oft ihre Hormone und den Sextrieb in den Vordergrund ihres Handelns: „Es hat mir nichts bedeutet!" Nach Fisher durchaus stimmig.

Die Chemie: Sie scheint immer zu stimmen und ausschlaggebend zu sein, wenn es um heimliche Affären geht. Leider nimmt sie meist überhand und es entwickeln sich emotional gefährliche Eigendrehungen, die heimliche Geliebte dazu bringen, zu glauben, sie seien nur Sex. Mehr nicht. In einer Affäre wirken menschliche Nähe und Sicherheit überwiegend über sexuelle oder körperliche Kontakte. Sie sind es, die Halt spenden und Zusammengehörigkeit vermitteln. Während sich Ehepartner oder langjährige Partner häufig beschweren, ihr Liebesleben verflüchtige sich mit der Zeit immer mehr, beklagen heimliche Geliebte, dass sie wenig fernab von Sex erhalten. Andere wiederum freuen sich darüber, dass ihnen jemand nah sein will, aber leiden zunehmend darunter, dass es bei der körperlichen Nähe bleibt. Ein erfülltes Sexleben ist zumindest die häufigste Motivation, wieso Affären entstehen und aufrechterhalten bleiben sollen – wenn man Männer fragt. Bei Frauen handelt es sich überwiegend um Geborgenheit und Sicherheit an erster Stelle, gefolgt vom Begehrtwerden.

Sex mag nicht das anfänglich Bestimmende gewesen sein, das zwei Menschen in eine Affäre führte. Doch mit der Zeit geht es überwiegend darum, auch wenn Gespräche dazwischengeschaltet sind oder man täglich telefonischen oder E-Mail-Kontakt hat. Welche Gefühle aber verbergen sich dahinter und was macht es mit heimlichen Geliebten?

Eine meiner Gesprächspartnerinnen erzählte mir, dass sie sich zwischenzeitlich und besonders zum Ende ihrer Affäre wie eine

„Edelprostituierte" gefühlt hätte. Drei Jahre, nachdem sie ihre Affäre beendet hatte, bekam sie noch immer eine Gänsehaut, wenn sie daran zurückdachte, wie sie sich hatte behandeln lassen. „Er kam vorbei für Sex, schlief mit mir und wenn wir fertig waren, blieb er meist nie länger als eine Stunde". Es hinterließ das Gefühl, sie sei für mehr nicht wert, nicht gut genug für eine erfüllte Beziehung, nicht liebenswert genug. „Heute weiß ich, dass er nicht gut genug für eine Beziehung mit mir war. Sonst hätte ich das nie ertragen". Ich fragte sie, wie sie auf diese Umkehrung gekommen war. Sie hatte in langen Gesprächen mit ihrem Psychologen schließlich festgestellt, dass sie sich einen Mann als Affäre gesucht hatte, der von vornherein nicht genug Entscheidungsvermögen gehabt hatte. Sie wusste, dass er ihr nur sexuell geben konnte, was sie brauchte. Was sie aber als Erfüllung in einer Partnerschaft betrachtete, passte nicht zu ihm. „Ich wusste instinktiv, dass er kein Partner für mich war. Aber es regte mich auf, dass es so war. Ich war sauer auf mich, weil nicht ich, sondern er nur für Sex gut war, sonst nichts. Wir hätten nie im Leben zusammengepasst".

Eine andere Gesprächspartnerin berichtete mir von ihrer schieren Eifersucht auf die offizielle Partnerin ihrer Affäre, immer, wenn er abwesend war. Wollte er einmal wieder keinen Kontakt zu ihr oder lagen Urlaube oder Wochenenden an, fühlte sie sich immer dann wie „nur Sex". Sie glaubte, wegen der ungerechten Zeit- und Gefühlsverteilung, dass seine Partnerin mehr bekommen würde. Sie fühlte sich wertlos und entschied nach langem Leiden, dass es der Sex war, der in ihren Augen wertlos war, im Vergleich zu einer echten Beziehung.

Ein weiterer Gesprächspartner kannte ähnliche Gefühle von seiner Affäre. Er spionierte regelmäßig auf sozialen Medien das Leben seiner Affärenpartnerin aus. Jedes Bild, das sie mit ihrem Mann oder ihrem Kind postete, auf dem sie alle glücklich aussahen, brachte ihn beinahe um den Verstand. Dass der andere Mann so viel mehr hatte, als er, während er unglücklich und allein zu Hause saß, brachte ihn um den Schlaf und an den Rand eines Nervenzusammenbruchs. Die Affäre scheiterte nicht an der Frau und ihrer Nicht-Entscheidung, sondern an seinen Drohungen, ihrem Mann etwas anzutun. Schlussendlich bemerkte er, dass er nicht neidisch auf ihren Mann war, sondern auf dessen Beziehungsfähigkeit und seine Familie. Er hatte sich dasselbe gewünscht, aber nie mit einer Frau aufbauen können. Je mehr er ihrer offiziellen Beziehung und Familie beim Leben zusah, umso deutlicher wurde ihm bewusst, was er nicht hatte und sich nicht zutraute. Er war nicht sauer auf ihren Ehemann, sondern auf sich und dass er sich auch während der Affäre nicht hatte durchringen können, sich etwas Festes zuzutrauen – und allen Schmerz und Eigenarbeit, die damit verbunden sind.

Eine weitere Gesprächspartnerin gehörte zu den Karrierefrauen, die absichtlich keine Beziehung mit Kindern wollen. Sie war sehr erfolgreich in ihrem Job und es blieb ihr kaum Zeit, außer an den Wochenenden, an denen sie ihre Freunde und Familie traf. Sie hatte wechselnde Partner, mit denen sie hauptsächlich sexuell verkehrte. Wann immer die Männer mehr von ihr wollten, zog sie sich zurück und ihren Job vor. Als sie ihre letzte Affäre kennenlernte, hatte sie dasselbe im Sinn. Es entwickelte sich aber unterschiedlich: Während er nur Sex wollte, was er von vornherein preisgab, begann sie mit der Zeit, mehr zu wollen. Was sie vorher bei ihren Bekanntschaften und kurzen Partnerschaften erlebt hatte, drehte sich nun um. Sie litt, wenn er nicht bei ihr war oder sie ihn nicht erreichen konnte. Sie glaubte sogar an Karma, das zurückschlagen würde. In einer Therapie arbeitete sie heraus, dass sie sich dafür schämte, keine feste Beziehung und Kinder zu haben, sondern in ihrer Karriere voranschreiten zu wollen. Sie maßregelte sich in ihrem sexuellen Umgang und machte sich Vorwürfe. Auch wenn sie ihre Einstellung gegenüber Partnerschaften nach der Therapie nicht wesentlich änderte, so zeigte ihr ihre Affäre doch, was sie sich verbot und er ihr spiegelte. Meine Frage, ob sie sich verliebt hätte, verneinte sie. Sie wollte nur nicht „nur Sex" sein, „als hätte ich wissen wollen, wie es sich anfühlt, mit mir zusammen zu sein".

Ich möchte das Thema Eifersucht, auch wenn ich es bereits besprochen habe, nochmals aus einem anderen Blickwinkel beleuchten. Laut Forschung vermeidet (sexuelle) Eifersucht nämlich Untreue.[xlv] Das heißt: Lässt der Mann seine heimliche Geliebte oder die Frau ihren heimlichen Liebhaber in einem eifersüchtigen Zustand stecken, so verhindere dies (bewusst oder unbewusst), dass die Geliebten sich anderweitig umschauen und fremdgehen. Das zerstörerische Gefühl, so Buss, bewirkt noch mehr: Es versetze den Partner in Angst um die geschätzte (ersehnte) Partnerschaft. Dieses Prinzip beruht auf dem altbekannten Gefühl, dass man besonders dann etwas will, wenn man es nicht haben kann. Eine weitere Auswirkung der Eifersucht sei es, dass sie die heimlichen Geliebten davon abhalte, sich zu trennen und überdies als Motivation wirke, erst recht zu bleiben, wenn ein potenzieller Rivale (der offizielle Partner) anwesend sei.[xlvi]

Da Eifersucht jedoch ein Stressgefühl ist, das den Flucht-oder-Kampf-Mechanismus anregt, ist es für heimliche Geliebte eher schwer, ins Handeln zu gehen, obwohl ihnen ihr Gefühl genau das suggeriert. Doch eine heimliche Affäre macht genau das unmöglich. So bleiben sie auf ihrer Wut und Angst aufgrund der Stresshormone sitzen.

Es ist unerlässlich, eigene Kompensationen wie Sport, Kreativität oder Freunde zu haben, wenn man in seiner Affäre bleiben möchte, aber lernen muss, mit Eifersucht umzugehen. Zusätzlich ist es ratsam, sich mit seiner Einstellung gegenüber Sex und Beziehung auseinanderzusetzen. Dazu möchte ich sinngemäß ein Gespräch mit einer meiner Klientinnen wiedergeben, die ebenfalls mit dieser Frage rang.[5] Ihr Name wurde geändert; ich nenne sie daher im Folgenden Elisabeth.

Ich: Wäre es schlimm für Sie, wenn Ihre Affäre Sie nur für und wegen Sex wollte?
Elisabeth (seufzt): Ja, natürlich. Sowas Degradierendes, als wäre ich eine Hure.
Ich: Eine Hure wird bezahlt und hat viele, unterschiedliche Freier, die sie und ihren Körper für Sex kaufen. Bezahlt ihre Affäre für Sex?
Elisabeth: Nein.
Ich: Haben Sie noch andere Affären oder Sexualpartner?
Elisabeth: Nein.
Ich: Und doch vergleichen Sie sich mit einer Prostituierten und verwenden das Wort Hure, einen abwertenden Begriff für einen mittlerweile akzeptierten Beruf.
Elisabeth: Ich sehe nichts Positives darin, mein Innenleben für Geld zu verkaufen, meinen Körper herzugeben, nur damit ein Mann seine Befriedigung findet. Ich verkaufe mich an ihn (ihren Affärenpartner).
Ich: Wertet es Sie in Ihren Augen ab?
Elisabeth: Klar. Was bin ich denn wert, wenn ich nur mit jemandem schlafe?
Ich: Was sind Sie wert, wenn Sie nur mit jemandem schlafen, aber keine Beziehung mit ihm führen?
Elisabeth: Wenig.
Ich: Sind Sie nur dann viel wert, wenn Sie mit jemandem schlafen, mit dem Sie eine Beziehung führen?
Elisabeth: Nein, es geht nicht um den Sex, es geht um die Beziehung.
Ich: Sie sind nur dann etwas wert, wenn Sie eine Beziehung haben?
Elisabeth: Ja, und dorthin gehört Sex.
Ich: Also ist auch Ihr Affärenpartner wertlos, weil er nicht mit seiner Beziehung schläft, sondern mit Ihnen?
Elisabeth: Nein, seine Partnerin ist es, denke ich.
Ich: Weil Ihre Affäre vermeintlich nicht mehr mit seiner Partnerin schläft, ist die Partnerin wertlos?
Elisabeth: Nein, nicht als Mensch, aber für ihn als Partnerin müsste es doch so sein.
Ich: Ist es für Sie so? Fühlen Sie sich als Partnerin wertlos, wenn Ihr Partner nicht mehr mit Ihnen schlafen würde?

---

[5] Die Coachingtechnik mag höchst konfrontativ wirken, doch sie beruht auf dem sokratischen Dialog, der größte Effekte für den Coachee erzielen kann.

Elisabeth: Ja.
Ich: Und deshalb schlafen Sie mit ihm, weil Sie wertvoll für Ihre Affäre bleiben wollen?
Elisabeth: Ja, aber es fühlt sich an, als würde ich mich verkaufen. Irgendwie...billig.
Ich: Aber Sie erhalten kein Geld dafür. Womit bezahlt er Sie?
Elisabeth: Ich weiß nicht. (Sie denkt nach.) Vielleicht mit seiner Anwesenheit.
Ich: Und damit er bei Ihnen ist, schlafen Sie mit ihm?
Elisabeth: Kann sein.
Ich: Was spricht dafür, dass Sie mit ihm schlafen, damit er bei Ihnen ist?
Elisabeth: Weil ich sonst allein wäre.
Ich: Weil Sie allein sind, bezahlen Sie ihn mit Sex, obwohl Ihnen der Preis zu hoch ist?
Elisabeth: Ich wüsste nicht, womit ich ihn sonst bezahlen sollte.
Ich: Was bekommt er noch von Ihnen, außer Sex?
Elisabeth: Ich freue mich, ihn zu sehen, wenn er zu mir kommt. Keine Ahnung, ob sich seine Frau noch über ihn freut.
Elisabeth: Also ist er nicht nur bei Ihnen, weil Sie mit ihm schlafen, sondern auch, weil Sie sich über seine Anwesenheit freuen. (Sie nickt.) Gibt es noch etwas, was Sie ihm geben?
Elisabeth: Ich höre ihm oft zu und vor und nach dem Sex will er immer kuscheln. Das genießt er.
Ich: Genießen Sie es auch?
Elisabeth: Manchmal, aber nicht oft. Mich befriedigen seine Besuche nicht mehr so wie früher.
Ich: Freuen Sie sich noch auf ihn?
Elisabeth: Selten. Es nervt mich, dass er mich hinhält und eigentlich will ihn nur noch loswerden, wenn er bei mir ist.
Ich: Nachdem Sie miteinander geschlafen haben?
Elisabeth: Ja, meistens. Er bleibt ja ohnehin nicht länger, als eine Stunde. Da müssen wir auch nicht kuscheln oder so tun, als wenn wir ein Liebespaar wären. Sind wir nicht. Es ist nur Sex. Um was Anderes geht es ihm nicht.
Ich: Es geht um nichts Anderes mehr, als um Sex? Mehr verbindet Sie mit ihm nicht mehr?
Elisabeth: Nein. Er gibt mir nichts, was ich brauche.
Ich: Außer Sex und dass er bei Ihnen ist, damit Sie nicht allein sind.
Elisabeth: Ja.
Ich: Aber beides nervt Sie.
Elisabeth: Ja. Ich bin fast lieber allein, als ihn wieder gehen zu sehen.
Ich: Verstehe. Sie sehen sich nicht als Partner in der Zukunft, haben keine Hoffnung mehr?
Elisabeth: Wie lange soll ich denn noch warten?

Ich: Sie sollen gar nichts. Wie lange möchten Sie denn noch auf eine gesunde Beziehung warten, in der Ihr Partner mehr als nur Sex für Sie ist und in der Sie mehr verbindet?
Elisabeth: Gar nicht.
Ich: Sie wollen also eine Beziehung und nicht nur Sex?
Elisabeth: Ja.
Ich: Wozu bleiben Sie dann in der Affäre und geben ihm nur das Letzte, wozu Sie noch bereit sind, wenn Sie doch eigentlich eine Beziehung wollen?
Elisabeth: Nicht nur eigentlich. Ich will eine Beziehung!
Ich: Mit ihm?
Elisabeth: Nein, er will mich ja nicht.
Ich: Sie wollen also keine Beziehung mit ihm?
Elisabeth: Doch, aber... (sie denkt nach) ich weiß nicht.
Ich: Sie wollen also keine Beziehung mit einem Mann, der Sie nicht will, aber dennoch schlafen Sie mit so jemandem, obwohl Sie ihn nicht wollen?
Elisabeth: Ja. (Sie denkt nach.) Komisch, oder? Ich traue mich einfach nicht, Nein zu sagen, wenn er sich meldet. Und immerhin bekomme ich ja minimal etwas zurück, auch wenn es um Längen nicht reicht. Das macht mich so sauer.
Ich: Dass es nicht ausreicht?
Elisabeth: Ja. Und dass ich nicht einfach absage. Vielleicht ist es besser ohne ihn und das Alleinsein nicht so schlimm. Und gleichzeitig will ich, dass er sich von ihr trennt.
Ich: Damit Sie doch nicht allein sein müssen?
Elisabeth: Ja.
Ich: Wären Sie dann nicht mehr wütend?
Elisabeth: Nein, dann hätte ich ja, was ich wollte.
Ich: Sind Sie im Allgemeinen wütend, wenn Sie allein sind oder allein gelassen werden?
Elisabeth: Mein Vater war oft weg beruflich. Meine Mutter und ich kamen nicht so gut miteinander zurecht. Meine Schwester verstand sich besser mit ihr. Ich war immer einsam, wenn er weg war.
Ich: Vorhin sagten Sie, Sie würden ihn nicht mehr wollen und dass auch der Sex nur noch ein Trostpreis wäre. Sie sagten, Sie wären ohnehin kein Liebespaar und dass er sie nur noch nerven würde.
Elisabeth: Es nervt mich, dass er mich nicht will. Es nervt mich, dass er nur Sex mit mir will. Ich glaube, ich bin wütend auf mich selbst.
Ich: Was macht Sie wütend an einer Frau, der sich eine Beziehung wünscht, aber stattdessen mit einem Mann schläft, der sich nicht für sie entscheidet, und das, obwohl sie es doch leid ist?
Elisabeth: Dass ich lieber irgendwen nehme, als niemanden zu haben.
Ich: Sie verkaufen Ihr Herz dafür?
Elisabeth: Ja, stimmt. Ich verrate mein Herz.

Ich: Um nicht wieder allein sein zu müssen, so wie früher.
Elisabeth: Ja, kann sein.
Ich: Und doch möchte Ihr Herz nicht verraten werden.
Elisabeth: Ja, aber mit ihm geht das nicht. Schon lange nicht mehr. Am Anfang war es schön, aber schon nach ein paar Monaten war klar, dass er sich nicht für mich entscheiden würde. Ihm ging es nicht um mein Herz, glaube ich.
Ich: Worum ging es ihm dann?
Elisabeth: Vielleicht ging es ihm um sein Herz.
Ich: Ist Ihnen sein Herz noch wichtig?
Elisabeth: Nein.
Ich: Zusammenfassend lässt sich also sagen, dass Sie sich eine Beziehung wünschen, aber nicht dafür handeln. Stattdessen schlafen Sie mit einem Mann, der sich nicht für Sie entscheidet, und das, obwohl Sie es leid sind. Sie interessieren sich auch nicht mehr für seine Gefühle. Sie verschwenden Ihre Zeit, wie Sie anmerkten. Ist es das wert, um nicht allein zu sein bzw. sich nicht allein gelassen zu fühlen?
Elisabeth: Nein. Vielleicht nimmt er den Sex nur noch, weil ich ihm nichts sonst mehr geben will. Ich bin einfach zu enttäuscht.

Ich: Was glauben Sie, warum Männer Frauen bezahlen, um mit ihnen zu schlafen, außer dem Punkt Sexualtrieb?
Elisabeth: Weil sie Aufmerksamkeit wollen. (Sie denkt nach.) Weiß nicht.
Ich: Vielleicht auch, weil sie allein sind.
(Pause.)
Ich: Ist Ihre Affäre allein oder fühlt sich einsam in seiner Beziehung?
Elisabeth: Ja, ich denke schon. Jedenfalls sagte er das früher immer.
Ich: Wenn Sie das verbindet, wie stehen Sie dann zu ihm?

Im weiteren Verlauf zeigten sich noch einige interessante Wendungen, die Elisabeth unklar waren. Auch wenn sie sich im Nachgang von ihrer Affäre trennte, so macht ihre Geschichte vor allem einen Aspekt deutlich: Nicht nur heimliche Geliebte haben verwirrende und traurige Gefühle, auch ihre Affärenpartner sind nur Menschen, die versuchen – teils mit mehr oder weniger legitimen Mitteln – diese Gefühle in den Griff zu bekommen, um sich weniger hilflos zu fühlen.

Lieben nur für Gegenleistungen

Das Thema Sex wird besonders dann gefährlich, wenn es zu einem Mittel der Wahl wird, um den Affärenpartner zu halten oder zu gewinnen. Aber nicht nur körperliche Intimitäten nutzen heimliche

Geliebte, um die Person ihres Herzens oder ihrer Sehnsucht für sich zu gewinnen. Im Laufe der vielen Gespräche sagten sie Sätze wie diese:

- „Ich bin nur mit ihm zusammen, weil ich auf eine feste Beziehung hoffe."
- „Ich schlafe nur mit ihm, weil ich Angst habe, er würde mich sonst nicht mehr brauchen. Seine Freundin schläft nicht mehr mit ihm. Wenn ich nicht mit ihm schliefe, wäre ich kein Stück besser als sie."
- „Ich bin nur so nett und zurückhaltend aus Angst, dass er bei zu vielen Diskussionen geht und sich eine andere Geliebte sucht."
- „Ich bin nur so verständnisvoll, damit er sich bei mir wohler fühlt, als bei seiner Frau. Wenn ich zu 100 Prozent wüsste, dass er seine Frau nicht verlässt, wäre ich nicht so."

„Ich gebe dir etwas, was du brauchst, und dafür erwarte ich, zu bekommen, was ich brauche". Dieses Motto haben sich viele auf die Stirn geschrieben. „Aber so ist das doch immer in Beziehungen", sagte mir eine gute Freundin, als ich mit ihr über dieses Thema redete. Ich widersprach ihr und zwar, weil sich Liebe nicht anhand von Leistungen messen sollte. Ginge es darum, dass jede liebevolle Beziehung eine Art Konto hätte, auf dem vermerkt würde, was monatlich eingezahlt und wieder abgeholt wird, so wären viele Partnerschaften genau das Minusgeschäft, was unsere Gesellschaft uns demonstriert. Nur mit Liebe hat es eben wenig zu tun. Mit Gewohnheit, ja. Aber nicht mit herzlicher Verbundenheit. Mit materieller Abhängigkeit, ja. Aber nicht mit vertrauter Eintracht. Doch das ist es, was heimliche Geliebte suchen. Das finden sie bei ihren Affärenpartnern, so wie viele von ihnen genau das bei ihren heimlichen Geliebten finden: *eine neue, andere Form der Liebe*. Sie mag idealisiert sein, aber sie ist rein. Ist man aber mit jemandem in einer Affäre, der diese Kontobewegungen genau studiert, ist Obacht geboten. Das bezieht sich sowohl auf die eigenen Leistungen, für die man sich eine Zukunft mit Liebe erhofft, als auch auf die des anderen, die meist sehr viel geringer ausfallen und ein dickes SOLL auf dem Konto hinterlassen – mit hohen Überziehungszinsen, die lange nachwirken.

Mir fiel auf, dass sich nur wenige Geliebte bewusst sind, was sie geben (einzahlen), zurückerhalten (verbucht bekommen) und was sie nur abknapsen, weil sie für ihre Zukunft mit der Person ihres Herzens sparen. Natürlich spüren mehr oder minder alle heimlichen Geliebten, dass sie mehr geben, als sie zurückerhalten. Und natürlich wissen sie um die Ungleichgewichte in sich. Dennoch verlieren sie sich oft in ihren eigenen Ängsten, nur um mittendrin oder am Schluss festzustellen, dass sie mehr investiert haben, als sie ausgezahlt bekamen. Das hinterlässt nicht selten tiefe Wunden, die noch lange nach dem Ende der Affäre nachwirken. Sie sind wütend auf sich, ekeln sich vor ihren eigenen Taten und wundern sich über ihre Bemühungen. Sie sind voller Angst, dass sie auch von ihrer nächsten Bekanntschaft abgewiesen werden. Tiefe Selbstzweifel formen ihre Beziehungen. In Affären macht man sich leicht dreckig – nicht nur mit seinen eigenen Gefühlen. Auch fremde Gedanken wirken lange nach, sodass sie selbst Jahre später mit ihrer Liebenswürdigkeit und ihrem Wert hadern.

In Affären, in denen man gibt, aber nur verliert, in denen man nicht wachsen kann, weil der Affärenpartner sich nicht lieben lässt, ist es aussichtslos, zu bleiben. Dennoch bleiben Geliebte *dann* erst recht und versuchen mit allen ihnen zur Verfügung stehenden Mitteln, sich die Liebe und Bereitschaft für eine feste Beziehung zu erarbeiten, in dem sie etwas geben, was dem Affärenpartner zu fehlen scheint. Als wäre Sex ihre Eintrittskarte ins Land der Partnerschaften. Das ist das Gewinnerlos mit Garantie auf den Hauptpreis. Doch so wie man auf dem Jahrmarkt unendlich oft spielen muss, um zu gewinnen, ist es auch im Leben. Man kann versuchen, seinen Affärenpartner davon zu überzeugen, in dem man ihn z. B. mehr liebt, als andere, aber ob es einem sichert, was man sich selbst wünscht, bleibt offen.

Stattdessen stellte ich fest, dass es gesünder ist, von vornherein für sich festzulegen, was man gewillt ist, als Investition in eine zukünftige Beziehung zu tätigen. Es erleichtert im Nachhinein und im Falle einer Enttäuschung das eigene Gewissen (gegenüber sich selbst) und lässt kein unnötiges, zusätzliches emotionales Chaos zurück. Es setzt Grenzen und schützt vor Verletzungen. Es macht deutlich: „Ich bin ein Mensch. Ich erwarte von jedem, dass meine Würde unantastbar bleibt und deshalb beginne ich selbst damit, mich würde- und respektvoll zu behandeln. Damit du siehst, was ich wert bin – wofür ich nicht stehe“.

Die nachfolgende Übung soll deinen Blick für deine Würde und deinen Wert schärfen, aber auch zeigen, wo du selbst vergessen hast, dass du beides besitzt und wo du es mit Füßen getreten hast (oder noch immer bereitwillig trittst). Auch in dieser Übung bitte ich dich, liebevoll mit dir umzugehen, selbst wenn die Erkenntnisse schmerzhaft sein sollten oder Gefühle der Scham, Schuld oder Ekel in dir auslösen. Man kann seine vergangenen Fehler nicht korrigieren, aber man kann sich *bei sich* entschuldigen und sie in der Zukunft vermeiden.

Übung: Liebe Würde, lieber Wert

Was bedeutet für dich Würde?

Wie sieht ein würdevolles Leben für dich aus?

Was müsste X tun, dass du dich würdevoll behandelt fühlst?

Behandelst du dich selbst so?

In welchen Situationen handelst du in deiner Affäre nicht würdevoll dir selbst gegenüber?

Was bedeutet für dich Wert?

Wie sieht ein wertvolles Leben für dich aus?

Was müsste X tun, dass du dich wertvoll behandelt fühlst?

Behandelst du dich selbst so?

In welchen Situationen handelst du in deiner Affäre nicht wertvoll dir selbst gegenüber?

Sex als Ausdruck der Gefühle

Einige spüren ihre Gefühle nicht als Gefühle, die ihre Bedürfnisse signalisieren oder bestätigen. Sie merken nur, dass etwas nicht stimmig ist oder, dass sie willkommen in eine Situation oder Menschen eintauchen können. „Ich liebe dich!" zu sagen, ist genauso schwierig, wie Grenzüberschreitungen anzusprechen und Forderungen zu stellen. Über ihre Gefühlswelt zu reden, mag ihnen bei guten Freunden leichter fallen, aber nur, wenn es kein Konfliktpotenzial birgt.

Eine Feststellung, die ich während meiner Affäre machte, war, dass es einigen Menschen leichter fällt, ihre Gefühle stattdessen über körperliche Nähe und Sexualität auszudrücken. Ich gehörte lange zu ihnen, so wie mein Affärenpartner auch. Es ist eine Grenze, die sich nur schwer verschieben lässt. Es ist nicht unmöglich, aber bedarf viel Introspektion, Reflexion und Willen. Mündlich ihre Emotionen auszudrücken, fühlt sich für einige wie das Besteigen des Mount Everests an. Andere haben „nur" unbehagliche Gefühle, wenn sie jemandem gestehen, was sie empfinden – sei es positiv oder negativ.

In allen Fällen sind sie es entweder nicht gewohnt (haben es nicht gelernt) oder sie haben die Erfahrung gemacht, dass sie Ablehnung ernten könnten oder zumindest die gewünschte Reaktion ausbleiben könnte. Beim Sex ist es anders, denn hier erleben wir ein direktes und teilweise steuerbares Reaktionsschema. Wenn wir unseren Partner küssen, erwidert er den Kuss meist automatisch. Wenn wir ihm die Sachen vom Leib reißen, macht er entweder mit oder aber gibt uns ein Stopp-Zeichen. Körperliche Nähe und Sex bringt uns ins Gespräch miteinander und lässt uns leichter Zugang zu unseren Emotionen finden, als während des Abendessens, umgeben von den Kindern oder inmitten eines vollen Restaurants, nachdem wir gerade über alltägliche Herausforderungen gesprochen haben. Sex spricht mit Emotionen, nicht mit Gedanken. Der Kopf bleibt (meistens) aus. Sex ist somit eine leichte und direkte Möglichkeit, sich bestätigen zu lassen und Zuwendung zu bekommen. Wenn auch sonst nichts stimmt, wir uns wieder einmal in den Haaren hatten, wir kommunikativ keinen Weg zueinander finden: Sexualität lässt diese Barrieren und unser verletztes Ego mit einem Mal brechen und unsere wahren Gefühle fließen.

Hinzukommt, dass Nähe und Sex Hormone ausschüttet, die uns glücklich machen und uns geliebt fühlen lassen. Nehmen wir einmal an, dein Affärenpartner hatte lange keinen Sex mit seinem Partner, aber bei dir kann er sich öffnen und fallen lassen, kann Liebe und körperliche Nähe in nur wenigen Stunden erfahren, die zudem erwidert und genossen werden. Auf der anderen Seite steht der offizielle Partner, mit dem das Sexualleben nur noch holprig oder gar nicht erlebt werden kann. So schmerzhaft, wie diese Erkenntnis für heimliche Geliebte auch sein mag (ich weiß es aus meiner eigenen Erfahrung): Diese häufig genannte Motivation zu einer Affäre ist also für Fremdgänger mehr als nur begründet und mitunter sogar verständlich. Immerhin erfahren und erleben sie in ihrer Affäre das, was sie in ihrer Partnerschaft oder Ehe nicht „dürfen" oder nur mit Druck erhalten. Aber wer als Mensch Sexualität hochhält, weil sie ein leichter(er) Weg ist, seine Gefühle auszudrücken und bestätigt zu bekommen, wird sie vermissen, wenn der Partner sie ihm verwehrt.

Das muss nicht zwingend etwas mit dir zu tun haben. Doch es zeigt, auch, wenn du deine Gefühle gesund ausdrücken kannst, dass es Menschen gibt, die es eben nicht können. Wir haben hier ein echtes und wertvolles Lernpotenzial deines Affärenpartners und das darf von dir durchaus angesprochen werden. Wenn du dafür herhalten musst, dass jemand anderes nicht lernen möchte (der offizielle Partner und dein Affärenpartner), kannst du dich leicht ausgenutzt fühlen und die Befürchtung hegen, du seiest nur Sex.

Du wirst bereits wissen, ob sich dein Affärenpartner leicht damit tut, sich auszudrücken und seine wahren Gefühle zeigen kann. Wie steht es um deine eigene Fähigkeit, verletzliche Gefühle aus- und anzusprechen?

Mitunter zeigten meine GesprächspartnerInnen Schwierigkeiten, jemanden auf seine Entwicklungspotenziale anzusprechen. Sie wollten ihre Affärenpartner nicht verletzen, ihnen nicht zu nahekommen, um keine (weiteren) Konflikte zu schüren. Sie blieben lieber still – oder erneut – nutzten Sex und körperliche Nähe, um ihnen Zuwendung zu schenken oder sie vor ihrer eigenen Verletzlichkeit zu schützen. Doch zum Ausdruck der Gefühle gehört auch die Fähigkeit, Menschen die eigenen Gefühle zuzumuten und sie zu konfrontieren.

In einer Beziehung, ob offiziell oder heimlich, kommen wir unweigerlich an den Punkt, in dem man den anderen auf Schwierigkeiten hinweisen muss, besonders die, die sie uns machen (und der Beziehung), weil sie sich ihren nicht widmen möchten. Es ist zu leicht, sie zu verdrängen und nicht zu beachten. Wir kennen das alle von uns selbst. Wie beängstigend und nahe es einem geht, wenn wir mit Kritik von einem geliebten Menschen bedacht werden. Aber wir übersehen dabei, dass wir trotzdem geliebt werden und nicht verlassen – trotz „Fehler". Wenn wir diejenigen sind, die diese ansprechen, können wir auch unserem Affärenpartner zeigen, dass wir ihn trotzdem lieben und nichts Schlimmes passieren wird. Es kann ausgesprochen und immer wiederholt werden, bis derjenige die ersten, kleinen Schritte macht – und wir einfach zusehen, ohne wie ein Lehrer oder Türsteher zu wirken.

Solche Lernprozesse erinnern stark an Eltern-Kind-Dynamiken, nur, dass sich unser Affärenpartner – weil er erwachsen ist – dagegen sträuben könnte. Nichtsdestotrotz gibt es „Umwege", wie wir mehr mündlichen Gefühlsausdruck bewirken können. Kinder würden wir berühren, wenn wir sie zu einer Veränderung bringen möchten. Während wir unsere Hand auf ihren Arm oder die Schulter, ihre Brust oder den Bauch legen, sie umarmen und unsere Nähe schenken, sagen wir ihnen in einem liebevollen Tonfall, was wir uns von ihnen wünschen. Wir suggerieren gleichzeitig, dass die Liebe erhalten bleiben wird, auch wenn wir gerade etwas vermeintlich Negatives an ihnen ansprechen.

Bei Erwachsenen gehen wir immer davon aus, dass sie nicht nur wie Erwachsene handeln, sondern auch denken. Leider sind wir alle Kinder im Inneren, sind in vielen Bereichen groß und verantwortungsbewusst geworden, während andere Teile verkümmert blieben. Teile des inneren Kindes schreien solange nach Beachtung, bis sie befriedigt werden und auch hier „erwachsen" geworden sind. Doch so vorsichtig und liebevoll, wie wir ein Kind behandeln würden, können wir auch mit unserem Affärenpartner umgehen. Es geht immerhin um einen wichtigen Bestandteil deines Selbst: deine Grenzen. Du musst sie genauso wahren, wie dein Affärenpartner. Leider vergessen viele heimliche Geliebte ihre Grenzen.

Einige meiner Ideen zu Grenzen, die ich für sinnvoll erachte, findest du nachstehend. Im Anschluss hast du die Möglichkeit, sie zu ergänzen oder eigene zu formulieren. Lass meine beruhigt außer Acht, falls sie dir unpassend erscheinen: Wichtig ist, dass sie für dein Leben und deine Persönlichkeit stimmig sind und eventuelle Verletzungen für die Zukunft vermeiden. Denn: Nichts ist schlimmer, als gekränkt, verletzt oder ignoriert zu werden. Das lässt unser Ego beben, bricht unsere Grenzen, die so hart erkämpft und errichtet wurden.

Grenzbrüche sind nicht nur im Job normal geworden. Viele wollen sich in einem Lebensbereich „hocharbeiten", müssen oder wollen sich beweisen und zeigen, wer sie sind und was sie können - auch und besonders in der Liebe, die man für sich gewinnen und halten möchte. Zu viel wird investiert, geopfert oder erscheint als später Mangel, der behoben werden muss. Hinzukommen die großen und belastenden Emotionen wie Neid, Eifersucht, Geiz, Habgier, Böswilligkeit und so weiter.

Auch im Privatleben sind Grenzüberschreitungen, die Wunden in uns hinterlassen, normal: Hier ein unbedachtes Wort eines Freundes, da die schlechte Laune des Nachbarn, ein wenig Bockigkeit der Kinder, die sich austesten wollen, Diskussionen mit den Eltern, weil sie eine andere Meinung haben oder der Mensch, den wir für uns gewinnen wollen und der wieder einmal unsere Bedürfnisse verletzt oder gar übersieht. *Weil wir ihn lassen.* Das lässt sich im Rahmen ertragen, wenn es nicht zu heftig und zu oft geschieht.

Doch welche Handlungen und Reaktionen anderer Personen sollten wir keineswegs dulden? Wo sind die Grenzen erreicht und wie können wir uns täglich dazu ermuntern, sie zu wahren, und notfalls auch durchzusetzen?

1) Negative Energien anderer Personen sollten wir abwehren. Häufig sind es die kleinen Verstimmungen, die einem richtig zu schaffen machen, eben wie die schlechten Launen oder schnippischen Worte unseres Affärenpartners, wenn wir ihm unsere Grenzen zeigen oder für sie einstehen wollen. Es ist oft nicht einmal böse gemeint, sondern sie platzen aus der Person heraus, weil es Mühen macht und sie selbst mit ihren Grenzen hadern und in ihren offiziellen Partnerschaften diese nicht wahren oder gewahrt sehen.

Heimliche Geliebte bekommen viele Gefühle ab und verinnerlichen diese auch. So kann Angst, Traurigkeit und Wut sowie Freude, Überraschung und Mut der Affärenpartner von Geliebten aufgenommen werden. Diese Gefühle bleiben in dir stecken, obwohl es nicht deine eigenen sind. Sie äußern sich als Ablehnung, als unerklärbare Wut, als Leere, Euphorie, Sehnsucht und vieles mehr. Du erkennst das daran, dass du dich plötzlich in den anderen hineinversetzen kannst, mit demjenigen fühlst, versuchst, ihn/sie zu schützen oder zu beruhigen, dich mit ihm/ihr freust.

Besonders bei negativen Gefühlen werden eigene Grenzen unverzichtbar. Wenn du sie nicht wahrst und anderen erlaubst, sie ebenso nicht zu wahren, werden sie sich an deinem Verhalten orientieren und es dir nachmachen. Deshalb sollten sich Geliebte immer daran erinnern, dass es derjenige ist, der gerade eine Schwierigkeit mit sich herumschleppt. Nicht sie selbst. Du bist für die Gefühle deines Affärenpartners nicht verantwortlich, auch wenn du sie auslöst, weil du eigene Gefühle hast. „Ich verstehe, was du sagst, aber ich bin anderer Meinung" ist eine gelungene, gewaltfreie Antwortmöglichkeit. Lege dir von solchen einige zurecht, um sie in Kommunikationssituationen anzubringen und deinen Affärenpartner daran zu gewöhnen, dass auch deine Ansichten zählen und zudem gleichwertig sind.

2) Getuschel und Streithähne sind voll negativer Energie. Heimliche Geliebte sind Teil einer Dreiecksbeziehung, die eine eigene Dynamik hat. Es ist beinahe ausgeschlossen, dass man mit seinem Affärenpartner nicht auch über verletzte und enttäuschte Hoffnungen in der offiziellen Beziehung spricht. Die sozialen Medien erlauben Geliebten zudem, einen Blick ins Wohnzimmer der Affärenpartner zu werfen und nicht immer ist es schön, was sie sich anschauen dürfen. Auch vermeintlich hilfreiche Gespräche unter Freunden, in denen man den offiziellen Partner schlechtmacht oder abwertet, um sich besser zu fühlen und der Angst aus dem Weg zu gehen, birgt schlechte Energie.

Geliebte geraten unbewusst oder bewusst in das Leben anderer, in die negativen und positiven Gefühle. Sie tragen damit auch die Verantwortung für die Gefühle, die es in ihnen auslöst, sei es Eifersucht, Neid, Angst oder Freude. Sie nehmen Teil an der Enttäuschung des Affärenpartners und fühlen sich eins mit ihm, wenn sie seine Rettung sein könnten. Das macht etwas mit demjenigen und es macht etwas mit den heimlichen Geliebten. Sie wahren in solchen Momenten nicht ihre emotionalen Grenzen, sondern überqueren sie im Interesse der Erkundung ihres Affärenumfeldes. Doch nicht jede Reise ist schön und nicht jeder Mitreisende ist unterhaltsam oder respektvoll. Indem Geliebte Interesse zeigen und Anteil nehmen, teilen sie fremdes Leid, Wut, Angst und Sorgen und tragen diese fremden Gefühle so mit. Ihre eigenen werden nur selten beachtet oder gewürdigt.

Natürlich gehört es in eine Partnerschaft, dass man dem anderen zuhört und für ihn da ist, wenn er Unterstützung benötigt oder emotional mitgenommen ist. Aber solange du dasselbe nicht bei deinem Affärenpartner darfst oder es sich in einem starken Ungleichgewicht hält, ist es ein Zeichen dafür, dass deine Grenzen nicht gewahrt werden oder du sie nicht *deutlich* genug zeigst. Auch wenn Menschen, die zuhören, immer beliebter sind, als solche, die über sich reden, so zahlst du erneut mehr aufs Konto ein, während er/sie abholt und es für sich ausgibt.

Heimliche Geliebte erlauben zudem, dass ihre Affärenpartner Teilnahmslosigkeit und Abwertung gegenüber ihren Bedürfnissen zeigen. Sie bringen sich nicht im angemessenen Maße ein. Viele wollen auch nicht so viel von sich erzählen und freuen sich eher über Gespräche, die der Affärenpartner beherrscht. Doch auch hier finden wir wieder eine überschrittene Grenze, denn heimliche Geliebte zählen – genauso und im selben Umfang wie ihre Affärenpartner.

3) Die Meinungen anderer Personen über deine Ziele oder Bedürfnisse sind nur bedingt wichtig. Natürlich gibt es Affärenpartner, die es gut mit ihren Geliebten meinen, weil sie fürchten, dass sie durch ihre Worte oder Taten verletzt oder enttäuscht sein könnten. Es gibt jedoch auch welche, die die Bedürfnisse, Gefühle und Ziele heimlicher Geliebte *nur aus eigener Angst* als Unsinn, Kinderkram, Fehlentscheidung oder zweifelhaft hinstellen. Doch es hinterlässt ein Wettbewerbsgefühl und lässt sie glauben, sie müssten überzeugen und sich noch mehr anstrengen. So motivierend diese Richtung auch sein kann, so destruktiv kann sie werden, wenn sich Geliebte in dem, was ihre Affärenpartner tun, sagen und wollen (und nicht wollen), verzetteln, statt sich auf Eigenes zu konzentrieren.

Fremde Ängste sagen viel über denjenigen aus, aber wenig über den Wert der Geliebten. Doch zum Glück kann man aus den Ängsten eines Menschen lernen: wenn man seine Angst wahrnimmt, ansieht und so sein lässt, statt sie persönlich zu nehmen. So nehmen Geliebte teil, ohne Streit zu schüren, nehmen sich an und erweitern ihr Bewusstsein für das Gelingen ihres Lebens. Daher sind Interpretationen nur in diesem Sinne sinnvoll: „Woher käme diese Angst, wenn ich sie hätte?“, „In welchen Situationen würde ich meine Meinung ebenso ablehnen?“, „Was müsste geschehen (sein), damit ich mein aktuelles Bedürfnis ablehnen würde, so wie mein Affärenpartner es gerade ablehnt?“. Man zieht im Maximalen die Schuhe des anderen kurz an, ohne seine eigenen wegzuwerfen.

Affärenpartner dürfen nämlich durchaus Skrupel und Ängste haben, vorgefühlte Traurigkeit und zu wenig Kraft, wenn sie an die Konsequenzen einer Trennung denken. Nichtsdestotrotz liegt aber die *letzte Entscheidung* bei den Geliebten. Erlauben sie ihrem geliebten Menschen, alles (Verletzende, Respektlose, Missachtende, Würdelose) mit ihnen zu machen, nur weil sie Angst haben, gewinnt zwar einer, aber der andere geht leer aus.

Es gibt erstaunliche Geschichten über Geliebte, die über Jahrzehnte hinweg durchhielten und abwarteten, auf den einen Moment, in dem endlich ihr geliebter Affärenpartner seine Angst überwand. Doch diese Geschichten sind rar und sie zeigen lange Durststrecken und vergeudete Lebenszeit. Wer stattdessen für sich beschließt, dass er sein Leben füllt und sich auch anderweitig orientiert, sei es auch, dass er sich freundschaftlich oder bekanntschaftlich umsieht, in die Welt hinausgeht, am Wochenende tanzen geht oder neue Menschen kennenlernt, der hat einen Schritt für sich getan, der das Warten weniger leidvoll macht. Lass dich nicht von fremden Ängsten von deinem Leben abhalten. Nimm sie nicht ernster, als dein Leben. Du hast nur dieses eine.

4) Wenn Affärenpartner ihren Geliebten sagen, was machbar ist und was nicht, so ist es *ihre Idee*, *ihre Meinung* oder mitunter auch *ihre Einschränkung* im Denken. Alle glaubten, die Erde sei eine Scheibe, bis einer einmal herumfuhr und eben nicht ins Weltall plumpste. Und er bewies damit, dass alle falsch lagen. Es gibt etliche, weitere Beispiele: von der Erfindung der Glühbirne, des Automobils bis hin zu den großen Errungenschaften der Menschheit. Schauen wir nur auf die noch existenten Weltwunder, bei denen nach wie vor die Forscher rätseln, wie die alten Kulturen sie erschaffen konnten - mit ihren minimalen Mitteln. Alles ist möglich, wenn man daran glaubt. Oft stehen uns nur eigene, fremde und anerzogene Ängste im Weg.

Besonders die Ängste, die entstehen könnten, wenn wir auf dem besten Weg zu unseren Zielen sind. Mögliche Kritik, Neid, Getuschel, Ablehnung, Misserfolg, falsche Entscheidungen etc.: Das alles sind mögliche Barrieren auf dem Weg zu unserem Erfolg. Wenn du zu vorsichtig bist, wenn es um Vertrauen und Glauben geht: Sei bereit. Für alles. Wenn dein Affärenpartner meint, etwas ginge nicht, *niemals!*, so ist es seine Idee dazu. Sie hat wiederum nichts mit dir zu tun.

Wenigstens diese Grenze in deinem Denken solltest du dir setzen: Beziehe die Gefühle deines Affärenpartners auf ihn/sie, nicht auf dich, auch wenn es sich so anfühlen mag.

5) Sei keine Müllhalde für den Dreck deines Affärenpartners. Auch wenn wir es nur gut meinen, so lässt sich die Sorgenmutter- und Kümmerpapi-Funktion gut ausnutzen. Alles hat und muss eine Grenze haben, wenn es anfängt, dich einzuschränken oder zu große Opfer fordert. Hier ist auch zu bedenken, dass viele Affärenpartner absichtlich ihre Sorgen und Probleme bei ihren Geliebten *abladen*. So stehen sie im Mittelpunkt, bekommen wertvolle Aufmerksamkeit und fühlen sich angenommen, haben sich ausgesprochen, hatten ihren Raum, mussten ihn nicht mit anderen teilen. Wenn das im Rahmen bleibt, dieses Geschenk des Mitgefühls gegenseitig ist und man sich ebenfalls aussprechen kann, wunderbar. Aber Obacht ist bei Personen geboten, die einen bei eigenen Sorgen unterbrechen, das Gespräch wieder auf sich ziehen, es sogar beenden oder einen hängenlassen, wenn man tatsächlich eine Schulter zum

Anlehnen oder ein Ohr benötigt. Da ist eine Grenze zu ziehen: „*Es tut mir leid, dass du Sorgen hast, aber ich bin gerade so sehr mit meinem eigenen Leben belastet und beschäftigt*". (Und das darf man auch ruhig ehrlich meinen.)

6) Übernimm selbst Verantwortung, statt es andere machen zu lassen. Sein Leben in die eigenen Hände zu nehmen, ist grundsätzlich die beste Idee. So muss man sich im Nachhinein nichts anhören, schürt weder Schuld noch Scham, noch Konflikte, die genauso schwer wiegen können, wie fehlende Verantwortung sich selbst gegenüber. Auch wenn es immer einmal nötig ist, sich etwas in Selbstmitleid zu baden und sich seiner traurigen und ängstlichen Gefühle bewusst zu werden, so sollte und muss irgendwann dieses Gefühl für ein positives weichen. Niemand wird kommen und dich aus deiner Situation retten, wenn du dich nicht retten lässt oder schon selbst einige Schritte in Richtung Heilung gegangen bist.

Orientiere dich gern an den Übungen und deinen Antworten, in denen du dich nur mit dir beschäftigt hast.

7) Verwechsele deinen Charakter nicht mit dem deines Affärenpartners. Wir lernen von unseren Bezugspersonen, wie den Eltern, Lehrern in der Schule, Freunden, Partnern und anderen geliebten Menschen, wie auch von unseren Affärenpartnern. Wir nehmen damit viele ihrer Erfahrungen an und auf, vertrauen ihren Lebensweisen, wenn sie erfolgreich waren (oder besonders erfreulich oder wenig verletzend). So vergraben wir unser inneres Potenzial und müllen uns mit Fremdansichten zu. Auch mit fremder Angst. Es bildet sich unsere zweite Natur; unsere erste geht den Bach hinunter. „*Fass' nicht auf die heiße Herdplatte, sonst verbrennst du dich!*" ist eine kluge Angst, die schützen soll. Aber „*Mach das lieber nicht! Sonst bekommst du Ärger!*" ist konfliktbeladen, angstschürend und verhindert dein (und deren!!!) nötiges Wachstum.

Wenn man Lust auf etwas hat, etwas Neues oder Altes ausprobieren oder ablegen möchte, mit seinen Persönlichkeitsanteilen und dem eigenen Leben herumexperimentieren will, dann los! So lernt man seine eigenen Handlungen vertrauensvoll zu sehen, Mut zu festigen, Selbstvertrauen zu verankern, gegebenenfalls Fehler zu erkennen und leichter zu vermeiden. Eigene Erfahrungen sind ohnehin 1000fach mehr wert, als die anderer Personen. Andere haben eine andere Vergangenheit, andere Werte, andere Gefühle, ein anderes Leben. Trau dich, anders zu sein!

Ein wenig Gegenwind hat noch niemandem geschadet. Wenn du dein Leben entsprechend mit dir anreicherst, das schrieb ich bereits in einem vergangenen Kapitel, wird deine Affäre davon automatisch profitieren, teilhaben wollen, dich interessanter und tiefer finden und merken: Sie/Er könnte auch für andere interessant sein. Eifersucht kann auch auf Mut oder Selbstvertrauen existieren.

8) Versuche es dir als Erstes rechtzumachen, bevor du andere glücklich machst. Wer nicht genug Kraft für sich und sein Leben hat, wird auch keine für andere haben. Je mehr man für andere tut, desto besser mag es einem gehen, wenn man keine Lust verspürt, sich um sein eigenes Leben zu kümmern. Es kann *hin und wieder* angenehm sein, sich nicht im eigenen Teufelskreis zu drehen. Aber auf Dauer sollte man sich aus fremden Leben herausziehen, lernen, zuzusehen und den anderen in der Bewältigung ihrer Angelegenheiten trauen. Affärenpartner sind erwachsen. Sie schaffen ihre Herausforderungen auch ohne dich. Und du schaffst es ohne sie.

Diese Grenze gilt besonders auch für deine Affärenpartner: Sie dulden sehr wahrscheinlich keine Einmischung in ihr Leben, was ihre Partner oder Familie belangt. Vertraue ihnen, dass sie für dich und sich die richtige Entscheidung treffen werden. Auch wenn sie sich nicht trennen und du dich deshalb zurückziehst, ist es die richtige Entscheidung für dich. Wer nicht auch rücksichtsvoll für dich handelt, sollte keinen so großen und wichtigen Platz in deinem Leben einnehmen dürfen. Das ist ein legitimes Stopp-Schild für andere. Wie viel Zeit du dir nimmst, um herauszufinden, woran du bist, entscheidest du. Aber lerne, dich als gleichbedeutend und wichtig zu sehen.

Um sicherzustellen, dass du deine Grenzen, die du dir setzen wirst, auch wahrst, und Argumente (dir selbst gegenüber) für diese Grenzen hast, lade ich dich ein, sie mit einem Vertrag zu besiegeln. Dieser Vertrag soll dich immerwährend daran erinnern, dass es dich gibt, deine Gefühle, dass alles an dir wertvoll ist und deine Bedürfnisse, Wünsche und Zukunftsträume mit Achtung und Rücksicht behandelt werden müssen. Du kannst die nächste Seite herausreißen, ausschneiden, zusammenfalten und in deine Geldbörse legen oder aber sichtbar in deine Wohnung hängen, versteckt in die Schreibtischschublade oder neben deinem Bett.

Wichtig ist nur: Lerne deine Grenzen auswendig. Lies sie für die kommenden Tage mindestens einmal morgens und einmal abends sorgfältig mit lauter Stimme vor. So registriert dein Gehirn mit mehreren Sinnen, welche Informationen aufgenommen werden sollen. Sind es neue Daten, muss es sie erst einmal abspeichern. Solltest du dir also im Folgenden neue Grenzen stecken, braucht es mitunter 30 Tage, bis das Gehirn sie abgespeichert hat. Einige Studien sprechen sogar von bis zu 60 Tagen, bis Informationen aus dem Kurzzeitgedächtnis ins Langzeitgedächtnis gewandert sind. Deine Handlungen werden automatisch folgen.

Hiermit vereinbare ich, ___________________, mit mir, dass ich ab sofort alle meine Grenzen wahren werde und vor anderen standhaft vertrete.

In meinem eigenen Interesse möchte ich besonders die folgenden Grenzen gegenüber anderen setzen:

Ich weiß, dass ich bei Verletzung meiner Grenzen schmerzhafte Konsequenzen davontrage, wie die folgenden:

____________________	____________________
Ort, Datum	Unterschrift

WIE PERSÖNLICHKEITSANTEILE AFFÄREN STEUERN

„Die Kritik an anderen hat noch keinem die eigene Leistung erspart."

Noël Coward

Hast du dich schon einmal dabei ertappt, dass dir Situationen besonders an die Nieren gingen? Oder dass solche, die dir vorher nichts ausmachten bzw. die neu waren, emotionale und intensive Reaktionen auslösten, mit denen du nur schwer umgehen konntest? Diese Gefühle liegen an deinen verschiedenen Persönlichkeitsanteilen, die sich erinnern und sich bei Ähnlichkeiten zu vergangenen Ereignissen melden. Oder aber diese Situationen sind so ungewöhnlich, dass wir bislang keine sogenannten *Coping-Strategien* entwickelt haben. Coping stammt aus dem Englischen und bedeutet wortgemäß „Umgehen". Aber auch gegenüber bestimmten „Sorten" Mensch oder Verhaltensweisen, die wir mögen oder die besonders abstoßend wirken, sind es Teile unseres Charakters, die destruktiv reagieren und häufig blockieren. Dann „können wir nicht aus unserer Haut", gehen in die Luft, brechen in Tränen aus oder werden gar krank. Schlussendlich entscheidet nicht der Umstand, nicht die Situation und nicht der Mensch mit seinem Verhalten darüber, was wir fühlen, sondern wie wir damit umgehen und zurechtkommen.

In heimlichen Affären ist man oft genug mit stressigen Umständen, Angst, depressiven Verstimmungen und sogar Panik konfrontiert. Je mehr man sich selbst kennenlernt und erlaubt, hinter die eigene (nicht immer goldene) Fassade zu blicken, umso leichter werden Ablehnungen, Unsicherheiten und Alleinsein für Geliebte.

Das sogenannte „innere Team" ist eine wunderbare Möglichkeit, um sich in seinen Teilen näher kennenzulernen und bislang schädliche Reaktionen (gegenüber anderen und dir selbst) aufzulösen. Wenn wir wissen, woher das Gefühl kommt, das uns übermannt, lässt es sich leichter greifen und steuern. Das schenkt mehr Ruhe und Ausgeglichenheit und fördert deine Resilienz gegenüber stressigen Situationen.

Übung: Dein inneres Team

Denke an eine Situation, in der du wiederholt ein überforderndes und destruktives Gefühl erlebst:

Benenne das Gefühl:

Beschreibe, was es mit dir macht:

Beschreibe, wie du reagierst, wenn dieses Gefühl hochkommt:

Beschreibe, wie es dir im Nachhinein mit dieser Situation und dem ausgelösten Gefühl geht:

Gib dem Gefühl einen fiktiven Namen und eine Funktion (z. B. Sabine, strenge Mutter oder Martin, Türsteher):

Benenne nun das gegenteilige Gefühl (1) und zusätzlich ein neutrales Gefühl (2):
(1)
(2)

In welchen Situationen hattest du diese Gefühle?
(1)
(2)

Wie hast du in den Situationen auf diese Gefühle reagiert?
(1)
(2)

Gib den Gefühlen einen fiktiven Namen und eine Funktion (z. B. Claudia, beste Freundin oder Sven, Arzt):
(1)
(2)

(Es folgen meine Beispiele, bevor du selbst listen kannst.) Schreibe die Namen und Funktionen nebeneinander, z. B.
Sabine (strenge Mutter) *Claudia (beste Freundin)*

Liste nun ihre wesentlichen Merkmale auf:

Negatives Gefühl: Sabine (strenge Mutter)
- *Kontrolle*
- *Angst vor Verletzungen und Verlust*
- *Fürsorglich (sorgt sich oft auch unnötig)*
- *Umsichtig und rücksichtsvoll*
- *Organisiert und geplant, mag es gern strukturiert*
- *Nimmt sich zurück*

- *Zieht ihre Energie aus der Familie, dem Zusammensein und Zusammenhalt*
- *Ist bei Abweichungen vom Plan schnell laut/herrisch*

Positives Gefühl: Claudia (beste Freundin)
- *Cool, nimmt die Dinge nicht so ernst*
- *Aufgeschlossen, spontan und abenteuerlustig*
- *Legt sich selten fest*
- *Mag viele unterschiedliche Menschen*
- *Verabredet sich mit anderen, wenn ein Treffen platzt*
- *Kann sich gut allein beschäftigen, hat viele Hobbys*
- *Interessiert sich mehr für den Moment, als die Zukunft*

Neutrales Gefühl: Melanie (Physiotherapeutin)
- *Kümmert sich nur um die, die auf ihrer Liste stehen*
- *Lässt sich nur auf bestimmte Menschen offen ein*
- *Spielt, falls nötig, Freundlichkeit*
- *Hat sehr gute Freunde, die fester Bestandteil ihres Lebens sind*
- *Liebt Kinder und Tiere, sowie die Natur*
- *Treibt viel Sport*

Negatives Gefühl: Martin (Türsteher)
- *Trägt Verantwortung, eher ernster Charakter*
- *Ist aufmerksam, um die Situation zu checken*
- *Lässt unangenehme/unpassende Menschen abblitzen*
- *Gewissenloses Durchsetzen seiner Ziele*
- *Ist auf das Gemeinwohl bedacht, moralisch und regeltreu*
- *Riskiert nichts, misstrauisch, lässt nicht mit sich reden*
- *Ist unberechenbar, aber kontrolliert*

Neutrales Gefühl: Peter (Architekt)
- *In sich gekehrt, unauffällig, aber sympathisch*
- *Interessiert sich für nichts richtig*
- *Erledigt seine Aufgaben, widmet sich dann seinem Leben*
- *Hat einige gute Freunde, die er hin und wieder sieht, kein großer Menschenfreund*
- *Ist eher emotionslos, stark verkopft*
- *Will immer alles im Vorfeld wissen und Risiken kennenlernen, bevor er handelt*
- *Vertraut zu wenig*

Positives Gefühl: Sven (Arzt)
- *Fürsorglich*
- *Liebevoll*
- *Vertrauensvoll, glaubt allen*

- *Seine Tür steht jedem offen*
- *hilft bei allen Anliegen und Menschen immer weiter*
- *Intelligent und belesen*
- *Findet immer eine Lösung*
- *Weltoffen und spontan*

Jetzt du:

<u>Negatives Gefühl:</u>

<u>Neutrales Gefühl (2):</u>

<u>Positives Gefühl (1):</u>

Was müsste geschehen, damit du in der Situation, in der du das negative Gefühl verspürst, das Gefühl (1) oder (2) fühlst?

Was hält dich davon ab, dich so zu fühlen, wie du es eben beschrieben hast (nicht das Gefühl, sondern die Ursache)?

Was davon kannst du selbst oder mit einer Person ändern – und wie?

Die Übung konzentriert sich darauf, bewusst andere Stärken zu aktivieren, die wir besitzen, auch wenn wir sie nur selten nutzen, während wir wunde Punkte und automatische Reaktionen außen vor lassen. Diese Übung hat drei deiner Teile, drei Teammitglieder identifiziert. Natürlich besteht man oft aus mehreren, u. a. dem inneren Kind, der kleinen und großen Schwester oder der Oma, dem Opa, der Tante, dem Onkel, Vater, Mutter usw., um es anhand von Familienmitgliedern darzustellen. Auch anhand von Funktionen haben wir alle mehr oder minder einen Engel, Teufel und Gott im Sinne von Helfer, bösem Zauberer und Allmächtigen inne. Die Esoterik arbeitet nach diesem Prinzip mit Krafttieren, dem Bären, Löwen, Vogel, Affen, Hund oder sonstigen Tierarten, die unsere Teile charakterisieren und stärken sollen.

Eine weitere Möglichkeit, seine Teile kennenzulernen und etwas gefügiger, entspannter zu machen, ist es, sie „auszusperren". Das bedarf ein wenig Übung, um in dem Moment anders zu reagieren, aber mit etwas Konzentration lassen sich schnell Ergebnisse erzielen. Dazu stellt man sich vor, wie alle seine Teile in einem Raum im Kreis sitzen. Gedanklich begibt man sich in eine verletzende Reaktion, von der man weiß, dass man wütend, ängstlich oder traurig reagieren würde. Man schaut sich den Teil genau an und lässt dann die anderen Teile mit ihm interagieren, sprechen, beruhigen, in die Diskussion gehen. Sollte der Teil nicht freiwillig die selbsternannte Vorherrschaft aufgeben, obwohl die anderen Teile ausreichende Argumente haben, so kann man sich gedanklich vorstellen, dass man den Teil aus dem Raum schickt. Dann sind nur noch die kompromissbereiten und ausgeglichenen Teile, die in der Situation sehr viel effektiver und gesünder für das eigene psychische Wohlbefinden wären, anwesend.

Selbstverständlich kann man auch seine positiven Seiten für misslich empfinden, zum Beispiel, wenn Geliebte immer etwas zu freundlich und vertrauensvoll sind. In diesen Fällen kämen dann die Teile ins Spiel, die mehr auf Konflikt und Durchsetzung aus sind.

Es lohnt sich in jedem Fall, mit seinen Teilen in ein imaginäres Gespräch zu gehen. Sie antworten intuitiv, so wie Gedanken in den Kopf schießen, die heute lebensfroh und im nächsten Moment tieftraurig sind. Diese Gefühlsschwankungen stellen auch immer unsere Teile dar. Lassen wir sie aber „machen", was sie wollen, so kann es für unser Gleichgewicht Folgen haben, die auch psychisch belastend und destabilisierend wirken.

In einer heimlichen Affäre aber brauchen wir in uns Ausgeglichenheit und Stabilität mehr denn je. Wenn sich Geliebte von jedem Windchen des Affärenpartners auseinanderreißen oder umwerfen lassen, weil sie mit ihren Gefühlen nur schwer umgehen können, hat das einen stark negativen Effekt – besonders auf die Affäre. Ich habe einige Fälle erlebt, in denen allein daran die

Verbindungen zerbrachen. Ich habe natürlich auch solche erlebt, die zerbrachen, weil die Geliebten klare Regeln und Erwartungen in ihrem Leben hatten, die von niemandem – auch nicht von sich selbst – verletzt werden durften. Sie beendeten die Affäre relativ emotionslos. Auch, wenn sie ebenso von dieser Übung profitieren könnten, eignet sich „Das innere Team“ *nicht* dazu, bereits verhärtete Gefühlsfronten noch höher zu bauen.

Sie ist dann wirksam, wenn wir uns selbst anschauen und teilweise auf unser Wohl besinnen möchten. Es bringt nichts, wenn Geliebte nur noch ein Häufchen Elend sind, weil ihre Gefühle zum Spielball eines anderen wurden. Seine Stärken auszublenden, auch wenn die wunden Punkte häufig am hellsten leuchten, ist auch ohne heimliche Affäre kontraproduktiv für die Selbstverwirklichung und Selbstwirksamkeit.

Wieso sich deine Affäre nicht für dich entscheidet

„Wieso entscheidet sich mein Affärenpartner nicht für mich?“, fragen sich viele heimliche Geliebte. Mir erklärte meine damalige Affäre: „Auch, wenn es eventuell die falsche Entscheidung sein mag und es so aussieht, als würde man sich gegen jemanden entscheiden: Dahinter versteckt sich sehr viel mehr, als das, wonach es aussieht. Es geht selten darum, dass man jemanden nicht will, aber er oder sie nur gut genug ist für Sex oder so“. Damit meinte er mehrere, sogenannte *intrinsische Gründe*. Intrinsisch bedeutet, dass es eine starke, innere Motivation gibt, die einen zu etwas oder gegen etwas antreibt. Im Folgenden gehe ich näher auf die häufigsten Motive und Ängste ein, die wiederum Persönlichkeitsanteile, meckernde und furchtvolle Funktionen des Unterbewusstseins, darstellen.

Zukunftsangst ist eine der wichtigsten. Dazu soll diese Metapher Klarheit bringen: Sich eine sehr teure Reise zu gönnen, mit einer beschränkten Dauer, an einen wunderschönen Ort, an dem man sich wohlfühlt (und fühlt), ist nur dann und solange attraktiv, wie man ihren Wert aufgrund der Seltenheit schätzt. Wenn du an diesen Ort ziehen würdest, müsstest du dein ganzes Leben dennoch mitnehmen – Vergangenheit, Arbeit, Alltag, Verpflichtungen, Sorgen, Probleme mit dir selbst usw. Du könntest dich nur noch bedingt an dem, was dir vormals eine Auszeit bot und glückliche Momente schenkte, erfreuen. Im Fluss des Lebens achtsam zu bleiben und sich für die kleinen Gegebenheiten dankbar zu zeigen, sie zu genießen, ist nicht umsonst eine Kunst. Deine Affäre weiß und fürchtet genau das: Dass es im Endeffekt genauso würde, wie mit der jetzigen Partnerschaft, einschließlich der Konsequenzen, die eine Trennung von der offiziellen Partnerschaft und ggf. von Kindern mit sich brächte.

Schuld ist eine weitere Motivation, im Bekannten zu bleiben. Nur dass es eine, bzw. bei Kindern gleich mehrere Personen auf der Liste gäbe, die man enttäuscht hätte. Das ruft alles auf den Plan, was ich bereits bei den Typen von Affären beschrieb: Man gibt sich zu erkennen und es würde Menschen geben, die von ihrem Glauben abfallen. Solches Verhalten hätte man dem Fremdgänger nie zugetraut. Jedes Vertrauen bricht in sich zusammen; vielleicht folgt auf den Schock sogar Rache des offiziellen Partners, die bis zur Trennung von den Kindern gehen kann.

Verlust- und Trennungsängste sind mächtige Gegner. Trifft man die falsche Entscheidung, hat man damit auch seine Lebensqualität besiegelt und das (vorerst) final, auch wenn die Konsequenzen mit der Zeit verblassen werden. Oft fallen einem Menschen, der vor so einer wichtigen Entscheidung steht, viele, doch sehr positive Eigenschaften am offiziellen Partner oder am Leben mit ihm ein, die man vorher so gern übersah. Diese Betrachtung aus einem gefürchteten Mangelbewusstsein heraus, macht es ihnen noch schwerer. Da man den Alltag mit den heimlichen Geliebten noch nicht kennengelernt hat, weiß man nur selten um das, worauf man sich einlässt. Alles erscheint unberechenbar und undurchsichtig. Nichts lässt sich so richtig greifen. Viele verfallen in eine Starre und können sich trotz Beziehungspause wochenlang nicht entscheiden. Sie fühlen sich nicht, weil sie unter Druck stehen. Stresshormone haben sich breitgemacht und ein klarer Kopf ist nicht vorhanden.

Eine weitere, nicht zu unterschätzende Komponente ist diese: Mit dir als potenzielle Partnerin oder Partner gibt es einen Menschen mehr, den sie enttäuschen könnten. Sich seine heimliche Freundin oder seinen heimlichen Freund als Partner zu wählen, lässt automatisch eine Angst wachsen, dass auch dieser irgendwann kein Freund mehr wäre, sondern zu einem erwartungsvollen, eigensinnigen Partner würde. Falls du aber im Leben des Affärenpartners eine große Rolle spielst, für das Seelenwohl und den nötigen Ausgleich sorgst, der ansonsten fehlt, wäre der Verlust ein schwerer, der selten ohne psychische Belastungen abläuft.

Nicht zuletzt stehen sich Affärenpartner selbst im Weg und hadern mit ihrer Entscheidung, weil sie mit sich und ihrem Leben hadern, selten Zukunftsträume oder klare Ziele vor Augen haben. Wie bereits an anderer Stelle erwähnt, fehlt es Männern oft an einem sozialen Netzwerk. Sie fürchten Einsamkeit genauso wie Frauen, deren sozialer Rückhalt aber nicht nur existent, sondern auch präsenter ist.

Es liegt aber nie nur an dir, dass der- oder diejenige beim offiziellen Partner bleibt. Es ist immer ein wildes, beinahe undurchdringliches Gemisch aus mehreren unsicheren, ängstlichen, schamvollen und schuldigen Gefühlen.

Es war bereits mehr als zweieinhalb Jahre her, dass ich meine Affäre beendet hatte. An einem sonnigen Tag ging ich in der Natur spazieren. Da man als Autorin sehr viel sitzt, hatte ich beschlossen, mich mehr zu bewegen und hatte dafür einen Schrittzähler auf meinem Handy installiert. Dieser ließ sich sehr leicht mit dem Gesundheitspass in meinem Handy verbinden. So schmökerte ich, während ich spazieren ging, in eben diesem herum und aktualisierte einige Daten: Organspender ja oder nein, Allergien, Operationen ... und landete schlussendlich bei den Notfallkontakten. Ich hatte meine engsten Freunde, gefolgt von meiner Mutter, die aber im Ausland wohnt, dort eingetragen. An letzter Position fand ich überraschenderweise meine Affäre.

Ich wunderte mich, dass ich ihn dort eingetragen hatte, war mir doch mehr als bewusst, dass man ihn als allerletztes anzurufen bräuchte, falls ich durch einen Unfall im Krankenhaus landete oder gar verstarb. Ich sinnierte mehr als 30 Minuten lang, wann und in welcher Situation es mir mit ihm so gutgegangen war, dass ich ihn als Notfallkontakt und als Mensch meines Vertrauens hinsichtlich meiner Gesundheit und medizinischer Maßnahmen eingetragen hatte. Ich fragte mich vor allem, ob er reagieren würde, wenn abends um 23:00 Uhr oder morgens beim Frühstück sein Handy klingeln und ihm ein Mitarbeiter des Krankenhauses mitteilen würde, dass mir etwas zugestoßen sei. Was würde er seiner Freundin sagen? Würde ihn mein Gesundheitszustand überhaupt kümmern oder würde er den Mitarbeiter geschockt abwimmeln?

Ich stellte fest, dass die Frage „Kann ich dich als meinen Notfallkontakt eintragen?“ eine sehr essenzielle und vor allem entscheidende in puncto Affäre und ihre Zukunftsaussichten ist.

Zu welchem Typus deine Affäre nun zählt, es steht eines fest: Du bist die Person, die entscheidet, ob es dir genügt oder nicht. Wir halten die Kontrolle über unser Leben, über das, was geschieht und was nicht, wer uns mehr als einmal verletzen darf oder nicht, in unseren eigenen Händen. Wenn du dich hingehalten fühlst, dich die Frage beschäftigt, wann sich dein Affärenpartner öffentlich zu dir bekennen und mit dir in eine gemeinsame Zukunft gehen wird, dann gibt es nur einen Weg: hinhören. *Stelle deiner Affäre diese Frage.* Wenn keine Antwort kommt, dann ist das, so verletzend, wie es auch erscheint, oft die eine Antwort, die es gibt – und die einzige, die du dir anhören solltest.

Aus meiner Erfahrung kann ich dir einen positiven Aspekt daran nennen: Es wird der Zeitpunkt kommen, an dem du den Nutzen dieser Affäre erkennen wirst. Auch an den schmerzvollsten Erfahrungen können Menschen wachsen.

Seit meiner Affäre falle ich nicht mehr auf Männer hinein, nicht einmal auf Menschen im normalen oder beruflichen Leben, die es nicht ernst oder einseitig mit mir meinen. Ich erkenne sie sofort. Das brauchte etwas Übung, aber hatte denselben, guten Effekt: Ich entschied, wer mich verletzt.

Die Tatsache, dass fremde Entscheidungen, auch die gegen uns, nicht geändert, sondern nur akzeptiert werden können, half mir dabei, auch eigene Entscheidungen über Trennungen bzw. Distanz leichter zu fällen. Ich entschied, dass ich mich mehr denn je auf meine Werte und Bedürfnisse stützen werde. Nicht vollkommen kompromisslos, aber ehrlich und vor allem offen, ohne etwas zu verschweigen oder mit Notlügen hinzubiegen.

Ich weiß seitdem Menschen, die mir gegenüber zögernd oder unehrlich im Verhalten sind, zu nehmen, wie sie sind. Meine Affäre hat mir viel über Menschen gezeigt, wie sie fühlen, denken, welche Ängste sie haben (dass sie welche haben!), wozu sie bereit sind, um Alleinsein zu vermeiden, um nicht sie selbst sein zu müssen und was sich dahinter verbirgt. Mir erscheint die gesamte Welt seither verletzlich (so wie ich) und damit weniger übermächtig, sondern nur noch menschlich.

Wenn du diesen Blickwinkel einmal eingenommen hast, fühlst du dich weniger wie ein Opfer der Umstände. Du erkennst: Er/Sie weiß keinen anderen Weg, als diesen. Ich heiße es nicht gut, aber ich verstehe. So erklärt sich dann auch, dass ich weniger Erwartungen an diese Menschen stelle, weil ich von vornherein weiß, wozu sie in der Lage sind und wozu nicht. Das meine ich im Guten, denn es erleichtert mich und gleichzeitig minimiert es Erwartungen und damit eventuelle Enttäuschungen. Die wären unweigerlich gekommen, wenn ich an meinen Erwartungen festgehalten hätte. Überhaupt ist dies die wichtigste Kernaussage des Buddhismus: Hafte nicht an. Weder an deinen eigenen Erwartungen, noch an denen anderer. Sich die Handlungen unsicherer Menschen anzuschauen und als charakterisierend wahrzunehmen, ist tausendfach realistischer als jedes, noch so schöne Wort.

Welche Gefühle es in mir gibt, die ich bis dahin gar nicht wahrgenommen, verdrängt oder irgendwo tief in mir vergraben hatte, erkannte ich erst während meiner Affäre. Seitdem weiß ich auch: Es ist in Ordnung, dass ich Gefühle habe. Es ist legitim, dass ich diese anderen zumute. Wenn ich wütend bin oder traurig, zeige ich das. Ich habe gelernt, und zwar, weil mich meine Affäre hunderte Male im Regen stehen ließ, dass es in Ordnung ist, dass auch ich – und besonders ich – endlich lerne, nein zu sagen und mich notfalls zu trennen. Ich nahm meine Gefühle als Indikator dafür, mein Leben aufzuräumen – und rauszuschmeißen, was nur gekommen war, um zu gehen oder sich zu nehmen, was ihm nicht zusteht: meine Selbstachtung und Selbstverantwortung.

Dein Lebensglück und deine Zukunft liegen in deinen Händen. Denn: Kein Mensch der Welt ist es wert, dass du dich allein, verängstigt, ohnmächtig, hilflos und traurig fühlst. Keiner. Um das zu untermauern, biete ich dir eine Übung an, die etwas eigenwillig und konfrontativ ist.

Soll sie ihn haben

Gleich, wie verliebt du bist oder wie idealistisch getönt du deinen Affärenpartner betrachtest: Jeder Mensch hat Eigenschaften an sich, die uns abstoßen oder die wir nur schwer ertragen können. Oft werden sie verdeckt durch die vielen guten Charakteristika und schönen Momente, die alles Negative nebensächlich erscheinen lassen. Aber wenn wir genau hinsehen, finden wir an jedem Menschen etwas, das uns „gegen den Strich geht", „aus der Haut fahren" und „die Fußnägel kräuseln" lässt oder „die Kehle zuschnürt". In der folgenden Übung wollen wir uns dem widmen.

Die Paartherapie kennt dieses Prinzip des „Sich-Entliebens". Sie fordert, dass du dich auf die Aspekte der Persönlichkeit eines Menschen konzentrierst, die dich fuchsteufelswild machen oder verletzen. Diese müssen so grenzwertig und gegensätzlich zu deinem Wesen sein, dass sie genug Potenzial haben, um deine Gefühle zu verringern.

Am besten machst du diese Übung aus einem Blickwinkel, der dir erlaubt, dich als ein Freund von dir zu sehen. Was würde deine beste Freundin oder dein langjährigster Freund an deiner Stelle antworten? Was würden die Persönlichkeitsanteile, die das Ende deiner Affäre fordern, zu den Fragen sagen?

Nimm Abstand von dem verliebten und hoffnungsvollen Persönlichkeitsanteil oder sperre ihn kurz aus. Das wird es dir erleichtern, diese Übung realistisch auszuführen.

Übung: Sich entlieben

Erinnere dich an beliebig viele Situationen, in denen du durch die Worte und Handlungen deines Affärenpartners verletzt warst. Konzentriere dich auf die Art und Weise, wie er/sie sprach, vielleicht ein abfälliger oder wegstoßender Tonfall, eine Angst in der Stimme, die dich völlig desillusionierte oder ein Blick, eine Geste, die Mimik, die dich unwichtig, klein, wertlos, unliebenswert fühlen ließ.

Versuche nun, diese Eigenart in ein paar Worten zu beschreiben:

Welche anderen Eigenarten empfindest du als grenzwertig?

Mit welcher Angewohnheit oder Eigenschaft könntest du am wenigsten umgehen? (Wann musst du dich so richtig zusammenreißen, nicht in die Luft zu gehen oder in Tränen auszubrechen?)

Stelle dir nun ein Leben mit dem Menschen als gleichwertige und gleich wichtige Menschen vor: Welche Barrieren kommen dir wegen der Charaktereigenschaften zuerst in den Sinn? Wo würdest du hintenanstehen müssen? In welchen Situationen würdest du nicht den verdienten Respekt oder die Zuwendung und Aufmerksamkeit erhalten, eben weil er/sie so ist, wie er/sie ist?

Welche Konsequenzen hätte das für dein Liebesleben, deine Familie, Zukunftsträume, Freundschaften und Freizeit?

Welche Bereiche wurden besonders durch die Person verhindert? Wo konntest du dich am wenigsten bis gar nicht weiterentwickeln, weil er/sie dir im Weg stand?

Welchen Ratschlag würdest du dir geben, wenn ein Mensch, den du liebst, in deiner Situation wäre? Wie würdest du argumentieren? Wozu würdest du ihn animieren und motivieren, um über die Beziehung hinwegzukommen?

Welche schlimmen Schimpfwörter oder Standpauken wolltest du deinem Affärenpartner immer schon geben?

Suche dir ein Lied oder ein Buch aus, das deine negativen Gefühle *gegenüber der Person* am besten kanalisiert und ausdrückt, dich Stärke und Selbstwert fühlen lässt, dich daran erinnert, wer du bist und dass du zählst:

Suche dir ein Sprichwort oder Zitat aus, das deine negativen Gefühle *gegenüber der Person* am besten kanalisiert und ausdrückt, dich Stärke und Selbstwert fühlen lässt, dich daran erinnert, wer du bist und dass du zählst:

Diese Übung sollte dir helfen, deinen Affärenpartner wirklich mit offenen Augen zu sehen – auch mit den negativen Eigenschaften, die sich auf dich auswirken können. Manche sind so einschneidend, dass sie die Wunden heimlicher Geliebter noch schmerzhafter machen, sodass sie selbst Jahre später damit zu kämpfen haben. Andere wiederum verdrängen sie oder schaffen es, mit neuen PartnerInnen darüber hinwegzukommen.

Auch die eigentlichen PartnerInnen haben mit diesen eher misslichen Qualitäten zu tun und zu leben. Dass sie gut, besser oder irgendwie mit den negativen Eigenschaften zurechtkommen, kann oft deshalb verletzend sein, weil wir etwas sehen, was wir nicht können bzw. dürfen – und uns insgeheim schuldig für unsere Unfähigkeiten und Unwilligkeiten fühlen. Heimliche Geliebte wollen oft genau dasselbe, was die offiziellen Partner haben und fühlen sich zurückgesetzt, weil ihnen Möglichkeiten vorenthalten bleiben. Sie geben sich die Schuld daran oder entwickeln eine unbeschreibbare Wut, weil auch sie für den Affärenpartner gut oder gar besser hätten da sein können und wollen. Sie wollen alles das, was jemand anderes von ihrem Affärenpartner bekommt, obwohl er *vermeintlich* weniger opfern muss, als die heimlichen Geliebten.

Dann geschieht etwas, worunter Dutzende leiden: Sie beginnen zu glauben, dass der offizielle Partner besser sei als sie. Im Vergleich mit ihnen schneiden sie schlecht ab und fühlen die Wucht der einhergehenden Gefühle in ihren einsamen Stunden wie eine Tonne Gewicht, die auf ihren Schultern liegt. Genau in diesen Situationen ist es gut, sich deine Antworten aus dieser Übung vorzunehmen und dich daran zu erinnern, dass weder du schlecht seiest noch jemand anderes besser. Im Gegenteil: Wir sind alle Menschen und besonders der Mensch, der dir augenscheinlich all diese Schmerzen bereitet und dich weniger liebevoll behandelt, als seinen offiziellen Partner, hat

Eigenschaften, wegen derer du dich abwenden kannst. Hin zu dir.

Wieso du immer denselben Typ Partner/-in anziehst

Viele meiner GesprächspartnerInnen berichteten mir, dass dies nicht ihre erste ungewollte Affäre war. Einige waren wiederholt in eine heimliche Beziehung geraten; andere wurden mehrfach nur als Affäre gesehen, nicht aber als potenzieller Partner. Heutzutage ist es zwar leicht, im Internet neue Menschen kennenzulernen. Aber das Zusammenbleiben wird wegen der Optionalität von Liebe zunehmend problematischer. Nach nur wenigen Wochen merken wir meist, dass wir wieder denselben Typ Partner angezogen haben. Wir sehen uns mit denselben Herausforderungen konfrontiert – nur in einer neuen Beziehung.

Die Enttäuschung ist oft groß. Wir zweifeln an uns und vor allem an der Liebe. Welche Hintergründe dieses Phänomen haben kann, wird viel diskutiert. Dabei ist die Lösung ganz einfach: Du ziehst deshalb immer wieder denselben Typ Partner an, weil es eine alte Problematik in dir gibt, die du zu überwinden versuchst. Welche Aspekte dir helfen können, um dieses Muster zu durchbrechen, möchte ich in diesem Kapitel erläutern.

Wir verlieben uns oft Hals über Kopf. Der andere zieht uns auf unerklärliche Weise an und es kommt uns so vor, als wäre es pure Magie. Die Hormone spielen verrückt und nach kurzer Zeit sind wir in Gedanken nur noch bei dem neuen Partner. Bevor wir ihn richtig kennengelernt haben, ziehen uns unsere Gefühle in Gedanken in eine gemeinsame Wohnung, eine Familie mit Kindern oder auf Reisen oder ins Standesamt. Wir verfallen schnell dem Glauben, dass der neue Mensch endlich der bzw. die Eine sein könnte. Doch schon bald fallen uns Ähnlichkeiten mit vergangenen Beziehungen und Bindungen (Eltern, Familie, Freunde usw.) auf und wir erkennen: Wir haben wieder denselben Typ Partner angezogen.

Dahinter verbergen sich vor allem Erinnerungen an alte Wunden, die wieder aufplatzen, wie Charaktereigenschaften ehemaliger Partner, die uns besonders verletzten. Oder wir erkennen, dass wir an denselben Bindungstyp geraten sind, den wir doch eigentlich so sehnlichst loswerden wollten: zu viel Distanz und Angst vor Nähe, Kontrolle, Eifersucht, Aufbau von Abhängigkeiten, schwierige sexuelle Muster oder Anhaftungen an vergangene Beziehungen, Mutterfrauen, Vatermänner oder der Wert des Jobs. Im Nachhinein beklagen wir uns dann, dass wir immer an den oder die Falschen geraten. Wir sehen uns nur selten eine Verbindung zu uns und unserer Vergangenheit genauer an.

Es ist eine ungeschriebene Wahrheit, dass wir nur teilweise mitentscheiden, wen wir kennenlernen. Doch wen wir lieben lernen, können wir durchaus steuern. Zu etwa 50 Prozent besteht immer die Möglichkeit, dass wir in eine ungewollte Beziehungsform, „nur Freundschaft", emotional abhängige Partnerschaften, eine On-Off-Beziehung oder Affäre geraten. Die anderen 50 Prozent erzählen von den vielen guten Dingen, die geschehen können. Wir haben jedoch immer die 100-prozentige Wahl, wen wir in unser Leben lassen.

Sokol und Carter[xlvii] schreiben, dass Menschen mit Angst vor Nähe und Beziehungen nicht unweigerlich ähnliche Menschen anziehen. Sie suchen sich genauso gern (wenn nicht gar lieber) Menschen, die das Gegenteil von dem sind und können, was sie nicht sind.

Natürlich kann es auch das alte Motto „Gleich und Gleich gesellt sich gern" geben. Wer sich schwertut, sich zu lieben und zu respektieren, verfängt sich sehr viel häufiger in Beziehungen mit Menschen, die einem genau das spiegeln. Auch Menschen, die sehr sensibel, mitfühlend und empathisch sind, werden gern von Personen mit der Angst vor wahrer Liebe und Bindung „angesteuert". Die meisten suchen in der Liebe eben genau das, was sie in ihrem Leben vermissen.

Nur die Wenigsten leben nach dem Prinzip der Fülle: Wenn es mir selbst gutgeht, geht es auch meiner Beziehung gut. Geht es mir schlecht, sollte ich zuerst an meinem Wohlbefinden arbeiten und etwas für mich tun. Erst dann kann ich wieder bedingungslos Liebe schenken und Liebe annehmen.

Trau dich einmal, hinter deine eigene Fassade zu schauen. Deine Antworten und Erkenntnisse können sehr hilfreich sein, auch wenn sie vielleicht nicht die sind, die du von dir erwarten würdest.

Reflexionsfragen[xlviii xlix]

Arbeite ich auf eine Beziehung hin, die etwas Schönes in mein Leben bringen soll oder handele ich ausschließlich gegen etwas (vermeintlich) Schlechtes in meinem Leben? Wovor laufe ich davon – und in eine Beziehung hinein?

Bin ich bereit, in einer Beziehung zu wachsen? Welche Lebensbereiche und Charaktereigenschaften sind besonders hinderlich?
Welche Bedürfnisse erfülle ich mir und welche nicht? Habe ich Unsicherheiten, die ich verbergen will? Liebe ich mich selbst bedingungslos?

Welche Ängste habe ich? Bin ich bereit, diese Ängste durch Vertrauen und Hoffnung zu ersetzen? Oder brauche ich jemanden, der diese Hoffnung nährt?

Wie sieht mein Umfeld aus? Habe ich Freunde oder Familienmitglieder, die mich motivieren, zu wachsen und mehr aus meinen Möglichkeiten zu machen? Wie betrachtet mein Umfeld Liebe und Partnerschaft? Sind sie ängstlich, vorsichtig oder gar vermeidend? Erlauben sie Fehler? Schüren sie Misstrauen und Hoffnungslosigkeit? Haben sie eine bestimmte Form einer Beziehung im Kopf, die sie als die einzig Wahre proklamieren?

Wozu wünsche ich mir eine Beziehung? Möchte ich sie, um mein Leben mit jemandem zu teilen, und das auf die bestmögliche Art und Weise? Oder suche ich in Beziehungen Sicherheit und Halt, den ich sonst in meinem Leben vermisse? Falls ja, was kann ich tun, um Vertrauen und Zuversicht in mir entwickeln zu können? Wer könnte mir dabei helfen?

Welche Opfer bin ich bereit, zu erbringen? Welche Grenzen habe ich, die ich nicht setze? Welche Grenzen ignoriere ich oft und weshalb? Was versuche ich damit zu vermeiden? Welche Grenzen setze ich zu häufig? Welche Grenzen sind sogar mir hinderlich?

Folge ich den Standards der Gesellschaft, nach denen eine Beziehung aus Zusammenziehen, Familiengründung, Hochzeit, Haus und Hund besteht? Traue ich mich, meine eigene Form einer glücklichen Beziehung zu erfahren, auszuleben und notfalls zu verteidigen?

Ertrage ich die Tiefpunkte in einer Beziehung? Wann werde ich nervös? Bin ich bereit, zu kommunizieren? Bin ich kritikfähig? Wie äußere ich selbst Kritik? Äußere ich sie gewaltfrei oder klage ich an? Stelle ich Kritik in Verbindung mit geringer oder abwesender Liebe? Bin ich bereit, an mir zu arbeiten, um hinderliche Charaktereigenschaften, die der Beziehung schaden würden, abzulegen?

Erlaube ich meinem Partner, Schwächen zu haben? Erlaube ich ihm dasselbe, nämlich an seinen hinderlichen Charaktereigenschaften zu arbeiten?

Möchte ich nur Spaß, Intimität und Zweisamkeit?

Bin ich bereit, meinem Partner alle Freiräume, die er braucht, zu geben, so wie er bereit ist, mir meine Räume zu lassen? Habe ich selbst Freiräume, die ich brauche und mir nehme?

Was mache ich, wenn mein Partner nicht da ist? Welche Leidenschaften und Hobbys habe ich?

Bin ich bereit, ein eigener Mensch zu bleiben? Wie selbstlos bin ich? Wie sehr vergesse ich mich in Beziehungen, weil ich den Menschen oder die Beziehung besser finde, als mich und meine Beziehung zu mir selbst?

Welche alten Mauern aus der Vergangenheit halten mich und jede neue Beziehung davon ab, größtmögliche Liebe zu finden und zu leben?

Kann ich echte Intimität zulassen? Kann ich mich fallenlassen und mit meinem Partner über meine sexuellen Bedürfnisse sprechen? Kann mein Partner mit mir über seine Bedürfnisse sprechen?

Bin ich bereit, mich auf eine gemeinsame Grundlage innerhalb der Beziehung einzulassen, zum Beispiel monogam oder offen?

An welchen Beziehungsgrenzen will ich festhalten? Was sind absolute No-Gos?

Welche Umstände würden dazu führen, dass ich mich sicher(er) fühle? Welche schüren die Unsicherheit in mir?

Welche Umstände in meinem Leben würden dazu führen, dass sich mein Partner zurückziehen möchte? Welche Umstände würden mich flüchten lassen?

All diese Fragen können dir dabei helfen, ein klares Bild davon zu bekommen, welchen Partner du tatsächlich möchtest und was für ein Partner du selbst bist. Stimmen die Aspekte überein, dann wunderbar! Solltest du jedoch merken, dass es schon in deinem Kopf unvereinbare Differenzen gibt, wäre ein Umdenken lohnenswert und befreiend. Umdenken muss nicht zwingend Trennung bedeuten. Aber leider ist es in vielen Fällen die bessere Wahl. So vergeudet man nicht seine wertvolle Lebenszeit.

Dennoch ist man in einer Beziehung am Gelingen beteiligt und somit genauso verantwortlich, wie der Partner. Ein Partner allein kann nicht alles leisten, damit es besser wird. Wenn sich beide einigen und beschließen, dass sie besser für- und miteinander werden möchten, ist die Grundlage für eine liebevolle und respektvolle Beziehung gelegt.

Natürlich sind wir alle Menschen, wir machen alle Fehler und niemand ist perfekt. Das ist auch gut so. Wir können immer an uns arbeiten, können uns immer für Fehler entschuldigen und unser Verhalten ändern. Wer uns aufgrund unserer Charaktereigenschaften oder Lebensumstände nicht lieben kann, der soll auch nicht in unserem Leben sein.

Wer uns liebt, entscheiden wir leider auch nicht. Aber dafür können wir beschließen, ob wir in der nächsten Beziehung wieder denselben Typ Mann oder Frau anziehen wollen. Wir können entscheiden, ob wir zu einer besseren Version unserer selbst werden möchten, um eine entscheidende Wende herbeizuführen. Eben weil wir alle nicht perfekt sind, ist es so wichtig, sich ständig zu reflektieren. Im Alltag schleichen sich leicht Bequemlichkeiten ein oder wir neigen dazu, über Negatives hinwegzusehen, um Streit aus dem Weg zu gehen. Aber wir können verhindern, dass diese Misslichkeiten zum falschen Zeitpunkt hochkommen, für Auseinandersetzungen und Bauchschmerzen sorgen oder gar zum Ende der Affäre führen. An uns selbst zu arbeiten und zu erkennen, was wir noch nicht verarbeitet haben oder nicht bearbeiten wollen, weil es zu schmerzhaft wäre, ist ein absoluter Garant dafür, dass wir beziehungsfähige (und passende Partner) anziehen. Haben wir die Antworten auf die gestellten Fragen gefunden, können wir leichter erwirken, dass auch die Beziehung eine andere sein wird. Doch wenn sich zwei Menschen auf einem Haufen (in einer heimlichen Affäre) weigern, sich selbst anzusehen und auch die dunklen Stunden ihrer Vergangenheit und wunden Punkte ihrer Persönlichkeit zu akzeptieren und zu heilen, wird eine gesunde Beziehung fast unmöglich. Natürlich gibt es viele heimliche Geliebte, die auch eine Affäre als gesund beschreiben würden, weil es ihre favorisierte Form einer Beziehung ist und sie ihnen am besten tut. Doch das ist hier nicht gemeint.

Durch die Fragen können wir sehen, mit welcher Motivation wir in eine Beziehung gehen. Was wir unserem Partner vorwerfen, ist ein direktes Spiegelbild unserer eigenen Behandlung. Ist jemand zu distanziert uns gegenüber, können wir eigentlich fragen: *Bin ich mir selbst gegenüber distanziert? In welchen Bereichen entferne ich mich von dem, was ich eigentlich möchte? Wo lasse ich keine Nähe zu mir selbst zu? Wo verhindere ich Nähe zu meinem Partner? Welche Aspekte einer Beziehung machen mich richtig nervös?* Sich selbst so gut wie möglich zu kennen, seine Ecken und Kanten zu wissen, erlaubt, dass wir weniger kritikempfindlich reagieren, vor allem in Situationen, in denen wir vom Affärenpartner unausgesprochen oder offen kritisiert oder abgelehnt werden.

Je eher und präziser wir lernen, unsere Gefühle und Bedürfnisse klar zu formulieren, desto weniger werden wir zulassen, dass ein anderer Mensch uns unsere Bedürfnisse abspricht. Je mehr Nähe wir zu uns selbst haben, desto besser können wir allein sein, desto weniger fürchten wir Trennung und Distanz, desto weniger eifersüchtig sind wir und desto wohler fühlen wir uns in unserem Leben. Sich selbst DER EINE Lebensmittelpunkt zu sein, ist einer der Hauptpfeiler unserer Psychohygiene. Es erlaubt uns in den schweren Zeiten des Lebens, resilient zu bleiben, statt zusammenzubrechen. Nicht nur in unserem Alltag, auch in unseren Beziehungen und denen, die eine werden könnten.

Wie man mit unerwiderten Gefühlen umgeht

Niemand kann unerwiderte Gefühle leicht ertragen. Wohl empfinden es einige als zeitsparend, so schnell wie möglich zu erkennen, dass ihre Gefühle nicht geteilt werden. Doch was kann man tun, wenn man schwer darunter leidet, dass Liebesgefühle abgewiesen werden? Manche heimliche Geliebte berichteten mir sogar, dass ihre AffärenpartnerInnen ihre Gefühle belächelten, weil sie selbst eine kritische Sicht auf ihre eigenen Liebesgefühle hatten. Welches Ausmaß die Ablehnung auch haben mag: Ich möchte im Folgenden einige Coping-Strategien zeigen, die dir den Umgang mit unerwiderten Gefühlen erleichtern können.

Was müsstest du tun, damit es noch schlimmer wird?

Wenn es höllisch wehtut oder du wahnsinnig wütend bist, Angstzustände, Depressionen, Panikattacken oder „nur" durchweinte und schlaflose Nächte hast, frag dich, was du tun müsstest, damit sich diese Gefühle verstärken:

- dich noch mehr quälen, indem du dich abwertest?
- dich noch liebloser und wertloser behandeln, damit du dich lieblos und wertlos fühlst?
- noch weniger schlafen, noch mehr essen, noch weniger unter Menschen gehen, noch mehr trinken, noch mehr grübeln, rauchen usw.?

Dein Gehirn ist ein mächtiges Organ und es wird wie immer tun, was getan werden muss, um die Funktionalität in deinem Leben zu erhalten: Es wird dich schützen und aus dem Sumpf herausziehen, sei es durch Aha-Momente, neue Kraftimpulse, Hilfe, die du annimmst oder dir suchst. Der erste Schritt ist, dich und den Kritiker zu beobachten. Lass ihn meckern und begegne ihm mit einem entschiedenen: *Ganz egal, was du mich glauben lassen willst: Ich bin gut genug.*

Unser Gehirn vermag auch eine weitere erstaunliche Sache: Unser Gehirn vermag auch eine weitere erstaunliche Sache: Es ist darauf programmiert, verschüttete oder verdrängte Gefühle mithilfe unseres Unterbewusstseins hervorzubringen. Gefühle, die uns einst verletzten, aber ungelöst blieben, werden durch aktuelle Gedanken und Gefühle wieder hervorgeholt, um diesen Konflikt ein für alle Mal aufzulösen. Jeder noch so schwere Gedanke und jedes dunkle Gefühl sollen dir helfen, dich mit eigener Kraft aus einer ehemaligen Verletzung herauszuziehen und somit auch aus der neuen, die du mit deiner Affäre erlebst.

- Welche ungelösten Konflikte wirken noch immer nach?
- Gab es Frauen/Männer, die sich dir und deinen Bedürfnissen in den Weg stellten, dich in der Bedürfnisbefriedigung unterbrachen oder dir den Zugang zu Liebe, Zuwendung und Aufmerksamkeit, Harmonie und Verbindung zu jemanden verwehrten?

Finde die Haken und Knebel, die du in deiner heimlichen Affäre siehst, zuerst in deiner Vergangenheit und schaffe so den Zugang und die Verbindung zu deinen jetzigen Gedanken und Gefühlen. Erkenne dich in deinem Affärenpartner. Welche seiner Gefühle kannst du nicht erwidern? Welche Gefühle spiegelt er dir also zurück?

Hast du diesen Zusammenhang gefunden, kannst du dich fragen, ob der heutige Konflikt den damaligen Auslöser wiedergutmacht oder ob es dir um eine allgemeine Gerechtigkeit geht. Falls es eine allgemeine ist, hilft dir Akzeptanz und der unbedingte Blick auf deine Situation, die sich nur bessern darf, wenn du an deinen Handlungs-, Gefühls- und Gedankenmustern schraubst. So fortzufahren wie bisher, hat bis jetzt keinen Erfolg gebracht und wird auch morgen und übermorgen kein besseres Ergebnis erzielen. *Was kannst du stattdessen tun, was dich zufriedener macht? Wie kannst du dir selbst die Liebe und Zuneigung geben, die dir von deinem Affärenpartner fehlt?*

Der unweigerlich erste Schritt ist es, zu akzeptieren, dass alle Menschen ihre eigenen Gefühlswelten und Verhaltens- und Denkmuster besitzen, die ebenfalls in ihrer Vergangenheit gelegt und geprägt wurden. Der zweite Schritt besteht darin, dass wir unsere akzeptieren und anerkennen, in ihrer gesamten Wucht. Statt sie wegmachen zu wollen, indem wir jemanden finden, der sie kuriert und uns vollständiger macht, können wir uns einen großen Gefallen tun und das allein erledigen.

Diese Selbstwirksamkeit erlaubt uns, dass wir auch zukünftig emotional unabhängig bleiben. Sie schützt uns davor, den Halt zu verlieren, wenn der Partner einmal nicht geben kann oder möchte. Sie schenkt uns Ruhe in uns selbst. Was kannst du Hilfreiches tun, was dich in deinem Selbstwert, deiner Selbstannahme und Selbstliebe unterstützen würde?

Kleine Rituale für den Alltag einzuführen, wie zum Beispiel dein Lieblingsessen zu kochen, einen Freizeitkurs zu buchen, einen neuen Ort in deiner Gegend zu erkunden, den nur du besuchst, das Alleinsein zu akzeptieren, die neue Wende, die folgen wird, wenn du sie dir erlaubst, kann genauso hilfreich sein, wie die ersten Impulse, die dir in den Kopf schießen, wenn du dir die folgende Frage stellst:

„Was kann ICH tun, damit es mir bessergeht?"

Lass die „echten" Gefühle heraus

In der gewaltfreien Kommunikation unterscheidet man zwischen echten und unechten Gefühlen. Echte Gefühle sind Traurigkeit, Verärgerung, Hilflosigkeit, Angst, Einsamkeit, Langeweile, Enttäuschung, Eifersucht, Leere. Wegen früherer Erfahrungen identifizieren wir uns mit einem oder mehreren dieser Gefühle. Aus ihnen können wiederum negative Gedanken entstehen, die uns mürbemachen, auslaugen und uns weiter verletzen.

Neben diesen echten Gefühlen, existieren noch unechte Gefühle. Sie sind „erdacht" und folgen entweder als Gedanken aus den echten Gefühlen oder laufen automatisch in einer Schleife ab, wenn wir ähnlich verletzende Erfahrungen machen. Sie kommen nicht aus deinem Herzen, sondern entspringen deinem Geist.

Du fühlst dich, wie du denkst, zum Beispiel

- abgelehnt
- ausgenutzt
- belogen
- betrogen
- geringgeschätzt
- erniedrigt
- im Stich gelassen
- ignoriert
- nicht beachtet
- unbedeutend
- vernachlässigt
- zurückgewiesen
- unerwünscht
- wertlos
- ungeliebt usw.

Mach dir in dem Moment, in dem du ein unechtes Gefühl bemerkst, klar, dass du diese gedachten Gefühle gar nicht fühlst. *Du denkst sie.* Es sind deine Gedanken, die hier wirken und Ergebnisse auf körperlicher Ebene nach sich ziehen. Es handelt sich um deine Interpretationen. Die Quelle sind unerwiderte Gefühle und unerfüllte Sehnsucht nach Liebe, Geborgenheit (emotionale Sicherheit), Nähe, Kontakt und Teilsein; sie lösen Einsamkeit, Angst und Traurigkeit aus. Die unechten Gefühle spiegeln sie.

Wenn unser Gehirn weiß, dass du nicht bereit bist, um Traurigkeit erneut auszuhalten, würde es ein kompensatorisches Gefühl hervorrufen. Meistens ist es Angst, die dich wiederum vor zu viel Traurigkeit schützt, weil du sie nicht fühlen willst. Oder du verspürst als Ersatzgefühl Hass anstatt Freude und Liebe, weil dir einst verboten wurde, (jemanden Bestimmtes) zu lieben. Oder du verspürst Ekelgefühle bei körperlicher Nähe oder bei eigentlicher Trauer. Es ist ein wenig so, als würde dir dein Gehirn stattdessen erlauben, Wut oder etwas Anderes zu entwickeln, um dein psychisches Erleben und Überleben zu gewährleisten.

Dieses Ersatzgefühl befähigt dich nur selten dazu, einen anderen Weg zu gehen, um dein Problem zu lösen. Nur wenn wir wieder die Verbindung zu unseren echten Gefühlen herstellen können, haben wir die Möglichkeit, die Ersatzgefühle zu verlernen und die jeweiligen Herausforderungen ohne sie anzugehen. Doch sie sollten gelöst werden, weil sonst auch die kompensatorischen Gefühle in dir gebunkert blieben. Die Ursache aber würde nicht behoben werden. Doch die Auflösung ist es, was dein Unterbewusstsein will!

Einige versuchen misslicherweise, noch mehr zu unternehmen, um ihren Affärenpartner von ihrem Wert und ihrer Liebenswürdigkeit zu überzeugen. Sie treten in die Aktivität des Partners, die er selbst nicht übernimmt, um überhaupt handeln zu können und sich nicht so hilflos zu fühlen. Sie wollen für die Bestätigung ihres Wertes und ihrer Bedeutung für einen Mann oder eine Frau, für Liebe und Willkommensein sowie Annahme und Akzeptanz ihrer Gefühle und deren Erwiderung kämpfen. Sie haben früher gelernt, dass übermäßiges Drängen oder Wollen oder selbstloser Einsatz ihnen half, die gewünschte Zuwendung und Liebe zu bekommen, nach der sie sich sehnten. Andere entscheiden sich dazu, ihren Affärenpartner ebenfalls abzulehnen, weil sie sich von ihm/ihr abgelehnt fühlen. Sie haben wiederum gelernt, auf nicht erwiderte, eigentliche Gefühle und Bedürfnisse nach Liebe mit Hass oder Wut, statt mit Traurigkeit, zu reagieren.

Echte Gefühle hingegen sind zum Beispiel Selbstmitgefühl, Traurigkeit, Angst oder der Glaube, im Sinne der Hoffnung auf eine bessere Zukunft – ob mit oder ohne Affärenpartner. Sie auszuhalten, nachdem man sie erkannt und sich erlaubt hat, ist wesentlich der eine

Schlüssel, um die Ersatzgefühle und unechten Gefühle abzulösen.

Aus eigener Erfahrung weiß ich, dass sich die gedanklichen Lebenswelten im Laufe einer Affäre koppeln und verschmelzen (können). Im Geiste lässt sich dann kaum mehr eine Trennung zwischen dem Du und Ich vollziehen. Beides gehört unmissverständlich zusammen und kann nicht mehr getrennt werden. Jeder Schnitt, der dem Band seinen Halt nimmt, ist wie ein Messerstich. Man kann sich kaum mehr selbst spüren, weil man sich zu sehr mit dem Anderen identifiziert. Ich möchte den Leserinnen und Lesern, die das so empfinden und mit den un/echten Gefühlen wenig anfangen können, deshalb folgende Fragen stellen, die Klarheit bringen können:

Wodurch verletzt dich dein Affärenpartner?
Welches unechte Gefühl kommt dann zum Vorschein?
Wie reagierst du aufgrund dessen?
Welches echte Gefühl steht hinter dem unechten Gefühl?

Hat man das Gefühl, das einen antreibt, einmal identifiziert, kennt man seinen Trigger. Du kannst genau hinsehen, wenn eine Handlung deines Affärenpartners oder einer deiner Gedanken dieses Gefühl wie einen Knopf betätigen. Und dahinter verbirgt sich ein echtes Gefühl, das verletzt oder nicht befriedigt wurde, aber noch auf angemessene Beantwortung wartet. Manche nehmen lieber eine negative Beantwortung ihrer Gefühle in Kauf, als gar keine Zuwendung und Liebe zu erhalten. Identifiziere dein echtes Gefühl hinter deinen Reaktionen auf unerwiderte Gefühle und du kennst deine Mechanismen ein Stück mehr.

Manchen Menschen fällt es leichter, ihre Gefühle in den Griff zu bekommen, wenn sie sie verstanden haben. Solltest du eher intuitiv und weniger kognitiv nach Lösungen suchen, könnte dir die nächste Übung helfen.

Sieh in den Spiegel und erkenne dich

Wenn du wieder einmal wütend oder angstvoll, verletzt und hoffnungslos bist, stelle dich vor einen Spiegel und sieh dich an. Sieh dich, nicht nur einen Menschen in deinem Kopf, mit dem du sprichst, diskutierst oder dessen Wert du ihm absprichst. Sieh in den Spiegel: Das bist du. So siehst du aus, wenn du diese Gefühle spürst oder jene Gedanken hast. Gefällst du dir so? Kannst du mit dir fühlen oder empfindest du Selbstmitleid? Siehst du dich, wie du bist? Siehst du hinter der Verletzung deine Schönheit? Siehst du deine Stärke in deinen Augen?

Das, was du über dich denkst und fühlst, ist deine Entscheidung. Wenn du jemand anderem erlaubst, dich über seine Werte zu definieren, wirst du zu einem anderen Menschen, zu jemandem, der versucht, einen zu großen Kreis in ein zu kleines Quadrat zu quetschen.

Fühle den Schmerz, den du verarbeiten willst

Der Psychologe und Autor Chuck Spezzano[1] sagte einst, dass man sich den Schmerz ins Leben zurückhole, den man im Inneren am meisten loslassen wolle: alte Trauer über Trennungen, Verzicht, Opfer, Konflikte, Ablehnung, sei es seitens der Mutter, des Vaters, früherer Freunde oder PartnerInnen. Das in Verbindung mit einer Schuld, die man fühlt, die nicht zwingend die eigene sein muss, sondern auch die eines anderen, lässt uns teilweise jahrzehntelang leiden. Während wir wütend und traurig sind, entschuldigt sich aber der für uns schuldige Mensch nicht und macht auch seine Schuld nicht wieder gut. Stattdessen ist er kalt, selbstherrlich, distanziert, überzeugt von seiner Meinung und seinem Verhalten und so weiter, was uns noch mehr verletzt und uns vermeintlich schuldig spricht.

Dieser alte Schmerz wird jedes Mal neu aktiviert, weil er noch da ist und wie ein schlafender Hund in uns lebt, wenn jemand Ähnliches in unser Leben tritt. Man zieht Vergleiche, weiß, dass man „so etwas" ja schon kennt und erlebt dasselbe wie früher, nur noch schmerzhafter. Das Ziel dahinter ist, diesen Schmerz – solange und so oft, wie es braucht, bis wir bereit sind – zu durchleben, um ihn endgültig loslassen zu können. Auch die Schuld, die jemand nicht übernehmen wollte, die Verantwortung, die jemand nicht tragen wollte, fällt so nicht länger auf uns zurück. Wir müssen lernen, die Handlungen anderer bei den anderen zu belassen und unsere Gefühle darüber bei uns. Sonst können wir sie nicht loslassen und übernehmen sie für denjenigen. An seiner Stelle verhalten wir uns auf eine bestimmte Art, wie wir es von demjenigen erwartet und erhofft hatten; wir versuchen, die fremde Schuld eigens wiedergutzumachen. Aber wir vergessen dabei, dass unsere Wut, Trauer und Angst, ja sogar unser Hass, verborgen bleiben, um den echten Schmerz nicht fühlen zu müssen. Der Schmerz aber wird solange da sein, bis du bereit bist, ihn zu fühlen und zu verarbeiten, indem du ihn zulässt. Deshalb ist es so wichtig, unsere eigenen und echten Gefühle zu erkennen und nicht länger unsere Ersatzgefühle einspringen zu lassen. Daher ist es so essentiell, dass wir uns den echten Gefühlen stellen. Und sie anderen zumuten. Du bist unschuldig.

So wie der andere auch. Man kann voneinander lernen. Gerade heimliche Affären eignen sich sehr gut dazu, diese schmerzhaften frühen Erfahrungen endgültig zu heilen.

Needy zu sein, wie es die englische Sprache unserer Gesellschaft so schön eintrichterte, sei ein Problem. Dabei ist es kein Verbrechen, sondern höchst menschlich, bedürftig zu sein (übersetzt: Bedürfnisse zu haben). Es ist normal, dass es schmerzt, wenn diese Bedürfnisse unerfüllt sind oder eine längere Zeit bleiben. Sie zu verdrängen oder uns dafür zu tadeln, bewirkt nur, dass sie noch mehr an die Oberfläche kommen. Die meisten psychologischen Auswüchse können nur entstehen, weil wir unsere Bedürfnisse und Gefühle darüber verdrängen. Marshall Rosenberg, der Begründer der gewaltfreien Kommunikation, sagte einst: „Hinter jedem unangenehmen Gefühl steht ein aktuell unerfülltes Bedürfnis".[li] Da es keine Pille und kein Mittelchen gegen Traurigkeit, Angst oder Einsamkeit gibt, kann man nur eines versuchen: Akzeptiere, dass du dich nach Kontakt und Anerkennung sehnst, dass du dich beizeiten abgelehnt fühlst und dir dein Verstand einredet, dass das eine Bedeutung und einen Grund hätte. Verzeihe dir deine Gefühle und vor allem: Erlaube sie dir. Diese Fragen können dich dabei unterstützen: Was brauchst du, um dich angenommen zu fühlen? Brauchst du bestimmte Menschen oder nur *irgendwen*? Warum (Grund aus der Vergangenheit) und wozu (Nutzen für die Zukunft) ist das so? Brauchst du die Gefühle anderer, um dich wohlzufühlen? Wie sind deine eigenen Gefühle für die ersehnten Menschen? Wie sind deine Gefühle für dich und deine Situation? Was würdest du dir selbst – an meiner Stelle – raten? Wer bist du ohne andere Menschen oder ohne den einen ersehnten Menschen?

Die Antworten darauf können dir helfen, die wahren Gründe für dein Denken aufzudecken. Schaue dann, was es mit dir macht, wenn du die Gefühle und Bedürfnisse einfach so stehen lässt: ohne Bewertungen, ohne zusätzliche Gedanken oder Grübeleien, ohne Zielplanungen. Meist fühlen wir dann die unerwünschte Hilflosigkeit oder gar Einsamkeit, gefolgt von Angst und Traurigkeit. Daher ist Weinen auch heilsam. Denn diese Gefühle wollen nun einmal heraus und gesehen werden.

Verliebe dich neu – dieses Mal in dich selbst

Wer sich selbst kein guter Partner ist, wird es auch keinem anderen sein, so heißt es. Daran ist einiges wahr, aber es ist leicht änderbar. Einige Fragen können helfen: *Würdest du dich heiraten? Wärst du gern mit jemandem wie dir zusammen? Was wäre störend, wenn dein Partner exakt so wäre wie du? Woran würdest du dich unweigerlich stoßen? Was würdest du an einem Partner, der genauso ist wie du, genießen? Würdest du jemanden, der genau so ist wie du, so lieben, wie du es dir von deinem Affärenpartner wünschst?* Wenn nicht, dann bist du vielleicht eine bessere Variante eines Menschen geworden, den andere für liebenswert halten könnten. Aus Angst vor Ablehnung.

Genau solche unbequemen Fragen eröffnen dir, ob du dich im engen Kosmos anderer verfangen hast. Befreie dich davon. Lege die Gedanken und Ansprüche anderer Menschen ab. Kehre zurück zu den Übungen, in denen du deine Eigenschaften, die dankbaren Aspekte deiner Persönlichkeit und deines Lebens aufgelistet hast. Erinnere dich stets an sie und lerne Tag für Tag erneut, dass es zählt, was du über dich denkst. Denn diese Gedanken formen deine Gefühle. Schnell wird aus einem Menschen, der in seiner Beziehung mit jemand anderem bleibt, statt neu mit dir zu beginnen, wieder das, was er wirklich ist: jemand, dessen Angst noch größer ist als deine, und die dich unnötig auf deinem Lebensweg behindern würde. So, wie sie es bereits tut.

Erkenne, dass du bekommst, was du bekommen willst

Zu einer Zeit, in der es mir partnerschaftlich sehr schlecht ging, fand ich ein Buch mit dem Titel „Jeder bekommt den Partner, den er verdient - ob er will oder nicht“, geschrieben von Hermann Meyer. Ich war schockiert über seine Aussagen und konnte nicht glauben, was der Autor als Argumente lieferte. Sollte ich wirklich daran „schuld“ sein, dass es mit diesem Partner so schlecht lief? War meine Partnerwahl unbewusst? Hatte ich mir absichtlich einen Menschen ausgesucht, der liederlich mit mir umging? Ja. Ich wollte den. Ich ignorierte alle Anzeichen und bin mir heute sicher, dass das pure Absicht meines Unterbewusstseins war und vor allem eine Erkenntnis, die ich erlangen wollte. Aber bis zum Schluss – wie Annette Zinkant polarisierend in ihrem Buch „Mr. Unentschieden“ schreibt – glaubte ich felsenfest, dass es eines Tages die wunderbarste Beziehung meines Lebens würde, mit niedlichen Kindern und Glück und Haus und Hund und Hof, am Rande einer Gänseblümchenwiese. Heute weiß ich es besser.

Ganz oft erhalten wir, was wir geben, und bekommen das, was wir glauben, „verdient“ zu haben, weil es den momentanen Möglichkeiten unseres Selbst im vollen Umfang entspricht (ob bewusst oder unbewusst). Ich begann damals, mir (wirksam und erfolgreich) zu sagen: *Jetzt ist gut so, wie es ist. Jetzt habe ich alles, was ich brauche. Jetzt genügt mir vollkommen.* Glaubst du, so wie ich vor vielen Jahren, du müsstest richtig viel leisten, um dir im wahrsten Sinne des Wortes *Liebe zu verdienen*? Sicher würdest du, wenn wir befreundet wären, nur den Kopf schütteln und mir ins Gewissen reden, oder? Dasselbe kannst du auch bei dir tun, wenn du ähnliche Gedanken haben solltest, so wie ich früher. Einige Fragen, die mir halfen, möchte ich dir weitergeben:

Wer bist du als PartnerIn?

Was glaubst du, verdient zu haben?

Was ist das Schlimmste, das dir je suggeriert wurde, und was hast du in dem Moment gedacht und folglich getan? Noch mehr gegeben, geschwiegen, versucht, gelitten, dich gerechtfertigt, argumentiert?

Falls ja, scheinst du zu glauben, dieses Verhalten und so einen Partner verdient zu haben. Oder bist du kopfschüttelnd gegangen und hast jemanden gefunden, der dich besser behandelt und dich so akzeptiert wie du bist? Dann glaubst du, dass du etwas Besseres verdient hattest.

Das lässt sich auch auf andere Lebensbereiche anwenden: auf den Job, das Leben an sich, die Familie, die Bildung, Freunde. Oder wie Henry Ford einst zu sagen pflegte: „Ob du glaubst, du schaffst es oder du schaffst es nicht: Du wirst immer Recht behalten". Die Energie folgt der Aufmerksamkeit und wie im Inneren, so im Außen.

Was meinen damaligen Partner anging, und ich gebe es ungern zu, war es genauso: Ich dachte, ich müsste mir Liebe verdienen. Es ging gar nicht um ihn. Es ging um meine Einstellung, um meinen Wert, den ich zum damaligen Zeitpunkt so gering gefühlt hatte. Ich war einsam und traurig, hatte Selbstzweifel, kaum eigene Orientierung und Ziele. Und da war er: mein Gegenstück, mit genau denselben Gefühlen für mich (und sich), nur schlimmer. Ich habe jahrelang versucht, ihm klarzumachen, wie liebenswert er ist und dass er sich nicht zu verstecken braucht, er sich nichts verdienen muss, weil er trotz aller Schwächen gut ist, wie er ist, und ich ihn so liebe, wie er ist. Erst zwei Jahre später verstand ich, dass *ich* das lernen musste und es mir selbst einbläute, anstatt ihn zu überzeugen. Es war an der Zeit, dass ich wesentliche Lektionen im Sinne von Fähigkeiten erlerne. Mein damaliger Partner war die übertriebene Variante dessen, was ich noch nicht konnte: Selbstliebe, Vertrauen, offene und ehrliche Kommunikation, Durchsetzungsvermögen, Konsequenz, Authentizität u. v. m.

Hermann Meyer[lii] postuliert in seinem Buch genau das: Wir ziehen an, was wir noch nicht können, aber lernen wollen. Bevor wir das nicht gelernt haben, uns nicht einverleibt haben, zum Beispiel Bedürfnisse auszudrücken und uns bei Ignoranz oder Distanz anderer abzuwenden, werden wir keine Besserung in unserem Leben feststellen. Stattdessen finden wir Menschen, die uns unsere Unfähigkeiten und wie wir mit ihnen umgehen, zeigen.

Nimm deinen Schatten und geh

Ganz oft, wenn wir abgelehnt werden, finden wir uns in der Mecker-

Opfer-Position wieder und denken oder sagen Sätze wie: „Wie konntest du mich nur so verletzen?“, „Wieso hast du das gemacht?“, „Ich hätte nie... Ich würde nie... Ich habe nie...“, „Jahrelang habe ich dieses und jenes gemacht und so dankst du mir?“, „Ich habe dich geliebt und du?“. Dasselbe geschieht uns auch in anderen Lebenslagen: Wenn uns der Job gekündigt wird, wir mit Freunden Missverständnisse haben oder Streit mit jemandem. Wir wollen nicht schuldig sein und daher geben wir viel Pflicht und Verantwortung ab, um uns zu entlasten. Vor allem aber wollen wir nicht den Gedanken aufkommen lassen, dass wir „falsch“ seien.

Dieses Verhalten ist bedauerlicherweise zweischneidig. Auf der einen Seite übertragen wir die Verantwortung auf jemand anderen und lenken von unserer Eigenverantwortung und Teilhabe ab. Wir schieben es auf eine zweite Person, die dann im Zugzwang ist, falls sie sich nicht eigens befreit und nein sagt. Zu echten Kompromissen kann es so aber nicht kommen, im Gegenteil. Man baut Fronten auf.

Auf der anderen Seite: Sollen die Anschuldigungen, Vorwürfe, emotionalen Erpressungen, die beim anderen Schuld und Selbstzweifel auslösen, bei demjenigen bewirken, es sich anders zu überlegen, dich ernster zu nehmen und zu lieben? Eines habe ich, so qualvoll und schwer es auch war, gelernt: Wenn du dir jemanden oder etwas erkämpfst, kann es passieren, dass du jedes einzelne Mal wieder kämpfen musst, jeden Morgen, jeden Abend, solange, bis du eines morgens auf dem Weg zur Arbeit, während du dich in Sicherheit wähnst, verlierst. Ohne es zu merken. Manchmal ist es besser, besonders in der Liebe, sich hinzustellen und seine eigene Verantwortung und Teilhabe an einer Situation zu sehen. Lieber gesteht man sich seine Mitwirkung ein, als darauf zu vertrauen, dass jemand anderes die volle Last trägt. Oft kann ein Affärenpartner das auch gar nicht. Außerhalb der Affäre gibt es genug weitere Baustellen, für die ihm die Verantwortung übergeben wurde oder die er freiwillig übernommen hat. Wenn er schon unter Pflichten für die Gefühlslage anderer Menschen in seiner Beziehung zusammenbricht, wird er es auch in eurer Affäre. Es ist hilfreicher und gesünder für eure Verbindung, wenn die „Schuld“ geteilt bleibt – gleich, welche Konsequenzen du dann ziehen müsstest.

Wenn wir uns einsam fühlen oder Angst davor haben, allein zu sein, machen wir es ähnlich: Entweder wir sagen, dass die anderen Menschen schuld und verantwortlich seien und übergeben ihnen eine Last, die sie allein nicht tragen können. Oder aber wir entschuldigen ihre Verantwortungslosigkeit und übernehmen sie völlig. In meinen Augen sind beide Wege schwierig zu gehen. Wenn Einsamkeit oder Zeiten allein, deine Verheimlichung und Isolation deiner Liebesgefühle so einengend werden, dass sie dir die Luft zum Atmen nehmen, erinnere dich an deine Eigenverantwortung. Alles, was

Bestand haben soll, muss ein Gleichgewicht aus Geben und Nehmen sein. Alles andere wäre auf Dauer schmerzhaft für dich. Du ignorierst dabei vor allem die vielen Möglichkeiten deines Handelns – für dich. So hilflos und wehrlos kann man sich nur wie ein Opfer fühlen.

Wer bist du ohne den Anderen?

Stuart Wilde sagte einst: „Alles, was Sie um sich sehen, ist ein klarer Traum, den Sie für kurze Zeit durchleben, um Ihr Verstehen zu steigern. Was alles so aufregend macht, ist, dass Sie lernen können, diesen Traum zu Ihren Gunsten zu verändern". Wenn man die Worte von Betroffenen in Internetforen und Facebookgruppen liest, fällt eines auf: Viele wurden glücklich, als sie ihre heimliche Affäre beendeten und damit auch ihr Schattendasein. Sie lernten auf unerwartete Weise einen neuen Partner kennen oder aber begaben sich in Online Partnerbörsen gezielt auf die Suche. Auch interessant ist die Kompensation: Sie konnten sich mit anderen Männern und Frauen von ihrer Situation ablenken. Sie schenkten anderen Geliebten Mitgefühl und Verständnis, unterstützten sie emotional oder sprachen etwas Klartext. Aber eigentlich schenkten sie es sich selbst. Vielen schien das über ihre Affäre hinwegzuhelfen. Der Ansatz: „Ich kann mich nicht trennen, weil ich ihn/sie liebe", beherrschte dabei nur wenige durchgängig. Jede/r quälte sich mit seinem Lebensplan und schwankte in der Entscheidung, ob man sich aufgeben könne, nur um einer Hoffnung, die eventuell unerfüllt bliebe, nachzugehen. Ab einem individuellen Zeitpunkt, als der Leidensdruck und die klare Sicht auf die Realität nicht mehr ignoriert werden konnte, lösten sie sich in ihrem Denken und Fühlen von ihrem Affärenpartner ab – und öffneten sich für einen neuen Menschen an ihrer Seite. Auch wenn ich meine, dass viele der Betroffenen sich eher blindlings in etwas Neues stürzten bzw. glaubten, dass eine andere Person Wiedergutmachung leisten könne, schien es ihnen zu helfen. Andere wiederum gingen den beschwerlicheren, aber dafür authentischeren Weg und erinnerten sich an sich und ihre Träume. Sie erkannten, dass Liebesbeziehungen weder einen Zukunftsplan noch eine Identität ersetzen.

Leider betrachten wir in unserer eher haltlos erscheinenden Welt Partnerschaften als Wundermittel gegen alle persönlichen Ängste und Unsicherheiten. Dabei bergen sie das Risiko, diese nicht nur hervorzubringen, sondern auch zu fördern. Heimliche Geliebte tappen leicht in diese gesellschaftliche Falle, aber tragen weit mehr emotionalen Ballast mit sich herum. Immerhin idealisieren und projizieren sie viele ihrer Wünsche – und das nicht immer so realistisch, wie die Selbstwirksamkeit der Affärenpartner betrachtet werden müsste. Sie sprechen ihnen sehr viel mehr Mut und

Konsequenz zu, als ihre Handlungen vermuten ließen. Zudem ist die Beziehungsform Affäre schlichtweg prädestiniert für Illusionen und Träume, die im Nu platzen können.

Wann der Zeitpunkt gekommen ist, sich an sich und seinen Lebensplan zu erinnern, entscheidet jede/r selbst. Schwierig ist es dann für Geliebte, wenn sie nicht einschätzen oder steuern können, was nach der Affäre geschehen wird: Wann werde ich wieder jemanden kennenlernen? Werde ich die neue Person genauso lieben können wie die jetzige? Wird der Sex so atemberaubend, die Nähe genauso erfüllend und die Gespräche genauso vertraut sein wie jetzt? Was, wenn die neue Person mich (auch) nicht als PartnerIn will? Was, wenn ich jahrelang allein bleibe? Was, wenn ich mich falsch entscheide?

Diese Unsicherheiten und Ängste, nicht die heimliche Affäre oder die Person an sich, lassen Geliebte in der Affäre ausharren. Sie tragen eine ähnliche Zukunftsangst mit sich herum, wie es ihre AffärenpartnerInnen tun. Nur sind Geliebte in einer deutlich opfergetönten Position und fürchten sich davor, ein weiteres Mal enttäuscht zu werden, sei es durch den nicht eintretenden Zufall des Glücks oder durch angstbesetzte Starre.

Es ist deshalb so bedeutend, dass du dich kennenlernst und dein Leben erforschst, dir die Fülle ansiehst, die es gibt, oder aber sie selbst kreierst. Ich hoffe, es ist verständlich geworden, dass all das leer bliebe, was auch jetzt leer ist, und dass nichts Wunder bewirken wird, wenn du sie nicht erlaubst und anschiebst. Niemand wird vor deiner Tür stehen und dir Liebe anbieten. Der Wille, sein Leben selbst in die Hand zu nehmen und entdecken zu wollen, es nach den eigenen Wünschen zu formen, muss da sein. Ob mit oder ohne Affärenpartner: Du bist jemand. Finde dich in dir. Erkenne deinen Lebensplan. Erkenne deine Träume. Wage den Blick auf dich, auch wenn du im ersten Moment viele Leerstellen siehst. Du kannst sie füllen und mit wunderbaren neuen Menschen oder mit Leidenschaften besetzen. Du wirst feststellen, dass die illusionistische Bedeutung (d)einer Affäre mit der Zeit verblassen wird. An ihre Stelle wirst du rücken.

Stelle dir die Frage, wer du bist, ohne deine Affäre. Traue dich, auf deine inneren Antworten zu hören und sie wirken zu lassen. Und falls sie unangenehm sein sollten, atme und lass sie da sein. Es ist nicht selten genau dieselbe Stimme, die dich in einer destruktiven Beziehung hält – aus Angst. Doch Angst ist und bleibt eine Entscheidung. Nur Furcht als Urgefühl ist uns eingebrannt. Angst aber kommt erst, wenn wir eine Frage durch unser Entscheidungszentrum laufen ließen und uns gegen das Handeln und Lösen entscheiden. Das bedeutet: Wenn du dich gegen deine Wirksamkeit entscheidest, entscheidest du dich für Angst – und damit auch immer gegen ein Stück in dir selbst, was sich mehr vom Leben und der Liebe wünscht, als du aktuell erfährst.

Auch hinter Entscheidungen gegen sich selbst verbirgt sich nicht selten ein Lebensplan, der unbewusst wirkt.

„So, wie ich bin, bin ich nicht okay!“

Ich hatte in früheren Kapiteln bereits über die Transaktionsanalyse (kurz TA), entwickelt von Eric Berne, gesprochen. Zur Erinnerung: Sie befasst sich mit menschlichen Gedankenmustern und wie das, was wir klugerweise als Kinder lernten, glaubten und taten, von uns als unbewusste Entscheidung ins Erwachsenenleben hineingetragen wird. Und dort allerhand Probleme macht. Gemeint sind Glaubenssätze, zum Beispiel nicht genug zu sein, nicht wichtig, intelligent, liebenswert oder fähig genug. Ein weit verbreiteter Glaubenssatz ist der: „So, wie ich bin, bin ich nicht okay.“

Viele Coaches und andere Experten denken, dass Glaubenssatzarbeit allein ausreichen würde, um Selbstachtung und Selbstvertrauen zu säen. Doch für eine effektive und nachhaltige Wirkung muss man nicht an den Sätzen, sondern an dem verborgenen Plan dahinter arbeiten. Denn mit den Sätzen fing es nicht an und hört es nicht auf. Sie zu verändern, greift nur oberflächlich. Der Gedanke, nicht genug zu sein, wird nur selten oder äußerst oberflächlich und kurzzeitig weggewischt. Die TA betrachtet deshalb ein unbewusstes Lebensskript des Menschen und markiert diesen Lebensplan mit bekannten Skriptglaubenssätzen. Dahinter verbergen sich auch Skriptentscheidungen, innere Antreiber, denen wir folgen (Ändere dich! Lass nicht zu, dass... Jetzt hab' dich nicht so! Greif an! Sei still!), sowie unsere Bedürfnisse, die wir früher hatten und noch heute haben.

„Das Grundgefühl, nicht genügend akzeptiert zu sein bzw. nur dann gemocht zu werden, wenn man anders wäre, das heißt, bestimmte Bedingungen erfüllt, unterliegt diesem Lebensplan“, schreibt Almut Schmale-Riedel[liii]. Weil wir dazugehören wollen, verlieren wir uns im Gedanken, durch angepasstes Verhalten gewollt und geliebt zu werden. Deshalb leiden Männer und Frauen lieber unter negativen Beziehungen, statt sich vom Partner zu trennen oder bleiben in einem Job, in dem sie sich zermürben müssen. Wie ich bereits schrieb, ist es für manchen leichter, lieber sehr wenig Liebe zu erfahren oder aber gar negative Gefühlsausdrücke, als keine Form der Zuwendung. Deshalb harren heimliche Geliebte lieber in ihrer einseitigen Affäre aus, als einen Neubeginn selbst zu entscheiden, weil sie sich an ihren Zukunftsplan erinnern.

Früher akzeptierten wir das Fremde, weil wir es mussten, unsere Eltern nicht enttäuschen und ihren Anforderungen gerecht werden wollten. Das erzeugte Druck und nährte das Gefühl, dass unsere eigenen Wünsche und Interessen mit den Erwartungen anderer aneinandergeraten könnten oder würden. Alle Kinder machen aufgrund ihrer Abhängigkeit den Fehler, ihre Bezugspersonen wichtiger zu nehmen als sich. Das hält mitunter ein Leben lang an, wenn wir es als Erwachsene nicht selbst korrigieren. Kinder wie Erwachsene müssen in ihrem (geringen) Selbstwert und ihrer (geringen) Selbstständigkeit gefördert werden statt im „Das hast du gut gemacht, das hast du schlecht gemacht"-Schwarzweißdenken. Sie werten sich sonst im weiteren Leben ab (oder lassen sich abwerten), wenn sie fremde Ansprüche einmal nicht erfüllen können oder wollen.

Nicht nur streng erzogene, sondern auch überbehütete Kinder, denen kaum Grenzen aufgezeigt wurden, lassen sich durch Kritik schnell einschüchtern.[liv] Ich wuchs selbst so auf. In der Tat war meine Frustrationstoleranz lange sehr gering, weil mich meine Mutter sehr antiautoritär erzogen hatte. Wen wundert es, dass ich bei kleinsten Signalen der Ablehnung sofort meinen Selbstwert neu definieren wollte oder meinte, mich verstellen zu müssen, um nicht aus dem offiziellen Rahmen herauszufallen? Zu sich selbst bedingungslos zu stehen, will gelernt werden. Ein kleines Stück Arbeit, das sich ordentlich lohnt.

Die Angst, nicht genug zu sein, bringt besonders Probleme im Job (Leistung bis zur Erschöpfung, unkollegiales Verhalten aus eigener Angst) und in einer Beziehung (starke Eifersucht durch angsterfüllte Vergleiche, übermäßiges Geben und Klammern bis hin zu Angst vor Nähe und Liebe im Allgemeinen). Wenn wir unseren Wert nicht kennen und schätzen, stellen wir ihn entsprechend oft infrage. Das verleitet dazu, dass wir uns nicht gern zeigen, so, wie wir sind, uns nicht zu freuen trauen, wenig bis gar nichts annehmen können, meinen, immer erst leisten zu müssen, als müssten wir uns Liebe und Anerkennung verdienen. Es sind die erwähnten Ersatzgefühle, die wir entweder von unseren Eltern übernahmen (Eltern-Ich) oder aber als Kind selbst entwickelten (Kind-Ich). Wir wollen uns vielleicht noch perfekter machen oder schauspielern uns durchs Leben, überfordern uns und ignorieren unsere Grenzen, „in der Annahme, dann o. k. zu sein, weil wir dann nicht mehr angreifbar sind", so Schmale-Riedel.

Unsere verborgenen Skriptglaubenssätze und Skriptentscheidungen[lv][6] sind zum Beispiel:

- Ich bin nicht normal. Mit mir stimmt etwas nicht. Ich bin hässlich. Es ist besser, wenn ich mich nicht zeige, so, wie ich bin. Besser ich verstecke mich.[7]

---

[6] In Anlehnung an Schmale-Riedel 2016

[7] „Besser ich verstecke mich" ist ein besonders interessanter Glaubenssatz bei heimlichen Geliebten, auf den ich noch zu sprechen komme.

- Ich bin etwas Besonderes, aber keiner merkt es.
- Liebe und Zuwendung sollen einfach nicht sein.
- Keiner darf merken, wie ich wirklich bin und was ich eigentlich möchte.
- Ich darf nicht zu viel wollen.
- Ich darf nur leisten, aber nichts und niemanden beanspruchen.
- Ich bin, was andere sagen, was ich sei.
- Ich bin allein und muss mir selbst Trost spenden.
- Ich muss mich anstrengen, um geliebt/anerkannt zu werden.
- Am besten ich tue, was mir andere sagen. Ich weiß es selbst nicht besser.
- Am besten ist es, wenn ich perfekt bin. Dann kann auch keiner meckern.
- Ich darf keine Probleme machen.
- Nur wenn ich richtig dränge und nerve, bekomme ich die Zuwendung, die ich erhalten möchte.

Kinder, die mit diesen oder ähnlichen Skriptentscheidungen aufwuchsen, hätten sich oft von ihren Eltern (und späteren Ersatzpersonen im Erwachsenenleben) gewünscht, dass sie in den Arm genommen werden, ihre vermeintlichen Schwächen zeigen dürfen und in ihrer Traurigkeit nicht allein bleiben müssen. Sie hätten sich bedingungslose Liebe, Zeit, Zuwendung, Annahme, Freude, Zuspruch, Trost und Aufmunterung gewünscht, Sätze wie „Du bist hübsch" oder „Ich bin stolz auf dich". Sie scheuen im späteren Leben Vergleiche, weil sie innerlich schlechter abschneiden, unbewusst aber ziehen sie die Vergleiche zu Personen. Sie wollen tief in ihrem Inneren als einzigartig wahrgenommen werden – so wie alle Menschen einzigartig sind und etwas Schönes in sich tragen. Frauen und Männern, denen es so geht, schlagen sich stattdessen mit der Angst herum, in ihrem wahren Ich entdeckt zu werden und sich dann zu schämen, weil sie angeblich doch nicht genug seien. Es ist die Angst davor, minderwertig zu sein und nicht auszureichen. Es droht Verlust, man würde nicht mehr dazugehören, ausgeschlossen werden oder würde erneut zu wenig erhalten. Meistens handelt es sich aber um eingebildete Mängel und Fehler, so Schmale-Riedel.

Vereinfacht gesagt, müssen heimliche Geliebte mit diesem Skriptmuster lernen, dass sie genügen und okay sind, so, wie sie sind, auch wenn ihr Affärenpartner keine offizielle Beziehung mit ihnen möchte. Bewertungen durch dich selbst sowie Interpretationen durch andere zu erkennen und die Auswirkungen auf dich zu sehen, hilft bereits als Impuls zur Kampfansage. Übungen, die das Selbstvertrauen stärken, wie das bewusste Erinnern an Situationen, in denen du so, wie du bist, Erfolg hattest, können dabei helfen. Denn alles hat seinen Nutzen. Auch eine vermeintlich schlechte Eigenschaft kann in anderen

Situationen gut sein oder in der jetzigen Situation einen sehr sinnvollen Zweck verfolgen. Jede schlechte Eigenschaft birgt eine positive Seite, eben nur in einer anderen Situation.

Im Wesentlichen aber hilft es, wenn wir unterscheiden lernen: zwischen dem, was das Kind-Ich (unser inneres Kind) denkt, und dem, was unser heutiges Erwachsenen-Ich, das neutral ist, weiß. Es besitzt die Sicherheit, dass niemand perfekt ist, dass wir alle einmal Fehler machen oder „uns daneben benehmen". Es gibt neben diesen beiden Ich-Zuständen noch das lauernde Eltern-Ich, das mit Kritik bewaffnet ist oder die Dinge so klären möchte, wie man es von seinen eigenen Bezugspersonen lernte (oder es sich wünschte). Es kann helfen, sich mehr auf das Erwachsenen-Ich zu konzentrieren, wenn du dich dabei ertappst, dich klein zu fühlen oder aus Angst zu verstecken bzw. verstecken lässt.

Sich verstecken zu lassen zeigt, dass man sich selbst nicht so wichtig nimmt. Viele haben in ihrer Vergangenheit gelernt, dass andere sie nicht gleich wichtig genommen haben. Entsprechend begleitet sie bis ins Erwachsenenalter die Gewissheit, dass andere sie ohnehin vernachlässigen – und sie selbst machen es ebenso. Bei heimlichen Geliebten, die meinen, ihre Bedürfnisse würden nichts zählen und im stillem Bewusstsein jederzeit bereit sind, fremde Ansprüche zu erfüllen, ohne sie zu prüfen, finden wir diesen Glaubenssatz. Auch, dass andere grundsätzlich an erster Stelle kommen und Geliebte sich um deren Zufriedenheit bemühen müssen, ist in ihren Köpfen verankert. In den wenigsten Fällen versuchen sie, aufzufallen, da sie gelernt haben, im Hintergrund und im Schatten fremder Bedürfnisse zu stehen.

Wer sich in einer heimlichen Affäre wiederfindet, ohne sie bewusst angestrebt zu haben, kann sich näher mit dem Glaubenssatz „Ich bin nicht so wichtig" auseinandersetzen. Die folgende Übung soll dabei helfen:

Übung: So wichtig bin ich

Was empfindest du, wenn du die folgenden Sätze liest:

Ich bin weniger wichtig als andere.
Ich bin weniger wichtig,als der offizielle Partner meiner Affäre.
Es macht anderen Probleme, wenn ich glücklich bin.
Meine Bedürfnisse sind weniger wichtig als die meines Affärenpartners.
Meinem Affärenpartner geht es schlechter als mir. Ich muss mich darum kümmern, dass es ihm/ihr gutgeht.

Der offizielle Partner meiner Affäre darf nichts von mir wissen.

Diese Sätze spiegeln den Glaubenssatz wider, dass du weniger wichtiger seiest. Sollten diese Sätze nichts bei dir ausgelöst haben, versuche die folgenden:

Etwas kann nicht mit mir stimmen, wenn mein Affärenpartner mich nicht als Beziehung auswählt.
Ich bin anders und sehr wertvoll, aber mein Affärenpartner merkt es nicht oder will es ignorieren.
Es würde meinem Affärenpartner viele Probleme bereiten, wenn jemand unsere heimliche Liebe entdeckt. Am besten bleibe ich geheim.
Niemanden interessiert es, wie ich mich fühle.
Zeit und Liebe, Nähe und Beziehung stehen mir nicht zu.
Wenn ich still bleibe, mag er/sie mich lieber. Ich darf nicht böse auf ihn/sie sein. Das zerbricht unsere Beziehung. Dann bin ich nicht mehr in Beziehung. (Ich fühle mich nur wohl, wenn ich in Beziehung mit jemandem bin.)

Diese Sätze stammen aus den Glaubensmustern, die einem suggerieren, dass man so, wie man ist, nicht in Ordnung sei. Sollten auch diese nichts in dir ausgelöst haben, stelle ich beide im Folgenden erneut um und formuliere sie als Anklagen, die du eventuell mit dir herumträgst, aussprichst oder aussprechen möchtest:

<u>Ich bin nicht so wichtig:</u>

Nie kümmerst du dich um mich.
Nie bist du für mich da.
Nie hast du Zeit für mich.
Immer gehst du nach zwei Stunden.
Du denkst immer nur an dich.
Deine Frau/Dein Mann haben alles. Ich habe nichts.
Deine Familie/Deine Beziehung ist mir egal. Ich bin wichtiger.
Dir geht's doch nur um Sex.
Du liebst mich nicht.
Wenn du mich lieben würdest, ...
Du nutzt mich nur aus.
Völlig egal, was ich tue: Es wird nie reichen.
Wieso hast du nicht gleich gesagt, dass du nur eine Affäre willst?
Und was ich mir wünsche, spielt keine Rolle, oder was?

<u>Ich bin nicht okay, so, wie ich bin:</u>

Ich wusste, dass du dich für sie/ihn entscheiden würdest.

Ich weiß, dass ich nicht so attraktiv/sexy/, erfolgreich/gutverdienend bin, wie sie/er.
Du hältst mich hin.
Du lügst doch (nur noch).
Du interessierst dich doch gar nicht für meine Gefühle (oder für mich).
Deine Frau/Dein Mann haben alles. Ich habe nichts.
Du liebst mich nicht.
Wenn du mich lieben würdest, ...
Was stimmt nicht mit mir, dass du mich nicht für eine Beziehung willst?
Ich bin ein sehr liebenswerter Mensch, auch wenn du das nicht sehen willst.
Ich bin besser für dich, als deine Frau/dein Mann.
Ich darf da sein.
Ich habe Liebe verdient.

Diese und ähnliche Sätze habe ich von meinen GesprächspartnerInnen gehört. Sie zeigen, dass sie ihre Glaubensmuster bewältigen wollen und in ihrem Affärenpartner einen guten Richter und Gegenspieler gefunden haben, an dem sie sich reiben und emanzipieren können. Wir suchen uns immer Menschen, an denen wir wachsen können, gleich, welche Hintergründe es hat. Oft sind es solche Personen, die das, was wir uns so sehr ersehnen, ablehnen oder uns gar absprechen. Sie sind wie Schwellenhüter, die uns testen und mit konfrontativer Arbeit unterstützen wollen. Für viele zeigt sich der verborgene Schmerz erst in der Liebe oder der Abwesenheit dieser. Und die meisten Menschen lernen besser aus ihren Fehlern, nehmen sie eher wahr als Erfolge und überwinden ihre Ängste erst in Krisensituationen. Wir brauchen Weiterentwicklung. Alle Barrieren aus der Vergangenheit könnten das Gehirn nicht aufhalten, das unbewusst Blockierende auflösen zu wollen. Wenn das Gehirn meinen würde, dass wir es nicht aushalten oder es uns körperlich und psychisch Schaden zufügen würde, gäbe es keine Diskrepanzen oder wir würden sie nicht bemerken. Nur wozu es bereit ist, wozu unser Herz und unsere Seele endlich lauthals ja (bzw. nein) schreien will, triggert uns, motiviert uns, macht uns wütend oder verleiht Kräfte, die wir vorher nicht an uns gesehen hatten. In jedem Menschen ruht diese unermessliche Kampfeslust, endlich ablegen zu können, was uns Hinderliches eingetrichtert wurde. Nutze sie.

Umkehrende Glaubenssätze[8] können zu mehr innerer Ruhe, Selbstvertrauen, Selbstachtung und Seelenfrieden führen:

- So, wie ich bin, bin ich in Ordnung.

[8] In Anlehnung an Schmale-Riedel 2016.

- Ich bin liebenswert, genauso wie andere.
- Ich bin genauso wichtig wie andere.
- Ich darf Fehler machen.
- Ich bin stolz auf mich.
- Ich darf mich mit allen Stärken und auch Schwächen zeigen.
- Ich werde trotz meiner Schwächen geliebt.
- Ich liebe mich trotz meiner Schwächen.
- Keiner ist perfekt. Ich muss es auch nicht sein.
- So, wie ich bin, bin ich genug.
- Ich darf wollen.
- Ich darf anderen meine Gefühle zumuten.
- Ich darf Forderungen stellen.
- Auch andere müssen meinen Ansprüchen genügen.
- Ich habe genug geleistet.
- Ich bin es wert.
- Ich bin wertvoll.
- Ich habe Liebe und eine Beziehung verdient.
- Ich kann eine gute Partnerin/ein guter Partner sein.
- Ich kann jederzeit an mir arbeiten.

Welche von denen räsonieren am meisten mit dir? Schreibe sie dir auf und grabe dort etwas tiefer.

Es ist nützlich für dich und zukünftige Verhaltens-, Gefühls- und Denkmuster, wenn du dich so gut wie möglich kennenlernst und weißt, wo deine Trigger liegen und wie sie ausgelöst werden. Nur so kannst du an ihnen arbeiten und mit deiner inneren Stimme, dem Kritiker, dem Persönlichkeitsanteil in die Diskussion gehen. Nur so kannst du diese Stimme beruhigen und zum Schweigen bringen.

Mit den negativen Glaubenssätzen können sich noch zahlreiche andere verbinden, zum Beispiel diese[lvi]:

- Ich darf keinen Erfolg (in der Liebe, im Leben) haben.
- Ich darf mich nicht freuen.
- Ich darf keine Liebe und Nähe haben.
- Ich darf nicht hier sein.
- Ich bin schuld daran.
- Ich muss durchhalten.
- Ein schönes Leben ist mir nicht gegönnt.
- Keiner darf merken, wie es mir wirklich geht.
- Ich kann sowieso nichts ändern.

Für weitere Informationen und Anregungen zur Glaubenssatzarbeit empfehle ich Almut Schmale-Riedels Buch „Der unbewusste Lebensplan“ (2016).

OHNE DICH BIN ICH NICHTS WERT

*„Jeder muss seinen Frieden in sich selber finden,
und soll der Friede echt sein,
darf er nicht von äußeren Umständen beeinflusst werden."*

Mahatma Gandhi

Viele heimliche Geliebte berichten davon, dass sie ihre Affäre am liebsten beenden möchten, es aber nicht schaffen. Oft benötigen sie mehrere Anläufe, um einen endgültigen Schlussstrich zu ziehen. Bei einigen sagt der Kopf zwar „Trenn dich!", aber das Herz spricht dagegen. Auch wenn sie sich intensive Gedanken darüber gemacht und den Entschluss gefasst haben, reichen kleine Geschenke und Aufmerksamkeiten, ein paar Telefonate oder Gefühlsbekundungen des Affärenpartners, um sie zweifeln zu lassen oder umzustimmen. Sie können die Trennung nicht aussprechen, knicken ein und geben der Person eine erneute Chance. Die meisten wissen, dass es zu ihrem Guten nichts ändern wird. Doch woran liegt es, dass heimliche Geliebte sich so schwertun?

Kämpfen um die große Liebe

Hollywood und besonders die Medien erzählen uns romantische und herzzerreißende Geschichten über Paare, die lange kämpfen mussten, um endlich zusammen sein zu können. So, wie Romeo und Julia sich füreinander aufopferten, aber durch familiäre Zwänge zu Lebzeiten keine Chance hatten, ihre Liebe auszuleben, lebt auch in unseren Köpfen das Klischee darüber, wie eine große Liebe zu sein hat, weiter. Nur wenige erinnern sich daran, dass die Liebe wohltuend und einfach sein sollte.

Doch wenn Liebe schwierig wird, suchen wir nach Gründen und Verursachern, die sich im Außen leicht finden lassen. Wir weigern uns, zu glauben, dass bestimmte Umstände derart misslich sind, dass unsere Hoffnung auf Liebe von vornherein unbegründet ist. Wir glauben lieber, dass, wie in einem Märchen oder Hollywoodfilm, am Ende doch noch alles gut ausgehen wird. Die beiden Liebenden, die vorher von bösen Menschen entzweit werden sollten, finden kraft ihrer Liebe zusammen. Denn Liebe siegt über alles.

Wenn es sich lohnt, um etwas zu kämpfen, dann um das Überleben und die Liebe. Worum man aus vollem Herzen kämpft, wird zudem wertvoller erachtet, als etwas, was einem zugeflogen kommt. Wir sind heute so sehr auf Leistung und Gewinn bedacht – eine Lektion des wirtschaftlichen Denkens und Handelns – und nutzen selbst in privaten Bereichen diese Strategie, um ein Stück des Kuchens abzubekommen. Sich im Wettbewerb durchzusetzen, mit Härte und Konsequenz, ist eine Qualität, die zeigt, wie zielorientiert man ist. Ziele zu haben und sie zu erreichen, ist Ausdruck eines starken Ichs. Wer leise und daher ungehört versucht, seine Bedürfnisse zu erfüllen, bleibt oft auf der Strecke. Introvertiertheit, Schüchternheit, Hochsensibilität und Ängste aller Art finden zwar immer mehr Verständnis. Aber die Menschlichkeit in Sachen Liebe spielt sich in beiden Lagern, die der Alpha- und der Beta-Menschen, anders ab: Während Alphas führen und nur wenige Seitenhiebe des Partners ohne Konsequenz dulden, sind Betas sehr viel fähiger und eher bereit, zu warten, zu dulden und zu leiden.

In meinen Augen sind die Rollen in heimlichen Affären zu 90 Prozent ähnlich verteilt: Der Affärenpartner spielt sich mit seinen Entscheidungen und (Un)Fähigkeiten alphaähnlich in den Mittelpunkt und Vordergrund, während die Betas die Geliebten sind, die sich fügen und einem Versprechen oder ihrer Hoffnung hingeben. Selbstverständlich gibt es auch die Alphas, die sich auf menschliche Art und Weise gegenüber der Liebe verhalten und ihre Unfähigkeiten nicht zum Problem eines anderen machen. Dennoch erscheint es sinnvoll für Betas, sich für eine, vielleicht ihre, Liebe einzusetzen. Der Gewinn ist vielversprechend und gewährt Einzug in den statusbehafteten Kreis der Wertigen, Bemächtigten und Gut-Verdienenden – in Sachen Liebe und Zuwendung.

Aus Angst lieber eine gewisse Zeit zu kämpfen, als kampflos aufzugeben, entpuppt sich als Merksatz, wenn auch als unbewusster. Ist es falsch, zu hoffen und sich für jemanden und die Liebe einzusetzen, wenn sie denn schon so nah sind? In meinen Augen ist die offizielle Einstellung gegenüber heimlichen Affären von vornherein stigmatisiert und verächtlich, von der sich heimliche Geliebte nicht beschämen lassen sollten. Dennoch zeigen uns die Zahlen aus Studien zum Thema „Wie viele trennen sich für ihre Affäre?“ die Wirklichkeit, auch wenn diese nur einen Querschnitt vermitteln, nicht aber die vielzähligen, individuellen Charaktere.

Nichtsdestotrotz müssen sich heimliche Geliebte mit der Frage auseinandersetzen, wofür und für wen sie bereit sind, zu kämpfen, zu leiden und ggf. zu verlieren. Das Recht auf die Liebe hat jeder; ein jeder sollte es auch nutzen. Geliebte müssen sich aber mit der unumstößlichen Frage konfrontieren, ob der Gewinn minimaler Zuwendung und Liebe trotz einer so hohen Misserfolgsquote wertvoll erscheint. Ist man bereit, die Hoffnung mit aller dazugehörigen Energie aus Sorge, Angst, Leere und Trauer höher zu halten, als die Realität – und wenn ja, für wie lange? Oder um die bereits gestellte

Frage aus einem früheren Kapitel erneut aufzuwerfen: *Wofür entscheidest du dich: Liebe oder Beziehung (mit Liebe)?* Wenn sich der Affärenpartner für dich nur mit dem Attribut „ohne Beziehung“ entscheidet oder aufgrund seiner eigenen charakterlichen (Un)Fähigkeiten entscheiden muss, bist du am Zug. Du entscheidest, ob und inwieweit du diese mittragen möchtest.

Denn nicht nur heimliche Geliebte haben Entwicklungspotenziale (aka Schwächen), wenn es um Durchsetzungsvermögen, Leidensfähigkeit, Liebesfähigkeit, Beziehungsfähigkeit und Selbstvertrauen und -bewusstsein sowie Eigenwirksamkeit geht. In Affären treffen sich meist zwei Menschen, die dieselben Entwicklungspotenziale aufweisen: Dann schimpfen die heimlichen Geliebten eigentlich wegen ihrer eigenen und die Affärenpartner mühen sich nicht für dich ab, weil du dich für dich und eine funktionierende Beziehung ebenfalls weniger bis gar nicht bemühst. Eine bitterharte Wahrheit bleibt nun einmal: Wenn du eine Beziehung haben wolltest, hättest du eine. Nur eben nicht mit diesem Mann oder dieser Frau. Sondern mit einem anderen Menschen, der dazu bereit wäre.

Häufig sprechen Bekannte und Freunde, Familie und Kollegen, Mitwirkende in Foren und Selbsthilfegruppen genau das aus: *Lass dich nicht ausnutzen und wie Dreck behandeln! Such dir einen Menschen, für den du die Nummer 1 bist, der ganz allein dir gehört und immer für dich da ist!* Das ist natürlich eine überaus illusionistische Einstellung gegenüber einer Partnerschaft. Doch im Wesentlichen zeigt es, was die Gesellschaft uns über eine funktionierende Beziehung an gedachten Werten und Unwahrheiten vermittelt.

Wer diese Werte teilt, und ich weiß, dass nicht alle heimlichen Geliebten das tun, der wird sich in seiner Affäre stets mit allen möglichen Mängeln auseinandersetzen müssen: Zeit, Zuwendung, Aufmerksamkeit, Unterstützung und Nähe sind zu gering. Andererseits gibt es denselben Mangel im eigenen Leben, nämlich der Zeit mit sich selbst, Zuwendung und Liebe dir selbst gegenüber, Respekt vor deinen Bedürfnissen und Gefühlen. Zum Dritten besteht oft der Mangel an (sozialen) Beziehungen und potenziellen Partnern. Wer sich diese Mängel nicht bewusst macht, wird sich immer wieder um die Frage drehen: Soll ich noch warten oder mich trennen?

Dabei ist es sehr viel einfacher, sich seiner selbst bewusst zu werden, hinzusehen und klar einzugestehen:

- Bin ich ungern allein?
- Welche Ängste kommen hoch, wenn ich allein bin?
- Fehlt es mir an nährenden Beziehungen?
- Habe ich eine nährende, liebevolle und respektvolle Beziehung zu mir und meinem Leben?

- In welchen Bereichen zeigt sich das besonders?
- In welchen Bereichen zeigt es sich nicht?
- Fehlen mir Hobbys und Leidenschaften?
- Ich wünsche mir mein Leben erfüllter. Was kann ich tun, um mir diese Erfüllung selbst zu schenken?

Heimliche Geliebte stellen sich zu selten diese Fragen, weil sie hoffen, dass ihr Affärenpartner die Lösungen und Antworten hat bzw. verkörpert und die Seelenlöcher stopft. Wir meinen oft, einen sicheren Partner zu haben, würde uns erlauben, über unsere Schwächen hinwegzusehen. Denn wenn wir nicht liebenswert wären, hätten wir ja auch keinen Partner. Oder? Das ist einer der größten Irrtümer unserer Zeit: Dass eine Beziehung etwas über unseren Wert und unseren Charakter aussagen würde.

Wir sind alle Menschen und haben alle mehr oder weniger Herausforderungen mit uns, unserem Leben, der Vergangenheit und Zukunft zu meistern. Eine Zeit der Reflexionslosigkeit, Verwirrungen, Neuausrichtung und Selbstfindung durchzumachen, ist mehr denn je erlaubt. Doch scheinbar sind unruhige und suchende Zeiten unweigerlich mit Schmerz verbunden.

In solche Umstände passen heimliche Affären gut hinein. Auch und besonders, wenn die Seele schon seit langem nach dieser Erneuerung und Erfüllung sucht. So oder ähnlich ergeht es auch Affärenpartnern: Unzufriedenheit mit sich und ihrer Beziehung (oder die, die sie auf ihre Beziehung beziehen) stehen auf Platz 1 aller Gründe. Gleich, was ihre Unzufriedenheit ausgelöst hat, heimliche Geliebte verspüren dieselbe. Es ist der Drang nach Fülle und Sinn, der sie verleitet. Leere ist unerträglich. Die Hoffnung und Sehnsucht, Fülle und Sinn für sich zu gewinnen, trägt solange, bis man der Wahrheit und Realität nicht mehr ausweichen kann.

Leider verstehen Bekannte, Freunde und Familienmitglieder, Kollegen und selbst Therapeuten dieses scheinbar unauflösliche Knäuel heute nicht mehr. Sie lehnen es augenrollend und verachtend ab, ist doch Selbstliebe so angesagt heutzutage. Ein jeder weiß vermeintlich ganz genau, was es braucht, um zufrieden und immer erfüllt zu leben.

Wie man mit Unverständnis und Augenrollen anderer umgeht

Liebe ist ein hohes Gut. Es seines zu nennen, ist in Zeiten von wirtschaftlicher, finanzieller, existenzieller und politischer Unsicherheit und Oberflächlichkeit in Kontakten durch soziale Medien wie ein Diamant. Er verspricht emotionale Sicherheit, Geborgenheit,

Halt in Zeiten steter Veränderung, Gesundheit, Ausgeglichenheit und Ressourcen der Kraft. Ihn zu finden und zu halten, macht einen Menschen reicher und spricht ihm Wert zu. Wer allein ist und bleibt, muss etwas falsch machen oder sein. Das birgt die Frage nach Schuld. Alleinsein, gern verwechselt mit Einsamkeit und der Unfähigkeit, sein Leben in den Griff zu bekommen, ist beschämend und anklagend. Daher ist es leicht, sich heutzutage als unfreiwilliger Single schlecht zu fühlen. Sogar freiwillige Singles oder solche, die das Alleinsein nicht fürchten, werden mit Zweifeln beäugt. Er wird von der Gesellschaft so behandelt: dass es Menschen, die allein sind, schlecht gehen müsse, auch wenn das gar nicht der Fall ist.

Ein Hintergrund dazu: Der Gedanke, dass jemand ungewollt allein ist, verleitet andere Menschen dazu, sich ebenso allein zu fühlen.[lvii] Die Ursache dafür ist, dass Einsamkeit ansteckend ist und die wissenden Menschen ins sprichwörtliche Abseits befördert. Das heißt, dass Menschen in der Lage sind, die Einsamkeit oder den Schmerz, insofern man ihn zeigt, zu bemerken. Sie würden sich dann ähnlich einsam fühlen, mitleiden und zurückziehen. Wer seine Einsamkeit verbirgt, mag stark wirken und von diesem wissenschaftlich bewiesenen Mechanismus weniger betroffen sein. Aber wer sich fragt, wieso er mit so einer geballten Ladung Unverständnis und Ablehnung konfrontiert wird, wenn er von seiner Affäre oder unerwiderten Gefühlen spricht, der sollte wissen: Wir sympathisieren mit Menschen und dem Gefühl der Einsamkeit. Und keiner ist gern einsam. Im Gegenteil: Wir wissen heute aus der Forschung, dass Einsamkeit krankmacht.[lviii] Und ein jeder wehrt sich mit eigenen Mitteln dagegen.

Daher ist es ratsam, sich jemandem anzuvertrauen, der dieses Gefühl zu greifen und neutral zu behandeln weiß, statt jemandem, der selbst Schwierigkeiten mit dem Alleinsein hat.[lix] Singles, denen es mit ihrer „Situation“ gutgeht, die sogar freiwillig Single bleiben wollen, wird ein Gespräch über das Alleinsein weniger befremden. Für sie sind Liebe und Alleinsein keine beschwerlichen Tabuthemen, die negative Gefühle hervorrufen und daher schnell beendet werden müssen. Menschen, die diese Gesprächsthemen weniger ertragen können, schieben leicht die Verantwortung auf die heimlichen Geliebten: Sie sind schuld. Punkt. Der Mann oder die Frau sind ganz offensichtlich Weicheier, Schlampen, Idioten oder zumindest noch nicht erwachsen geworden.

Diese Gedanken kennen wir alle. Wir bekommen das Stigma „ungewollt, traurig und einsam“ von unseren sozialen Kontakten und den Medien brühwarm serviert. Wir verstehen die Gedankengänge; wir können in die Gefühle sozialer Ausgrenzung und Hilfebedürftigkeit, Schwäche und Wahnsinn einer Affäre hineinfühlen. Wenn wir keine Affäre haben, besonders gut! Aber sind wir selbst die Julia oder der Romeo, sprechen wir plötzlich nicht mehr so respektlos, unverhohlen und anklagend. Und falls doch, haben wir uns beeinflussen lassen – von den schuldzusprechenden Gedanken anderer, die uns falsch, schuldig, naiv und abnorm hinstellen. Wir glauben anderen leichter, als uns selbst. Besonders, wenn wir nicht so griffig sagen können, was wir eigentlich glauben.

Noch mehr geschieht das, wenn wir das Gespür für unsere Intuition verloren haben. Es ist leicht, anderen Stimmen in unseren Köpfen das Sprechen zu erlauben: dass etwas mit uns nicht stimmen müsse. Alle anderen bestätigen das. Unser Affärenpartner benimmt sich eventuell entsprechend. Wir glauben das ab einem bestimmten Zeitpunkt schließlich auch. Wenn uns alle Welt erzählt, wie dumm und selbsterniedrigend es ist, freiwillig ein/e heimliche Geliebte/r zu sein, dann ist das wohl so.

Nein, denn was zählt, ist die eigene Einstellung zu deiner Affäre, deinen Motiven und dem Umgang mit all deinen Gefühlen. Dieses besitzorientierte Denken im Sprechen über die Liebe und Beziehungen ist auch noch nicht sehr alt: Der Gesellschaft taten Regeln gut und Monogamie und die Zuordnung von Partnern (zugunsten einer gewährleisteten Kindererziehung) war eine davon. Religiöse Normen kamen hinzu und formten so unser heutiges Konzept, dass auf einen Mann eine Frau kommt und währenddessen nichts.[lx]

Rückblick und Umdeutung von Affären

Hier ist eine historische Einstellung zu Affären und Geliebten, um das heutige Bild abzuschwächen und daneben ein weiteres zu hängen: Heimliche Liebschaften haben seit jeher ein Prestigeklischee inne. Zumeist sind es Männer, die etwas zu bieten haben, die sich eine Geliebte nehmen. Aber auch weibliche Persönlichkeiten, denken wir nur an Cleopatra, nutzten Affären als Beweis ihrer Macht.

Wer Geliebte/r war, wurde für diesen besonderen Platz ausgewählt und ist wertvoll. Es ist nicht *irgendjemand*, den man irgendwo ganz zufällig kennenlernt und sich denkt: „Na, wenn es sein muss!“. Eine heimliche Affäre ist oft sehr gut ausgewählt, weil sie einiges standhalten muss, allein schon Verschwiegenheit. Es sind nicht die „Dummen“ oder „Ängstlichen“, die es per se trifft: Es sind meiner Meinung nach diejenigen, die es (v)ertragen. Erstens, weil sie die Kraft dazu haben. Zweitens, weil sie Liebe erst ab einem bestimmten Zeitpunkt mit Besitz verknüpfen, und damit aus rein psychologischer Sicht weitaus liebesfähiger sind, als jene, die ihr Glück an Partnerschaften hängen. Und nicht zuletzt, weil sie kraftvoll genug sind, um mit ihren negativen Gefühlen, ihrem Schatten, in eine harte Auseinandersetzung zu gehen. Affärengegner tun sich das meist gar nicht an, aber wachsen an solchen Herausforderungen auch nicht.

In meinen Augen ist eine heimliche Affäre damit eine ideale Situation, um gestärkt und selbstbewusst herauszufinden, was man braucht, um zufrieden zu sein, wie man Liebe und Beziehung sieht, was man sich zumutet und was man bereit ist, sich im Kampf um etwas zuzumuten. Sie wird zeigen, was wir aushalten können, woran wir leicht zu zerbrechen drohen und wo unsere Trigger liegen, die lang verborgene und gut versteckte Gefühle auf den Plan rufen. Affären bedeuten damit auch die Chance zur Persönlichkeitsentwicklung. Millionen anderer Menschen nutzen und nutzten sie, um sich berufliche Vorteile zu erhaschen. Diese Handlungen beklagt kaum jemand. Nur, wenn Leid mit ins Spiel kommt, wird es verachtungsvoll.

Dabei wählen heimliche Geliebte ihre Affäre genauso bewusst. Sei es aus wirtschaftlichen oder sozialen Gründen: Kaum eine Frau würde sich einen Mann wählen, der „nicht mindestens auf Augenhöhe" ist oder kein „richtiger Kerl", der nichts zu bieten hat oder dem man nichts bieten kann, um nur ein Beispiel zu geben.

Der sozioökonomische Status des Affärenpartners ist genauso von entscheidender Bedeutung, wie die Attraktivität. Die Zeit, die sie miteinander verbringen, ist bewusst gefüllt mit freudvollen, wenn auch teilweise stark sexualisierten Inhalten – auch wenn ab einem bestimmten Zeitpunkt Diskussionen um die Zukunft Einzug finden. Affären sind zudem nur sehr selten von finanziellen Sorgen, Arbeitslosigkeit, Langeweile, Krankheits- und Pflegezeiten, Streit um Kinder oder ihre Erziehung usw. betroffen. Keine Auseinandersetzungen wegen Kochen, nicht heruntergebrachten Müllbeuteln, unerledigtem Abwasch: nur dieses prickelnde, sehnsüchtige Gefühl des Begehrtwerdens und eine unvergleichbare Intimität. Dass genau diese alltäglichen Dinge von heimlichen Geliebten vermisst werden, steht auf einem anderen Blatt. Aber dass das Normale eben nicht Teil der Affäre ist, macht den Affärenpartner so anziehend: Wenn die Affäre zu einer Beziehung würde, kämen all die normalen und mitunter negativen Aspekte einer Partnerschaft und 24/7-Verfügbarkeit hinzu. In Affären ruhen Potenziale, die Partnerschaften zwar auch haben, aber auf eine andere Art und Weise.

Lektionen und Schatzsuche

Eine der wohl intensivsten Kränkungen stellt die Unerreichbarkeit des Affärenpartners dar: Heimliche Geliebte erleben tiefe Verletzungen durch den Kontrollverlust, das Nicht-verfügen-Können und die Unansprechbarkeit, die sie in ihrer Rolle vermeintlich abwerten und gar streichen würde. Gar nicht erst Kontakt aufzunehmen, weil es verboten wurde, ist wie der kindliche Zwang durch die Eltern, dem sie sich fügen, aus Angst vor Konflikten und möglichem Verlust. Geliebte ringen mit ihrer Angst mehr als andere Menschen, wenn es um Liebe geht. Den geliebten Partner nicht anrufen oder erreichen zu können, seine Stimme nicht hören zu dürfen, ihn nicht nachts neben sich liegen zu haben, sich an ihn kuscheln zu können, seine Nähe zu erfahren und sich dabei wohlzufühlen: Es ist eine Form der Begrenzung, die häufig Hilflosigkeit und Ohnmacht auslöst, vor allem aber Gefühle der Einsamkeit. Die Selbstverwirklichung mit dem geliebten Menschen wird durch das Verbot unterbrochen. Die eigenen Bedürfnisse und Ziele sind weniger leicht mit denen des Menschen vereinbar. Es wirft die Gedankenspiele auf, dass man ohne seine Aufmerksamkeit und Anwesenheit wertlos sei. Es suggeriert, dass man der Spielball eines Menschen sei, der wichtiger sei, als man selbst.

Wie die Psychologin und Autorin Ursula Nuber beschreibt, entwickeln sich gerade bei Frauen häufig Depressionen durch schlechte Beziehungserfahrungen.[lxi] Sie empfinden ihren Selbstwert als nur vorhanden oder gefestigt, wenn bestimmte Aspekte erfüllt werden. Sie brauchen positive und stärkende Beziehungen, um ihren Selbstwert aufrechtzuerhalten. Was ihn sonst brüchig macht, lässt sich kurz und bündig zusammenfassen: Es scheint für die Geliebten festzustehen, dass das Ich plus Affärenpartner gleich ein Ganzes sei. Laut Nuber würde ihnen dieses Denken eine Identität verleihen und sei daher einer der wichtigsten Pfeiler ihres Lebens. Sie sprechen sich nicht nur oft schuldig für kriselnde oder zerbrochene Beziehungen. Sie sehen sich auch in der Pflicht, ihre Bedürfnisse weniger als die der anderen zu erfüllen.

Nuber belegt dies anhand zahlreicher internationaler Studienergebnisse zum Thema Frauen und Depressionen. Die Idee der „perfekten" Frau und Mutter (und Geliebten) in Verbindung mit den Bestrebungen, diesem Denkmuster gerecht zu werden, löse bei Frauen Selbstzweifel und Versagensängste aus. Bricht also der Kontakt zum Partner ab oder wird ein Beziehungsende gefürchtet, beginnen Vorwürfe, Selbstkritik, Wut und Ärger, Aggressionen und tiefe Traurigkeit.

Doch auch bei Männern finden wir diese Gefühlswelten. Ein aufschlussreiches Gespräch mit einem heimlichen Geliebten, einem Mittvierziger, machte mir deutlich, dass es keineswegs nur die Männer sind, die sich Geliebte halten, und damit auch nicht nur Frauen diejenigen sind, die leiden. Immer mehr Frauen haben heute Affären und die Zahl von weit über 90 Prozent Frauen, die schon einmal an Betrug dachten, untermalt das.

So ging es auch Hendrik, der sich in eine alte Freundin verliebte. Kerstin war verheiratet und hatte mit ihrem Mann zwei Söhne. Beide waren schon fast aus dem Haus, als Hendrik sie unverhofft wiedertraf.

Sie litt seit mehreren Jahren an leichten bis mittleren Depressionen und beklagte oft, dass sie ihr Leben nicht so hatte leben können, wie sie es sich erwünscht hatte. Die Jahre der Kindererziehung hatten es nötig gemacht, dass sie mehr für andere da war als für sich. Ihr Ehemann war mit seinem Beruf beschäftigt. Für ihn aber stellte es keine Sorge dar, dass in ihrer Ehe schnell Langeweile und emotionale Leere eingezogen war. Er hatte Lebensinhalte fernab von Familie und Haus. Kerstin nicht. Sie lebte entsprechend auf, als sie mit Hendrik häufiger Kontakt hatte.

Anfangs waren es rein freundschaftliche Treffen. Sie verstanden sich genauso gut wie früher. Sie führten vertraute Gespräche und teilten Erinnerungen an alte Zeiten. Ihr normales Leben geriet in den Stunden ihres Zusammenseins in willkommene Vergessenheit. Hendrik erwiderte ihre aufkeimenden romantischen Gefühle, aber war beruflich viel unterwegs. Deshalb gab es häufig längere Zeiten, in denen er nicht im Land war. Stattdessen telefonierten und mailten sie täglich. Hendrik bekam, wie er selbst sagte, fast gar nicht mit, dass es neben ihm noch eine Familie und einen Ehemann gab.

Wenn er von seinen Geschäftsreisen zurück war, trafen sie sich meist noch am selben Tag oder am Tag danach. Beide richteten ihr Leben auf die gemeinsame Zeit ein. Kerstin erzählte ihrem Ehemann, dass sie eine neue Freundin gefunden hätte. Er war froh, dass es ihr besserging. Hendrik begann indes, immer mehr zu wollen. Beide ließen sich in eine intensive und leidenschaftliche, anfangs sehr glückliche Affäre fallen. Kerstin fühlte sich wieder lebendig, wenn er „verfügbar", also im Lande war. Sie glücklich zu sehen, war für Hendrik wiederum sehr wichtig. Wenn er jedoch beruflich unterwegs war, traf es Kerstin so schwer, dass ihre Depressionen wiederkamen, wenn auch nicht in dem Ausmaß wie sonst. Hendrik schrieb ihre Depressionen dem unzufriedenen Leben mit ihrem Ehemann zu. Er wollte sie retten, ihr etwas Besseres bieten. Er wusste, dass sein Job eine Schwierigkeit darstellte, wenn er wollte, dass aus der Affäre eine Beziehung würde. Seine Position aufzugeben und sich auf eine niedere versetzen zu lassen, fiel ihm daher leicht.

Kurz nachdem er sein Leben geändert hatte, wurde Kerstin bewusst, welche Opfer sie erbringen müsste und vor allem, mit welchen Konsequenzen. Sie zog sich daraufhin zurück und Hendrik bekam Angst, sie zu sehr gefordert zu haben. Ihre Depressionen wurden nach Auseinandersetzungen um ihre gemeinsame Zukunft schlimmer. Sie machte ihn – und er sich – dafür verantwortlich.

Hendrik hielt zwei Jahre und neun Monate durch. Wenn er nicht versuchte, sie zu einer Entscheidung für ihn zu drängen, ging es ihr psychisch gut. Dachte er aber an sich und seine Zukunft, so verschlechterte sich nicht nur ihr Gesundheitszustand. Auch die Leere in seinem Leben, die er vorher mit beruflichen Reisen gefüllt hatte, breitete sich aus und wog schwer. Er erkannte, dass ihm der Job erlaubt hatte, vor seiner Angst und dem Alleinsein davonzulaufen. Waren es bei Kerstin das Haus und die Familie als alleinige Beschäftigungen, so war es bei ihm der Beruf und die damit verbundenen Reisen. Als ihm das klar wurde, beendete er die Affäre. Doch die Zeit bis zu dieser Erkenntnis brachte ihm „viel Schmerz und Unmengen an Wut".

So eine Form der emotionalen Abhängigkeit, wie wir sie bei Kerstin und Hendrik sehen, ist in heimlichen Affären nicht selten. Kerstin machte ihre Verantwortung gegenüber ihrem Leben zu Hendriks. Sie hing ihre Zufriedenheit an seine Handlungen *für* sie. Handelte er gegen ihre Bedürfnisse, und für seine eigenen, warf sie es ihm indirekt vor. Ihre depressiven Schübe wurden zu seinen Schuldgefühlen, die sie nicht selten gegen ihn nutzte, um zu bekommen, was ihr Leben ihr nicht bot.

Es kommt zudem oft vor, dass der Affärenpartner einen vermeintlich bedrohlichen und gefährlichen Grund nennt, wegen dem man sich nicht trennen kann/darf. Wer sich nicht trennen will, bei dem dauern die Affären auch nie sehr lang. Wer sich nicht trennen kann oder gar das Verb „darf" benutzt, steht nicht nur in einer eigenen Abhängigkeit. Er schürt auch aus einer Urangst heraus den mütterlichen und väterlichen Fürsorge- und Schutzmechanismus, den zu viele heimliche Geliebte bereit sind, auszuleben. Einige sind helfersüchtig und müssen gebraucht werden, um sich wohlzufühlen. Andere wiederum geben Hilfe, weil sie mit dem Menschen fühlen und ihm Gutes tun wollen, kennen aber die Grenzen ihrer Fürsorge.

Beide Gruppen sorgen sich in ihrer Verschwiegenheit um die Bedürfnisse des Anderen, statt ihre eigenen in den Vordergrund zu stellen. Oft erliegen sie ihnen, denn wenn sie ihre eigenen Bedürfnisse befriedigten, würde ihre Affäre und der Affärenpartner zu leicht in Gefahr geraten. Sie würden verletzen, während es doch eine stille Übereinkunft gab, dass die heimlichen Geliebten eben genau das nicht tun: *an sich denken und den Anderen damit weniger beachten.* Tatsächlich aber verhalten sich die Affärenpartner mit dieser Art kindlich abhängig und hilflos. Sie sind aber keine unwissenden Kinder mehr. Sie sind erwachsene Menschen, die die Verantwortung gegenüber den Gefühlen anderer kennen und einzuschätzen wissen. Wer nur gegenüber seinen eigenen Bedürfnissen achtsam handelt und andere missachtet, der ist zu Respekt nur unter elterlichem Zwang und Gehorsamsdenken fähig. Mit so einem Charakter wird es schwerfallen, eine erwachsene und gleichberechtigte Beziehung zu führen. Wer dennoch eine Affäre unter diesen Umständen aufrechterhalten möchte, darf sich ehrlich und offen fragen, ob

- Beziehungen bedrohlich wirken und wenn ja, weshalb,

- Beziehungen und das Single-Dasein an sich eventuell Momente der Leere oder gar Wut, Angst und Traurigkeit beinhalten, die man noch nicht zu füllen und bewältigen weiß,
- die Angst vor dem Alleinsein und der Einsamkeit bei der Entscheidung für die Affäre überwiegt.

Heimliche Geliebte erleben vermehrt Alleinsein als Allein-gelassen-Werden und, damit verbunden, eingebildete Gründe: dass es an der Affäre läge, dass es an dem offiziellen Partner läge, dass es an einem selbst läge u. v. m.

Dabei schlummert im Alleinsein und der Angst davor eine wunderbare Entwicklungsmöglichkeit: das Wiederfinden des eigenen, lebendigen Selbst. Was auch immer vergessen und vergraben wurde, um der Gesellschaft Genüge zu leisten, was einem ausgeredet wurde, weil es anderen missfiel oder aber wo „nicht genug Talent vorhanden war", welche Wege andere für unzureichend oder nicht lohnenswert empfanden, bei was andere schlechte Erfahrungen gemacht haben bis hin zu „Also, ich weiß nicht. Denk darüber lieber nochmal nach!": All das darf jetzt wiedergefunden und erinnert werden.

Es ist eine besondere Herausforderung, aber eine, die sich für den Rest des Lebens und Beziehungen aller Art lohnen wird. Sie zeigt dir deinen Weg – auch den, von dem du abgekommen bist. Wir lassen uns zu oft von Angst leiten.

STATT ANGST VOR DEM ALLEINSEIN

„Denn nur die freie Neigung ist Liebe,
nur wer sich selber hat, kann sich selber geben."

Franz von Baader

Die Angst vor dem Alleinsein bzw. das Gefühl der Einsamkeit ist und bleibt eine der Hauptursachen für Untreue, Trennungsängste und heimliche Affären. Wie viele warten erst einen neuen, potenziellen Partner ab, bevor sie den Schritt der Trennung wagen? Wie viele heimliche Geliebte leiden unter ihrer Einsamkeit, nicht nur, wenn der geliebte Affärenpartner abwesend ist, sondern auch, wenn er anwesend ist? Meine Gespräche zeigen, dass dieselbe Angst Fremdgänger dazu veranlasst, eher ihre Affäre zu beenden, als ihre Partnerschaft, aus Angst, dass auch diese irgendwann bergab ginge. Studien belegten zudem, dass Einsamkeit psychische und physische Krankheiten hervorrufen kann. In meinen Augen sind die meisten psychischen Belastungen auch auf das Erleben von Einsamkeit zurückführbar. Würden sich weniger Menschen vor der Zeit mit sich allein fürchten, könnten andere Ängste oder depressive Verstimmungen kaum mehr die Symptomatik entfalten, wie sie in unserer Gesellschaft zu finden ist. Ist die Lösung also die, Alleinsein zu vermeiden? Keineswegs. Stellt es die beste Möglichkeit dar, um gesund und resilient, zufrieden und ausgeglichen zu sein, wenn wir uns stets mit Menschen umgeben und dort auf Zuwendung und Anerkennung zu hoffen? Nein, auch wenn wir Personen brauchen, die uns nähren und unterstützen, weil sie zu uns passen und wir zu ihnen. Der Mensch ist nicht für die Einsamkeit gemacht und braucht soziale Kontakte. Dennoch sind diese kein Ersatz für sich selbst oder für mangelnde Zuwendung, die man sich (bislang) nicht schenken oder in sich nicht finden konnte.

Alleinsein und Einsamkeit folgt Mustern und diese beschrieb ich bereits an der einen oder anderen Stelle (zum Beispiel im Kapitel über wartende Menschen). Welche Gedanken sich breitmachen können und wie diese unser Handeln und Fühlen beeinflussen, steht im Einklang mit der Abwertung, Ablehnung und Isolation heimlicher Geliebter. Sie alle tappen in die Falle Einsamkeit und vermissen wirksame Stressmanagement-Strategien, die ihnen in den Momenten aus ihren Gefühlen heraushelfen könnten. Man sucht stattdessen Gründe: *Was stimmt nicht mit mir, dass ich niemanden finde, der bei mir bleiben möchte? Was ist der Grund, dass ich allein gelassen werde? Wieso kümmert sich niemand um mich? Wieso kann er/sie mich nicht genauso lieben, wie den offiziellen Partner?* Dies sind Fragen, die im Kopf kreisen, wenn wir ungewollt allein sind. Am Ende steht der mangelnde Selbstwert, der häufig auch als Ursache benannt werden kann. Irgendeinen Anlass muss es ja geben, dass der geliebte Mensch nicht mit dir zusammen sein möchte, oder? Du musst ja sicherlich weniger Wert haben, oder? Sonst wärst du doch glücklich mit der Person, nicht wahr? Eine häufige und leider missliche Interpretation, die weitere Wunden verursacht. Um es vorwegzunehmen. Die Antwort lautet: Nein.

Ich möchte mich in diesem Kapitel darauf konzentrieren, die Gefühle des Alleinseins und der Einsamkeit voneinander zu trennen, greifbar zu machen und wirksame Strategien im Umgang mit ihnen anzubieten. Das ist keine leichte Aufgabe, folgen doch Menschen, so unterschiedlich, wie sie sind, beinahe immer ihrem eigenen emotionalen Rhythmus und Gelernten (Trigger, Vermeidung, Abwehr). Selten wagen es einsame Menschen, sei es, dass sie sich dieses Gefühl eingestehen oder verdrängen, ihre Muster zu hinterfragen und sie zu ändern oder gar den nötigen, scharfen Blick auf die Einsamkeit anderer Menschen zu lenken. Sie sehen in Menschen, die Hand in Hand durch die Straßen gehen, glückliche und gesegnete Menschen, im Vergleich zu sich selbst. Sie sehen Freunde, die lachend im Café sitzen und beneiden sie um ihre emotionale Verbindung, während sie selbst allein sind und scheinbar niemanden haben, der ihnen Freude bereitet. Sie erleben sich als weniger gut, weniger gemocht, weniger eingebettet in emotionale Sicherheit, dafür überwiegend haltlos, orientierungslos und nicht selten folgt der Schluss: wertlos. Daraus folgen weitere Gefühle, die sich endlos untereinander reihen ließen: hilflos, ängstlich, traurig, wütend, schuldig, beschämt u. v. m. Gleichzeitig ist ihr Selbstwertgefühl derart tief in den Keller gesunken, dass sie meinen, niemand würde sie mögen. Selbst Freunde oder Familienmitglieder können sie nicht mehr zum Lachen bringen oder nur kurzzeitig Abhilfe schaffen. Woran liegt es, dass sich heimliche Geliebte immer wieder mit dem Gefühl Einsamkeit auseinandersetzen müssen und doch nur selten diesen Kampf gewinnen?

Eine Verbindung ist die zur Langeweile, aus der sehr leicht Angst entsteht und aus ihr wiederum Einsamkeit bis hin zur Depression. Während einige „nur“ mit Angstzuständen reagieren, reagieren andere mit tiefer Traurigkeit und Lähmung. Selbst der schönste Sonnentag macht ihnen keinen Spaß, wenn sie ihn allein verbringen *müssen* oder nicht mit der geliebten Person zusammen sein *dürfen*. Es ist unerlässlich, sich mit dem Loch in seinem Herzen und der Leere, der scheinbaren Nicht-Existenz und abgeleiteten Wertlosigkeit auseinanderzusetzen. Du bist. Und du bist wertvoll. Egal, wer bei dir ist oder nicht.

Es bringt rein gar nichts, davor wegzulaufen, wegzuschauen, sich schnell abzulenken oder anderen die Schuld für diese quälenden Gefühle zu geben. Es ist sinnlos, denn gleich, welcher Mensch es in uns auslösen würde (Hinweis: Es wäre nicht nur der Affärenpartner, sondern auch andere Menschen.), das Gefühl ist und bleibt in seinem Ursprung *in uns*. Die Vorfreude auf den Affärenpartner, wenn er Zeit mit uns verbringen will, entsteht aus der Zufriedenheit und Ganzheit, die wir bei dem Gedanken empfinden, dass UNS Zeit mit JEMANDEM geschenkt wird: jemand, der uns lieben müsste, weil wir ihn lieben und ein Teil seines Lebens sind und sein wollen. Einsame Menschen haben zu wenig von solchen Kontakten in ihrem Leben.

Es geht bei sozialem Kontakt nur selten um irgendwelche Menschen, auch wenn es viele gibt, die meinen, sie seien eine gute Kompensation im Vergleich zum Alleinsein. Doch die Forschung zeigt, dass das Zusammensein mit Menschen, die uns lieben und die wir lieben, mehr positive Gefühle auslöst, als ein Zusammensein mit welchen, die wir weniger lieben. Unerwiderte Gefühle sind nicht nur auf der eigenen Seite verletzend. Der Gedanke „Hauptsache irgendwer mag mich und will Zeit mit mir verbringen!“, kann zwar kurzzeitig helfen, aber langfristig glücklich macht es nicht. Denn es geht um wertvolle, qualitativ hochwertige Zeit mit liebenden Menschen. Daher rührt auch die Enttäuschung, die heimliche Geliebte empfinden, wenn der Affärenpartner wieder einmal absagt oder früher geht, sich nicht meldet oder seinen Jahresurlaub auf Hawaii verbringt, während man selbst wartend und traurig zu Hause hockt. Rückschluss im Kopf: Ich werde nicht geliebt. Denn würde uns der Affärenpartner lieben, würde er Zeit mit UNS verbringen.

Eine zweite Komponente bei Einsamkeit ist der Unglaube an seine Selbstwirksamkeit, die ich bereits mehrfach besprach. Ich möchte an dieser Stelle wiederholen, dass das Opferbewusstsein heimlicher Geliebter frustrierend hoch ist. Sie stellen nicht nur den Affärenpartner auf eine gefährlich hohe Position (weit, weit über ihnen!). Sie sprechen der Person auch gottgleiche oder wenigstens idealisierte Eigenschaften zu, wo es doch nur ein Mensch ist, der selbst erheblich mehr Probleme mit sich und seinem Leben hat. Es ist die Idee und Illusion eines wunderbaren und liebenden Menschen, die in unseren Köpfen sitzt. Dieser Mensch würde uns glücklich machen, sodass wir weniger allein wären, wenn er erst einmal bei uns wäre und weg aus der offiziellen Beziehung, denken wir. Das Kopfkino konzentriert sich aber selten auf die herausfordernden Eigenschaften des Menschen oder gar darauf, dass mehr Personen, die in einer Beziehung sind, trotz Partner Einsamkeit verspüren, als welche, die in keiner Partnerschaft leben.

Ich fragte viele meiner GesprächspartnerInnen, wie sie sich fühlen würden, wenn es in ihrem Leben jemanden gäbe, den sie jederzeit anrufen könnten, um ihm Zeit zu stehlen, damit sie alles bekommen, was sie gerade vermissten: Zuwendung, Aufmerksamkeit, Liebe, Nähe, Sex – um dann nach wenigen Stunden wieder zu verschwinden und zu Hause mit einer Tiefkühlpizza oder schnellem Abendbrot vor dem Fernseher zu sitzen und sich einzureden: „Heute war ein guter Tag!“. Man hat sich wenig um das Wohlbefinden eines anderen Menschen gekümmert und genügt sich nun selbst. Bei den meisten meiner GesprächspartnerInnen löste allein der Gedanke an diese Option eine Beklemmung und vor allem Ekel aus. Nicht schwer auszumachen, wieso, oder? Fakt bleibt, ob der Affärenpartner nun zufrieden mit seiner offiziellen Lebensversion ist oder leidet, das Endergebnis: Heimliche Geliebte sprechen so einer Person, wie eben beschrieben, mehr Wert zu, als sich selbst. Sie glauben sogar deren Interpretation über ihren Wert und übernehmen sie eins zu eins, ohne sie zu hinterfragen oder zwischendrin kurz „Moment mal!“ zu rufen.

Was hat das mit Einsamkeit zu tun? Einsam und ängstlich wart ihr beide und aus dieser Einsamkeit und Angst heraus wurde gehandelt und Handeln gelassen und unterlassen. Entscheiden sich heimliche Geliebte dafür, stets jemand anderen handeln zu lassen, um dann Freude zu entwickeln, wenn sie nicht allein sein müssen, übergeben sie ihre Selbstwirksamkeit an einen Menschen, der es wenig besser kann als sie. Das Gegenteil sollte der Fall sein: Du entscheidest morgens, was du heute tun wirst und du entscheidest vor allem, mit wem. Du umgibst dich mit „vollen“ Menschen, die dich lieben und die du liebst, statt mit Menschen, die sich ungeliebt fühlen und deshalb nach Kompensation bei dir suchen. Du solltest als Konsequenz Alleinsein in Betracht ziehen, um dich fernzuhalten von den Einsamkeitsgefühlen anderer Menschen, zum Beispiel dem Affärenpartner, um diese Gefühle nicht aufzunehmen und auch keine Verantwortung für sie zu übernehmen.

Wenn es dir Angst und Traurigkeit bringt, eine heimliche Affäre zu haben, dann ist es kein Zeichen von Lebenswillen oder Durchhaltevermögen, diese Gefühle irgendwie auszuhalten, nur um hin und wieder einige Stunden mit einem Menschen verbringen zu können, der offensichtlich mehr mit seinem Wohl beschäftigt ist. Die Bedeutung, die heimliche Geliebte ihrem Leben und ihrer Person absprechen, weil sie eine ähnliche Behandlung durch ihren Affärenpartner sehen, ist nur herangezogen, aber nie wahr und nie realistisch.

Was jemand anderes nicht kann, noch wagt, zu tun, hat nichts mit dir zu tun, sondern mit demjenigen. Was jemand gegen dich tut und was für dich, ebenso wenig. Es sagt etwas über die Bedeutung aus, die du für denjenigen hast. Und genau diese vermeintliche Bedeutungslosigkeit unserer Persönlichkeit, unseres Lebens und der einzelnen Tage ist es, die wir in einsamen Stunden fühlen. Doch die reine, wahrhaftige Bedeutung beschließt du. Du verleihst deinem

Leben Sinn. Andere Menschen können ihn erweitern und auf dem Fundament, für das du gesorgt hast, mit ihren Qualitäten aufbauen. Aber nie wird dich eine heimliche Affäre zu dem machen, was du bist. Entweder du bist bereits jemand oder du wirst zu jemandem. Aber du bist und bleibst der Startpunkt. Bei dir beginnt das Rennen und bei dir endet es auch.

Seine Gefühle an den Handlungen anderer Menschen zu messen, deren Intentionen rein selbstgefügig sind, ist ein hartes Unterfangen, das so manchen verletzt zurücklässt. Doch statt sich in den Stunden angemessen um sein Wohl zu kümmern, nehmen heimliche Geliebte nicht selten fremdes Verhalten, interpretieren es und stülpen die Denkergebnisse wie einen Sack über ihren Kopf. Der Sack verdeckt ihre Schönheit und Liebesfähigkeit, ihre Wünsche und Träume, ihre Ziele und Bedürfnisse. Liebesbeziehungen aber sind kein Ersatz für Lebensziele oder einen Lebensplan. *Wer bist du? Wer willst du sein? Wie soll dein Leben aussehen? Wie möchtest du auf dein Leben zurückblicken, wenn du alt bist? Wirst du deine Affäre bereuen oder zufrieden und dankbar an sie zurückdenken?*

Nachfolgend biete ich dir mehrere Coping-Strategien gegen Enttäuschung, Einsamkeit, Sich-klein-Fühlen und viele weitere unangenehme Gefühle.

Wege aus der Einsamkeit

Erstens: Eine Variante, die sich auszuprobieren lohnt, ist, bei der nächsten Enttäuschung und Einsamkeit mehrmals ein- und auszuatmen und sich bewusst auf seinen Körper zu konzentrieren. Im Anhang habe ich bewährte Atemtechniken eingefügt. Aber auch das normale, bewusste und tiefe Atmen in den Bauch genügt bereits, um Körperbewusstsein herzustellen.

Akzeptiere dann laut, dass du enttäuscht bist. Erlaube dir dieses Gefühl. Weine, wenn nötig, oder brülle ins Kissen, um Adrenalin loszuwerden. Mir half es immer, in die Luft zu boxen oder laut Musik anzustellen, um für fünf Minuten wild zu tanzen. Die Stresshormone, die sich im Körper angehäuft haben, werden so freigelassen. Sorgen können durch Ersatzhandlungen minimiert werden, denn Bewegung schafft Platz im Gehirn.

Führe Bewegungen aus, die Raum in deinem Körper schaffen. Eingerollt auf der Couch zu sitzen oder den Kopf hängen zu lassen, während die Schultern den Brustraum verkleinern, um das Herz zu schützen, ist keine gute Idee. Besser wäre es, die umgekehrte Haltung einzunehmen, die Schultern nach hinten zu ziehen, den Kopf in den Nacken zu legen und die Hände weit vom Rücken wegzuziehen.

Solche Übungen schaffen Raum und geben deinem Körper ein Stück Freiheit, die du in Momenten der Unzufriedenheit und Angst so dringend brauchst.

Bist du körperlich zur Ruhe gekommen, richte deine volle Aufmerksamkeit auf alle Möglichkeiten. Schreibe dir alles auf, was du statt z. B. Grübeln tun könntest. Vielen reicht allein der Gedanke, dass es viele Möglichkeiten gäbe. Sie mussten danach nichts mehr von ihrer Liste ausführen. Sie schoben die enttäuschenden Gedanken und Gefühle weg und erlaubten ihnen keinerlei Eintritt mehr. Andere genossen es, sich vollends auf eine Tätigkeit zu konzentrieren und diese so freudvoll auszustaffieren, dass negative Gedanken keine Wirkung mehr zeigten, sondern abprallten.

Eine zweite Variante stellen schreibtherapeutische Interventionen dar. Schreiben ist nichts für jedermann, aber die, die es mögen, profitieren im höchsten Maße davon. Meist eignen sie sich gut für introvertierte und kreative Köpfe, während extravertierte eher zu Bewegung tendieren. Aber auch die Kombination beider hat erhebliche Wirkung in traurigen und angstvollen Zeiten gezeigt. Das simple Aufschreiben der Angst oder Traurigkeit, in kurzen Worten oder langen Briefen, reicht aus, um dem Gefühl die gebührende Achtung zu schenken, die es verdient. Gefühle zu verdrängen hingegen, führt nur dazu, dass sie in anderen Lebensbereichen oder bei der nächsten ähnlichen Enttäuschung noch heftiger in Erscheinung treten. Beim Schreiben bekommt das Gefühl und Gedankengut Raum, um sich zu entfalten. Als Schreibtherapeutin könnte ich unzählige Übungen aufzählen, aber wähle im Folgenden nur die, die ich als besonders wirksam empfinde.

Briefe zu verfassen, die nicht abgeschickt werden, ist eine Strategie, die ich jedem ans Herz legen möchte. Verfasse zuerst einen Brief an deinen Affärenpartner, in dem du alle Gedanken und Gefühle benennst. Beschreibe, was sie mit dir machen, welche Situationen und Handlungen sie hervorrufen, an wen bzw. was es dich erinnert, welche Hoffnungen du hegst und welche Träume du dir noch erfüllen möchtest. Lege diesen Brief dann zur Seite, ohne ihn zu lesen.

Nimm ein neues Blatt und lass deinen Affärenpartner imaginär antworten. Versetze dich nur bedingt in seine Lage; lass vielmehr deine Intuition und dein Herz antworten. Dann lege auch diesen Brief zur Seite.

Nimm dir ein neues Blatt Papier und schreibe nun aus der Sicht einer dritten Person, einer Person, die euch zwei und eure (Gefühls-)Welten, wie der Erzähler eines Romans, beschreibt und reflektiert. Lege auch diesen Brief zur Seite, ohne ihn erneut zu lesen.

Diese Übung ist, wenn sie einmal durchlaufen wurde, bereits sehr befreiend. Befreiender wird es, wenn du jemanden in deinem Umfeld hast, dem du diese Briefe vorlesen kannst. Lautes Vorlesen hat den

Effekt, dass einmal Ausgesprochenes an Wahrheit gewinnt und dir zusätzlich Klarheit bringt. Über deine Stimme werden weitere Gefühle an die Oberfläche transportiert, die sonst verschüttet blieben. Schreibtherapie aber konzentriert sich auf das Ziel, dass Gefühle und Gedanken, die wertvollen Speicher im Gehirn blockieren und das Leben somit auch, freizumachen. Sie funktioniert damit ähnlich wie Sport.

Eine weitere Schreibintervention stellen Dankbarkeitszettel dar. Dafür benötigt man kleine Zettel und einen Behälter, zum Beispiel eine Schatulle oder ein leeres Marmeladenglas, einen Schuhkarton oder einen Tischeimer. Wann immer du traurig oder ängstlich, wütend oder vor den Kopf gestoßen bist, atme wie beschrieben, tief ein und aus. Sage dir dann mehrmals laut vor: „Ich bin dankbar für jeden Moment meines Lebens. Ich bin dankbar für mich. Ich bin besonders dankbar für...“ und hier folgen dann mindestens fünf Aspekte deines Lebens, für die du dankbar bist, zum Beispiel die frische Luft, deinen bepflanzten Balkon, die Marienkäfer an deiner Fensterscheibe, das gefilterte Wasser, das Essen in deinem Kühlschrank, dein Wissen oder beruflicher Erfolg, deine Lieblingsserie, deine Eltern oder Kinder, das Dach über deinem Kopf, deine Haustiere... Schreibe wenigstens fünf Aspekte auf den Zettel, mit Datum, und packe ihn in den Behälter. Wann immer du zweifelst, nimmst du einen der (irgendwann sehr vielen) Zettel aus dem Behältnis und liest ihn, tauchst erneut in das Gefühl ein, das du hattest, als du ihn schriebst, und erinnerst dich an den Wert deines Lebens – auch wenn du ihn mitunter vergisst.

Blogs (und selbst Bücher, so, wie ich es tue) eignen sich ebenso wunderbar, um *herauszulassen*, was heraus möchte. Selbst das reine Schreiben in Foren, in denen man sich mit anderen austauschen kann, spendet den nötigen Trost und das (Selbst-)Mitgefühl, das heimliche Geliebte brauchen. Gehe nur mit anderen Menschen ins Gespräch, die dich verstehen, statt verurteilen und aufbauen, statt herunterzuziehen, und lass deinen Ängsten und deiner Traurigkeit ihren Lauf. Es gibt große Communities im Internet sowie Selbsthilfegruppen in einzelnen Städten, die Anlauf bieten und zudem erlauben, dass du soziale Kontakte knüpfst. Viele der dortigen Menschen haben ihre Affäre entweder bereits hinter sich oder aber suchen noch nach Hilfe und erkennen sich in den Worten anderer Betroffener wieder. Sie helfen sich gegenseitig und ermöglichen so, dass sie nicht mehr das Gefühl, allein damit zu sein, haben. Einsamkeit wird ganz automatisch weggewischt. Zudem schenken dir solche Communities die Möglichkeit, dich in den Geschichten, Gedanken und Gefühlen anderer Geliebter wiederzuerkennen und daraus zu lernen.

Eine dritte Variante, sich in einsamen Zeiten angemessen um sich zu kümmern, stellen Akzeptanzübungen dar. Diese beginnen mit der Gewissheit, dass alles so ist, wie es ist. Was geschehen wird, wird geschehen, so sehr du es auch zu verhindern versuchst. Was nicht geschehen wird, wird nicht geschehen, auch wenn du es dir anders gewünscht hättest. So sagte es Ramana Maharshi. Vertraue auf dich und die Tatsache, dass du Lösungen finden wirst, wenn du sie brauchst. Vertraue darauf, dass es Hoffnung gibt, wenn du ihr Raum gibst. Vertraue auf dich und alles, was du bereits in deinem Leben geschafft und gemeistert hast, auch wenn es Jahre zurückliegt. Erinnere dich bewusst an jeden Schmerz und jeden verletzenden Menschen in deinem Leben, von dem du dich gekonnt distanzierst hast. Vertraue darauf, dass neue Partnerschaften, Freundschaften und unendliche Möglichkeiten kommen werden. *Vertraue: dir und dem Leben.* Seiner Unberechenbarkeit und dem Fluss der steten Veränderung. Das Leben ist wie ein Rad, was sich unentwegt dreht. Einige Geschehnisse sind Nieten, andere sind Tausende wert. Lass das Rad sich drehen und vertraue.

Der Autor Werner Ablass sagte einst, man solle sich nicht in sein Leben einmischen. Damit meint er: Man solle geschehen lassen. Ob man nun akzeptiert, was ist, in dem man sich aus dem Gedankengetriebe herauszieht oder aber das Geschehene ablehnt und dadurch Leid und Angst erfährt, sei eigentlich gleich. Nur, dass die zweite Variante negative Gefühle bringe.

Übung: Was ich liebte

Nichts macht Schmerz weg und nichts kann dich vergessen lassen, aber ein Prinzip aus der Glücksforschung, das FLOW-Prinzip, kann dich wenigstens für einige Momente die Umstände vergessen lassen. FLOW bezeichnet jenen Zustand des „Zeit-Vergessens" bei Tätigkeiten, die uns am Herzen liegen: Schreiben, Malen, Gärtnern, Werken, Bauen, Stricken, Spazierengehen, mit Tieren und Kindern spielen, Filmen, Fotografieren, Forschen, Lesen, Töpfern, Planen, Veranstalten, Arbeiten u. v. m. Wer sich Tätigkeiten, die ihn voll und ganz erfüllen, hingibt und diese pflegt, also stets und ständig in allen noch so turbulenten Zeiten ausführt, der kann sich in schweren Zeiten aus diesen den nötigen Halt ziehen. Denn sie nähren dich und nicht den Mangel, so wie es unser Denken, unsere Wut, unser Ego täte. Sie erfüllen dich mit Liebe zur Tätigkeit. Die Zeit, die du für sie aufwendest, ist nie verschwendet, sondern stets gut investiert: in dich. Damit kannst du die Zuwendung und das Verständnis für dich jederzeit selbst erbringen. Du bist nicht länger von der Aufmerksamkeit und Verfügbarkeit anderer Menschen abhängig. Du ruhst in dir.

Bei welchen Tätigkeiten vergisst du die Zeit?

Bei welchen Tätigkeiten hast du Lust am Erschaffen und Gestalten?

Was hast du als Kind und Jugendlicher gern getan?

Was hast du gern getan, was dir ausgeredet wurde?

Welche Berufswünsche hattest du? Weshalb hast du sie verworfen?

Was bereust du noch heute, nicht getan zu haben?

Wenn du Filme siehst oder Bücher liest, was bewunderst du am meisten, das andere Menschen tun?

Bei welchen Tagträumen/Tätigkeiten erwischt du dich?

Hättest du alles Geld der Welt, um eine Sache zu tun, welche wäre das?

Was ist deine größte Angst, wenn du tätest, was dein Herz ersehnt?

Oder: Wenn du berühmt wärst, wodurch und womit hättest du den Ruhm erlangt?

Schatzsuche im Dreck

Eine weitere, zugegebenermaßen herausfordernde Übung ist die Suche nach dem Lernenswerten an deiner Affäre. In jeder noch so großen Tragödie gibt es mindesten einen Aspekt, der so wertvoll war, dass er lebensverändernd wurde. Das können finale Erkenntnisse über dich und deine Vergangenheit sein, das Verständnis, was man sonst nie für sich hatte, die Heilung noch blutender Wunden, Neuausrichtungen des gesamten Lebens. Es können kleine Dinge sein, die kaum merkbar sind oder große, so, wie diese: Hätte ich keine heimliche Affäre gehabt und nicht gelitten und gehofft und jahrelang versucht, zu verstehen, gäbe es dieses Buch nicht. Hätte ich nicht so eine wahnsinnige Angst vor dem Verlust gehabt, hätte ich nicht in meinem Schatten gegraben. Ich würde noch immer denken, dass es eben Pech war und nichts davon je mit mir zu tun hatte. Ich hätte nicht erkannt, dass ich selbst mein eigenes Glück besiegele, aber es damals nicht tat. Und du würdest nicht davon erfahren. Wenn ich keine heimliche Geliebte gewesen wäre und alle Höhen und Tiefen einer Affäre durchgemacht hätte, hätte ich nicht nur nicht dieses Buch verfasst. Auch du und Dutzende andere heimliche Geliebte würden es in diesem Moment nicht lesen. Dieser Moment ist heilig, denn er gehört dir und mir und allen anderen, die gerade diese Zeilen lesen und alle dasselbe durchmachen.

So einen Schatz findest du auch in deiner Affäre. Natürlich ist es nicht nur dieses Buch, was meine Affäre Positives hervorbrachte. Natürlich habe ich noch sehr viel mehr aus meiner Affäre gelernt, wie du bereits gelesen hast und noch lesen wirst. Alle Erkenntnisse dieses Buches gründen auf diese Erfahrung, selbst die meines ersten Buches. Denn sie brachte mich erst dazu, mich mit anderen Menschen zu unterhalten, die entweder fremdgingen oder aber heimlich geliebt wurden, um die Antworten auf so viele Fragen zu finden, die sich Millionen Menschen täglich unter Tränen stellen.

So einen Schatz zu suchen und zu finden, ermöglicht dir vor allem eines: Verzeihen. Denn plötzlich hat das Ganze etwas Gutes und Wertvolles. Es lässt dich nicht die Lügen oder Verletzungen vergessen, aber es gibt dir ein Verständnis, das unersetzbar ist. Es ist allein für dich da, wird dich tragen und sogar schützen. Zu allen Zeiten.

Übung: Suche deinen Schatz

Was stört dich an deiner Affäre/Affärenpartner am meisten (Handlungen, Eigenschaften)?

Was verletzt dich am Charakter des Affärenpartners?

Nimm diese Eigenschaft und vervollständige die Sätze:

An mir stört mich am meisten, dass ich

An mir verletzt mich am meisten, dass ich

In welchen Situationen verhältst du dich gegenüber anderen und/oder dir genauso?

Welche Gedanken, Interpretationen, Be- und Abwertungen anderer Menschen und Handlungen bringst du mit dieser Eigenschaft in Verbindung?

Welche erste Erinnerung kommt dir in den Sinn, wenn du an diese Eigenschaft denkst (Eltern, Geschwister, Bezugspersonen, Lehrer, Freunde, Partner usw.)?

Wie hast du damals reagiert?

Wie reagierst du heute?

Bilde das Gegenteil deiner damaligen und heutigen Reaktion. Was fällt dir auf?

Welche Menschen mit dieser Eigenschaft kennst du noch?
Welche Glaubensmuster müsstest du ablegen, um diese Eigenschaft

liebevoll annehmen zu können?

Wen kennst du, der dir dabei helfen kann?

Was kannst du mit dieser Eigenschaft machen, um sie *für dich*, statt gegen dich zu nutzen? Wie kannst du sie in andere Lebensbereiche integrieren, um sie schätzen zu lernen?

Vergebung gegen die Wut auf sich selbst

Die intensiven Kränkungen in einer heimlichen Affäre sind wohl mit Abstand die schlimmsten Erfahrungen, die es zu bewältigen gilt. Nicht nur rennen wir mit der Wut auf den Affärenpartner durch unser Leben. Wir sind auch wütend auf uns selbst: dass wir uns das antun/angetan haben, dass wir uns haben so verletzen lassen/noch immer verletzen lassen, dass wir nichts dagegen tun/taten, um dem Leid ein Ende zu setzen. Wut soll häufig, wie bereits erwähnt, Traurigkeit schützen. Sie dient als Deckmantel für Trauer, die nicht gefühlt werden soll. Nicht jedes Gefühl kann einfach oder schnell genug bewältigt werden. Denn Gefühle muss man fühlen. Erst wenn wir sie haben da sein lassen, in den Schmerz gegangen sind und erlebt haben, dass er uns nichts Lebensgefährliches antut, können wir das Gefühl gehen lassen. Zukünftig werden wir dann weniger Angst vor diesem Gefühl haben.

Die Konfrontation damit bedeutet, dass wir uns bewusstmachen müssen, was wir alles tun, um diese Gefühle nicht spüren zu müssen: Essen, Fernsehen, Lesen, Abtauchen in soziale Medien, Arbeiten, Alkohol, Zigaretten, Sport, Telefonieren, Sex, Saubermachen, Shoppen usw. Die Liste menschlicher Kompensationen ist lang. Auch die einzelnen Angstabwehrmechanismen wie beispielsweise Rationalisieren, Bagatellisieren, Projizieren nutzen Menschen, um sich nicht mit ihren Gefühlen auseinandersetzen zu müssen. Entsprechend fürchten wir uns vor der Tiefe dieser Emotionen. Denn was wir nicht kennen bzw. zu kontrollieren vermögen, erscheint uns wie das eingebildete Monster unter dem Bett eines Kindes. Wir denken es uns groß, gewaltig, mächtig, zerstörerisch, böswillig. In diesen Gedanken haben wir keine Macht, keine Kontrolle, keine Hilfe, keine Abwehrmöglichkeit. Also flüchten wir davor.

In einer heimlichen Affäre kann man auf viele Aspekte wütend sein, die einen verletzen. Doch wenn wir jede einzelne Verletzung in ihrer vollen Wucht durchleben und uns erlauben, sie emotional zu spüren, könnten wir sicher nicht sehr lang in der Affäre bleiben. Wir müssten ab einem individuellen Punkt für uns tätig werden, weil unsere Gefühle uns dazu zwingen. Sie zwingen uns allein deshalb, weil unser Gehirn darauf programmiert ist, uns vor körperlicher und geistiger Gefahr zu beschützen und Wunden zu heilen. Es geht ihm um unser Überleben, im bestmöglichen Gesundheitszustand.

Daher ruft es sehr häufig Angst als erste Reaktion auf den Plan, wenn die Geschehnisse allein nichts Gutes bewirkten oder ausreichten, um uns zurückzuziehen. Umgekehrt funktioniert es ähnlich. Aus meiner Erfahrung soll diese Angst oder Trauer dafür sorgen, dass wir in unserem bisherigen Lebensstil unfähig werden, so weiterzuleben. Wir sollen vorübergehend gelähmt sein, damit sich Unverarbeitetes und Ignoriertes langsam von allein lösen können. Unser Kopf ist da wie ein Müllberg: Man kann ihn nicht endlos hochstapeln. Irgendwann muss der Müll der Vergangenheit abgetragen und beseitigt werden, damit neuer auf die Halde gebracht werden kann.

Angst und Trauer sind mächtige Mechanismen, die jeden in ihre Gewalt nehmen, der bislang nicht hinhören wollte. Angst ist leider dazu ambivalent und zeigt sowohl, was es zu bewältigen und loszulassen gilt, als auch, was alte Lernerfahrungen beschützen möchten. In der Schneise dazwischen liegt die Möglichkeit, sich zu bewegen. Für manche ist sie aber zu eng.

Traurigkeit hingegen ist wie ein Tauchgang im Meer. Wenn wir ins Wasser tauchen, wird es ab einer gewissen Tiefe so dunkel und lebensunfähig für Menschen, dass wir Sauerstoff und viel Training oder Druckausgleiche brauchen, um ihn zu überleben. Wir müssen vor allem wieder an die Wasseroberfläche zurückfinden und während des Tauchens keine Angst oder Panik bekommen. Um das zu vermeiden, kompensieren wir mit eben genannten Mitteln. Dabei weiß unser Körper besser mit Gefühlen umzugehen als unser Ego. Würden wir uns nur erlauben, uns ihm anzuvertrauen und machen zu lassen... Doch wie so oft glauben wir, es besser zu wissen und zu können.

Gefühle erlebt man, indem man sie leben lässt. Ohne einzugreifen, lassen wir die Gefühle wie Wellen durch unseren Körper fließen. Bei manchen Menschen äußert sich das mit körperlichen Reaktionen wie beispielsweise Gänsehaut, kribbelnder Kopfhaut, Blitzen im Kopf und durch den Körper, weiche Knie, der Kloß im Hals und Schluckbeschwerden, heftige Nacken- und Schulterverspannungen, Rückenschmerzen, häufiger Harndrang, Juckreiz, flacher Atem und vieles mehr. Wir müssen dem Körper jedoch erlauben, ihn seine Wege gehen zu lassen und auch seine eigenen Reaktionen dafür zu nutzen, statt überängstlich und misstrauisch erneut eingreifen und interpretieren zu wollen.

Wie auch immer sich deine Angst, Wut oder Traurigkeit äußern möchte, lass es zu. Sei still währenddessen und trage das Bild des Tauchganges und der Wellen in dir. Bedenke währenddessen, so natürlich wie möglich zu atmen und länger auszuatmen, als du einatmest. Und dann lass deine Gefühle geschehen. Der Effekt ist mächtiger, als du glaubst: Jede emotionale Anhäufung wird Stück für Stück geringer und dein Körpergefühl leichter.

Übung: Die Müllhalde deines Lebens

Die eingangs erwähnte Müllhalde ist ein weiterer Schlüssel zur Vergebung und Heilung, denn dort finden wir alles, was wir uns und anderen verzeihen müssen. Ist das geschehen, beseitigen wir den Müll gleich selbst. Das ist eine wunderbare Übung, die nur aus zwei Fragen besteht:

Was groß ist die Müllhalde (Wie viele Häuser passen drauf?)

Was siehst du als Erstes, Zweites, Drittes, Viertes, ...?

1.

2.

3.

4.

5.

6.

7.

8.

9.

10.

...

Meditiere mit diesem Bild. Erlaube dir, dich in allem, was du weggeworfen hast oder wegwerfen musstest, neu zu reflektieren. Lege dir einen Zettel bereit und beantworte weitere Fragen, die sich anbieten:

Welche Bilder siehst du, die als Symbol für Beziehungen, Verletzungen, Misserfolge, unerfüllte Träume usw. erscheinen? Sind es verschrottete, ausgebrannte Autos? Sind es dreckige, kaputte Puppen? Siehst du Unmengen an zerknittertem Papier, das in der Luft herumwirbelt? Liegen Leichen auf deiner Müllhalde? Gibt es sogar noch lebendige Menschen, die sich dort aufhalten? Siehst du Briefe oder Tageszeitungen? Welche anderen Sinneseindrücke melden sich (Gerüche, Geräusche, Worte, Ausrufe, Berührungen, Wettererscheinungen)? Sind Tiere dort? Was siehst du in der Nähe der Müllhalde? Wie viele Ausgänge gibt es? Lass deiner Fantasie freien Lauf. Der Kopf sucht sich seine eigenen Wege und schickt dir Bilder, die du mit Zeit und Ruhe verstehen wirst. Interpretiere diese Bilder aus dem Herzen heraus. Wofür könnte was stehen? Womit bringst du einzelne Gegenstände in Verbindung? Mit welchen Menschen verbindest du die Gegenstände? An welche Zeiten und Erfahrungswerte erinnern sie dich?

Wenn du deine Reflexionen beendet hast, gehe zu jedem einzelnen Objekt auf deiner Müllhalde, stelle dich davor hin und betrachte es eingehend. Dann sage: „Es hatte seinen Sinn, dass du da warst. Danke für die Erfahrungen und Erkenntnisse. Ich vergebe mir und ich vergebe auch dir. Ich komme jetzt ohne dich zurecht".

Wenn du bestimmte Teile der Sätze nicht aussprechen kannst, begib dich auf Schatzsuche und versuche, dich in den Sinn dieser Erlebnisse hineinzufühlen. Ertrage die Gefühle, die hochkommen. Führe diese Übung solange und mit so vielen Erfahrungen und Erkenntnissen durch, bis du eine Erleichterung verspürst. Besuche deine Müllhalde in Gedanken in den nächsten Tagen regelmäßig.

DIE MORAL IN DER GESCHICHT'

„Moral ist weiter nichts als die Haltung, die wir Leuten gegenüber einnehmen, gegen die wir eine persönliche Abneigung haben."

Oscar Wilde

Während Fremdgänger das Stigma Ehebrecher/in erhalten, wird heimlichen Geliebten nachgesagt, sie seien Männerfresser, Schlampen, Hallodris, windige Hunde, Scharlatane, Frauenhelden, Bitches, Tussis und so weiter. Doch im ernsten Blick betrachtet, zeigen diese Schimpfwörter nur Wut und Traurigkeit. Die Fragen dahinter sind dennoch legitim: Darf man Beziehungen, Ehen und Familien zerbrechen? Oder noch kritischer: Ist es so viel besser, Kinder und Partner bei einem Menschen zu belassen, die ganz offensichtlich kaum oder nur noch wenige Gefühle für sie hegen? Ist es besser, Kindern beizubringen, dass Liebe und Partnerschaft nur mit Lügen funktioniere und ein Spiel wären? Würden wir bei einem süchtigen oder missbrauchenden Partner auch sagen: *„Ja, bitte bleib dort. Bleib bei deinem Partner, auch wenn du und deine Kinder Schaden davontragen werden!"*? Nein. Die Vergleiche sind natürlich drastisch, aber nur bei heimlichen Affären wagt es die Gesellschaft, ein so vorurteilsbehaftetes und vernichtendes Urteil abzugeben, mit den Augen zu rollen oder moralische Einstellungen über die Entscheidung zweier Menschen zu stülpen.

Beziehungen mögen anfangs wohltuend gewesen sein, doch mit der Zeit können sie ins Gegenteil umschlagen. Freude weicht immer mehr und Beziehungen werden nur noch aufrechterhalten, um sich nicht zu trennen, nicht die einhergehenden Konflikte und Konsequenzen ertragen zu müssen. Das Leben soll „glatt" bleiben und, ohne Wellen zu schlagen, sollen die Gewitterwolken vorbeiziehen. Doch für große Veränderungen braucht es Unwetter und Zerstörung alter Muster und Verbindungen.

Viele heimliche Geliebte hadern dennoch mit ihrer Einstellung gegenüber „dem Zerbrechen von Familien und Beziehungen". In meinen Augen ist es von erheblicher Bedeutung, wie sie ihre Rolle auf der moralischen Ebene einstufen. Ebenso wichtig ist die Frage: Wie stehst du zu Trennungen?

Darf man sich trennen, auch wenn es den Anderen verletzt?
Darfst du dich trennen?
Darf sich jemand von dir trennen?

Mit den obigen Antworten: Welche Trennungserfahrungen waren für dich prägend? Was ist deine erste Erinnerung in der Familie bezüglich Trennung? Wie trennend (oder nicht-trennend, trotz aller Vorfälle) hast du deine Kindheit erlebt? Wie lief deine erste Trennung, die deiner ersten Liebe, ab? Welche Gefühle verbindest du heute mit Trennungen?

Bei Trennungen ist das Thema Schuld selten weit. Niemand möchte sich schuldig fühlen, aber wie mir ein Freund einst sagte, der sich mitten in Trennung befand: „Einer von beiden ist immer sauer!" und schiebt die Schuld für alle Konsequenzen und Gefühle auf den vermeintlichen Täter. Schuld im rechtlichen Sinn aber gibt es in der Liebe nicht und sollte auch im Privaten nie hin- und hergeschoben werden. Es macht das Ergebnis weder leichter noch ändert die Beantwortung der Schuldfrage etwas. Partner sind füreinander verantwortlich und damit auch für das Heil der Beziehung. Affärenpartner sind für ihre Affäre und Taten, einschließlich aller Nicht-Taten, verantwortlich. Heimliche Geliebte sind im gleichen Maße verantwortlich dafür. Jeder ist zusätzlich verantwortlich für sich und sein eigenes Wohlbefinden, samt Gegenwart und Zukunft. Jedes einzelne Gefühl muss der Fühlende tragen. Schuld aber ist niemand. Es gibt keine Gesetze, keine Gerichte und keine Henker. Es gibt nur stille oder laute Vereinbarungen, die über die Moral und das, was in einer Beziehung oder Affäre erlaubt ist, bestimmen. Wer diese nicht besprochen hat, zum Beispiel, wo Untreue beginnt und eine Partnerschaft in Gefahr gerät, ist selbst dafür verantwortlich. Wer trotz unerfüllter Bedürfnisse bleibt – ob in einer offiziellen Beziehung oder heimlichen Affäre – der hat dies für sich so entschieden. Weder sind Geliebte verantwortlich für die Gefühle oder die Untreue des Affärenpartners noch sind sie schuld daran, dass eine Beziehung zerbricht oder zerbrechen könnte. Das wäre, als würde man sich dafür rechtfertigen, dass man geliebt wird und liebt. Wer Gefühle für dich hegt, entscheidest nicht einmal du, sondern derjenige, der diese Gefühle hat. Andersherum aber funktioniert dieses Prinzip ebenso. Moralisch fragwürdig wird es nur, wenn die Affäre mit Lügen und Hinhaltetaktiken aufrechterhalten wird, welche die Geliebten und Partner absichtlich hinters Licht führen.
Ich las und hörte einige Stimmen offizieller PartnerInnen, die heimliche Geliebte offen anklagten und ihre Moral sowie Vernunft infrage stellten. Die teilweise stark degradierenden Worte möchte ich hier nicht wiederholen. Aber sollte man als heimliche Geliebte beschuldigt werden, den Mann oder die Frau geklaut oder verführt zu haben, die Familie zerstört oder die Ehe ruiniert zu haben, ist Obacht geboten. Auf deine eigenen Gefühle. Denn bei diesen Aussprüchen gilt immer zu bedenken: Nicht du bist der Grund, weshalb jemand seinen Partner betrügt oder seine Familie und Partner verlässt. Du hast weder

die Person noch die Familie hintergangen, hast keinerlei Lügen über deinen Aufenthaltsort ausgesprochen und hast auch keinen Pflichten ihnen gegenüber zugestimmt. Derjenige, der fremdgeht, ist verantwortlich und in die Verantwortung zu ziehen. Du entscheidest nur über deine Handlungen.

Heimliche Geliebte könnten natürlich beim ersten offenen Wort über die Existenz eines Partners innehalten und sich von der Person entfernen. Sie könnten alle Anfänge einer Affäre beenden und sich nicht nur zugunsten des offiziellen Partners und der Familie, sondern auch zu ihrem eigenen Seelenwohl trennen. Meine Erfahrung aber sagt mir: Wenn du es nicht getan hättest, hätte dein Affärenpartner jemand anderen gefunden. Denn ausschlaggebend für Untreue ist nur selten eine Person, die man neu kennenlernt. Es geht um das Gefühl, das man bei der Person hat und um jenes, das man selbst aufgrund dessen entwickelt. Das kann sexuelle Anziehung sein, weil man sich begehrt fühlt oder Geborgenheit, weil derjenige einem zuhört und einen versteht. Alle Spektren der menschlichen Gefühlswelt können durch eine Person angesprochen werden. Welche man dabei – ohne es zu wissen oder zu beabsichtigen – triggert, kann man im Vorfeld nicht wissen und daher nur auf gut Glück steuern. Die Anschuldigungen betrogener Partner beruhen meist nur auf ihrer Verletzung und Angst, dass der fremdgehende Partner sie weniger liebt, sie weniger wertschätzt, samt aller eigener Glaubensmuster, die jeden anderen Menschen ebenso geformt haben. Sich einzugestehen, dass der eigene Partner untreu war/ist, raubt alle Illusionen und zerstört nicht selten Träume im Nu. Deshalb erscheint es leichter, dem Dritten im Bunde die Verantwortung zuzuweisen und den Ärger und Frust an ihn zu richten. Gerichtet werden sollte aber der Täter und ggf. das eigene Verhalten in der Beziehung. Die Beziehung an sich sollte näher betrachtet werden und auch, was den Fremdgänger dazu ermunterte. Doch Partner gehen selten so weit. Es ist eben leichter, jemand anderem zu Schuld zu geben, ohne genau hinzusehen, welchen Dreck man selbst in die Wohnung getragen hat.

Was mir in den Gesprächen mit heimlichen Geliebten auffiel, war, dass viele dennoch Skrupel hatten, wirksam durchzuschlagen und aufs Ganze zu gehen. Diese Skrupel entstanden häufiger, wenn Kinder hätten verletzt werden können. Innerlich sympathisierten sie mit ihnen und mit sich selbst, wollten weder Leid durch Entzweiung der Familie aufgrund eigener Scheidungs- oder Trennungserfahrungen hervorrufen. Noch wollten sie schuld daran sein, dass sie ihren Vater oder ihre Mutter in einem schlechten Licht sahen oder ohne sie aufwachsen müssten. Sie übernahmen voller Empathie, aber ohne Notwendigkeit, die Verantwortung der Eltern, weil sie sich erinnert fühlten. In ihnen rumorte noch immer ein Schmerz aus ihrer eigenen Kindheit, in der sie oft allein waren, der Vater oder die Mutter längere

Zeit abwesend war, durch Scheidung oder Trennung nicht mehr bei ihnen war oder schlechtgemacht wurde, nicht geliebt werden durfte oder selbst zu wenig Zuwendung schenkte.

Ich für meinen Teil musste in meiner Affäre entdecken, dass ich mich für mein inneres Kind entschied, obwohl ich wusste, dass es besser für mich gewesen war, dass ich ohne meinen Vater aufwuchs. Doch meine Mutter hatte mir aufgrund ihrer eigenen schlechten Erfahrungen prägend nahegelegt, ihn zu vergessen, weil er bei der Scheidung auf ein geteiltes Sorgerecht verzichtet hatte. Dass er das nur tat, weil er wütend auf meine Mutter war, die sich von ihm getrennt hatte, sagte sie nicht. Ob ich das in meinen jungen Jahren verstanden hätte, steht auf einem anderen Blatt. Dennoch ertappte ich mich in meiner Affäre dabei, dass ich dem Kind meines Affärenpartners keineswegs schaden wollte. Ich stand mit diesem und meinem Bedürfnis nach einer Liebesbeziehung zwischen den Stühlen und rang stündlich mit meiner Moral und meinem Herzen. Zugleich überkam mich eine ständige Wut auf die offizielle Partnerin. Diese Wut war tatsächlich eine, die ich auf meine Mutter hatte, weil sie mir als Kind verboten hatte, meinen Vater zu mögen. Mir wurde erst während meiner Affäre klar, dass sie ihn vermeiden wollte und fürchtete, dass er auch mich verletzen würde.

Eine weitere Komponente für meine Eifersucht war der Umstand, dass mein Vater nach der Scheidung eine neue Partnerin kennenlernte und diese zwei Kinder mit in die Beziehung brachte. Eine gemeinsame Tochter kam einige Jahre später auf die Welt. Die neue Partnerin wollte ihn stets vor Unterhaltsklagen schützen, während meine Mutter um unsere Existenz kämpfen musste und das Geld bitter nötig hatte. Dennoch kam es mir als kleiner Stift und spätere Jugendliche so vor, als wenn sie mich ausgrenzen wollte. Alle Geschichten, die ich von Seiten Bekannter und Familienmitglieder über meinen Vater und sein neues Leben hörte, bestätigten meinen Eindruck. Seine eigene Mutter hatte starke Schwierigkeiten mit meiner Mutter und verteilte stets die Schuld auf meine Familie, so wie auch mein Vater. Ich hingegen, die von alldem nichts verstand, dachte immer nur eines: Wieso dürfen mein Vater und ich uns nicht sehen und mögen? Daher also rührte meine Verwundbarkeit, als ich meine Affäre hatte. Daher kam meine Wut, die ich auf seine Partnerin und seine Unentschlossenheit hatte. Denn innerlich warf ich meinem Vater vor, dass er sich den anderen – einschließlich meiner Mutter – gegenüber nicht durchgesetzt hatte. Früher hatte ich nichts ausrichten oder kämpfen können, aber in meiner Affäre schon. Ich wollte nicht, dass sein Kind und Umfeld denkt, ich sei schuld. Ich wollte meine frühe Kindheitserfahrung vermeiden und auch sonst niemandem zumuten, kannte ich ja den Schmerz eines Kindes, das so fühlte. Damit war auch klar, warum und wozu ich mich jahrelang nicht von meiner Affäre trennen konnte.

Es war an der Zeit, diese Verbindungen zu erkennen, damit die alten Wunden heilen konnten. Wir waren alle unschuldig und wir alle wollten nur das Beste für uns.

Wieso sich Geliebte nicht trennen

Wieso heimliche Geliebte im Individuellen Angst vor dem Ende ihrer Affäre haben, auch wenn sie aussichtslos erscheint, muss jede/r für sich beantworten. Doch es gibt ein bekanntes Muster, dass sich aufschlüsseln lässt: Es ist eine emotionale Abhängigkeit von Aufmerksamkeit, Anerkennung und Gewolltsein. Diese Bestätigungen definieren ihren Selbstwert und schaffen Identität und somit eine wichtige Daseinsberechtigung, samt dem Gefühl, „richtig und genug" zu sein. Der Umkehrschluss dieses Musters, wenn der Affärenpartner nicht verfügbar ist und die Bedürfnisse der heimlichen Geliebten unbeantwortet bleiben, ist dieser: fehlende Aufmerksamkeit => Alleinsein => Leere => Gefühl der Einsamkeit => Hinterfragen der Gründe => Schuldzuweisungen => Angst => Wut/Ärger als Abwehr von Angst => Traurigkeit. Diese Traurigkeit äußert sich in schmerzvollen Grübeleien, die das Drama verschärfen und die Gefühlslage verschlechtern, solange, bis der eigene Selbstwert verschwindend klein wird.

Dennoch: Wer sich bewusst oder ungewollt auf die Position der/des Geliebten eingelassen hat, steht vor mehreren Herausforderungen. Sie dürfen erkennen, dass es einen erheblichen Unterschied gibt zwischen der Realität, wie man sie in den gemeinsamen Stunden erlebt, und der Realität, wenn die Affäre zu einer Beziehung würde. Eine Affäre ist außerdem eine aktive Aufforderung, sich mit den eigenen Beweggründen für eine heimliche Affäre auseinanderzusetzen. Geliebte werden zudem damit konfrontiert, ihre Leer-Zeiten zu füllen, in denen der Affärenpartner beim offiziellen Partner ist. Es geht um eigene Aktivitäten und Wohlgefühl. Sie dürfen lernen, ihr eigener Partner zu werden und sich selbst zu vervollständigen, anstatt dem Mann oder der Frau diese Aufgabe zu übergeben. Heimliche Geliebte dürfen auch lernen, sich selbst zu realisieren, für sich da zu sein, an den eigenen Zielen zu arbeiten und eigenständig zu werden. Sie dürfen ihre Selbstverantwortung für ihr eigenes Leben und ihre Zukunft, mit oder ohne Beziehung, anhand ihrer Affäre neu definieren sowie volle Verantwortung für die eigenen Handlungen und Nicht-Handlungen übernehmen. Schlussendlich sind sie gezwungen, Einsicht und Verständnis für alle Seiten aufzubringen, um sich nicht im Gefühlschaos aus Hass, Frust, Trauer und Angst wiederzufinden. „Wir sind nicht nur für das verantwortlich, was wir tun, sondern auch für das, was wir nicht tun", sagte schon Molière. Das spürt man, wenn sich uns das „Schicksal" in ähnlicher Weise präsentiert, wir plötzlich die Betrogenen sind oder verlassen werden, wegen jemand anderen, der sich nicht um uns und die Konsequenzen für unser Leben kümmert – sondern stattdessen um sich.

Wenigstens gegenüber sich selbst sollten heimliche Geliebte wissen, wieso und wozu man einen gebundenen Partner aus seiner Beziehung locken will. Ist der Fall der, dass man a) gar nichts von der offiziellen Beziehung wusste und zeitweise vorsätzlich belogen wurde bzw. b) sich zwischen seinen eigenen Gefühlen und den Kränkungen anderer entscheiden muss, braucht man zwingend eine eigene Rechtfertigung für sich. Auch wenn man nie am Handeln anderer schuld ist, so trägt man das, was geschah, doch mit in die neue, potenzielle Beziehung. Denn man akzeptiert auf der einen Seite die Lügen und die Untreue des Affärenpartners. Auf der anderen Seite erlaubt man auch, Teil dessen zu sein. Kann man beides vor sich vertreten, schafft sich der Frieden einen eigenen Platz. Kämpft man aber nur des Gewinnens willen um den Mann oder die Frau, um seine eigene Traurigkeit oder Einsamkeits- und Wertlosigkeitsgefühle zu vermeiden, um die Gedanken, „schon wieder ungenügend zu sein" abstellen zu können oder um sich selbst etwas zu beweisen, geraten die Liebesgefühle und die Grundlage einer emotionalen Beziehung in Gefahr.

Wenn sich der Antrieb gegen den offiziellen Partner richtet, den man aus dem Weg räumen will, um ihr/ihm zu zeigen, dass man wichtiger ist, sollte man sich selbst kritisch hinterfragen. An solchen dunklen Seiten erkennt man gut, was in einem schlummert – und sehr wahrscheinlich liegt der Grund in der eigenen Vergangenheit begraben, zum Beispiel in der Familie oder die, die man nicht hatte oder teilen musste, ohne es zu wollen.

Denn sie wissen nicht, was sie tun

Welche eigenen Lektionen bringt eine heimliche Affäre mit? Womit müssen sie rechnen und leben, wenn sie die Affäre aufrechterhalten, weil sie den Menschen in ihrem Leben halten möchten? Über diese Fragen stolpern alle Geliebten, für die eine heimliche Affäre neues Terrain darstellt. Sie kennen die Zuwendungsregeln nicht. Sie kennen die Mechanismen nicht. Sie haben selten Erfahrungen und Strategien für einen gesunden Umgang mit sich selbst, wenn man „nur" die oder der Dritte ist.

Doch noch weniger als dem Schmerz über das Getrenntsein, widmen sich Geliebte der Frage, was auf sie wartet, wenn ihr Wunsch in Erfüllung geht. *Was müssen sie beachten, wenn sie eine Beziehung mit der Person wünschen, anstreben und bekommen? Was lauert an unberechenbaren Gefahren, wenn aus der heimlichen Affäre eine offizielle Beziehung wird?* Niemand sagt, dass es schlecht laufen muss. Zur Eigensicherheit sollten Geliebte die folgenden Fragen beantworten können:

- Wie wirst du mit deiner „Verantwortung“ gegenüber den Geschehnissen umgehen?
- Wie wirst du dich verhalten, falls sich dein Partner schuldig oder traurig über seine Entscheidung fühlt?
- Was, wenn er/sie Zeit braucht, um die Beziehung zu verarbeiten, die er/sie ohne dich verbringen will?
- Was, wenn er/sie dich ebenfalls betrügt, wie bereits bei seiner ehemaligen Beziehung?
- Kannst du deinem Partner trotz der Untreue vertrauen?
- Bist du bereit für eine feste, ehrliche und zukunftsträchtige Beziehung mit *diesem* Partner?
- Falls Kinder mit im Spiel sind: Was kannst du tun, um es ihnen einfacher zu machen?
- Wirst du damit umgehen können, wenn dein Partner dem Kummer seiner Kinder wenig standhalten kann?
- Kannst du damit umgehen, wenn die Kinder dich ablehnen, nach der Mutter oder dem Vater fragen oder sich vor deinen Augen in Tränen auflösen, schreien und kindlich verletzende Worte brüllen?
- Hast du die Alltagstauglichkeit eurer Verbindung bereits geprüft?
- Kennst du Streit oder gegensätzliche Meinungen und konntest du bereits erfahren, wie man danach wieder aufeinander zugeht?
- Welche Eigenschaften an euch beiden sind wahrhaftig beziehungstauglich und: Passen sie zusammen?

Wenn die Fragen in allen bzw. den meisten Fällen positiv für die Zukunft scheinen, ist das sehr erfreulich.

In den häufigsten Fällen sind die Antworten es nicht oder es gibt erst gar keine Antworten. Affären sind eher auf das prickelnde, aufregende, alltagsflüchtige Moment ausgerichtet. Hinzukommen die Angstlust und der Reiz am Verbotenen. Es macht das Zusammensein aufregender. Aber auch die Tatsache, dass es keinen Alltag gibt, macht viele Affären liebestoller, denn nur die wenigen Augenblicke zusammen, sind das, was man hat. Affären lassen so viel Raum für Träumereien und Idealisierung offen, dem keine Beziehung, die von Dauer sein soll, standhalten könnte. Es sind sozusagen die Rosinen, die man sich bewusst oder unbewusst herausgepickt hat, die mehr versprechen und erhoffen lassen. Aber für eine feste, ehrliche Beziehung sind Rosinen nur ein kleiner Teil des Kuchens. Wie wenige Rosinen wirklich im Kuchen sind bzw. wie viel Kuchen nach den Rosinen noch übrig ist, weiß jede Frau und jeder Mann.

Prüfe für dein Wohl (und das der anderen Beteiligten), wie alltagstauglich ihr zwei seid. Scheue dich nicht, dir einen Fehler einzugestehen und eben nur eine Affäre zu bleiben oder dich zu trennen und woanders nach deinem Glück zu suchen. In der Liebe verirrt sich ein jedes Herz schnell.

Wegen eben diesen Gefühlen oder den unerträglichen und leidvollen, entscheiden sich viele heimliche Geliebte, ihre Affäre zu beenden. Nicht etwa, weil sie den Affärenpartner weniger lieben würden, obwohl bei vielen die positiven Gefühle irgendwann derart stark geschwächt sind, dass nur noch die negativen übrigbleiben. Es ist vielmehr die Entscheidung gegen die schmerzhaften Emotionen, welche die Affäre mit sich bringt, und die beendet werden sollen und wollen – zugunsten einer besseren und erfüllteren Zukunft. Wie eine Trennung gelingen kann, schildere ich im kommenden Kapitel. Auch den Umgang mit einer Trennung, die vom Affärenpartner ausgeht, betrachte ich.

SO GELINGT TRENNUNG

„Ein Mensch kann viel ertragen,
solange er sich selbst ertragen kann.“

Axel Munthe

Wir haben gesehen, dass die Natur einer heimlichen Affäre überwiegend durch unbewusste oder unausgesprochene Bedingungen geprägt ist: Verschwiegenheit, geduldete Beschränkungen, seelische Intimität, meist starke Sexualität, erzwungene Anspruchslosigkeit, geringe Verantwortung und Pflicht, Aufopferung sowie spielerische Entdeckungsreisen in zwischenmenschliche Sphären. Diese Tiefen, die nicht immer nur negativ, sondern teils unendlich beglückend empfunden werden, muss man bereit sein, aufzugeben. Dafür ist die Konfrontation mit dem eigenen Schatten nötig.

Damit eine Trennung gelingen kann, ist es wichtig, dass du dich neu kennenlernst und bereit bist, deine dunklen Tiefen und Ängste z. B. vor dem Alleinsein anzusehen. Der Punkt Respekt vor dir und deinem Leben ist essentiell. Wenn eine Trennung nicht nur für kurze Zeit, sondern auf Dauer geschehen soll, brauchst du eine Antwort auf diese Fragen:

- Wie wirst du die Zeit, die neu zur Verfügung steht, planen und verbringen?
- Wie gehst du mit dem Schmerz um?
- Wie wirst du zukünftig zum Affärenpartner stehen wollen?
- Wie trickst du dich selbst aus, falls du einen schwachen Moment haben solltest, ohne rückfällig zu werden?
- Welche konkreten Schritte hält deine nahe Zukunft bereit?

Nach Trennungen entsteht oft eine verletzende innere Leere. Ein Platz, der vorher besetzt und erfüllend war, ist nun frei. Dass der Stuhl aber stark beschädigt, verletzend, gefährlich und vieles mehr war, vergessen heimliche Geliebte meistens. Dabei ist es mehr als gesund, sich einzugestehen und klarzumachen, dass dir etwas, das dir dein Affärenpartner gab, fehlen wird. Stelle Überlegungen an, wie du die Leere wieder sinnstiftend füllen kannst, zum Beispiel mithilfe der vielen vorherigen Übungen in diesem Buch.

Essentiell ist es auch, dass man der Trauer seine Zeit erlaubt. Sie darf, samt aller Enttäuschungen, solange halten, wie nötig. Wenn man sich Hals über Kopf in einen vergebenen Menschen verliebt hat, dann hilft Vernunft nur bedingt. Aber die wenige Verstandesarbeit, die helfen kann, solltest du dir zunutze machen, um dich daran zu erinnern, dass dein Leben weitergeht. So schmerzhaft, wie sich die Entscheidung für dich anfühlen mag, so sehr, wie du auch leidest: Teilweise wusstest du es vielleicht oder du hast immer etwas Verdächtiges gespürt, hast intuitiv gefühlt, dass „irgendetwas" nicht stimmt, aber hast lieber weggeschaut. Das kennen wir alle, aus allen Bereichen des Lebens.

Meine Gespräche zeigten, dass in einer Affäre die folgenden Komponenten oft vorherrschen, aber erfolgreich ausgeblendet werden:

- Geliebte können nicht so gut mit ihm/ihr reden.
- Sie sind latent misstrauisch.
- Sie wollen Zeit mit *jemandem* (nicht zwingend dem Affärenpartner) verbringen, nur um nicht allein und/oder unbeschäftigt zu sein.
- Es ging mehr um *jemanden*, den sie in ihrem Leben haben möchten, um sich geliebt zu fühlen.
- Ihr Gefühl, ohne Liebe und ohne Erfüllung im Leben zu sein, ist hauptausschlaggebend. Davon leiten sie ihre Bedeutung ab.
- Es handelt sich um ein altes Gefühl, einen alten Traum, dem sie hinterherjagen.

Vielen Geliebten geschieht das unbewusst; mir geschah es jahrelang. Das ist weniger eine Schuldfrage, als ein verborgenes und unbewusstes Muster, das es zu erkennen gilt. Die Psychologie sagt da ganz knapp und spröde: Die meisten Männer suchen in ihren Partnerinnen eine bessere Mutter und die meisten Frauen wünschen sich in ihrem Partner einen besseren Vater, als den, den sie hatten, oder einen kompatiblen Ersatz für das Gute, was sie erlebten. Meist werden sie wieder mit ähnlichen Erfahrungen, wie in ihrer Kindheit, konfrontiert oder setzen alles daran, dass sich eine negative Erfahrung nicht wiederholt (nur um sie dann doch zu wiederholen und die Lektion neu zu bearbeiten). Dabei reichen schon völlig profane Gründe wie sexuelle Begierden und Unlust auf herkömmliche Beziehungen: Auch eingefahrene Beziehungen und Ehen benennen das Reizvolle, das Neue, die Fluchtmöglichkeit, die sexuelle Erfüllung, die neue Lebendigkeit als Grund für Untreue und heimliche Affären, so das Internet-Therapieforum Theratalk der Georg-August-Universität[lxii]. Bestimmte leidvolle Erfahrungen laufen uns einfach hinterher, solange bis wir sie verarbeitet und verstanden haben.

Meistens handelt es sich dabei um die eigene, verdrängte Beziehungsangst oder wir geraten aufgrund eines Nähe-Distanz-Konflikts in eine emotionale Unverfügbarkeit, die sich als Spiegel in der Affäre zeigt. Ich sollte zum Beispiel lernen, mich zu trennen. Ich durfte auch erkennen, dass es Männer gibt, die mir nicht genügen, aber die ich aus Mitgefühl nicht abweisen wollte. Jeder hat eine Lektion versteckt in seiner Affäre. Paarpsychologen verweisen häufig darauf, so wie auch der Autor und Partnerschaftsforscher Hermann Meyer, dass es ein Zusammenspiel ist: Unerfüllte (frühere) Bedürfnisse und das Recht auf Bedürfnisbefriedigung + Was hat der Affärenpartner, was mir als Eigenschaft meiner Persönlichkeit noch fehlt?[lxiii] Den Nutzen und den Zweck der Affäre zu kennen oder ordentlich nach ihm zu suchen, kann sehr helfen, eine Trennung zu überwinden oder sie zu vollziehen und aufrechtzuerhalten.

Viele Geliebte verrennen sich stattdessen eher in esoterische Schicksal-, Dualseelen-, Kugelmenschen- und Zwillingspartner-Konzepte. Auch die nachfolgende Konstellation ist voller Irrtümer und Trugschlüsse, die es zu erkennen gilt, wenn man der Wahrheit ins Gesicht blickt:
„Wenn er/sie sich erst einmal auf mich einlässt, wird er/sie schon sehen, dass wir perfekt zusammenpassen und er/sie mit mir viel glücklicher sein wird, als mit jemand anderem". Doch: Wie sehr kann man sich sofort, ohne Verschnaufpause, wieder auf einen neuen Partner einlassen, ohne dass die neue Beziehung unter der alten leidet? Das benötigt eine erstaunliche Charakterstärke.

Wen dein Affärenpartner „mehr" oder überhaupt liebt, spielt keine Rolle mehr, wenn er sich für seinen offiziellen Partner entschieden hat und gegen dich oder sich gar nicht entscheiden kann oder möchte. Bei Trennungen geht es nur noch darum, dass du wieder allein sein wirst. Es geht um die Gefühle des Ungewolltseins und Abgelehntwerdens, die es zu ertragen und zu verarbeiten gilt.

Je mehr Lügen und Manipulation mit im Spiel waren, desto größer wird dein Leid sein und desto länger wird eventuell die Kummerphase dauern – besonders, wenn du ohne Wissen in eine heimliche Affäre geraten bist, gar nicht wusstest, dass es da noch jemand anderen gab. Sollte dir das geschehen sein, wirst du dich hinters Licht geführt fühlen, ausgenutzt und missbraucht, fallengelassen wie eine heiße Kartoffel. Aber auch, wenn du es wusstest und bewusst in der Affäre bliebst, in der Hoffnung, dass es gut für dich enden würde, können die Mechanismen, die einer heimlichen Affäre zugrunde liegen, so sauer aufstoßen, dass sich das Ende wie eine normale Trennung anfühlt.

Eben weil sich ein Affärenende mitunter zehn Mal schlimmer anfühlt, können die folgenden Handlungsimpulse nur Angebote sein, um dich in der Zeit nach der Trennung optimal zu schützen:

1. Brich jeglichen Kontakt ab. Falls sich dein Affärenpartner doch unverhofft meldet oder gar vorbeikommt: Schicke ihn weg. Ignoriere ihn. Lass dich nicht überreden, wieder in dieselbe

Situation zu kommen. Das Ergebnis könnte dasselbe sein wie zuvor.

2. Merke dir alles, was dir weh tat und erinnere dich immer daran, was du wirklich Gutes verdient hast. Das wird das einzige sein, was dir würdig wird, wenn du dich allein fühlst.
3. Anstatt traurig zu sein, dass es aus ist, sei dankbar, dass es aus ist. Du musst von nun an kein solches Leid mehr ertragen, nur weil ein Mensch meint, es gäbe dafür gute Gründe.
4. Verlasse die Opferrolle und erinnere dich an deine eigene Kraft, an deine Selbstwirksamkeit und deinen Selbstwert. Vor allem: Sei dir etwas wert! Nutze alle Strategien, die du in diesem Buch gelesen hast.
5. Erinnere dich an die guten Stunden und die vielen intensiven Gefühle, die du hattest. Du brauchst ihnen nicht nachzuweinen, denn diese Gefühle gehören dir. Sie kamen aus dir und sie können jederzeit wieder aus dir hervorkommen, wenn du jemand anderen kennenlernst und offen bist. Das Gefühl der Geborgenheit wird wiederkehren, wenn du sie dir bei einem anderen Menschen erlaubst, zu fühlen. All diese tollen Gefühle hast du hervorgebracht und hatten wenig mit der Person zu tun. Sie zeigen, was du für eine Gefühlsreichweite in dir trägst. Du kannst lieben, aber wen, entscheidest du.
6. Lass alle Gedanken, dass sich dein Affärenpartner doch noch für dich entscheidet und den anderen Partner verlässt, da sein – aber trenne sie ab von Hoffnung. Auch wenn der Gedanke daran schön und eventuell gerechtfertigt ist: Sowas sollte ein Mensch kein zweites Mal mit dir machen dürfen. Gib der Person nicht noch die Chance, deinen Fehler zu wiederholen, außer du möchtest noch mehr über deine Grenzen, was sie überschreitet und was das in dir anrichtet, lernen.
7. Versuche, alle Rechtfertigungen und Entschuldigungen für das Verhalten der Person zu unterbinden. Unterbrich dich bewusst, wenn du dich dabei ertappst. Heimliche Geliebte zu sein, besonders ohne dein Einverständnis, ist eine Zumutung, aber dennoch eine Entscheidung und kein Schicksal. Dass dich der Mensch dieser Zumutung, vielleicht sogar ohne Reue, ausgesetzt hat, war sein Fehler und egoistisch.
8. Falls du es dir zutraust: Lösche alle E-Mails, Nachrichten und Telefonnummern. Aber hebe eine oder zwei richtig böse Nachrichten auf, um dich in schwachen Zeiten daran zu erinnern, wie die Person mit dir umging und wie du hast mit dir umgehen lassen. Du wirst dann an die traurigen Momente und deinen Kummer zurückdenken und bloß noch das Selbstmitleid spüren, aber nicht Sehnsucht.

9. Außerdem hebe noch doppelt so viele Nachrichten auf, in denen es nicht um Sex ging oder Fotos, auf denen ihr bekleidet ward. Das hilft eine Distanz zum Gedanken „Ich war bloß Sex!“ zu schaffen, der überraschend oft in Kummerphasen hochkommen kann.
10. Versuche, die Ursachen zu finden und zu verstehen. Nicht etwa die Ursachen der Person; über die wirst du sicher viel zu oft nachgedacht haben. Verwende deine Zeit für das Nachdenken über dich, ganz ohne Schuld, sondern mit Selbstliebe und Annahme deiner Taten, auch wenn du Fehler finden solltest, die du heute bereust. Finde deine Ursachen, wie es passieren konnte, wie es dir beim Kennenlernzeitpunkt ging, was es in dir geweckt hat, was brachlag, welche Fähigkeiten aus dir herauskatapultiert worden sind und was für einen Erfahrungsschatz du durch die Affäre sammeln konntest. Die einzelnen Übungen in diesem Buch werden hoffentlich schon erste Antworten geliefert haben.
11. Mache dir bewusst, dass es vorbei ist, aber dein Leben weitergeht. So schmerzhaft diese Kränkung und das Ende auch sein mögen, arbeite daran, dass du dich trotzdem von Tag zu Tag mehr liebst. Zurückweisung und Ablehnung in Herzensdingen fallen niemandem leicht. Erinnere dich an deine Stärken, Hobbys, Freunde und an Leidenschaften oder suche dir Unterstützung bei Außenstehenden oder ebenfalls Betroffenen.
12. Lasse alle Selbstvorwürfe sein. „Wie konnte ich mich nur so täuschen!“, „Wieso war ich so blind?“, „Wie kann man nur so sein?“. Diese Gedanken zielen darauf ab, dass du dir die Schuld gibst, weil du einen Fehler gemacht hättest oder zur Verantwortung gezogen würdest. Im Mindesten reichtet ihr zwei nicht aus. Doch das gehört der Vergangenheit an und hat wenig mit deiner Zukunft zu tun. Die Zeit lässt sich auch dieses Mal nicht zurückdrehen und es wird der Moment kommen, in dem du verstehst, wozu diese heimliche Affäre gut war. Vor allem kommt der Moment, in dem du sehen wirst, dass es tatsächlich ein wunderbares Leben danach gibt.
13. Lass alle Unternehmungen, die auf Rache sinnen, zum Beispiel dem eigentlichen Partner eure Affäre oder Seitensprung zu berichten. Dass du verletzt wurdest, reicht. Die meisten PartnerInnen bleiben leider trotz Untreue, wie ich bereits aufzeigte.
14. Unterbreche dich bei wütenden und diskutierenden Kopfkino-Gedanken. Die Beschuldigungen landen nur bei dir und machen etwas mit deinem Wohlbefinden. Schreibe lieber einen Brief, in dem du deine Wut zum Ausdruck bringen kannst und den du nicht absendest. (siehe auch Schreibtherapie-Interventionen).

Es ist ebenso hilfreich, dir eine eigene Liste mit Möglichkeiten, Notfall-Plänen und Hinweisen zu erstellen. Alles, was dir helfen könnte, dient dem wichtigen Gefühl, dass du die Kontrolle behältst, statt dich erneut wie ein Opfer zu fühlen. Leider schleicht sich dieses Gefühl nach Trennungen gern ein, weil das Gehirn versucht, das Geschehene kognitiv zu greifen.

Es ist ein mutiger und sehr guter Schritt, dich zu trennen, weil du dir mehr wert sein möchtest – und es bist. Leider kann der Mensch es dir nicht angemessen zeigen. Es ist genauso mutig, nachdem man verlassen wurde, mit erhobenem Kopf und mit beiden Beinen im Leben stehen zu bleiben. Der Mensch möchte dir nicht geben, was du verdient hast. Dafür wird es ein anderer wollen. Eine Affäre mag dem Selbstwertgefühl dienen, kann aber nicht die tiefen Gefühle einer Partnerschaft ersetzen. Doch kann eine neue Partnerschaft entstehen, wenn man den von mir nachfolgenden skizzierten Prozess möglichst bewusst und in der eigenen Zeit durchlaufen hat.

Wie du Trennungsschmerz überwindest

Kommt es zu einer Trennung, ist die erste Reaktion oftmals eine Verleugnung. Gerade, wenn noch Gefühle vorhanden sind, wenn noch Liebe gespürt wird oder die Affäre als etwas Selbstverständliches angesehen wurde, kann es schwerfallen, sich die Trennung einzugestehen. Besonders sicherheitsbedachte Frauen und Männer können dies als persönliche Niederlage empfinden.

Wenn die Verleugnung nachgelassen hat, melden sich bereits bekannte Gefühle: Diese können von Wut, Zorn, Trauer, Angst, Verzweiflung, Depression bis zu Hass sein. Auch körperliche Symptome kommen dazu: Man schläft schlecht, isst nichts oder zu viel, hat regelrechte Weinanfälle, Herzrasen oder leidet unter innerer Unruhe. In vielen Fällen isolieren sich auch die von Liebeskummer Betroffenen zeitweilig oder stürzen sich geradezu manisch in Ablenkungen, die ihnen auf natürliche Weise die Schwere der Gefühle erleichtern können. Spaß und nährende Beziehungen zu Freunden und der Familie, ein sinnvoller Job oder Kinder und Tiere sind tatsächlich gute Hilfsmittel. Sie lenken unsere Aufmerksamkeit vom Mangel zur Fülle.

Dann folgt eine Neuorientierung. Zorn und Verzweiflung ebben ab, man sieht wieder Land und spürt den Boden unter den Füßen. Die Gedanken kehren nicht mehr zwanghaft wieder und wieder zur Affäre zurück. Die Intensität der Gefühle lässt nach. Schließlich kommen die Akzeptanz der Trennung und die Einsicht, den vormals geliebten Menschen nicht mehr in seinem Leben zu haben. Das Hier und Jetzt rückt wieder in den Fokus. Man beginnt, in sich ein neues Gleichgewicht zu spüren. Die Zukunft lockt wieder und sieht nicht mehr entsetzlich aus. Man kann seine Lehren aus der Trennung ziehen, sie verarbeiten und Antworten finden, warum die Affäre gescheitert ist. Anderen Menschen kann man wieder offen und neugierig gegenübertreten, statt Beziehungsängste oder alten Schmerz zu fühlen. Der Schmerz über den Verlust ist irgendwann gänzlich überwunden. Man wird wieder offen für eine neue Beziehung.

Dieser Prozess kann einige Monate bis teilweise Jahre dauern, je nach Länge der Affäre. Meist bestimmt die Bedeutung von Verlusten, wie wir mit Trennungen umgehen, eine entscheidende Rolle dabei. Wer bei sich erkennt, dass er im Allgemeinen ungern allein ist oder sich ein Leben allein (sei es auch kurzzeitig) nur schwer vorstellen kann, der leidet oft länger.

Frauen und Männer fühlen anders und verarbeiten Trennungsschmerzen ebenso anders. Sicherheitsbedachte bzw. weniger unabhängige Frauen und Männer empfinden die Trennung in vielen Fällen als Bedrohung und führen sie auf ein persönliches Scheitern zurück. Je nach Ohnmachtsgefühl kann sogar das Bedürfnis nach Rache stark sein. Vor allem aber empfinden sie die schmerzhaften Gefühle sehr intensiv und zweifeln an sich selbst, suchen nach Antworten und analysieren damit die Situation. Bei Männern findet sich tatsächlich der Eindruck, als wären sie schneller über vergangene Beziehungen hinweg, als könnten sie mit Trennungsschmerz besser umgehen. Doch dieser Eindruck trügt. Sie gehen nur pragmatischer damit um, indem sie die Gefühle minimieren: durch eine neue Beziehung, Sich-in-die-Arbeit-Stürzen und andere Kompensationen wie Sport oder vermehrte Freizeitaktivitäten.

Nur weil man sich schnell in etwas Neues stürzt, sagt das jedoch nichts über die Emotionen desjenigen aus. Studien belegten, dass Männer eher dazu tendieren, ihre verletzten Gefühle für sich zu behalten. Männer leiden also genauso unter einer Trennung, auch wenn sie schon in einer neuen Partnerschaft sind. Selbstzweifel mögen dem einen oder anderen nicht so stark kommen. Auch nach Antworten mögen einzelne Männer weniger intensiv suchen als Frauen. Das prototypische Klischee des harten Kerls und der verlassenen, weinenden Frau hat zum Glück weitestgehend ausgedient.

Jede Beziehung und jeder Liebeskummer sind anders. Finde die für dich besten Antworten auf die Frage, wie du den Liebeskummer am schnellsten überwinden kannst. Zeit spielt ebenso eine wichtige Rolle, wie die Notwendigkeit, ehrlich in den Spiegel zu schauen. Es beginnt damit, sich seine eigenen Gefühle einzugestehen und sich ihrer nicht zu schämen. Keinesfalls sollte man hart zu sich sein und verlangen, dass die Trennung spurlos vorüberzugehen habe. Auch die

Tendenz, bei sich selbst die vermeintlich volle Schuld zu suchen, wird dir hier nur wenig helfen. Ganz im Gegenteil: Es wird dir eher das Gefühl geben, du würdest nicht genügen.

Dir selber Zeit zu geben, um die Schmerzen zu verarbeiten, wird dir helfen. Gerade zu Anfang werden sich Szenarien über das Schöne in der Affäre und an dem Menschen geben. Darauf sollte man gefasst sein. Das ist ganz natürlich. Die Hormone spielen dabei eine immense Rolle. Denn Liebeskummer nach einer Trennung ähnelt den Symptomen eines Entzugs bei Süchten. Der Körper war an die Glückshormone, ein Cocktail aus Dopamin, Serotonin und Oxytocin (das Kuschelhormon), gewöhnt und erlebt den Mangel nun als kalten Entzug.

Ein guter Tipp ist es deshalb, den Geist auf die neue Situation einzustellen: Sämtliche Gegenstände, die einen an den Affärenpartner erinnern, aus der Wohnung zu verbannen, ist ein erster Schritt. Auch das Zerstören kann helfen, deine Wut auszudrücken, aber viele bereuen diese Schritte im Nachhinein. Es hilft vielmehr, alles in eine Kiste zu packen und im Keller zu lagern. Aus den Augen, aus dem Sinn.

Das betrifft auch den Kontakt zum Affärenpartner, von dem ich bereits sprach. In der Phase der Trauer ist von Kontakt jeglicher Art abzuraten, da dadurch jedes Mal Wunden aufgerissen werden können und falsche Hoffnungen geweckt werden. Gehe auch nicht auf Hilferufe ein, es sei denn, es herrscht Lebensgefahr. Das Kontaktverbot sollte vor allem der Partner, der sich trennte, leisten.

Die schweren Gefühle mit Alkohol, Suchtmitteln oder Medikamenten zu betäuben ist menschlich, sollte aber nicht auf Dauer geschehen. Solche Mittel können nur kurzfristig Linderung verschaffen, den Trennungsschmerz vertreiben können sie nicht (einmal abgesehen davon, dass in jedem dieser Mittel ein hohes Suchtpotenzial steckt und es ängstlicher und trauriger macht). Es hilft stattdessen, wenn die Gefühle zugelassen werden, so unangenehm sie auch sein mögen. Versuche möglichst, alle Ersatzgefühle (Wut statt Angst, Panik oder Verachtung statt Traurigkeit) zu unterbinden.

Ablenkungen positiver Art sind aber immer gut: Es macht Sinn, einen Aktivitätenplan zu erstellen und Dinge anzugehen, die Spaß machen und ablenken können. Umgekehrt sollte der Plan natürlich nicht überfrachtet sein. Körperliche Aktivitäten, Sport, Massagen, Wellness und andere Wohlfühlaktivitäten eignen sich gut, um sich selber kleine Belohnungen zu schenken und die Stresshormone zu senken. Sport hilft in diesem Zusammenhang auch, die aufkommenden Gefühle wie Wut oder Angst in Bewegung umzusetzen. Doch neben dem Sport können alle als schön empfundenen Tätigkeiten helfen. Seine Gefühle schreibtherapeutisch auszudrücken, zum Beispiel in Briefen,, welche nicht abgeschickt werden müssen, kann ähnlich wie

Sport helfen. Man kann zusätzlich ein Tagebuch mit den Fortschritten zur Trauer in der jeweiligen Phase und Einsichten zum Trennungsschmerz führen. Man kann sich dort seine eigenen Erfolge (auch in anderen Bereichen) vor Augen führen. Es geht darum, die Gefühle, und damit die Trennung, aktiv zu verarbeiten.

Nach und nach wird der Schmerz so abklingen und es werden Antworten auf die Frage erscheinen, warum das Aus kam. Und ebenfalls nach und nach werden die Gedanken wieder freier.

Ein Wort zum Thema Gerechtigkeit

Ich möchte das Buch mit einem Kapitel über Gerechtigkeit beenden. Aus eigener Erfahrung und aus den Gesprächen mit heimlichen Geliebten weiß ich, dass ausbleibende Gerechtigkeit für viele ein schweres Los ist. Es verhindert nicht selten, dass wir wieder vertrauensvoll in eine neue Beziehung gehen. Es führt auch dazu, dass wir anderen ihr Liebesglück missgönnen oder noch Monate und Jahre nach der Affäre unter der Ungerechtigkeit leiden.

Die Psychologin und Psychotherapeutin Verena Kast schrieb einst, dass eine nicht wiederhergestellte Gerechtigkeit eine Menge Ärger auslöse.[lxiv] Wir würden in einer Welt leben, in der Fairness eine immer größere Rolle spielen und als Tugend angesehen würde. In unseren Augen sollte alles gerecht aufgeteilt werden, um unsere Gleichwertigkeit auch von anderen gespiegelt zu bekommen. Doch bei dieser Wiedergutmachung müsse man zwischen einer objektiven und subjektiven Gerechtigkeit unterscheiden. Die letztere sei kritisch zu sehen, auch wenn sie häufig gefordert würde, denn: „Das Gefühl der Gerechtigkeit ist anders, je nachdem, welche Bedeutung das Ich und welche Bedeutung der/die Andere hat.“[lxv] Man müsste sich somit in die Fußstapfen des Affärenpartners begeben und für sich entscheiden, ob man die geforderten Schritte, wie Wahrheit und Offenlegung, Trennung, Neuanfang, Verlust der Familie, Konsequenzen für Kinder, monetäre Auswirkungen usw. auch für sich umsetzen würde.

Als heimliche/r Geliebte wünscht man sich nicht selten, dass man Zugang zu Liebe und Recht auf Beziehung, alltäglich und stets abrufbar, zugesprochen bekommt. „Stehen wir unter dem Eindruck, schon immer zu kurz gekommen zu sein im Leben, kann sich die Idee aufdrängen, dass das Leben jetzt ausgleichende Gerechtigkeit ausüben müsste. Gerechtigkeit hieße dann, dass jetzt alle anderen ruhig zu kurz kommen dürfen, Hauptsache, man selber bekommt endlich, was einem zusteht“, schreibt Kast weiter.[lxvi] Selbst Menschen, welche die Entscheidung ihres Affärenpartners verstehen und sie für gerecht halten, würden im Stillen Ärgerfantasien erleben. Damit sei das Thema

Gerechtigkeit maßgeblich davon abhängig, wie wir uns selbst sehen und was uns in unserem Leben widerfuhr.

Vielen genüge es daher nicht, ihre Wut und Verletzung über die erfahrene Ungerechtigkeit ausgedrückt zu haben; sie müssten auch zwingend wiedergutgemacht werden, damit sie sich wohlfühlen. So geht es auch heimlichen Geliebten. Sie verlangen nach ihrem Recht und die Wiedergutmachung ihres Leides. Bekommen sie diese nicht, bleiben die negativen Gefühle einfach da. Nicht selten lösen sie kleine und größere Racheakte oder wenigstens Rachefantasien aus. Können Personen diese aber nur gedanklich ausüben, nicht aber aktiv, bleiben sie ohne Ergebnis und Genugtuung und resignieren, so Kast.

Wenn dein Affärenpartner dir gegenüber nicht einmal heftige Schuldgefühle haben sollte, kann es sich mehrfach ungerecht anfühlen. Doch selbst ein Gewissen kann nicht wiederherstellen, was dir dein Affärenpartner versagte, wie dieser deinen Wert sah oder wie du das ungerechte Verhalten interpretiert hast. Dennoch wünschen sich viele, und vielleicht auch du, dass sie wenigstens ihr Leid, ihre Angst und Wut „irgendwie" teilen könnten. Sie fantasieren oder agieren rachevoll, wünschen sich, dass der offizielle Partner es erfährt oder die Beziehung andersartig in die Brüche geht. Sie können den Gedanken, dass das Leben des Affärenpartners zufrieden und erfüllt weitergeht, während sie unzufrieden neu beginnen müssen, nur schwer ertragen.

Wohl jeder, der einmal in so einer Lage war, kann diese Gedanken und Emotionen nachempfinden. Ich habe kaum ein Gespräch erlebt, in dem diese Grundangst und Grundsehnsucht nicht ausgesprochen wurden. Nicht alle wollten Rache nehmen, aber die wenigsten waren mit der Situation und dem Ergebnis im Reinen und wünschten ihrem Affärenpartner alles Gute und Liebe dieser Welt, ohne sie. Stattdessen tendierten sogar viele dazu, die heimliche Geschichte im Nachhinein platzen zu lassen, um irgendwie Herr ihrer Gefühle zu werden und ein Minimum an Genugtuung zu verspüren.

Solltest du dich ebenfalls öfter dabei ertappen, dass du dem offiziellen Partner und dem Fremdgänger Böses an den Hals wünschst, weil dieser dich nicht so liebt, wie du es dir erhofft hattest, halte kurz inne. Erinnere dich daran, dass diese Gedanken nur Ausdruck einer unerfüllten Gerechtigkeit sind. Da dein Wert in dieser Liebesbeziehung nicht bestätigt wurde, ärgerst du dich und ein Stück in dir pocht auf sein berechtigtes Gleichgewicht – bis du die Ungerechtigkeit überwunden hast.

Aber ob nun dieser Mensch deinen Wert bestätigt oder nicht, ändert nichts daran, dass du dir deines Wertes bewusst sein solltest, egal, was andere über ihn sagen oder denken. Wenn du dich wertlos fühlst, wird auch jede Stunde der Resignation dazu führen, dass du deinem Affärenpartner deinen erdachten, geschlussfolgerten minimalen Wert andichtest – und das, obwohl er in Wahrheit immer hoch war und bis heute ist. Es erinnert an den zweifelhaften Songtext „You're nobody 'til somebody loves you", der mit der Zeile „You're nobody 'til somebody cares" fortfährt (Du bist niemand, bis dich jemand liebt. Du bist niemand, bis sich jemand um dich kümmert.), von Dean Martin. Wenn jemand deinen Wert nicht erkennen oder wertschätzen möchte, sagt es nur etwas über den Menschen aus, nicht über dich. Glaube niemandem, der dir deinen Wert abspricht. Arbeite lieber daran, dass du diesen brüchigen Glauben erneut aufbaust und dich selbst schätzen lernst.

Übung: Mein Recht

Was ist die größte Ungerechtigkeit, die dir in der Affäre widerfuhr?

Was hat dich dazu motiviert, diese Ungerechtigkeit hinzunehmen?

Hast du den Ärger über die Ungerechtigkeit ausgedrückt?

Welche Worte beschreiben deinen Wert in der Ungerechtigkeit am besten?

Was hätte dir das Gefühl der Genugtuung gegeben?

Welche Worte beschreiben deinen Wert, wenn du Genugtuung erfahren würdest?

Was hätte dir das Gefühl der Wiedergutmachung gegeben?

Welche Worte beschreiben deinen Wert, wenn du Gerechtigkeit erfahren würdest?

Woran (Gesten, Mimik, Handlungen, Worte) würdest du einen geringen Wert und einen hohen Wert erkennen?

Welche Menschen, außer deinem Affärenpartner, vermitteln bzw. vermittelten dir einen geringen Wert und welche einen hohen?

Wie ungerecht bist du dir selbst gegenüber, wenn du um Menschen kämpfst, die dich geringwertig behandeln?

Wie un/gerecht bist du anderen gegenüber, wenn du dich ungerecht behandelt fühlst?

In welchen Lebensbereichen behandelst du dich ungerecht?

Wie kannst du dich gerecht behandeln?

Wie kannst du das Thema Gerechtigkeit auf sich beruhen lassen?

Um aus der Ungerechtigkeit und den negativen Gefühlen wieder herauswachsen zu können, brauchst du „etwas", das vielen am schwersten fällt, wenn sie eine heimliche Affäre beendet haben oder in einer verlassen wurden: Vertrauen.

Vertrauen beruht auf zwei Säulen: einem Urvertrauen in die Welt und in das Leben und einem Vertrauen in sich und andere. Das erstere fußt auf einem positiven Grundgefühl. Urvertrauen bedeutet, Halt in sich und seinem Leben zu verspüren, gleich, wer etwas tut oder nicht tut. Ereignisse mögen dich vielleicht durchschütteln, wenn etwas Unvorhergesehenes geschieht, aber du vertraust, dass bald wieder alles ins Lot kommt. Bei Krankheiten und Todesfällen reißt es dich auch einmal auseinander und es dauert, bis du wieder zu deinem ursprünglichen Vertrauen ins Leben zurückgefunden hast. Aber immer baut sich ein stabiles Vertrauen in das Leben wieder auf, wenn man verlässliche Beziehungen erlebt hat oder in sich sicher ist. Vertrauen in dich zu haben, meint vor allem, dass du deine kognitiven Fähigkeiten, Anlagen und Charakterstärken gut einzuschätzen und zu nutzen weißt. Wenn du dir vertraust, vertraust du auf die Möglichkeiten, die sich durch dich ergeben werden, wenn du Schritte einleitest. Du wartest nicht passiv ab und hoffst, dass sich alles zum Guten wendet. Du wirst aktiv und nutzt dazu all deine Fähigkeiten, während du deine Entwicklungspotenziale zu steuern weißt. Anderen Menschen zu vertrauen, schließt den Kreis. Denn wer stets meint, der Rest der Welt würde missliche oder verletzende Absichten hegen, könne nichts oder wäre weniger bzw. mehr wert als man selbst, gerät ins Ungleichgewicht. Andere Menschen haben ebenso die Möglichkeit, selbstwirksam und proaktiv zu handeln, Lösungen zu finden und sie anzugehen, um das Gute der Gemeinschaft zu fördern.

Wie wir gesehen haben, möchten es nur nicht alle Menschen, denen wir in unserem Leben begegnen. Das ändert jedoch nichts an deinem Selbstvertrauen, dem, was du dir zutraust. Wenn du dir vertraust, verspürst du ein starkes Gefühl von Führung und Stärke auf deinen Wegen, geleitet von der im Inneren angelegten Sicherheit: in dir und durch dich. Vertrauen ist somit eine Entscheidung, wie auch Angst eine ist.

Heimliche Geliebte verlieren ihr Selbstvertrauen und das Vertrauen in andere recht leicht, während sie darauf warten, dass sich der Affärenpartner für sie trennt. Sie müssen heftige Selbstzweifel ertragen lernen, weil jede Ablehnung einer Infragestellung ihres Werts gleichkommt. Nur ein stabiles Urvertrauen kann ihnen helfen, Stück für Stück zurück zu sich zu finden. Menschen, die es gut mit dir meinen, können es genauso nähren, wie liebevolle Arbeit an deinen negativen Glaubensmustern.

Ich war voller Vertrauen in die Liebe und in Menschen, als ich meine Affäre begann. Am Ende aber hatte ich lange Zeit damit zu kämpfen, es wiederherzustellen und würde sogar noch heute meinen, dass sich kleine, fiese Stimmen von früher in angsteinflößenden Situationen neu zu Wort melden. Ich muss sie jedes Mal wahrnehmen und aufpassen, sie nicht zu verdrängen. Ich muss sie da sein lassen und durch die positiven Gedankenmuster, die stärker sind, stützen. Sonst wäre ich sehr leicht verletzbar, nur weil mir früher gewisse Handlungen und Worte Wunden zufügten. Ich musste mir bei jedem neuen Mann, den ich kennenlernte, bewusstmachen, dass dieser Mann ein *anderer* ist als mein damaliger Affärenpartner – vor allem aber, dass sich Menschen voneinander unterscheiden. Doch jede kleine Erinnerung an ihn oder Ähnlichkeit zu ihm, ließ mich zusammenzucken und nicht selten Reißaus nehmen. Ich hatte zu lernen, das abzustellen.

Es ist eine kleine Kunst, nach einer Affäre, in der man nicht bekam, was man sich gewünscht hatte, wieder vertrauensvoll auf neue potenzielle Partner zuzugehen, Sexualität nicht allzu sehr in den Mittelpunkt zu stellen, sich an das „Normale“ zu erinnern, was in Affären oftmals als Erstes an die Seite gelegt wird. Ich hatte erhebliche Schwierigkeiten, nicht die ganze Zeit nach Signalen Ausschau zu halten, die mir beweisen würden, dass derjenige noch jemand anderen hätte oder ich auch für diesen Mann nicht wertvoll genug sein würde. Ich stellte fest, dass meine Erfahrungen mit Ablehnung und Schuldgefühlen die größten Barrieren sind, wenn man sich in der Liebe einen Neubeginn wünscht. Sie müssen weg, zwingend. Eine neue Beziehung mit Misstrauen zu beginnen und zu belasten, führt in die falsche Richtung. Man muss mit seiner Vergangenheit zurechtkommen.

Jeder Mensch hat mindestens eine Angst, die wiederum zu anderen Ängsten führt. Es gibt Menschen, die es besser überspielen können als andere. Während sich die einen ins Innen ziehen und dort leiden, in ihren vier Wänden und ohne, dass es jemand bemerkt, gehen die anderen bei Angst nach draußen und suchen sich dort Zuwendung und Anerkennung. Es gibt ihnen das Gefühl, dass sie doch nicht allein sind. Gleichzeitig verdrängen sie ihre Angst und lenken sich von ihr ab.

Bei mir war es Ablehnung und die Angst davor, meine echten Gefühle auszudrücken. Es war nicht verwunderlich, dass ich an einen Mann geraten war, der mich und seine Gefühle für mich verheimlichte.

Auch er hatte keine guten Erfahrungen damit gemacht, Liebesgefühle in Beziehungen zu äußern und zu teilen, aber auch sein Innenleben zu offenbaren. Ich hatte gelernt, wenn ich offen über sie spräche, ich bald allein dastehen würde. Das dachte ich noch immer. Meine Gefühle wären problematisch für den anderen Menschen, denn sie forderten und wollten etwas, was dem anderen gerade nicht passen könnte. Gleichzeitig hatte ich Schwierigkeiten damit, die Gefühle der anderen annehmen zu können, weil ich sie nur in den wenigsten Fällen bejaht und geteilt hatte.

Ich hatte in meiner Vergangenheit überwiegend Männer als Partner, die *mich* mochten. Deswegen war ich mit ihnen zusammen. Ich war nicht bei ihnen und verbrachte meine Lebenszeit mit ihnen, weil *ich* sie liebte, sondern weil sie mich liebten. Doch auch Liebe machte mir Probleme, stellte ich fest. Das passte gut zu meinem Grundglauben, dass ich immer zurückstecken müsse, wenn ich nicht allein sein wollte. Doch würde ich einen Mann kennenlernen, den ich wirklich liebte, dann wäre die Angst da, dass meine Gefühle nicht erwidert und verletzt würden – und sie war größer, als die Angst vor den Gefühlen anderer. Wie sollte ich vorgehen? Sollte ich die sichere Schiene fahren und mit einem Mann zusammen sein, der mich mehr liebte als ich ihn, während ich aber in meinen Gefühlen erneut unauthentisch werden müsste? Oder sollte ich einen Mann finden, bei dem ich ein gutes Gefühl habe, aber gleichzeitig die Angst hinter mir stünde, dass er mich ablehnen und verletzen könnte?

An diesem Abend, an dem ich vieles aus meiner Vergangenheit reflektierte, verstand ich zum ersten Mal, dass jeder auf seine eigene Art vor dem Monster Angst flüchtet. Man muss es schaffen, sich selbst aus der Reserve zu locken und sein eigenes Eis zu brechen. So haben Männer, die man lieben könnte, und du es sehr viel leichter, während ihr schneller erkennen könntet, ob ihr zueinander passt. Das spart viel Zeit.

Jeder Mensch hat seine eigenen Herausforderungen mit Liebe und Gefühlen anderer. Die einen flüchten sich in Ablenkung wie Sport oder die Arbeit, andere in Partys, Musik oder Alkohol. Auch ich flüchtete: in die Arbeit und in mich, während sich mein Affärenpartner zu mir und in Sex geflüchtet hatte. Er hatte ebenso Angst vor Ablehnung und Einsamkeit. Das Risiko, abgelehnt, enttäuscht und verletzt zu werden, ist immer vorhanden, wenn wir es mit Menschen zu tun haben. Und nirgends sind wir verletzbarer als in der Liebe, wenn wir uns öffnen und hingeben. Aber in Wahrheit ist die Angst vor Ablehnung und Einsamkeit immer größer als in der Realität.

Wir ziehen leider unbewusst an, was wir uns wünschen oder worin wir uns wiederfinden, seien es Menschen, die etwas können und haben, was wir in unserem Leben vermissen oder Menschen, die uns an uns erinnern. Man erkennt sich selbst in anderen Personen wieder, sieht

Ähnlichkeiten, genauso wie Entwicklungspotenziale. Besonders diese wirken stark, ob anziehend oder abstoßend. Sie entscheiden darüber, ob wir jemanden mögen oder nicht.

„Bei dir kann ich so sein wie ich bin“ ist eine Parallele, die wir oft in heimlichen Affären finden. „Du gibst mir, was ich brauche und schenkst mir die Aufmerksamkeit und Zuwendung, die ich so sehr in meinem Leben vermisse“ ist eine andere. Doch beide Menschen – Affärenpartner und heimliche Geliebte – haben diese Wünsche in sich, ohne sie zwingend so klar benennen zu können. Dass jemand dasselbe möchte wie man selbst, schenkt uns ein gutes Gefühl und Gewissen. Die Angst, dass sich das Blatt eines Tages ändern könnte, bleibt dennoch bei vielen latent bestehen. Entsprechend gehen Affärenpartner nicht aus ihren offiziellen Partnerschaften zum/zur heimlichen Geliebten.

Auch du musst für dich erkennen, was dich zur Affäre hinzog und welche Gemeinsamkeiten du mit ihr hast, die dir ein gutes und geborgenes Gefühl gaben. Erkenne auch deine Entwicklungspotenziale, was derjenige hat, was du dir wünschst, aber bislang noch nicht umsetzen oder festigen konntest. Das zog dich ebenfalls zu der Person hin. Die folgenden Fragen stellte ich mir in meiner Affäre. Vielleicht helfen sie dir, herauszufinden, was euch beide verband.

Welche Grundängste teilt ihr?

Welche negativen Erfahrungen teilt ihr?

Worunter leidet ihr in Beziehungen am meisten?

Wie reagiert ihr, wenn diese Ängste und Erfahrungen erneut hochkommen? Welche Gefühle sind dann präsent?

Welche/n Kompromiss/e könnt ihr nicht eingehen, ohne euch selbst zu verletzen?

Es dauerte einige Zeit, aber mit Übung und Ausdauer, Selbstverständnis und Klarheit über das, was geschehen war und was es in mir bewirkt hatte, gelang es mir Schritt für Schritt. Es half mir, meine Fähigkeiten und Menschen, die diese kannten und schätzten, höher zu halten, als das, was mir mein damaliger Affärenpartner nur zu oft gezeigt hatte: *meine Gefühle zu verstecken*. Ich lernte, sie auszudrücken und mich verletzbar zu zeigen.

Gleichzeitig arbeitete ich an dem, was ich an mir nicht mochte und fand heraus, aus welchem Stück meiner Vergangenheit diese kamen. Bei mir hatten sie sich in der frühen Kindheit und der Jugend vergraben. Mein Vater, der auf mich verzichtet hatte. Erste Kontakte zum anderen Geschlecht, die mich wegen meines Aussehens abgelehnt hatten. Meine erste Liebe, die nie wirklich entstehen konnte, weil wir uns beide nicht getraut hatten, aus Angst, nicht würdig genug für den anderen zu sein. Meine erste Beziehung zu einem Mann, der nicht lieben wollte, weil er verletzt worden war und tiefe Selbstzweifel wegen seines Körpers hegte. Meine erste langjährige Beziehung mit einem Mann, der mehr Freund, als Partner war, und jemanden suchte, der ihm in seinem pflichtbewussten Leben Freiheit ließ. Bis hin zu meiner ersten Affäre mit einem Mann, der in Beziehungen nie auszusprechen gewagt hatte, was er sich von seiner Partnerin wünschte und was es mit ihm machte, wenn seine Wünsche unerfüllt blieben: Sie alle waren Spiegelbilder und zeigten mir mein eigenes Misstrauen und meinen angsterfüllten Blick auf die Liebe.

Jeder kann seine Trigger erkennen und verstehen, der sich eine echte (authentische) und feste (gegenseitige, bleibende und gesunde) Beziehung wünscht. Wir haben alle Menschen in unserem Leben kennengelernt, bei denen es uns leichter fiel, unsere wahren Gefühle und Gedanken zu äußern und zu zeigen. Es waren die, bei denen wir keine Angst haben mussten oder bei denen das Leid bereits groß genug war, um nicht länger den bisherigen Pfad beschreiten zu können. Eben diese Menschen sind es auch, die dir zeigen, was du tatsächlich kannst.

Die nachfolgende und letzte Übung dieses Buches soll auch dich dabei unterstützen, diesen einen Menschen (respektive deine alten Glaubensmuster und Signale deines Unterbewusstseins) aus deinem Kopf zu verbannen und die, die dir ein gutes Gefühl gaben, in Erinnerung zu rufen.

Übung: Vertrau dir

Welche Männer/Frauen (dein favorisiertes Partnergeschlecht) gaben dir das Gefühl, dass du attraktiv und begehrenswert bist?

Welche gaben dir das Gefühl, dass du liebenswert und unersetzbar bist?

Welche gaben dir das Gefühl, dass du intelligent bist?

Welche gaben dir das Gefühl, dass du alles schaffen kannst, was du dir wünschst?

Welche gaben dir das Gefühl, dass du einzigartig bist?

Welche gaben dir das Gefühl, dass du alles überstehen kannst?

Nimm diese Liste immer dann zur Hand, wenn du dich ängstlich, traurig oder wütend fühlst, an dir zweifelst, dich um die Zukunft sorgst oder mit deiner aktuellen Situation nicht zurechtkommst. Erinnere dich an jede einzelne Person im Detail, wie sie dich fühlen ließ, dich ansah, der Klang ihrer Stimme, wenn sie dir ein gutes Gefühl gab. Erinnere dich aber vor allem daran, dass du nur das Beste der Welt verdient hast. Auch, wenn gerade niemand präsent ist, der dich so liebt, wie du es brauchst: Es gibt sie, diese Menschen, die bereit sind, mehr für dich zu tun. Alles ist oft gar nicht notwendig oder gewünscht. Mach deinen Wert ab heute nie wieder an jemandem fest, der nur unter seinen Bedingungen bei dir ist. Glaube an dich und deine wunderbaren Seiten. Vor dir liegt eine Zukunft, die so erfüllt sein wird, wie du es willst.

Ich möchte darum dieses Buch mit den Worten eines Freundes beenden. Dazu schreibe bitte auf den Strich deinen Namen:

____________________: Sei dir etwas wert!

ANHANG

Neben Hilfe von außen kannst du mehrere Schritte ausprobieren, um dich in traurigen und sorgenvollen Zeiten zu nähren. Ich sage „ausprobieren", da nie alles jedem hilft. Hast du jedoch zwei, drei Mittel gegen Angst und Unsicherheiten gefunden, so können dir diese bereits genug Halt und Sicherheit geben. Auch die kleinste Zuversicht stärkt und gibt dir ein Stück Kontrolle zurück.

Konfrontation und Vertrauen in seinen Körper

Ein Schritt besteht darin, möglichst objektiv zu überprüfen, ob die Angst auslösende Situation wirklich gefährlich ist oder nicht. Danach sollte gedanklich durchgespielt werden, was geschieht, wenn die beängstigende Situation tatsächlich eintritt und als nächstes, was getan werden kann, um sie zu ertragen. Denn: Wer Angst hat, braucht eine Eigenschaft am meisten – Lösungskompetenz. Diese Gedankenspiele können die Angst senken oder gar ausschalten.

Geliebte können lernen, ihre körperlichen Reaktionen auf die Angst auslösenden Situationen zu beeinflussen. Die körperliche Anspannung, mit der ein Angstgefühl immer verbunden ist, lässt sich zum Beispiel durch Autogenes Training, Progressive Muskelrelaxation, Yoga oder andere Entspannungstechniken sehr positiv beeinflussen. Wenn die Anspannung sinkt, geht auch die Angst zurück.

Die Basis für Entspannung des eigenen Körpers und der Seele ist Vertrauen in sich selbst, dass man allen Situationen gewachsen ist. Aber auch das Vertrauen zur Familie oder den Freunden hilft deinem Geist gegen Angst.

Spiegelübung

Um das eigene Selbstvertrauen zu verbessern, kann auch eine Form der Selbst-Affirmation angewendet werden. Hierbei blickt man in einen Spiegel und spricht einige kurze Wörter oder Sätze über die eigenen Stärken, Fähigkeiten oder Erfolge, auf die man besonders stolz ist, um sich zu bestärken, die Angst zu ertragen und überwinden zu lernen.

Progressive Muskelrelaxation

Die Behandlung von Angst, Unsicherheiten oder Selbstwertschwierigkeiten durch progressive Muskelrelaxation ist eine bewährte Methode. Die Technik wird an verschiedenen Volkshochschulen und Krankenkassen in Kursen gelehrt, kann jedoch auch in Selbstschulung mithilfe von Büchern, YouTube-Videos oder Audiomaterial erlernt werden.

Das bewusste An- und Entspannen einzelner Muskelgruppen in einer bestimmten Reihenfolge trägt zur vollständigen Entspannung des ganzen Körpers bei. Progressive Muskelrelaxation baut kurzzeitig und effektiv Spannungen im Körper ab und lindert so akute Stress- und Angstzustände sowie Panik. Besonders bei Wut, grollendem Zorn bis hin zu Hassgefühlen, aber auch bei lähmender Angst bewirkt sie wahre Wunder.

Autogenes Training

Autogenes Training beruht auf der Autosuggestion, also dem Prozess, das Unterbewusstsein darauf zu trainieren, an etwas zu glauben. Dies erreicht man zum Beispiel durch Selbsthypnose. Ziel ist es, die eigene Psyche dahingehend zu beeinflussen, bestimmte positive Gedanken im Unterbewusstsein abzuspeichern.

Betroffene mit Angst können bereits innerhalb weniger Stunden mit autogenem Training sehr gute Erfolge erreichen, weshalb diese Methode auch für Anfänger geeignet ist.

Als Seminarleiterin für diese Entspannungstechnik habe ich eigene autogene Trainings vertont, die man unter dem Künstlernamen trainyourmind bei YouTube, Amazon, Spotify, iTunes und vielen anderen Stores findet.

Wohltuende Rituale gegen die Angst

Vielen Geliebten helfen Rituale für den Tag. Beispiel: Morgens genug Zeit, nach einer erholsamen, weil ausreichenden Schlafstundenanzahl, in Ruhe Gesundes frühstücken und möglichst entgiftende und aufbauende Nahrung zu sich nehmen, während giftstoffhaltige und den Körper belastende Nahrung vermieden wird. Danach leichte Bewegung oder Meditation. Forscher haben festgestellt, dass eine kurze sportliche Betätigung nach der Meditation besonders hilfreich gegen Angst ist. Abends sind Rituale vermehrt wirksam. Fernsehen vermeiden, um die Reize zu minimieren. Reden vermeiden, stattdessen

Lesen (es ist wissenschaftlich erwiesen, dass das Vertiefen in eine andere Welt das Gehirn beruhigt). Keine Talk-Shows schauen, stattdessen lieber sanfte Musik hören. Vor dem Schlafengehen am besten eine Stunde lang bildschirm- und handyfrei lassen. Dem Gehirn wird sonst durch das blaue Licht vorgegaukelt, dass es Tag wäre. Dementsprechend sollte das Zimmer, in dem man sich aufhält, abgedunkelt sein, um den Körper auf den Schlaf vorzubereiten. Baden oder sanfte Entspannungstechniken wie Yin Yoga können zusätzlich zur Entschleunigung beitragen und den Körper auf die Nachtruhe vorbereiten.

Yin Yoga

Yin Yoga ist eine langsame und zeitschenkende Variante des normalen Yogas. Die Asanas werden zwischen drei und fünf Minuten gehalten, sodass es besonders wohltuend für die Muskeln und ihre Durchblutung ist. Der Nebeneffekt für die Seele ist es aber, der Yin Yoga so entspannend macht. Da die Übungen überwiegend am Boden mit Kissen, Decke oder Bolster stattfinden, kann man sich in die Stellungen fallenlassen und so tiefenentspannen. Man geht immer erholt und beruhigt aus Yin Yoga Klassen. Man findet sie entweder bei sich im Yogastudio des Vertrauens oder auf YouTube. Diese Internetangebote erlauben es einem, Yin Yoga von Zuhause und in Krisensituationen anzuwenden.

Aromatherapie

Aber auch die Aromatherapie für seelisches Wohlbefinden ist für viele hilfreich. Das Anwenden von ätherischen Ölen auf der Haut oder in einer Duftlampe kann beruhigen, stimulieren oder Ängste mindern. Gegen Angst helfen dabei Zeder, Geranie, Rose(nholz), Ylang Ylang, Weihrauch, Lavendel, Wacholder, Eukalyptus und Neroli. Bei Herzrasen empfiehlt sich Neroli. Gegen Nervosität und innere Anspannung helfen Melisse, Bergamotte, Mandarine und Kamille. Gegen akuten Stress wirken Mandarine, Kamille und Narde. Angst wegen Bewertungssituationen mindern Sandelholz, Neroli und Lavendel. Bergamotte, Grapefruit und Zeder helfen bei depressiven Verstimmungen, wohingegen psychisch aufbauend Iriswurzel wirkt.

Die Anwendung der Öle kann auf der Haut erfolgen: an den Handgelenken, am Hals oder im Nacken, auf den Herzbereich aufgetragen (besonders bei Lavendel) beruhigt und wärmt bei starker Angst.[lxvii]

Ätherische Öle können aber auch abends in Form eines Entspannungsbads merklich zur inneren Entlastung und nachhaltigen Entspannung beitragen und damit das Risiko von Schlafstörungen verringern. Öle, die in dieser oder ähnlicher Zusammenstellung verkauft werden (Lavendel, Rosenholz, Bergamotte und Ylang Ylang), eignen sich sehr gut. Sie können auch in einer Duftlampe verwendet werden, die man überall preiswert erwerben kann.

Die entspannendsten Lieder aller Zeiten

Ebenfalls erwiesen beruhigend ist Musik, die den Takt des Ruhepulses nachahmt. Falls du einen Account bei Spotify nutzt: Dort habe ich eine Playlist „The most SOOTHING songs“ angelegt, erstellt von Janett Leznem. Sie enthält die nach einer UK Studie[lxviii] beruhigendsten Lieder aller Zeiten.

Diese sind (im E-Book mit Verknüpfungen zu YouTube): „Weightless“ von Marconi Union an erster Stelle. Dieses Lied soll laut Wissenschaftlern nicht beim Autofahren gehört werden, da es das Stressniveau um 65 Prozent mindert und ideal als Einschlafhilfe gilt. Es wurde eigens in Zusammenarbeit mit Musiktherapeuten entwickelt. Marconi Union hat sechs Variationen, erschienen unter dem Titel „Weightless (Ambient Transmission Vol. 2)“, herausgebracht.

Weitere, höchst entspannende Lieder sind laut Studien:
„Electra“ von Airstream
„Mellomaniac (Chill Out Mix)“ von DJ Shah
„Watermark“ von Enya
„Strawberry Swing“ von Coldplay
„Please Don’t Go“ von Barcelona
„Pure Shores“ von All Saints
„Someone Like You“ von Adele
„Canzonetta Sull’aria“ von Mozart
„We Can Fly“ von Rue du Soleil (Café Del Mar)

Einen ähnlichen Effekt, und besonders hilfreich vor Prüfungssituationen, hat klassische, ruhige Musik.

Qigong (auch Chi Gong) und Tai-Chi

Ist das Stressniveau zu hoch, birgt es die Gefahr, dass die Stresshormone nicht mehr oder nur zu langsam abgebaut werden können. Wir können den Körper unterstützen, indem wir Körperarbeit und leichte Bewegungen bzw. je nach Schwere der darunterliegenden

Wut und Enttäuschung auch Lufttritte, Luftboxen und körperliche Anstrengung nutzen.

Qi Gong und Tai-Chi sind bekannte fernöstliche Bewegungslehren und arbeiten an der Lebensenergie „Qi", die im Mittelpunkt der Übungen steht. Qigong ist Teil der Traditionellen Chinesischen Medizin (TCM) und soll Stress reduzieren und abbauen. Durch den Abbau der Stresshormone wie Cortisol und Noradrenalin wird die Gesundheit gefördert. Ist die Lebensenergie Qi (auch Chi genannt) nicht im Fluss, sind die sogenannten Energielinien des Körpers, die Meridiane, durch Stress, Angst und Krankheiten blockiert. Qigong soll dabei helfen, diese Energie wieder zum Fließen zu bringen.

Ebenso wirksam sind Übungen aus dem Tai-Chi Chuan. Es gilt als Kampfkunst und wird oft als Meditation in Bewegung bezeichnet. Es stammt aus der Disziplin des Taoismus ab und sieht den Menschen als Ganzes mit dem Geist, der Seele und dem energetischen Körper sowie einem physischen Körper. Es wirkt langfristig auf die Psyche und Seele, aber soll stufenweise und durch viele Übungen sowie Geduld genutzt werden. Tai-Chi konzentriert sich auf die Balance zwischen den Polen Yin und Yang, die abwechselnd und andauernd ins Gleichgewicht gebracht werden sollen. Bestimmte Körperteile werden den beiden Polen zugeordnet, aber auch Gefühle: Zorn und Wut, Ärger und Aggressionen verbrauchen sehr viel Qi (Yang) und ermüden die Körpersäfte (Yin).

Tai-Chi Übungen wirken besänftigend auf diese Gefühle, wobei die ruhige und tiefe Atmung im Mittelpunkt steht. Sogenannte kalte Gefühle wie Angst, Frust, Unmut, Neid, Geiz und Traurigkeit blockieren unser Qi. Tai-Chi, ähnlich wie Akupunktur, bringt das Qi wieder in den Fluss. Tai-Chi Übungen wirken also auf das Nervensystem, das für das Fight-or-Flight-Syndrom (Flucht oder Angriff) verantwortlich ist, wenn wir Angst und Panik erleben. Seine langsamen Übungen wirken dem entgegen.[lxix]

Atemtechniken

Unser Atem ist etwas Selbstständiges. Unser Körper beatmet uns und wir müssen nichts weiter tun. Wir können auch nichts gegen das Atmen tun. Der Körper zwingt uns dazu. Doch manchmal, wenn uns Angst packt, versuchen wir extra nachzuhelfen und atmen falsch. Wir müssen korrekt, also für den Körper angemessen, Sauerstoff ein- und Kohlendioxyd ausatmen. Atmen wir zu viel ein und zu wenig aus, bleibt mehr Kohlendioxyd in unserem Blut, als wir vertragen können.

Würden wir, wie bei Gefühlen, einfach unserem Körper und Geist erlauben, zu tun, was er tun will, ohne einzugreifen, könnten wir vieles leichter und schneller bewältigen. Stattdessen greifen wir auch beim Atmen ein und versuchen uns angeblich Gutes zu schenken, während wir die Sache nur verschlimmern.

Nach einer bestimmten Atemtechnik zu atmen, kann in Situationen der Angst oder Traurigkeit helfen, wieder eine Verbindung zu deinem Körper herzustellen und gegen das Hyperventilieren zu agieren. Sind wir aber nur in unserem Kopf, geht die Verbindung zu unserem Körper verloren. Auch der Bezug zur Wirklichkeit, dem Jetzt, kann durch Atemtechniken sofort aufgebaut werden, gleich, was geschehen ist.

In Therapien werden meistens zwei verschiedene Atemtechniken angewendet. Beide eignen sich sehr gut. Die erste ist die sogenannte „8-4-8 Atemtechnik". Dafür atmest du acht Takte ein, hältst vier Takte die Luft an und atmest acht Takte lang wieder aus.

Eine andere Atemtechnik, die sich besonders gut bei Angst und Wut eignet, ist die „4-7-8 Atemmethode". Die Verfahrensweise ist dieselbe wie bei der 8-4-8-Methode.

A Plus Detektive. *Gründe für Fremdgehen.* kein Datum. http://www.detektei-aplus.de/privat-detektei/55-gruende-fuer-fremdgehen.htm (Zugriff am 23. Mai 2017).

Apfel, Petra. *Wundermittel für ein längeres Leben: Mit 20 Minuten am Tag sechs Jahre Lebenszeit gewinnen.* 16. März 2016. http://www.focus.de/gesundheit/gesundleben/fitness/training/tid-26187/fitness-fuer-herz-und-hirn-die-sportart-ist-egal-hauptsache-bewegung-_aid_768786.html (Zugriff am 29. Mai 2017).

Beer, Dr. Ragnar. *Press release: Sexuelle Unzufriedenheit in der Partnerschaft häufigste Ursache für Seitensprung.* 25. Januar 2005. https://www.uni-goettingen.de/en/3240.html?cid=1668 (Zugriff am 20. Juni 2017).

Berndt, Sabrina. *ElitePartner lüftet die häufigsten Trennungsgründe.* n/a. https://www.elitepartner.de/magazin/elitepartner-lueftet-die-haeufigsten-trennungsgruende.html (Zugriff am 25. Mai 2017).

Binswanger, Michèle. *Monogamie: Die große Lüge.* 22. März 2012. http://www.zeit.de/2012/13/CH-Monogamie (Zugriff am 23. Mai 2017).

Bredow, Rafaela von. *Liebe lieber unvollkommen.* 23. Dezember 2011. http://www.spiegel.de/spiegel/print/d-83328969.html (Zugriff am 23. Mai 2017).

Broßmann, Corinna. *Nur einer von fünf Männern ist treu.* 2011. September 2011. http://www.news.de/gesundheit/855218483/nur-einer-von-fuenf-maennern-ist-treu/1/ (Zugriff am 26. Juni 2017).

Buss, D. M., und M. Haselton. „The Evolution of Jealousy." *Trends in Cognitive Sciences*, Nr. 9 (2005): 506–507.

Buss, Daniel M., und M. Barnes. „Preferences in human mate selection." *Journal of Personality and Social Psychology*, 1986: 559-570.

Buss, David M., Cari Goetz, Joshua D. Duntley, Kelly Asao, und Daniel Conroy-Beam. „The mate switching hypothesis." *elsevier.com.* Elsevier Ltd. 20. Juli 2016. http://labs.la.utexas.edu/buss/files/2013/02/The-Mate-Switching-Hypothesis-FINAL-PUBLISHED-2017.pdf (Zugriff am 26. Juli 2017).

Caraso, Alain. „Tai Chi und Psyche.“ *Taijiquan-Schule Ortenau.* n/a. https://taijiquan-schule-ortenau.de/content/abschlussarbeit-alaincarasco.pdf (Zugriff am 23. Mai 2017).

Carter, Steven, und Julia Sokol. *Nah und doch so fern: Beziehungsangst und ihre Folgen.* FISCHER Taschenbuch, 1998.

Dahlke, Ruediger. *Das Schatten-Prinzip.* München: Arkana, 2010.

—. *Die Schattenreise ins Licht: Wie wir Depressionen überwinden.* München: Goldmann Verlag, 2014.

Dowling, Daniel. *14 Questions To Ask Yourself If You Want Deep, Lasting Love.* 2. Februar 2016. https://www.mindbodygreen.com/0-23545/14-questions-to-ask-yourself-if-you-want-deep-lasting-love.html (Zugriff am 18. Juni 2017).

Doyle, Laura. *https://www.mindbodygreen.com/articles/7-signs-you-found-the-one.* 25. Mai 2017. https://www.mindbodygreen.com/articles/7-signs-you-found-the-one (Zugriff am 29. Mai 2017).

ElitePartner. *Studie: Affären und Heimlichkeiten sind die häufigsten Trennungsgründe.* 13. Mai 2014. http://www.presseportal.de/pm/55165/2735226 (Zugriff am 26. Juni 2017).

Fellner, Richard L. *Beziehungsabhängigkeit.* 6. November 2011. https://www.psychotherapiepraxis.at/pt-blog/beziehungsabhaengigkeit/ (Zugriff am 12. Juni 2017).

fem.com. *Seitensprung verzeihen: Bleiben oder gehen?* 14. Juli 2009. http://www.fem.com/liebe-lust/artikel/seitensprung-verzeihen-umfrage-bleiben-oder-gehen (Zugriff am 23. Mai 2017).

Freundeskreise für Suchtkrankenhilfe Bundesverband e. V. – Selbsthilfeorganisation. „Co-Abhängigkeit erkennen: Angehörige von Suchtkranken im Blickpunkt ärztlich-therapeutischen Handelns.“ *Freundeskreise für Suchtkrankenhilfe.* kein Datum. http://www.freundeskreise-sucht.de/uploads/media/Co-Abhaengigkeit_erkennen.pdf (Zugriff am 12. Juni 2017).

Hauschild, Jana. *Psychotherapie: Sport für die Seele.* 29. Dezember 2013. http://www.spiegel.de/gesundheit/psychologie/psychotherapie-sport-hilft-bei-psychischen-erkrankungen-a-938242.html (Zugriff am 29. Mai 2017).

Hollersen, Wiebke. *Die Erfindung der Monogamie.* 28. August 2016. https://www.welt.de/print/wams/wissen/article157880674/Die-Erfindung-der-Monogamie.html (Zugriff am 31. Mai 2017).

Hollweg, Petra. *Untreuen-Studie: Dem Seitensprung treu.* 12. Februar 2008. http://www.focus.de/gesundheit/gesundleben/partnerschaft/krise/untreuen-studie_aid_24627.html (Zugriff am 23. Mai 2017).

Jody E. Long, Nicholas J. Long, Signe Whitson. *The angry smile. The psychology of passive-aggressive behavior in families, schools, and workplaces.* Austin: Pro-Ed, 2009.

Kast, Verena. *Vom Sinn der Angst.* 7. Auflage. Freiburg im Breisgau: Verlag Herder GmbH, 2007.

—. *Vom Sinn des Ärgers. Anreiz zur Selbstbehauptung und Selbstentfaltung.* 3. Auflage 2012. Freiburg im Breisgau: Herder, 2010.

Kathiya, Henna. *Adultery has roots in psychology, biology.* Herausgeber: Rutgers University: The Daily Targum. 1. April 2010. https://web.archive.org/web/20110821053741/http://www.dailytargum.com/university/adultery-has-roots-in-psychology-biology-1.2208541 (Zugriff am 11. Juni 2017).

Klopp, Eric. *Theorien der Partnerwahl* . n/a. n/a n/a. http://www.eric-klopp.de/texte/evolutionspsychologie/10-theorien-der-partnerwahl (Zugriff am 25. Mai 2017).

Lauster, Peter. *Die Liebe - Psychologie eines Phänomens.* Sonderausgabe Juli 2008. Reinbek bei Hamburg: Rowohlt Taschenbuch Verlag, 2008.

Meyer, Cathy. *5 Different Types of Infidelity What kind of cheater is he?* 27. November 2016. http://divorcesupport.about.com/od/infidelity/p/infidelity_type.htm (Zugriff am 7. Juni 2017).

Meyer, Frank. *Burnout (mit CD): Neue Kraft schöpfen.* München: GRÄFE UND UNZER Verlag GmbH, 2013.

Meyer, Hermann. *Jeder bekommt den Partner, den er verdient - ob er will oder nicht.* München: Goldmann Verlag, 2009.

—. *Jeder hat die Beziehung, die er verdient: Wie Liebe gelingt.* München: Heyne Verlag, 2015.

mynewsdesk. *ElitePartner-Singlestudie© Juni 2011.* ElitePartner. 29. Januar 2016. https://www.mynewsdesk.com/material/document/52646/download?resource_type=resource_document (Zugriff am 27. Juni 2017).

Nuber, Ursula. *Wer bin ich ohne dich? Warum Frauen depressiv werden - und wie sie zu sich selbst finden.* Frankfurt am Main: Campus Verlag, 2014.

Pairfam. „The German Family Panel (pairfam).“ *Neue Ergebnisse der Studie Beziehungen und Familienleben in Deutschland*

2012. 2012. http://www.pairfam.de/fileadmin/user_upload/redakteur/publis/Forschung/Informationsbroschuere_2012.pdf (Zugriff am 24. Mai 2017).

Paul, Margaret. *Don't Get Married Until You Can Answer These 40 Questions.* 2016. Januar 2016. https://www.mindbodygreen.com/0-23245/dont-get-married-until-you-can-answer-these-40-questions.html (Zugriff am 18. Juni 2017).

Presseportal. *Studie: Affären und Heimlichkeiten sind die häufigsten Trennungsgründe.* 13. Mai 2014. http://www.presseportal.de/pm/55165/2735226 (Zugriff am 25. Mai 2017).

Rankin, Lissa. *Mind over Medicine: Warum Gedanken oft stärker sind als Medizin.* München: Kösel Verlag, 2014.

Riemann, Fritz. *Die Grundformen der Angst: Eine tiefenpsychologische Studie.* München Basel: Ernst Reinhardt Verlag, 2000.

Rosenberg, M. B. *Gewaltfreie Kommunikation: Eine Sprache des Lebens.* Paderborn: Junfermann Verlag, 2010.

Russell, V. Michelle, Levi R. Baker, und James K. McNulty. „Attachment Insecurity and Infidelity in Marriage: Do Studies of Dating Relationships Really Inform Us about Marriage?" *Journal of Family Psychology* 27(2) (April 2013): 242-251.

Schellenbaum, Peter. *Nimm deine Couch und geh! Heilung mit Spontanritualen.* München: Deutscher Taschenbuch Verlag, 1994.

Schmale-Riedel, Almut. *Der unbewusste Lebensplan: Das Skript in der Transaktionsanalyse. Typische Muster und therapeutische Strategien.* München: Kösel-Verlag, 2016.

Seitensprung-Fibel. *Wer sich selbst treu ist, braucht keinen Seitensprung: Ein Interview mit Dr. Wolfgang Krüger.* n/a. http://www.seitensprung-fibel.de/interview/wolfgang-krueger.php (Zugriff am 26. Juni 2017).

Seitensprung-Fibel.de. *»Wer sich selbst treu ist, braucht keinen Seitensprung«.* kein Datum. http://www.seitensprung-fibel.de/interview/wolfgang-krueger.php (Zugriff am 23. Mai 2017).

Spezzano, Chuck. *Das Buch der Erkenntnis auf dem Weg nach innen.* 12. Auflage 2012. Petersberg: Verlag Via Nova, 1996.

Storch, Maja. *Die Sehnsucht der starken Frau nach dem starken Mann.* München: Goldmann Verlag, 2000.

Ten Have M., de Graaf R., Monshouwer K. *Physical exercise in adults and mental health status findings from the Netherlands mental health survey and incidence study.* November 2011. https://www.ncbi.nlm.nih.gov/pubmed/21999978 (Zugriff am 29. Mai 2017).

The Telegraph. *Band creates the 'most relaxing tune ever'.* 16. Oktober 2011. http://www.telegraph.co.uk/news/uknews/8830066/Band-creates-the-most-relaxing-tune-ever.html (Zugriff am 27. September 2016).

Wetzler, Scott. *Warum Männer mauern: Wie Sie Ihren passiv-aggressiven Mann besser verstehen und mit ihm glücklich werden.* München: Wilhelm Goldmann Verlag, 2013.

Wikipedia, Die freie Enzyklopädie. *Seite „Narzissmus“.* 11. Mai 2017. https://de.wikipedia.org/w/index.php?title=Narzissmus&oldid=165421507 (Zugriff am 6. Juni 2017).

—. *Seite „Transaktionsanalyse“.* 23. April 2017. https://de.wikipedia.org/w/index.php?title=Transaktionsanalyse&oldid=164854686 (Zugriff am 19. Mai 2017).

Winch, Guy. *10 surprising facts about loneliness.* 21. Oktober 2014. https://www.psychologytoday.com/blog/the-squeaky-wheel/201410/10-surprising-facts-about-loneliness (Zugriff am 31. Mai 2017).

ENDNOTEN

[i] (Buss, et al. 2016)
[ii] (Lauster 2008)
[iii] (A Plus Detektive kein Datum)
[iv] (Hollweg 2008)
[v] (Storch 2000)
[vi] Studie Elitepartner 2011
[vii] (Seitensprung-Fibel n/a)
[viii] (Storch 2000)
[ix] (Broßmann 2011)
[x] (Bredow 2011)
[xi] (Bredow 2011)
[xii] (ElitePartner 2014)
[xiii] (Pairfam 2012)
[xiv] (Bredow 2011)
[xv] (Bredow 2011)
[xvi] (mynewsdesk 2016)
[xvii] (Pairfam 2012)
[xviii] (Beer 2005)
[xix] (Apfel 2016)
[xx] (Apfel 2016)
[xxi] (Ten Have M. 2011)
[xxii] (Hauschild 2013)
[xxiii] (Hauschild 2013)
[xxiv] (Kast, Vom Sinn der Angst 2007)
[xxv] (Dahlke, Das Schatten-Prinzip 2010)
[xxvi] (Lauster 2008)
[xxvii] (Lauster 2008)
[xxviii] (Seitensprung-Fibel.de kein Datum)
[xxix] (Lauster 2008)
[xxx] (Pairfam 2012)
[xxxi] (Buss und Barnes 1986)
[xxxii] (C. Meyer 2016)
[xxxiii] (Schmale-Riedel 2016)
[xxxiv] (Riemann 2000)
[xxxv] (Wetzler 2013)
[xxxvi] (Schmale-Riedel 2016)
[xxxvii] (Schellenbaum 1994)
[xxxviii] (Wikipedia, Die freie Enzyklopädie 2017)
[xxxix] (Russell, Baker und McNulty 2013)
[xl] (Carter und Sokol 1998)
[xli] (Carter und Sokol 1998)
[xlii] (Fellner 2011)

[xliii] (Freundeskreise für Suchtkrankenhilfe Bundesverband e. V. – Selbsthilfeorganisation kein Datum)
[xliv] (Kathiya 2010)
[xlv] (Buss und Haselton 2005)
[xlvi] (Buss und Haselton 2005)
[xlvii] (Carter und Sokol 1998)
[xlviii] (Dowling 2016)
[xlix] (Paul 2016)
[l] (Spezzano 1996)
[li] (Rosenberg 2010)
[lii] (H. Meyer, Jeder bekommt den Partner, den er verdient - ob er will oder nicht 2009)
[liii] (Schmale-Riedel 2016)
[liv] (Schmale-Riedel 2016)
[lv] (Schmale-Riedel 2016)
[lvi] (Schmale-Riedel 2016)
[lvii] (Winch 2014)
[lviii] (Rankin 2014)
[lix] (Winch 2014)
[lx] (Hollersen 2016)
[lxi] (Nuber 2014)
[lxii] (Beer 2005)
[lxiii] (H. Meyer, Jeder bekommt den Partner, den er verdient - ob er will oder nicht 2009)
[lxiv] (Kast, Vom Sinn des Ärgers. Anreiz zur Selbstbehauptung und Selbstentfaltung 2010)
[lxv] (Kast, Vom Sinn des Ärgers. Anreiz zur Selbstbehauptung und Selbstentfaltung 2010)
[lxvi] (Kast, Vom Sinn des Ärgers. Anreiz zur Selbstbehauptung und Selbstentfaltung 2010)
[lxvii] (F. Meyer 2013)
[lxviii] (The Telegraph 2011)
[lxix] (Caraso n/a)

14549334R00171

Printed in Germany
by Amazon Distribution
GmbH, Leipzig